한국어능력시험

COOL TOPIK II

실전 모의고사

한글파크

한국어능력시험
COOL
TOPIKⅡ
- 실전 모의고사 -

초판발행	2023년 7월 1일
초판 2쇄	2024년 3월 20일
저자	김지현, 이다슴, 조희영
편집	권이준, 김아영
펴낸이	엄태상
디자인	김지연
조판	이서영
콘텐츠 제작	김선웅, 조현준, 장형진
마케팅본부	이승욱, 왕성석, 노원준, 조성민, 이선민
경영기획	조성근, 최성훈, 김다미, 최수진, 오희연
물류	정종진, 윤덕현, 신승진, 구윤주
펴낸곳	한글파크
주소	서울시 종로구 자하문로 300 시사빌딩
주문 및 교재 문의	1588-1582
팩스	0502-989-9592
홈페이지	http://www.sisabooks.com
이메일	book_korean@sisadream.com
등록일자	2000년 8월 17일
등록번호	제300-2014-90호

ISBN	979-11-6734-040-5 14710
	978-89-5518-533-1 (SET)

이 책은 TOPIK Ⅱ를 준비하는 한국어 학습자를 대상으로 개발되었습니다. 한국어능력시험 (TOPIK)은 한국어를 모국어로 하지 않는 재외동포·외국인들의 한국어 능력을 평가하는 시험으로써 한국 대학 유학, 한국 기업체 취업 등 다양한 목적으로 활용되고 있습니다. 이에 따라 TOPIK을 준비하는 한국어 학습자들도 지속적으로 증가하고 있습니다.

저희 집필진들은 한국어 교육 현장에서 수년간 TOPIK을 직접 가르치면서 학습자들의 TOPIK 성적을 올리는 방법이 무엇인지 늘 고민해 왔습니다. 그리고 현장의 노하우를 고스란히 담아 한국어 교사로서 학습자에게 실질적인 도움이 되는 〈한국어능력시험 COOL TOPIK Ⅱ 실전 모의고사〉 책을 출간하게 되었습니다. 이 책의 특징은 다음과 같습니다.

1. TOPIK Ⅱ 모의고사 5회 + TOPIK 말하기 모의고사 2회 수록

이 책은 학습자가 다양한 문제를 풀어보고 실전 시험 감각을 익힐 수 있도록 TOPIK Ⅱ 모의고사 5회분을 제작하였습니다. 그리고 TOPIK 말하기 교재(한국어능력시험 COOL TOPIK 말하기) 집필 경험을 바탕으로 TOPIK 말하기 모의고사 2회분도 부록으로 수록하였습니다.

2. TOPIK Ⅱ (83회) 유형 파악 + 최근 시사 주제를 반영한 문제 출제

이 책은 제83회 TOPIK Ⅱ문제와 동일한 유형으로 구성되어 있습니다. 책에 수록된 '유형 파악'을 통해 최신 TOPIK 문제 유형을 이해하여 실전 감각을 키울 수 있도록 만들었습니다. 또한 시험에 자주 출제되었던 주제뿐만 아니라 최근의 시사 문제들도 반영하여 새로운 어휘를 익히고 배경지식을 확장할 수 있도록 하였습니다.

3. 시험 스킬 UP + 벼락치기 노트 제공

TOPIK Ⅱ시험에서 영역별(듣기, 읽기, 쓰기, 말하기)로 문제를 효과적으로 풀 수 있는 전략을 COOL TIP 으로 제시했습니다. 그리고 '발·불 벼락치기 노트'를 통해 학습자가 시험 전에 빠르게 공부할 수 있는 비법 노트를 제공하였습니다.

TOPIK 시험을 준비하다 보면 자연스럽게 시험 성적뿐만 아니라 한국어 능력도 향상될 것입니다. 〈한국어능력시험 COOL TOPIK Ⅱ 실전 모의고사〉가 한국어 학습자들의 TOPIK 공부 과정에 등대 역할을 할 수 있길 바랍니다. 감사합니다.

2023년 6월 집필진 올림

문제 유형

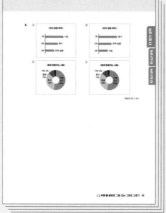

듣기 영역

듣기 영역의 문제 유형과 수준, 문제 풀이 전략을 통해 듣기 문제를 이해할 수 있습니다

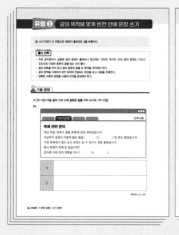

쓰기 영역

쓰기 영역의 문제 유형과 수준, 문제 풀이 전략을 통해 쓰기 문제를 이해할 수 있습니다. 또한 쓰기 영역에서 자주 사용되는 어휘와 표현을 미리 접할 수 있습니다.

읽기 영역

읽기 영역의 문제 유형과 수준, 문제 풀이 전략을 통해 읽기 문제를 이해할 수 있습니다.

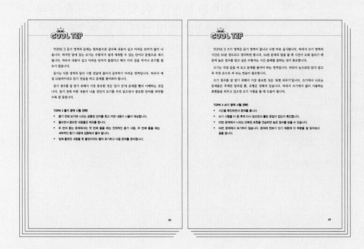

COOL TIP

각 영역을 효과적으로 공부할 수 있는 방법이 제공됩니다. '실력이 쑥!'과 함께 각 영역을 마무리하면 한국어능력시험(TOPIK) 문제 풀이 뿐만 아니라 일상생활 듣기와 읽기 능력도 향상이 됩니다.

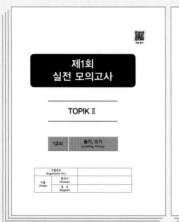

실전 모의고사

실제 한국어능력시험(TOPIK)의 유형과 주제를 반영한 실전 모의고사가 제공됩니다. 실제 시험 시간에 맞추어 문제를 풀면서 부족한 부분이 무엇인지 확인해 볼 수 있습니다.

말하기 실전 모의고사

한국어능력시험(TOPIK)의 유형과 주제를 반영한 실전 모의고사가 제공됩니다. 실제 시험 시간에 맞추어 말하기 문제를 풀면서 부족한 부분이 무엇인지 확인해 볼 수 있습니다.

일러두기

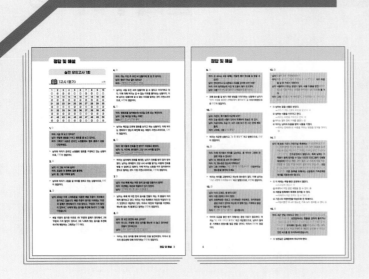

정답 및 해설

모의고사를 연습한 후 채점을 통해 나의 점수를 예상할 수 있습니다. 또한 상세한 해설을 통해 쉽게 놓칠 수 있는 부분의 설명을 자세히 정리해 두었습니다.

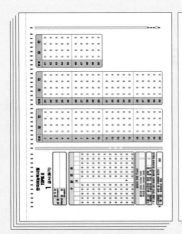
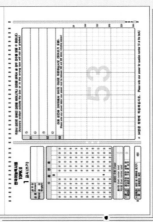

OMR 카드

실제 시험과 같은 상황에서 한국어능력시험(TOPIK)을 준비할 수 있습니다. 시험 시간에 맞추어 답안 작성을 연습해 볼 수 있습니다. 시험에서 실수를 줄이는 연습을 할 수 있습니다.

부록_발·불 벼락치기 노트

시험 직전 발·불 벼락치기 노트를 통해 듣기와 읽기 영역에서 필요한 어휘와 표현을 정리할 수 있습니다. 쓰기 영역의 유의 사항도 다시 한번 점검할 수 있습니다.

한국어능력시험 TOPIK 안내

❶ TOPIK 시험의 목적

◈ 한국어를 모국어로 하지 않는 재외동포 · 외국인의 한국어 학습 방향 제시 및 한국어 보급 확대

◈ 한국어 사용능력을 측정 · 평가하여 그 결과를 국내 대학 유학 및 취업 등에 활용

❷ TOPIK 응시 대상

◈ 한국어를 모국어로 하지 않는 재외동포 및 외국인로서

　　– 한국어 학습자 및 국내 대학 유학 희망자

　　– 국내 · 외 한국 기업체 및 공공기관 취업 희망자

　　– 외국 학교에 재학 중이거나 졸업한 재외국민

❸ TOPIK 유효 기간

◈ 성적 발표일로부터 2년간 유효

❹ TOPIK 시험의 주요 활용처

◈ 외국인 및 재외동포의 국내 대학(원) 입학 및 졸업

◈ 국내/외 기업체 및 공공기관 취업

◈ 영주권/취업 등 체류비자 취득

◈ 정부초청 외국인 장학생 프로그램 진학 및 학사관리

◈ 국외 대학의 한국어 관련 학과 학점 및 졸업요건

❺ TOPIK 주관 기관

◈ 교육부 국립국제교육원

❻ 시험의 수준 및 등급

◈ 시험의 수준 : TOPIK Ⅰ, TOPIK Ⅱ

◈ 평가 등급 : 6개 등급(1~6급)

획득한 종합점수를 기준으로 판정되며, 등급별 분할 점수는 아래와 같습니다.

구 분	TOPIK Ⅰ		TOPIK Ⅱ			
	1급	2급	3급	4급	5급	6급
등급 결정	80~139	140~200	120~149	150~189	190~229	230~300

※ 35회 이후 시험기준으로 TOPIK I은 초급, TOPIK II는 중 · 고급 수준입니다.

❼ 시험 시간표

구분	교시	영역	한국			
			입실 완료 시간	시작	종료	시험 시간(분)
TOPIK I	1교시	듣기/읽기	09:20까지	10:00	11:40	100분
TOPIK II	1교시	듣기/쓰기	12:20까지	13:00	14:50	110분
	2교시	읽기	12:20까지	15:20	16:30	70분

❽ 문항 구성

1) 수준별 구성

시험 수준	교시	영역/시간	유형	문항수	배점	배점총계
TOPIK I	1교시	듣기(40분)	선택형	30	100	200
		읽기(60분)	선택형	40	100	
TOPIK II	1교시	듣기(60분)	선택형	50	100	300
		쓰기(50분)	서답형	4	100	
	2교시	읽기(70분)	선택형	50	100	

2) 문제 유형

① 선택형 문항(4지선다형)

② 서답형 문항(쓰기 영역)

· 문장완성형(단답형) : 2문항

· 작문형 : 2문항

– 200~300자 정도의 중급 수준 설명문 1문항

– 600~700자 정도의 고급 수준 논술문 1문항

3) 쓰기 영역 작문 문항 평가 범주

문항 번호	평가 범주	평가 내용
51~52	내용 및 과제 수행	– 제시된 과제에 맞게 적절한 내용으로 썼는가?
	언어사용	– 어휘와 문법 등의 사용이 정확한가?
53~54	내용 및 과제 수행	– 주어진 과제를 충실히 수행하였는가? – 주제에 관련된 내용으로 구성하였는가? – 주어진 내용을 풍부하고 다양하게 표현하였는가?

53~54	글의 전개 구조	- 글의 구성이 명확하고 논리적인가? - 글의 내용에 따라 단락 구성이 잘 이루어졌는가? - 논리 전개에 도움이 되는 담화 표지를 적절하게 사용하여 조직적으로 연결하였는가?
	언어사용	- 문법과 어휘를 다양하고 풍부하게 사용하며 적절한 문법과 어휘를 선택하여 사용하였는가? - 문법, 어휘, 맞춤법 등의 사용이 정확한가? - 글의 목적과 기능에 따라 격식에 맞게 글을 썼는가?

⑨ 등급별 평가 기준

시험 수준	등급	평가 기준
TOPIK I	1급	- '자기 소개하기, 물건 사기, 음식 주문하기' 등 생존에 필요한 기초적인 언어기능을 수행할 수 있으며 '자기 자신, 가족, 취미, 날씨' 등 매우 사적이고 친숙한 화제에 관련된 내용을 이해하고 표현할 수 있다. - 약 800개의 기초 어휘와 기본 문법에 대한 이해를 바탕으로 간단한 문장을 생성할 수 있다. 간단한 생활문과 실용문을 이해하고, 구성할 수 있다.
	2급	- '전화하기, 부탁하기' 등의 일상생활에 필요한 기능과 '우체국, 은행' 등의 공공시설 이용에 필요한 기능을 수행할 수 있다. - 약 1,500~2,000개의 어휘를 이용하여 사적이고 친숙한 화제에 관해 문단 단위로 이해하고 사용할 수 있다. - 공식적 상황과 비공식적 상황에서의 언어를 구분해 사용할 수 있다.
TOPIK II	3급	- '일상생활을 영위하는 데 별 어려움을 느끼지 않으며 다양한 공공시설의 이용과 사회적 관계 유지에 필요한 기초적 언어 기능을 수행할 수 있다. - 친숙하고 구체적인 소재는 물론, 자신에게 친숙한 사회적 소재를 문단 단위로 표현하거나 이해할 수 있다. - 문어와 구어의 기본적인 특성을 구분해서 이해하고 사용할 수 있다.
	4급	- 공공시설 이용과 사회적 관계 유지에 필요한 언어 기능을 수행할 수 있으며, 일반적인 업무 수행에 필요한 기능을 어느 정도 수행할 수 있다. 또한 뉴스, 신문 기사 중 비교적 평이한 내용을 이해할 수 있다. 일반적인 사회적 · 추상적 소재를 비교적 정확하고 유창하게 이해하고 사용할 수 있다. - 자주 사용되는 관용적 표현과 대표적인 한국 문화에 대한 이해를 바탕으로 사회 · 문화적인 내용을 이해하고 사용할 수 있다.

TOPIK Ⅱ	5급	- 전문 분야에서의 연구나 업무 수행에 필요한 언어 기능을 어느 정도 수행할 수 있으며 정치, 경제, 사회, 문화 전반에 걸쳐 친숙하지 않은 소재에 관해서도 이해하고 사용할 수 있다. - 공식적·비공식적 맥락과 구어적·문어적 맥락에 따라 언어를 적절히 구분해 사용할 수 있다.
	6급	- 전문 분야에서의 연구나 업무 수행에 필요한 언어 기능을 비교적 정확하고 유창하게 수행할 수 있으며 정치, 경제, 사회, 문화 전반에 걸쳐 친숙하지 않은 주제에 관해서도 이해하고 사용할 수 있다. - 원어민 화자의 수준에는 이르지 못하나 기능 수행이나 의미 표현에는 어려움을 겪지 않는다.

⑩ TOPIK Ⅱ 응시자 유의사항

◈ 시험실에 입실시간 내 반드시 입실. 입실시간이 지났을 경우 입실 불가

◈ 입실 지체로 인한 불이익에 대한 책임은 응시자에게 있음

시간	내용	비고
~ 12:20까지	시험실 입실 완료	12:20 이후 시험실 입실 절대 불가
12:20 ~ 12:50 (30분)	답안지 작성 안내 및 1차 본인 확인	휴대폰 및 전자기기 제출
12:50 ~ 13:00 (10분)	문제지 배부 및 듣기 시험 방송	
13:00 ~ 14:00 (60분)	듣기 시험	(듣기 시험 정상 종료 시) 듣기 답안지 회수
14:00 ~ 14:50 (50분)	쓰기 시험	
14:50 ~ 15:10 (20분)	쉬는 시간	
15:10 ~ 15:20 (10분)	답안지 작성 안내 및 2차 본인 확인	
15:20 ~ 16:30 (70분)	읽기 시험	

◈ 시험 시간(쉬는 시간 포함)중에는 모든 전자기기(스마트워치 등 웨어러블 기기 포함)를 사용할 수 없으며, 소지 적발 시에는 부정행위로 간주한다.

◈ 시험 당일에는 시험시작 40분 전까지 해당 시험실의 지정된 자리에 앉아 시험 감독관의 지시를 따라야 한다. (타 지역 또는 타 시험장에서는 절대로 응시할 수 없음)

◈ 시험 시간 중에는 신분증을 자기 책상 위에 놓아야 한다.

◈ 시험 중, 책상 위에는 신분증 외에 어떠한 물품도 놓을 수 없으며 적발 시 부정행위로 처리된다. (수험표도 책상 위에 놓지 않도록 한다)

◈ 환불 기간에 환불을 신청한 경우, 환불 처리여부와 상관없이 시험에 응시할 수 없다.

(시험에 응시할 경우 해당 성적은 무효처리 된다.)

- ◈ 시험 시간 관리 책임은 수험생 본인에게 있으며, 시간 내에 답안 작성을 완료하여야 한다. (듣기 평가 시 문제를 들으며 마킹을 해야함. 듣기 평가 종료 후 별도 마킹 시간 없음.

- ◈ TOPIK Ⅱ 1교시 듣기 평가 시에는 듣기만, 쓰기 평가 시에는 쓰기만 풀이해야 함. (이를 위반하여 적발될 경우 부정행위로 처리됨)

- ◈ 시험 시간 도중에는 퇴실할 수 없으나, 부득이한 경우 감독관의 허락을 받아 다른 응시자에게 방해되지 않도록 조용히 퇴실할 수 있다. (중도퇴실의 경우에는 성적처리가 되지 않음)

- ◈ 시험 도중 질병으로 인한 화장실 이용 등으로 인하여 부득이하게 복도로 나갈 시 부정행위를 예방하기 위한 복도감독관의 확인에 협조하여야 한다.

- ◈ TOPIK Ⅱ 시험 2개 교시 중 어느 하나라도 결시한 응시자는 결시자로 처리된다. (1교시 결시자는 2교시 응시 불가)

- ◈ 시험 시간 중 다른 사람에게 피해를 주는 행위(소란, 음식물 섭취 등)를 해서는 안 된다.

- ◈ 시험장 내에서는 흡연을 할 수 없으며, 시설물이 훼손되지 않도록 주의하여야 한다.

- ◈ 시험 감독관의 지시를 따르지 않는 자 및 부정행위자는 당해 시험의 정지, 무효, 또는 합격 취소 처분을 받을 수 있으며, 향후 2년 또는 4년간 시험 응시 자격이 제한될 수 있다.

본인 확인 관련

- ◈ 본인 확인을 위해 수험표와 규정된 신분증(여권, 외국인등록증 등)을 반드시 소지하여야 하며, 시험 당일 신분증을 가져오지 않은 응시자는 시험에 응시할 수 없다.

- ◈ 대학(원)생의 학생증, 자격증 등은 신분증으로 인정하지 않으며, 신분증의 사본 또한 신분증으로 인 정하지 않는다.

- ◈ 감독관의 응시자 본인 확인 절차에 성실하게 응하여야 하며 따르지 않으면 부정행위로 간주될 수 있다.

- ◈ 본인 확인이 명확하게 이루어지지 않을 경우, 신원불명확자로 분류되어 추가 본인확인 조치를 받을 수 있다.

반입 금지 물품

> 휴대전화, 이어폰, 디지털카메라, MP3, 전자사전, 카메라 펜, 전자계산기, 라디오, 휴대용 미디어 플레이어, 스마트 워치 , 웨어러블 장비, 시각 표시와 교시별 잔여시간 표시 이외의 기능이 부착 된 시계 등 모든 전자 기기

- ◈ 반입 금지 물품을 시험실에 가지고 들어온 경우, 1교시 시작 전 감독관 지시에 따라 제출한다. (※ 1교시 시작 전 제출하지 않은 경우, 부정행위로 간주함)

※ 자세한 사항은 https://www.topik.go.kr 에서 확인하실 수 있습니다

목차 😜

PART 1
문제 유형

☑ ① 듣기 영역

② 쓰기 영역

③ 읽기 영역

유형 ❶ 알맞은 그림 또는 그래프 고르기

✔ 듣기 1번부터 3번까지 이 유형으로 총 3문제가 출제되며, **3급 수준**이다.

📎 풀이 전략

- 내용을 듣기 전 그림과 그래프의 상황을 먼저 파악하는 것이 좋다.
- 3번 그래프 문제는 그래프의 제목과 내용, 순위, 비율 등을 미리 읽어 두면 대화의 내용을 더 쉽게 이해 할 수 있다.

🙂 기출 문제

※ [1~3] 다음을 듣고 가장 알맞은 그림 또는 그래프를 고르십시오. (각 2점) 🎧 Track 0-1

2.

①

②

③

④

〈제83회 듣기 2번〉

3.

①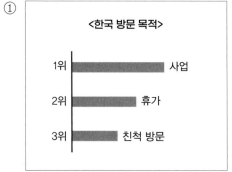

②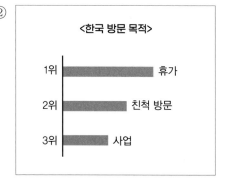

③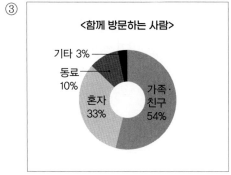

④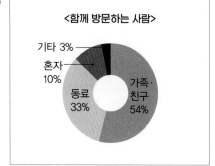

〈제83회 듣기 3번〉

2.

남자: 아, 무거워. 이 화분은 어디에 놓을까?

여자: 여기 창문 앞은 어때?

남자: 그래. 거기가 좋겠다.

〈제83회 듣기 2번〉

○ 남자가 "무거워."라고 말하고 있기 때문에 화분을 들고 있는 모습을 예상할 수 있다. 여자는 "여기 창문 앞은 어때?"라고 말하고 있기 때문에 창문 근처에 있는 모습을 예상할 수 있다. 따라서 정답은 ①번이다.

3.

남자: 외국인 관광객들이 한국을 방문하는 목적은 '휴가'가 가장 많았습니다. 다음으로 '사업'과 '친척 방문'이 뒤를 이었는데요. 그렇다면 외국인 관광객은 누구와 함께 한국에 올까요? '가족이나 친구'가 54%로 가장 많았고, '혼자'가 33%, '동료'가 10%로 나타났습니다.

〈제83회 듣기 3번〉

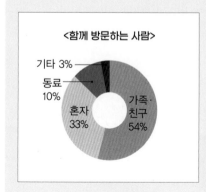

○ 이 문제에서는 외국인들의 '한국 방문 목적'과 '함께 방문하는 사람'에 대한 두 가지 내용이 나왔다. 한국 방문 목적 1위는 휴가, 2위는 사업, 3위는 친척 방문이었고, 함께 방문하는 사람 1위는 가족·친구, 2위는 혼자, 3위는 동료였다. 따라서 정답은 ③번이다.

유형 ❷ 이어지는 말 고르기

> ✅ 듣기 4번부터 8번까지 이 유형으로 총 5문제가 출제되며, **3급 수준**이다.

풀이 전략

- 내용을 듣기 전 '보기'를 보고 대화 상황을 짐작해 보면 좋다.
- 상황에 맞게 대답하는 문제이므로 대화의 마지막 문장에 나타난 질문이나 핵심어를 유의해서 들어야 한다.

기출 문제

※ [4~8] 다음을 듣고 이어질 수 있는 말로 가장 알맞은 것을 고르십시오. (각 2점) 🎧 Track 0-2

4.　① 어제 다 읽었어.

　　② 천천히 읽고 돌려줘.

　　③ 책 읽을 시간이 없었어.

　　④ 재미있는 책 좀 추천해 줘.

〈제83회 듣기 4번〉

6.　① 그럼 하얀색으로 바꾸러 가자.

　　② 나는 다른 운동화도 신어 볼래.

　　③ 새로 산 운동화가 마음에 들어.

　　④ 파란색이 너한테 더 잘 어울려.

〈제83회 듣기 6번〉

4.

> 여자: 민수야, 내가 빌려 준 책 읽고 있어? 재미있지?
> 남자: 응. 재미있어. 근데 언제까지 돌려주면 돼?
> 여자: _____

① 어제 다 읽었어.

② 천천히 읽고 돌려줘.

③ 책 읽을 시간이 없었어.

④ 재미있는 책 좀 추천해 줘.

〈제83회 듣기 4번〉

➡ 두 사람이 빌려 준 책에 대해 이야기하고 있는 상황이다. 남자의 마지막 문장에서 "언제까지 돌려주면 돼?"라고 물었기 때문에 책을 돌려주어야 하는 기간이나 시간 등에 관한 답을 하는 것이 자연스럽다. 따라서 정답은 ②번이다.

6.

> 여자: 나는 이 운동화로 할래. 너는 뭐 살 거야?
> 남자: 난 파란색하고 하얀색 둘 다 마음에 드는데, 뭐가 더 괜찮아?
> 여자: _____

① 그럼 하얀색으로 바꾸러 가자.

② 나는 다른 운동화도 신어 볼래.

③ 새로 산 운동화가 마음에 들어.

④ 파란색이 너한테 더 잘 어울려.

〈제83회 듣기 6번〉

➡ 두 사람이 운동화를 고르고 있는 상황이다. 남자가 여자에게 파란색 운동화와 하얀색 운동화 중에서 어떤 것이 더 나은지 여자의 의견을 물었기 때문에 둘 중 하나를 선택하여 대답하는 것이 자연스럽다. 따라서 정답은 ④번이다.

✔ 듣기 9번부터 12번까지 이 유형으로 총 5문제가 출제되며, **3급 수준**이다.

풀이 전략

• 내용을 듣기 전 문제를 보고 남자와 여자 중에 누구의 행동을 찾는 것인지 확인해야 한다.
• '보기'의 서술어(동사)를 확인하여 행동을 파악한다.

 기출 문제

※ [9~12] 다음을 듣고 여자가 이어서 할 행동으로 가장 알맞은 것을 고르십시오. (각 2점) 🎧 Track 0-3

11. ① 세탁물을 넣는다.
② 안내문을 읽는다.
③ 동전을 바꾸러 간다.
④ 세탁 코스를 선택한다.

〈제83회 듣기 11번〉

12. ① 거울을 치운다.
② 카메라를 설치한다.
③ 카페라 화면을 본다.
④ 촬영할 물건을 가져온다.

〈제83회 듣기 12번〉

해설

11.

> 여자: 빨래방은 처음인데 먼저 코스 선택하고 세탁물 넣으면 되나?
> 남자: 여기 안내문 있다. 세탁물 넣은 후에 코스 선택하고, 동전 넣으래.
> 여자: 나 동전은 없는데. 아, 거기 동전 교환기 있네. 바꿔 올게.
> 남자: 응. 난 또 뭘 해야 되는지 읽어 볼게.

① 세탁물을 넣는다.
② 안내문을 읽는다.
③ 동전을 바꾸러 간다.
④ 세탁 코스를 선택한다.

〈제83회 듣기 11번〉

❍ 여자가 이어서 할 행동을 찾아야 한다. 여자가 마지막에 동전을 "바꿔 올게"라고 이야기하였으므로 정답은 ③번이다.

12.

> 여자: 감독님, 촬영 준비 끝났습니다. 물건들도 제자리에 놓았고요.
> 남자: 그럼 카메라 화면에서 어떻게 보이는지 확인해 봅시다.
>   음, 저 거울이 꼭 필요할까요?
> 여자: 거울이 커서 그런지 사무실처럼 보이지가 않네요. 치울까요?
> 남자: 네. 그렇게 해 주세요.

① 거울을 치운다.
② 카메라를 설치한다.
③ 카페라 화면을 본다.
④ 촬영할 물건을 가져온다.

〈제83회 듣기 12번〉

❍ 여자가 이어서 할 행동을 찾아야 한다. 여자가 남자에게 거울을 "치울까요?"라고 물었고 남자가 "네. 그렇게 해 주세요."라고 대답하였기 때문에 정답은 ①번이다.

유형 ❹ 내용과 같은 것 고르기

✅ 듣기 13번부터 16번까지 이 유형으로 총 4문제가 출제되며, **3급 수준**이다.

풀이 전략

- 대화, 안내문, 뉴스, 인터뷰 등의 내용을 듣고 세부 내용을 파악하는 문제이다.
- 인터뷰의 경우 대답하는 사람의 말에서 중요한 내용이 나온다. 따라서 대답하는 사람이 말하는 세부 내용을 더 집중하여 듣는다.
- 듣기 전 '보기'를 읽고 핵심어나 중요한 내용에 표시한 후 문제를 들으면 좋다.

 기출 문제

※ [13~16] 다음을 듣고 들은 내용과 같은 것을 고르십시오. (각 2점) 🎧 Track 0-4

13.　　① 두 사람은 모형 배를 만드는 중이다.
　　　　② 이 모형 배는 가죽으로 만들어졌다.
　　　　③ 여자는 남자가 준 사진을 보고 있다.
　　　　④ 남자는 이 모형 배를 직접 본 적이 있다.

〈제83회 듣기 13번〉

16.　　① 여자는 전문적으로 그림을 배웠다.
　　　　② 여자의 그림은 화려한 느낌을 준다.
　　　　③ 여자는 화가가 된 지 70년이 넘었다.
　　　　④ 여자는 평범한 것을 그림의 소재로 삼는다.

〈제83회 듣기 16번〉

13.

> 여자: 이 사진 좀 볼래? 이게 모형이래. 실제 배하고 똑같지?
>
> 남자: 와, 정말 잘 만들었다. 근데 뭐로 만든 거야? 나무인가?
>
> 여자: 아니. 가죽으로 만든 거래.
>
> 남자: 신기하다. 가죽을 이용해서 배 모형을 만들다니. 직접 한번 보고 싶다.

① 두 사람은 모형 배를 <u>만드는 중이다</u>.

② 이 모형 배는 <u>가죽으로</u> 만들어졌다.

③ <u>여자는 남자가</u> 준 사진을 보고 있다.

④ 남자는 이 모형 배를 <u>직접 본 적이 있다</u>.

〈제83회 듣기 13번〉

- -

❍ 핵심어로 표시할 수 있는 것은 '①번 만드는 중이다, ②번 가죽으로, ③번 여자는 남자가, ④번 직접 본 적이 있다'이다. 이를 중심으로 세부 내용을 파악해 보면 정답은 ②번이다.

16.

> 남자: 작가님의 그림이 인기를 얻고 있는 이유는 뭐라고 생각하십니까?
>
> 여자: 우리 주변의 흔하고 평범한 소재를 따뜻하게 그리기 때문이 아닐까요? 저는 행복했던 어린 시절을 기억하고 싶어서 70세가 넘어서야 그림을 그리기 시작했어요. 물론 배운 적도 없고요. 꾸미지 않은 그런 느낌을 사람들이 좋아해 주는 것 같아요.

① 여자는 <u>전문적</u>으로 그림을 배웠다.

② 여자의 그림은 <u>화려한 느낌</u>을 준다.

③ 여자는 화가가 된 지 <u>70년</u>이 넘었다.

④ 여자는 <u>평범한 것</u>을 그림의 소재로 삼는다.

〈제83회 듣기 16번〉

- -

❍ 핵심어로 표시할 수 있는 것은 '①번 전문적, ②번 화려한 느낌, ③번 70년, ④번 평범한 것'이다. 이를 중심으로 세부 내용을 파악해 보면 정답은 ④번이다.

유형 ❺ 중심 생각 고르기

✅ 듣기 17번부터 20번까지 이 유형으로 총 4문제가 출제되며, **3급, 4급 수준**이다.

풀이 전략

- 듣기 전 문제를 읽고 남자와 여자 중 누구의 중심 생각을 찾는 것인지 확인해야 한다.
- 듣기 전 '보기'를 확인하고 중심 생각을 찾아야 하는 사람의 말을 집중하여 듣는다.

 기출 문제

※ [17~20] 다음을 듣고 **남자**의 중심 생각으로 가장 알맞은 것을 고르십시오. (각 2점) 🎧 Track 0-5

19. ① 다양한 분야의 사람을 만나야 한다.
② 직업을 자주 바꾸는 것은 좋지 않다.
③ 같이 일하는 사람과 잘 지내야 한다.
④ 진로에 대해 충분히 고민할 필요가 있다.

〈제83회 듣기 19번〉

20. ① 오래된 지명을 새롭게 바꿀 필요가 있다.
② 지명은 많은 사람이 알기 쉽게 만들어야 한다.
③ 지명에 쓰인 아름다운 옛말이 사용되면 좋겠다.
④ 지명을 만들 때는 마을의 문화를 반영해야 한다.

〈제83회 듣기 20번〉

해설

19.

> 여자: 지난번에 갔던 직업인들과의 만남 프로그램, 진짜 좋았지?
> 남자: 응. 다양한 직업을 가진 사람들의 이야기를 들으니까 참 좋았어.
> 여자: 맞아. 진로를 결정하는 데에도 꽤 도움이 됐어.
> 남자: 여러 분야의 사람들을 만나면 배울 것도 많은 것 같아.

① 다양한 분야의 사람을 만나야 한다.
② 직업을 자주 바꾸는 것은 좋지 않다.
③ 같이 일하는 사람과 잘 지내야 한다.
④ 진로에 대해 충분히 고민할 필요가 있다.

〈제83회 듣기 19번〉

----

❶ 두 사람은 직업인들과의 만남 프로그램의 경험을 이야기하고 있다. 남자는 이 경험에 대해 '참 좋았다', '배울 것이 많다'와 같이 긍정적으로 평가하고 있으며, 긍정적으로 평가하는 대상은 '다양한 직업을 가진 사람들', '여러 분야의 사람들'이다. 따라서 정답은 ①번이다.

20.

> 여자: 선생님, 마을 이름에 대한 책을 내신 특별한 계기가 있으신가요?
> 남자: 네. 지명에는 지금은 안 쓰는 옛날 말이 많이 남아 있습니다. 특히 마을의 문화나 자연을 가리키는 말들 중에 무척 아름다운 표현들이 많은데요. 그런 표현들이 다시 우리의 일상으로 들어와 삶의 곳곳에서 사용됐으면 하는 마음으로 책을 쓰게 됐어요.

① 오래된 지명을 새롭게 바꿀 필요가 있다.
② 지명은 많은 사람이 알기 쉽게 만들어야 한다.
③ 지명에 쓰인 아름다운 옛말이 사용되면 좋겠다.
④ 지명을 만들 때는 마을의 문화를 반영해야 한다.

〈제83회 듣기 20번〉

----

❷ 여자는 남자에게 책을 쓴 계기를 물었다. 이에 대해 남자는 마을의 문화나 자연을 가리키는 말들 중에 아름다운 표현들이 많고 그런 표현들이 다시 우리의 일상으로 들어와 사용됐으면 하는 마음으로 책을 쓰게 됐다고 대답하였다. 따라서 정답은 ③번이다.

유형 ⑥ 두 가지 문제에 답하기 ①

(인물의 행동, 말하기 의도, 태도, 직업 고르기)

✔ 듣기 21번부터 50번까지 이 유형으로 총 30문제가 출제되며,

21번~30번까지는 **4급 수준**

31번~40번까지는 **5급 수준**

41번~50번까지는 **6급 수준**이다.

세부 유형은 다음과 같다.

- 중심 생각 고르기 + 내용과 같은 것 고르기
- 인물의 행동 고르기 + 내용과 같은 것 고르기
- 말하기 의도 고르기 + 내용과 같은 것 고르기
- 내용과 같은 것 고르기 + 태도 고르기
- 직업 고르기 + 내용과 같은 것 고르기
- 중심 화제 고르기 + 내용과 같은 것 고르기
- 대화 전 내용 고르기 + 내용과 같은 것 고르기
- 중심 화제 고르기 + 이유 고르기

풀이 전략

인물의 행동 고르기, 말하기 의도 고르기, 태도 고르기

- 듣기 전 '보기'에서 핵심이 되는 단어(소개, 변경, 설명, 안내, 위로, 조언, 항의, 제안 등)를 확인하고 들으면서 인물의 말하기 방식이나 말하기 의도, 태도를 찾는다.
- 듣기 전 '보기'에서 남자 또는 여자의 말하기 방식, 의도, 태도가 나타나는지 확인해야 한다.

기출 문제

※ 다음을 듣고 물음에 답하십시오. 🎧 Track 0-6

23. 남자가 무엇을 하고 있는지 고르십시오.

① 취업에 성공한 방법을 소개하고 있다.

② 신입 사원 연수 일정을 변경하고 있다.

③ 신입 사원 채용 절차를 설명하고 있다.

④ 입사 전에 해야 할 일을 안내하고 있다.

〈제83회 듣기 23번〉

48. 남자의 태도로 알맞은 것을 고르십시오.

① 사회적 자본의 가치를 높이 평가하고 있다.
② 사회적 자본의 활용 방안을 검토하고 있다.
③ 사회적 자본에 대한 맹신을 경계하고 있다.
④ 사회적 자본이 미칠 영향을 우려하고 있다.

〈제83회 듣기 48번〉

> 남자: 안녕하십니까, 인주 상사입니다. 합격자 분들에게 건강 검진과 신입 사원 연수 일정을 문자로 보내 드렸는데 확인하셨나요?
> 여자: 네. 확인했습니다. 그런데 건강 검진은 정해진 병원에서만 해야 하나요?
> 남자: 아닙니다. 집 근처 보건소나 병원에 가서 받으셔도 됩니다. 검진 결과는 연수 끝나고 출근 전까지 내시면 되고요. 신입 사원 연수 때는 문자로 안내 드린 증명서만 제출하시면 됩니다.
> 여자: 감사합니다. 그럼 연수 때 뵙겠습니다.

23. 남자가 무엇을 하고 있는지 고르십시오.

① 취업에 성공한 방법을 소개하고 있다.
② 신입 사원 연수 일정을 변경하고 있다.
③ 신입 사원 채용 절차를 설명하고 있다.
④ 입사 전에 해야 할 일을 안내하고 있다.

〈제83회 듣기 23번〉

❶ 남자는 합격한 사람에게 문자로 건강 검진과 연수 일정을 안내했다. 또한 여자의 문의 사항에 대해 답하며 여자가 해야 할 일을 안내하고 있다. 따라서 정답은 ④번이다.

여자: 박사님, 과거에는 한 국가의 경쟁력을 평가할 때 돈과 같은 물질 자본이 주된 기준이었는데요. 최근 경제학에서는 사회적 자본이 더 중요한 지표로 언급되고 있습니다.

남자: 네. 사회적 자본이 갖는 경제적 가치가 입증되었기 때문이죠. 사회적 자본은 구성원들 간의 신뢰를 측정한 값으로 정의되는데요. 사회적 자본이 확대되면 불신으로 인해 발생하는 불필요한 절차나 거래 비용이 줄어 일의 처리가 빨라집니다. 그럼 사회 전체의 효율성과 수익성이 높아지고 이는 곧 경제적 자본의 성장으로 이어지죠. 이처럼 사회적 자본은 경제 성장의 원동력이 된다는 점에서 매우 중요합니다.

48. 남자의 태도로 알맞은 것을 고르십시오.

① 사회적 자본의 가치를 높이 평가하고 있다.

② 사회적 자본의 활용 방안을 검토하고 있다.

③ 사회적 자본에 대한 맹신을 경계하고 있다.

④ 사회적 자본이 미칠 영향을 우려하고 있다.

⟨제83회 듣기 48번⟩

○ 남자는 '사회적 자본이 확대되면' 이후의 내용을 통해 사회적 자본에 대해 계속해서 긍정적으로 평가하고 있다. 따라서 정답은 ①번이다.

유형 ⑥

풀이 전략

직업 고르기
• 듣기 전 '보기'를 통해 직업을 확인하고, 대화에서 직업과 관계있는 단어나 문장을 중심으로 답을 찾아야
한다.

 **기출 문제**

29. 남자는 누구인지 고르십시오. Track 0-6-1

① 게임 오류를 찾아내는 사람   ② 새로운 게임을 기획하는 사람
③ 게임에 음향 효과를 넣는 사람   ④ 새로 개발한 게임을 홍보하는 사람

〈제83회 듣기 29번〉

해설

여자: 팀장님께서는 게임을 출시하시기 전에 게임에서 발생하는 여러 문제점들을 찾아내는 일
을 맡고 계시다고 들었습니다.
남자: 네. 개발팀이 완성한 게임을 일정 기간 동안 직업 해 보면서 기술적인 오류를 찾아내고
있습니다. 또 캐릭터의 디자인이나 음향 효과 등 사용자의 흥미와 관련된 것들의 문제점
도 찾아내고요.
여자: 게임의 완성도를 높이기 위해서는 이 일이 굉장히 중요하겠네요.
남자: 네. 출시 후에 이런 문제가 발생하면 게임 판매에 부정적인 영향을 주게 되거든요. 그래
서 저희는 출시 전까지 책임감을 갖고 일합니다.

29. 남자는 누구인지 고르십시오.

① 게임 오류를 찾아내는 사람   ② 새로운 게임을 기획하는 사람
③ 게임에 음향 효과를 넣는 사람   ④ 새로 개발한 게임을 홍보하는 사람

〈제83회 듣기 29번〉

❍ 여자는 '게임을 출시하기 전에 게임에서 발생하는 여러 문제점을 찾아내는 일을 맡고 있다'고
남자의 직업에 대해 직접 언급하고 있다. 남자 역시 '기술적인 오류를 찾아내다', '흥미와 관련된 문
제점을 찾아내다'와 같이 자신의 직업에 대해 언급하고 있다. 여기에서 직업과 관련된 단어는 '게
임', '오류', '문제점' 등이며 정답은 ①번이다.

유형 **7** 두 가지 문제에 답하기 ②

(대화 전 내용, 중심 화제, 이유 고르기)

✅ 듣기 21번부터 50번까지 이 유형으로 총 30문제가 출제되며,

21번~30번까지는 **4급 수준**

31번~40번까지는 **5급 수준**

41번~50번까지는 **6급 수준**이다.

세부 유형은 다음과 같다.

• 중심 생각 고르기 + 내용과 같은 것 고르기

• 인물의 행동 고르기 + 내용과 같은 것 고르기

• 말하기 의도 고르기 + 내용과 같은 것 고르기

• 내용과 같은 것 고르기 + 태도 고르기

• 직업 고르기 + 내용과 같은 것 고르기

• 중심 화제 고르기 + 내용과 같은 것 고르기

• 대화 전 내용 고르기 + 내용과 같은 것 고르기

• 중심 화제 고르기 + 이유 고르기

📋 풀이 전략

대화 전 내용 고르기

• 대화의 첫 문장을 집중해서 들어야 한다.

• 대화의 첫 문장을 제대로 듣지 못했다면 뒤에 이어지는 말에서 앞의 내용이 다시 언급 되는 경우가 많기 때문에 두 번째 사람의 말을 통해 앞의 내용을 추측해야 한다.

기출 문제

※ 다음을 듣고 물음에 답하십시오. 🎧 Track 0-7

39. 이 대화 전의 내용으로 가장 알맞은 것을 고르십시오.

① 바다 생태계 환경을 평가하는 지표가 개발됐다.

② 정부는 해양 생태계 개선 사업을 긍정적으로 평가했다.

③ 어업인의 소득을 늘리기 위해 새로운 정책안이 발표됐다.

④ 사업의 실효성에 대한 의문을 제기하는 언론 보도가 있었다.

〈제83회 듣기 39번〉

여자: 그렇다면 정부는 지난 10년간 해양 생태계 개선 사업이 성공적이었다고 판단한 거군요.

남자: 네. 최근 해양 생태계의 환경이 개선되고 있다는 지표가 나오자 사업의 확대 시행까지 검토하고 있습니다. 이 사업에 대해 일부 어업인의 반대가 있는 것도 사실입니다. 바다 생물의 서식 환경이 개선되면 소득이 증대할 것이라 기대했으나 어획량은 기대만큼 늘지 않았기 때문입니다. 그러나 해양 생태계를 건강하게 만드는 것은 장기적인 관점에서 어업인들의 소득 증대로 이어질 수 있습니다. 사업의 필요성에 대한 공감대를 넓혀 나가는 노력을 해야 할 것입니다.

39. 이 대화 전의 내용으로 가장 알맞은 것을 고르십시오.

① 바다 생태계 환경을 평가하는 지표가 개발됐다.
② 정부는 해양 생태계 개선 사업을 긍정적으로 평가했다.
③ 어업인의 소득을 늘리기 위해 새로운 정책안이 발표됐다.
④ 사업의 실효성에 대한 의문을 제기하는 언론 보도가 있었다.

〈제83회 듣기 39번〉

◐ 여자의 첫 번째 문장을 보면 "정부는 지난 10년간 해양 생태계 개선 사업이 성공적이었다고 판단"했다고 하였다. 이어지는 남자의 말 역시 "해양 생태계의 환경이 개선되고 있다는 지표가 나오자"라고 하여 정부가 해양 생태계 개선 사업을 성공적(긍정적)으로 평가하고 있다는 것을 알 수 있다. 따라서 정답은 ②번이다.

풀이 전략

중심 화제 고르기, 이유 고르기

- 중심 화제 고르기는 세부 내용을 파악하는 것이 아니라 전체 내용을 가장 잘 요약한 것을 찾는 것이다. 따라서 특정 예나 단편적인 것이 아니라 지문 전체를 포괄할 수 있는 것을 답으로 찾아야 한다.
- 이유 고르기는 내용을 듣기 전에 문제에서 무엇에 대한 답을 들어야 하는지 먼저 확인하고 듣는 것이 좋다.

기출 문제

※ [43~44] 다음을 듣고 물음에 답하십시오. (각 2점) 🎧 Track 0-7-1

43. 무엇에 대한 내용인지 알맞은 것을 고르십시오.

① 뇌에 의한 착각 현상
② 시간을 인식하는 뇌의 부위
③ 생존을 위한 뇌의 작동 방식
④ 손상된 뇌로 인한 특이 반응

44. 참가자들이 얼굴 사진을 기억한 이유로 맞는 것을 고르십시오.

① 익숙함을 느꼈기 때문에
② 반복적으로 노출되었기 때문에
③ 위험한 요소로 받아들였기 때문에
④ 다른 사진과 공통점을 발견했기 때문에

〈제83회 듣기 43-44번〉

남자: 지금 흥미로운 실험이 진행 중이다. 참가자들은 1분 동안 수백 장의 사진을 본다. 꽃, 책상, 사슴 등의 사진이 빠르게 지나간다. 그 사이로 인상을 쓴 얼굴 사진 하나가 스쳐 간다. 순간, 참가자들의 뇌에서 편도체가 활성화된다. 실험이 끝난 뒤, 참가자들은 수많은 사진 중 인상 쓴 얼굴을 또렷이 기억했다. 편도체가 그것을 생존을 위협하는 요소로 인식해 재빨리 기억하도록 했기 때문이다. 특정 장면에 대한 공포는 생존을 위한 뇌의 학습 결과인 것이다. 동물도 마찬가지다. 쥐는 고양이를 만나면 공포를 느끼고 도망친다. 하지만 편도체가 손상된 쥐는 천적에 대한 기억이 없어 위험에 그대로 노출된다.

43. 무엇에 대한 내용인지 알맞은 것을 고르십시오.

① 뇌에 의한 착각 현상
② 시간을 인식하는 뇌의 부위
③ 생존을 위한 뇌의 작동 방식
④ 손상된 뇌로 인한 특이 반응

44. 참가자들이 얼굴 사진을 기억한 이유로 맞는 것을 고르십시오.

① 익숙함을 느꼈기 때문에
② 반복적으로 노출되었기 때문에
③ 위험한 요소로 받아들였기 때문에
④ 다른 사진과 공통점을 발견했기 때문에

〈제83회 듣기 43-44번〉

◐ 43번: 참가자들이 수많은 사진 중 인상 쓴 얼굴을 또렷이 기억하거나 쥐가 고양이에게 공포를 느끼는 것은 모두 생존을 위해서 뇌의 편도체가 활성화되었기 때문이다. 이러한 내용을 모두 포함할 수 있는 것은 ③번이며, 44번: 참가자들이 얼굴 사진을 기억한 이유는 편도체가 인상 쓴 얼굴을 생존을 위협하는 요소로 인식했기 때문이다. 따라서 정답은 ③번이다.

TOPIK II 듣기 영역의 문제는 뒷부분으로 갈수록 내용이 길고 어려운 단어가 많이 나옵니다. 하지만 답에 있는 보기는 수험자가 쉽게 예측할 수 있는 단어나 문법으로 제시됩니다. 따라서 내용이 길고 어려운 단어가 들렸다고 해서 미리 겁을 먹거나 포기할 필요가 없습니다.

듣기는 다른 영역과 달리 시험 전날에 몰아서 공부하기 어려운 영역입니다. 따라서 매일 10분씩이라도 듣기 연습을 하고 문제를 풀어봐야 합니다.

듣기 점수를 잘 받기 위해서 가장 중요한 것은 '듣기 전'에 문제를 빨리 이해하는 것입니다. 듣기 전에 어떤 내용이 나올 것인지 보기를 미리 읽으면서 중요한 단어를 파악할수록 잘 들립니다.

TOPIK II 듣기 영역 시험 전략!

- 듣기 전에 보기에 나오는 공통된 단어를 찾고 어떤 내용이 나올지 예상합니다.
- 들으면서 중요한 내용들은 메모를 합니다.
- 두 번씩 듣는 문제에서는 첫 번째 들을 때는 전체적인 듣기 내용, 두 번째 들을 때는 세부적인 듣기 내용에 집중해서 들어 봅니다.
- 앞에 들었던 내용을 못 들었더라도 빨리 포기하고 다음 문제를 준비합니다.

PART 1
문제 유형

① 듣기 영역
☑② 쓰기 영역
③ 읽기 영역

✔ 쓰기 51번이 이 유형으로 1문제가 출제되며, **3급 수준**이다.

풀이 전략

- 주로 공지문이나 실용문 등의 문제가 출제되나 최근에는 인터넷 게시판, SNS 등의 문제도 나오고 있으므로 다양한 종류의 글을 읽는 것이 좋다.
- 글의 제목을 먼저 읽고 글의 종류와 글을 쓴 목적을 파악해야 한다.
- 글의 문맥을 이해하여 빈칸 앞뒤에 연결되는 문장을 보고 내용을 추측한다.
- 정확한 어휘와 문법을 사용해 빈칸을 완성해야 한다.

기출 문제

※ [51~52] 다음 글의 ㉠과 ㉡에 알맞은 말을 각각 쓰시오. (각 10점)

51.

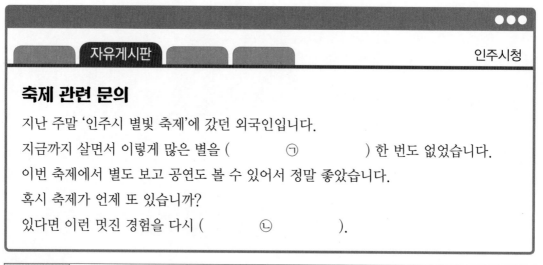

자유게시판   인주시청

축제 관련 문의

지난 주말 '인주시 별빛 축제'에 갔던 외국인입니다.

지금까지 살면서 이렇게 많은 별을 (㉠   ) 한 번도 없었습니다.

이번 축제에서 별도 보고 공연도 볼 수 있어서 정말 좋았습니다.

혹시 축제가 언제 또 있습니까?

있다면 이런 멋진 경험을 다시 (㉡   ).

㉠	
㉡	

〈제83회 쓰기 51번〉

51.

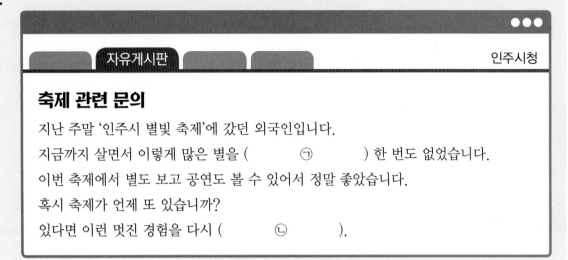

자유게시판　　　　　　　　　　　　　　　　　　인주시청

축제 관련 문의

지난 주말 '인주시 별빛 축제'에 갔던 외국인입니다.

지금까지 살면서 이렇게 많은 별을 (　　　　㉠　　　　) 한 번도 없었습니다.

이번 축제에서 별도 보고 공연도 볼 수 있어서 정말 좋았습니다.

혹시 축제가 언제 또 있습니까?

있다면 이런 멋진 경험을 다시 (　　　㉡　　　).

〈제83회 쓰기 51번〉

[정답]

㉠	본 적이
㉡	(꼭) 하고 싶습니다

❶ 이 글의 제목은 '축제 관련 문의'이며, 이 글을 쓴 사람은 축제와 관련해서 문의를 하고자 인주시청 인터넷 게시판에 글을 남겼다. ㉠에 들어갈 말은 앞과 뒤의 표현에서 찾아야 한다. '지금까지 살면서 이렇게 많은 별을', '한 번도 없었습니다'이므로, 경험을 나타내는 표현이 들어가야 한다. 따라서 ㉠의 답은 '본 적이'라고 써야 한다.

㉡은 앞과 뒤의 표현을 보면, 축제가 좋았고 경험을 다시 하고 싶다는 내용이 들어가야 한다. 따라서 ㉡의 답은 '(꼭) 하고 싶습니다'라고 써야 한다. 이때 종결 어미가 '-ㅂ/습니다'로 되어 있기 때문에 ㉡도 동일한 종결 어미를 써야 한다.

☑ 쓰기 52번이 이 유형으로 1문제가 출제되며, **3급, 4급 수준**이다.

풀이 전략

- 논리적으로 연결될 수 있도록 빈칸 안에 문장을 써야 한다.
- 원인과 이유, 병렬(나열), 대조(반대), 정의 등의 문제가 출제되기 때문에 지시어, 접속어에 유의한다.
- 글의 전체적인 문맥을 이해해야 한다. 특히 빈칸 앞뒤에 연결되는 문장을 통해 빈칸의 내용을 추측할 수 있다.
- 정확한 어휘와 문법을 사용해서 빈칸을 완성해야 한다.

기출 문제

※ [51~52] 다음 글의 ㉠과 ㉡에 알맞은 말을 각각 쓰시오. (각 10점)

52.

> 식물은 다양한 방법으로 자신을 보호한다. 덩굴성 야자나무는 빈 줄기를 개미에게 집으로 제공한다. 이 나무에 다른 동물이 다가오면 줄기 속에 있던 개미들은 밖으로 나온다. 이때 개미들의 움직임으로 소리가 생긴다. 이 소리는 동물을 깜짝 (㉠). 결국 놀란 동물은 나뭇잎을 먹지 못하고 달아나 버린다. 식물학자들은 이것이 바로 이 나무가 자신을 보호하는 (㉡).

㉠	
㉡	

〈제83회 쓰기 52번〉

해설

52.

> 식물은 다양한 방법으로 자신을 보호한다. 덩굴성 야자나무는 빈 줄기를 개미에게 집으로 제공한다. 이 나무에 다른 동물이 다가오면 줄기 속에 있던 개미들은 밖으로 나온다. 이때 개미들의 움직임으로 소리가 생긴다. 이 소리는 동물을 깜짝 (㉠   ). 결국 놀란 동물은 나뭇잎을 먹지 못하고 달아나 버린다. 식물학자들은 이것이 바로 이 나무가 자신을 보호하는 (㉡   )

〈제83회 쓰기 52번〉

[정답]

㉠	놀라게 한다
㉡	방법이라고 한다

❖ 이 글은 식물이 자신을 보호하는 방법에 대한 글이다. ㉠ 앞 문장에는 '이 소리는 동물을 깜짝'이라고 있는데, 여기에서 '이 소리는', '개미들의 움직임으로 생기는 소리'를 말한다. 그리고 ㉠ 뒷 문장에는 '결국 놀란 동물은 ~ '이라고 설명이 되어있다. 따라서 ㉠은 소리가 동물을 '놀라다'의 사동 표현인 '놀라게 한다'로 써야 한다.

㉡ 앞 문장에는 '식물학자들은 이것이 바로 이 나무가 자신을 보호하는'이라고 있는데, 이 글의 주제가 식물이 자신을 보호하는 방법이기 때문에 ㉡에 들어갈 말은 '방법이다'가 맞으며, 식물학자들이 말한 것이기 때문에 간접 인용을 사용해서 '방법이라고 한다'로 써야 한다.

✔ 쓰기 53번이 이 유형으로 1문제가 출제되며, **4급 수준**이다.

풀이 전략

- 주로 설문 조사 결과나 순위를 나타내는 그래프 변화 등이 출제된다.
- 첫 번째, 두 번째 그래프는 '현황', 세 번째 표에서는 '원인/이유/영향/효과/예시/장·단점/전망/목적' 등이 제시된다.
- 제시된 그래프와 표에 있는 내용을 모두 써야 한다. 이를 위해 53번에서 많이 사용되는 문법 표현과 단어를 알고 있어야 한다.
  (예) 표현: [조사 기관]에서는 [조사 주제]을/를 조사하였다. 조사 결과 ~
      어휘: ↑ 상승하다, 오르다, 증가하다, …
           ↓ 하락하다, 내리다, 감소하다, …

 기출 문제

53. 다음은 '인주시의 가구 수 변화'에 대한 자료이다. 이 내용을 200~300자의 글로 쓰시오.
   단, 글의 제목은 쓰지 마시오. (30점)

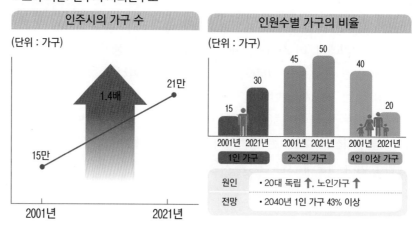

⟨제83회 쓰기 53번⟩

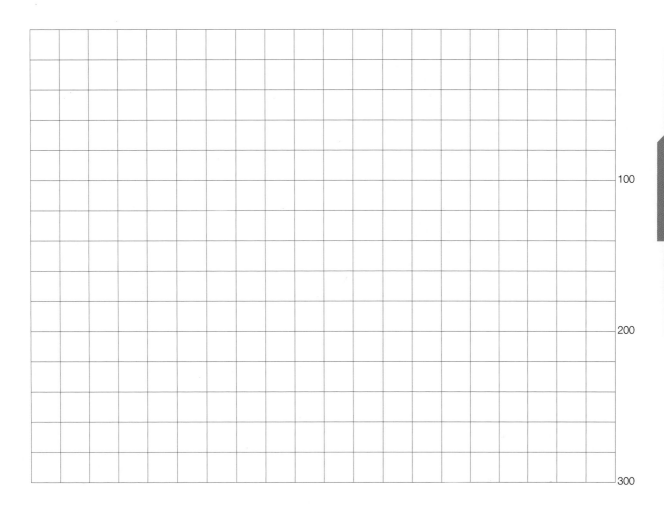

100

200

300

해설

53. 다음은 '인주시의 가구 수 변화'에 대한 자료이다. 이 내용을 200~300자의 글로 쓰시오. 단, 글의 제목은 쓰지 마시오. (30점)

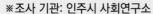

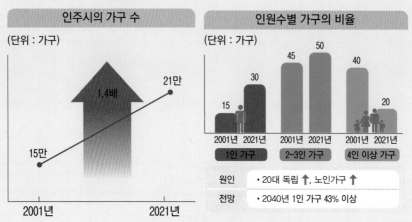

〈제83회 쓰기 53번〉

[모범 답안]

(첫 번째 그래프) 인주시 사회연구소에서는 인주시의 가구 수 변화를 조사하였다. 조사 결과 인주시의 가구 수는 2001년 15만 가구에서 2021년에는 21만 가구로 1.4배 증가하였다. (두 번째 그래프) 이는 인원수별 가구의 비율이 1인 가구는 2001년에 15%에서 2021년에는 30%로 크게 증가하였고 2~3인 가구는 45%에서 50%로 증가한 반면, 4인 이상 가구는 40%에서 20%로 큰 폭으로 감소하였기 때문이다. (세 번째 그래프) 이러한 변화는 독립한 20대와 노인 가구 증가의 결과로 보인다. 2040년에는 1인 가구가 43% 이상이 될 전망이다.

	인	주	시		사	회	연	구	소	에	서	는		인	주	시	의		가
구		수		변	화	를		조	사	하	였	다	.	조	사		결	과	
인	주	시	의		가	구		수	는		20	01	년		15	만		가	구
에	서		20	21	년	에	는		21	만		가	구	로		1.	4	배	
증	가	하	였	다	.	이	는		인	원	수	별		가	구	의		비	율
이		1	인		가	구	는		20	21	년	에		15	%	에	서		20
21	년	에	는		30	%	로		크	게		증	가	하	였	고		2	~
3	인		가	구	는		45	%	에	서		50	%	로		증	가	한	
반	면	,	4	인		이	상		가	구	는		40	%	에	서		20	%
로		큰		폭	으	로		감	소	하	였	기		때	문	이	다	.	이
러	한		변	화	는		독	립	한		20	대	와		노	인		가	구
증	가	의		결	과	로		보	인	다	.	20	40	년	에	는		1	인
가	구	가		43	%		이	상	이		될		전	망	이	다	.		

유형 ④ 주어진 주제로 긴 글쓰기

✔ 쓰기 54번이 이 유형으로 1문제가 출제되며, **5급, 6급 수준**이다.

풀이 전략

- 글을 쓰기 전에 질문에 대한 답을 간단하게 메모해 본다.
- '서론(처음)–본론(중간)–결론(끝)'을 구성하여 쓴다. 주어진 세 가지 질문을 순서대로 '서론–본론–결론'에 쓴다.
- '서론–본론–결론'의 형식을 갖춰 글에서 요구하는 질문에 대한 답을 균형 있게 써야 한다.

기출 문제

54. 다음을 참고하여 600~700자로 글을 쓰시오. 단, 문제를 그대로 옮겨 쓰지 마시오. (50점)

> 창의력은 새로운 것을 생각해 내는 능력이다. 현대 사회는 개인에게 창의력을 더 많이 요구하고 있다. 아래의 내용을 중심으로 '창의력의 필요성과 이를 기르기 위한 노력'에 대한 자신의 생각을 쓰라.
>
> · 창의력이 필요한 이유는 무엇인가?
> · 창의력을 발휘했을 때 얻을 수 있는 성과는 무엇인가?
> · 창의력을 기르기 위해서 어떠한 노력을 할 수 있는가?

〈제83회 쓰기 54번〉

100

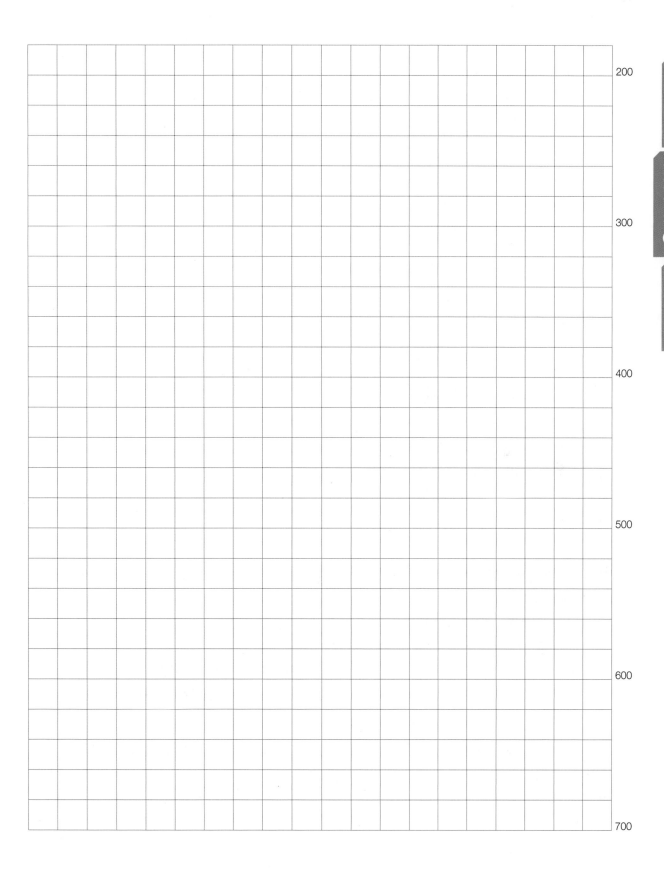

200

300

400

500

600

700

54. 다음을 참고하여 600~700자로 글을 쓰시오. 단, 문제를 그대로 옮겨 쓰지 마시오. (50점)

> 창의력은 새로운 것을 생각해 내는 능력이다. 현대 사회는 개인에게 창의력을 더 많이 요구하고 있다. 아래의 내용을 중심으로 '창의력의 필요성과 이를 기르기 위한 노력'에 대한 자신의 생각을 쓰라.
>
> · 창의력이 필요한 이유는 무엇인가?
> · 창의력을 발휘했을 때 얻을 수 있는 성과는 무엇인가?
> · 창의력을 기르기 위해서 어떠한 노력을 할 수 있는가?

〈제83회 쓰기 54번〉

○ [모범 답안]

서론: 창의력이 필요한 이유, 창의력의 역할 등 '창의력'에 대한 주제 소개

변화와 발전을 끊임없이 요구하는 현대 사회에서 창의력은 꼭 필요하다. 먼저 창의력은 새로운 관점을 가져온다. 정보가 넘쳐나는 오늘날 새로운 관점이 있으면 차별화된 시각으로 정보를 통합하고 활용할 수 있다. 또한 우리 사회는 새로운 시도 없이는 발전하기 어려운데 창의력은 기존 사고에 머무르지 않고 변화를 시도할 수 있게 돕는다. 나아가 창의력은 기존의 사고만으로는 해결하기 어려운 문제를 해결하는 데에 중요한 역할을 한다.

본론: 창의력을 발휘했을 때 얻을 수 있는 성과 – ①업무 성과, ②새로운 콘텐츠 생산, ③새로운 상품이나 기술 발명

이와 같이 창의력은 새로운 사고를 할 수 있게 하므로 창의력을 발휘했을 때 우리는 다양한 성과를 얻을 수 있다. 창의력을 발휘하면 자신의 업무 분야에서 뛰어난 업무 성과를 보일 수 있다. 또한 예술과 문화의 영역에서 음악이나 영화 등 새로운 콘텐츠를 만들어 냄으로써 사람들에게 신선한 감동을 줄 수도 있다. 뿐만 아니라 획기적인 사고를 바탕으로 삶의 질을 높여주는 새로운 상품이나 기술을 발명하여 사회에 기여할 수 있다.

결론: 창의력을 기르기 위한 노력 – ①독서 및 다양한 경험, ②새로운 관점으로 접근, ③비판적 사고

창의력을 기르기 위해서는 먼저 독서 및 다양한 경험을 통해 사고의 폭을 넓혀야 한다. 또한 눈에 보이는 현상에만 집중하는 것이 아니라 현상 뒤에 숨겨진 원인을 탐색하고 새로운 관점으로 문제에 접근하는 태도를 가져야 한다. 마지막으로 기존의 정답에만 머무는 것이 아니라 비판적 사고를 바탕으로 새로운 해결 방안이 없는지를 모색하는 노력을 기울여야 한다.

변화와 발전을 끊임없이 요구하는 현

대 사회에서 창의력은 꼭 필요하다. 먼

저 창의력은 새로운 관점을 가져온다.

정보가 넘쳐나는 오늘날 새로운 관점이

있으면 차별화된 시각으로 정보를 통합

하고 활용할 수 있다. 또한 우리 사회

는 새로운 시도 없이는 발전하기 어려

운데 창의력은 기존 사고에 머무르지

않고 변화를 시도할 수 있게 돕는다.

나아가 창의력은 기존의 사고만으로는

해결하기 어려운 문제를 해결하는 데에

중요한 역할을 한다.

　이와 같이 창의력은 새로운 사고를

할 수 있게 하므로 창의력을 발휘했을

때 우리는 다양한 성과를 얻을 수 있

다. 창의력을 발휘하면 자신의 업무 분

야에서 뛰어난 업무 성과를 보일 수

있다. 또한 예술과 문화의 영역에서 음

악이나 영화 등 새로운 콘텐츠를 만들

어 냄으로써 사람들에게 신선한 감동을

줄 수도 있다. 뿐만 아니라 획기적인

사고를 바탕으로 삶의 질을 높여주는

새로운 상품이나 기술을 발명하여 사회

에 기여할 수 있다.

　창의력을 기르기 위해서는 먼저 독서

및 다양한 경험을 통해 사고의 폭을

넓혀야 한다. 또한 눈에 보이는 현상에

만		집	중	하	는		것	이		아	니	라		현	상		뒤	에	
숨	겨	진		원	인	을		탐	색	하	고		새	로	운		관	점	으
로		문	제	에		접	근	하	는		태	도	를		가	져	야		한
다	.	마	지	막	으	로		기	존	의		정	답	에	만		머	무	는
것	이		아	니	라		비	판	적		사	고	를		바	탕	으	로	
새	로	운		해	결		방	안	이		없	는	지	를		모	색	하	는
노	력	을		기	울	여	야		한	다	.								

600

700

TOPIK II 쓰기 영역은 듣기 영역이 끝나고 나면 바로 실시됩니다. 따라서 쓰기 영역의 시간은 50분 정도라고 생각하면 됩니다. 54번 문제의 답을 쓸 때 시간이 오래 걸리기 때문에 높은 점수를 받고 싶은 수험자는 시간 분배를 잘하는 것이 중요합니다.

쓰기는 직접 글을 써 보고 문제를 풀어야 하는 영역입니다. 따라서 눈으로만 읽지 말고 꼭 직접 손으로 써 보는 연습이 필요합니다.

쓰기 점수를 잘 받기 위해서 가장 중요한 것은 '표현 외우기'입니다. 쓰기에서 나오는 문제들은 주제만 달라질 뿐, 유형은 정해져 있습니다. 따라서 쓰기에서 많이 사용하는 표현들을 외우고 있으면 쓰기 시험을 볼 때 도움이 됩니다.

TOPIK II 쓰기 영역 시험 전략!

- 시간을 확인하면서 문제를 풉니다.
- 쓰기 시험을 다 푼 후에 다시 읽으면서 틀린 문법이 없는지 확인합니다.
- 53번 문제에서 나오는 반복된 표현을 연습하면 높은 점수를 받을 수 있습니다.
- 54번 문제에서 포기하지 않습니다. 문제에 힌트가 있기 때문에 이 부분을 잘 읽어보고 글을 씁니다.

PART 1
문제 유형

❶ 듣기 영역
❷ 쓰기 영역
☑❸ 읽기 영역

✔ 읽기 1번부터 4번까지 이 유형으로 총 4문제가 출제되며, **3급, 4급 수준**이다.

📌 **풀이 전략**

- 비슷한 의미를 가진 문법을 정리해서 외워두면 좋다.
- 문장의 앞뒤를 보면서 그 의미와 가장 잘 어울리는 단어와 문법 표현을 골라야 한다.

 **기출 문제**

※ [1~2] (   )에 들어갈 말로 가장 알맞은 것을 고르십시오. (각 2점)

2.   꽃이 피기 시작하는 걸 보니 봄이 (   ).

① 오곤 한다   ② 온 모양이다

③ 오는 편이다   ④ 온 적이 있다

〈제83회 읽기 2번〉

※ [3~4] 밑줄 친 부분과 의미가 가장 비슷한 것을 고르십시오. (각 2점)

3.   시험이 시작되자 교실은 숨소리가 들릴 만큼 조용해졌다.

① 들리다가   ② 들리더라도

③ 들릴 정도로   ④ 들릴 때까지

〈제83회 읽기 3번〉

4.   집의 분위기는 꾸미기 나름이다.

① 꾸밀 만하다   ② 꾸미기가 쉽다

③ 꾸밀 수도 있다   ④ 꾸미기에 달려있다

〈제83회 읽기 4번〉

해설

2. 꽃이 피기 시작하는 걸 보니 봄이 (   ).

① 오곤 한다   ② 온 모양이다
③ 오는 편이다   ④ 온 적이 있다

〈제83회 읽기 2번〉

➡ '꽃이 피기 시작하는 걸 보니(까)', '봄이 (왔다)'를 추측하고 있다. 따라서 '-(은)ㄴ 모양이다'를 선택해야 한다. 비슷한 문법으로는 '온 것 같다', '왔나 보다'가 있다.

3. 시험이 시작되자 교실은 숨소리가 들릴 만큼 조용해졌다.

① 들리다가   ② 들리더라도
③ 들릴 정도로   ④ 들릴 때까지

〈제83회 읽기 3번〉

➡ '-(으)ㄹ만큼' 정도가 비슷하다를 표현하는 문법이다. 따라서 이것과 비슷한 의미를 가진 문법은 '(으)ㄹ 정도로'이다. 정답은 '③ 들릴 정도로'이다.

4. 집의 분위기는 꾸미기 나름이다.

① 꾸밀 만하다   ② 꾸미기가 쉽다
③ 꾸밀 수도 있다   ④ 꾸미기에 달려있다

〈제83회 읽기 4번〉

➡ '-기 나름이다'는 어떤 일이 앞의 말이 나타내는 행동을 어떻게 하느냐에 따라 달라질 수 있음을 표현하는 문법이다. 따라서 이것과 비슷한 의미를 가진 문법은 '-에 달려있다'이다.

☑ 읽기 5번부터 8번까지 이 유형으로 총 4문제가 출제되며, **3급 수준**이다.

풀이 전략

- 이용 방법, 광고, 캠페인, 구매 후기 등의 읽기 자료가 나온다.
- 명사, 동사, 형용사를 통해 무엇에 대한 글인지 파악해야 한다.

 기출 문제

※ [5~8] 다음은 무엇에 대한 글인지 고르십시오. (각 2점)

6.

> ## 매일 정성을 담아 더 맛있게~
> 자연에서 얻은 신선한 재료만을 사용합니다.

① 공원   ② 식당   ③ 꽃집   ④ 서점

〈제83회 읽기 6번〉

7.

> ## 웃는 얼굴, 밝은 인사
> 모두가 기분 좋은 하루의 시작입니다.

① 환경 보호   ② 생활 예절   ③ 건강 관리   ④ 봉사 활동

〈제83회 읽기 7번〉

해설

6.

매일 정성을 담아 더 맛있게~
자연에서 얻은 신선한 재료만을 사용합니다.

① 공원　　　　② 식당　　　　③ 꽃집　　　　④ 서점

〈제83회 읽기 6번〉

◎ '맛있게', '신선한 재료'라는 단어를 통해 '② 식당'에 대한 글인 것을 알 수 있다.

7.

웃는 얼굴, 밝은 인사
모두가 기분 좋은 하루의 시작입니다.

① 환경 보호　　　② 생활 예절　　　③ 건강 관리　　　④ 봉사 활동

〈제83회 읽기 7번〉

◎ '인사', '기분 좋은 하루의 시작'이라는 단어를 보면, 생활 속에서 지킬 수 있는 매너를 뜻하는 '② 생활 예절'에 대한 글임을 알 수 있다.

✔ 읽기 9번부터 10번까지 이 유형으로 총 2문제가 출제되며, **3급 수준**이다.

풀이 전략

- 9번은 주로 안내문이 나오고, 10번은 그래프를 분석하는 문제가 나온다.
- 안내문 또는 그래프의 제목을 먼저 읽고 어떤 내용인지 파악하면 좋다.
- 선택지의 문제와 글의 내용을 하나씩 비교해 가면서 맞는 것과 틀린 것을 찾아야 한다.

기출 문제

※ [9~12] 다음 글 또는 그래프의 내용과 같은 것을 고르십시오. (각 2점)

9.

인주시의 과거 모습을 찾습니다

◆ 기간 : 2022년 9월 1일(목)~9월 30일(금)
◆ 대상 : 1980년 이전에 찍은 사진
◆ 방법 : 인주 시청 홍보실로 방문 제출

※ 사진을 제출하신 분께는 문화 상품권(3만 원)을 드립니다.

① 이 행사는 한 달 동안 진행된다.
② 사진은 이메일로 제출해야 한다.
③ 인주시에서 올해 찍은 사진을 내면 된다.
④ 이 행사에 참여하면 인주시의 옛날 사진을 받는다.

〈제83회 읽기 9번〉

9.

인주시의 과거 모습을 찾습니다

◈ 기간 : 2022년 9월 1일(목)~9월 30일(금)

◈ 대상 : 1980년 이전에 찍은 사진

◈ 방법 : 인주 시청 홍보실로 방문 제출

※ 사진을 제출하신 분께는 문화 상품권(3만 원)을 드립니다.

① 이 행사는 한 달 동안 진행된다.
② 사진은 이메일로 제출해야 한다.
③ 인주시에서 올해 찍은 사진을 내면 된다.
④ 이 행사에 참여하면 인주시의 옛날 사진을 받는다.

〈제83회 읽기 9번〉

⬤ 이 행사는 9월 1일부터 9월 30일까지 한 달 동안 진행된다. 따라서 정답은 ①번이다. 1980년 이전에 찍은 사진을(③) 방문 제출해야 한다(②). 이 행사에 참여하면 문화 상품권 3만 원을 받는다(④).

읽기 11번, 12번, 22번, 24번, 32번~34번까지 이 유형으로 총 7문제가 출제되며,

11번, 12번, 22번, 24번은 **3급 수준**

32번~34번까지는 **4급, 5급 수준**이다.

풀이 전략

· 11번~12번은 32번~34번에 비해서 글이 짧다.
· 주로 설명하는 글이 나오며, 선택지의 문제와 글의 내용을 하나씩 비교해 가면서 맞는 것과 틀린 것을 찾아야 한다.

기출 문제

※ 다음을 읽고 글의 내용과 같은 것을 고르십시오.

32.

> 오케스트라는 연주하기 전에 악기들의 음을 서로 맞춰 보는 과정을 거친다. 그때 오케스트라의 한가운데에 자리 잡은 오보에가 기준 음을 낸다. 오보에는 다른 관악기와 달리 나무 떨림판인 '리드'를 두 장 겹쳐 사용해서 소리가 더 정확하고 또렷하기 때문이다. 또 음을 안정적으로 길게 유지할 수 있어서 다른 악기들이 음을 쉽게 맞출 수 있도록 해 준다.

① 오보에는 다른 악기와 달리 리드 하나로 음을 낸다.
② 오보에의 첫 음과 함께 오케스트라 연주가 시작된다.
③ 오보에는 소리가 작아서 오케스트라의 앞쪽에 위치한다.
④ 오보에는 오케스트라에서 소리를 맞출 때 기준 역할을 한다.

〈제83회 읽기 32번〉

32.

> 오케스트라는 연주하기 전에 악기들의 음을 서로 맞춰 보는 과정을 거친다. 그때 오케스트라의 한가운데에 자리 잡은 오보에가 기준 음을 낸다. 오보에는 다른 관악기와 달리 나무 떨림판인 '리드'를 두 장 겹쳐 사용해서 소리가 더 정확하고 또렷하기 때문이다. 또 음을 안정적으로 길게 유지할 수 있어서 다른 악기들이 음을 쉽게 맞출 수 있도록 해 준다.

① 오보에는 다른 악기와 달리 리드 하나로 음을 낸다.

② 오보에의 첫 음과 함께 오케스트라 연주가 시작된다.

③ 오보에는 소리가 작아서 오케스트라의 앞쪽에 위치한다.

④ 오보에는 오케스트라에서 소리를 맞출 때 기준 역할을 한다.

〈제83회 읽기 32번〉

❍ 오케스트라를 시작하기 전에 악기들은 음을 서로 맞춰 보는 과정을 거치는데, 오케스트라의 한가운데에 자리 잡은 오보에가 기준 음을 낸다고 했으므로 정답은 ④번이다.

✅ 읽기 13번~15번까지 이 유형으로 총 3문제가 출제되며, **3급, 4급 수준**이다.

풀이 전략

- 첫 문장을 찾는 것이 중요하다. 접속어(그리고, 하지만, 왜냐하면 등), 지시어(이, 그, 저 등), 조사(N도)로 시작하는 문장이나 뒤에 이유를 나타내는 문장(–기 때문이다) 등은 첫 문장으로 올 수 없다.
- 첫 문장을 찾은 후에 접속어, 지시어, 조사를 이용해 다음 문장을 자연스럽게 연결한다.
- 일반적이고 보편적 내용에서 구체적인 내용으로 전개되는 경우가 많다.

기출 문제

※ [13~15] 다음을 순서에 맞게 배열한 것을 고르십시오. (각 2점)

13.

> (가) 그러나 이를 닦을 때는 순서에 맞춰 닦는 것이 좋다.
> (나) 사람들은 보통 이를 닦을 때 순서에 별로 신경 쓰지 않는다.
> (다) 전문가들은 안쪽 구석에서부터 앞쪽 방향이 좋다고 조언한다.
> (라) 안쪽 이가 상하기 쉬워서 더 꼼꼼하게 닦아야 하기 때문이다.

① (나)-(가)-(다)-(라)   ② (나)-(라)-(가)-(다)
③ (다)-(가)-(라)-(나)   ④ (다)-(나)-(라)-(가)

〈제83회 읽기 13번〉

13.

> (가) 그러나 이를 닦을 때는 순서에 맞춰 닦는 것이 좋다.
>
> (나) 사람들은 보통 이를 닦을 때 순서에 별로 신경 쓰지 않는다.
>
> (다) 전문가들은 안쪽 구석에서부터 앞쪽 방향이 좋다고 조언한다.
>
> (라) 안쪽 이가 상하기 쉬워서 더 꼼꼼하게 닦아야 하기 때문이다.

① (나)-(가)-(다)-(라)　　　　　② (나)-(라)-(가)-(다)

③ (다)-(가)-(라)-(나)　　　　　④ (다)-(나)-(라)-(가)

〈제83회 읽기 13번〉

◑ (나)와 (다) 중에서 첫 번째 문장을 찾아야 한다. (나)는 이를 닦는 순서에 대한 보편적인 내용을 언급하고 있기 때문에 (나)가 첫 번째 문장이 된다. '(나) 사람들은 이를 닦을 때 순서에 별로 신경 쓰지 않는다. → (가) 그러나 이를 닦을 때는 순서에 맞게 닦는 것이 좋다. → (다) 전문가들은 안쪽 구석에서부터 앞쪽 방향이 좋다고 조언한다. → (라) (왜냐하면) 안쪽 이가 상하기 쉬워서 더 꼼꼼하게 닦아야 하기 때문이다.'의 순서가 자연스럽다. 따라서 정답은 ①번이다.

✔ 읽기 16번~18번, 28번~31번, 44번, 49번에서 이 유형으로 총 9문제가 출제되며,

  16번~18번까지는 **3급 수준**

  28번~31번까지는 **4급 수준**

  44번, 49번은 **5급, 6급 수준**이다.

풀이 전략

• 문장의 앞뒤 관계를 살펴보면서 답을 찾아야 한다. 빈칸의 앞과 뒤 문장을 읽고 힌트가 되는 단서를 찾아서 문제를 풀어야 한다.

 기출 문제

※ [16~18] (   )에 들어갈 말로 가장 알맞은 것을 고르십시오.

16.

> 필름형 스피커는 종이보다 얇고 투명해서 (   ) 사용할 수 있다. 이 스피커를 활용하면 컴퓨터 화면이나 액자뿐만 아니라 벽이나 천장에서도 소리가 나오게 할 수 있다. 또 소재가 부드러워서 옷이나 커튼에 달아도 불편함 없이 사용이 가능하다.

① 소리 크기를 높여   ② 단독 형태로 분리해

③ 다양한 물건에 붙여   ④ 특수한 영역을 제한해

〈제83회 읽기 16번〉

※ [28~31] (   )에 들어갈 말로 가장 알맞은 것을 고르십시오.

28.

> 최근 한국의 편의점 업체가 해외로 진출하면서 현지에서 큰 인기를 끌고 있다. 인테리어에서 판매 상품까지 (   ) 전략을 썼기 때문이다. 보통 마트가 해외에 진출할 때는 현지인의 취향에 맞추려고 하는데 이 편의점 업체는 이와 반대되는 방법을 써서 성공한 것이다.

① 빠뜨리지 않고 홍보하는   ② 판매자의 기호에 맞추는

③ 편의점의 특성을 최대한 감추는   ④ 한국 편의점을 그대로 재현하는

〈제83회 읽기 28번〉

16.

> 필름형 스피커는 종이보다 얇고 투명해서 (   ) 사용할 수 있다. 이 스피커를 활용하면 컴퓨터 화면이나 액자뿐만 아니라 벽이나 천장에서도 소리가 나오게 할 수 있다. 또 소재가 부드러워서 옷이나 커튼에 달아도 불편함 없이 사용이 가능하다.

① 소리 크기를 높여 ② 단독 형태로 분리해
③ 다양한 물건에 붙여 ④ 특수한 영역을 제한해

〈제83회 읽기 13번〉

❏ 빈칸 뒤의 문장을 보면 필름형 스피커를 액자, 벽, 천장 등 다양한 물건에 붙여서 활용하는 방법이 나온다. 따라서 정답은 ③번이다.

28.

> 최근 한국의 편의점 업체가 해외로 진출하면서 현지에서 큰 인기를 끌고 있다. 인테리어에서 판매 상품까지 (   ) 전략을 썼기 때문이다. 보통 마트가 해외에 진출할 때는 현지인의 취향에 맞추려고 하는데 이 편의점 업체는 이와 반대되는 방법을 써서 성공한 것이다.

① 빠뜨리지 않고 홍보하는 ② 판매자의 기호에 맞추는
③ 편의점의 특성을 최대한 감추는 ④ 한국 편의점을 그대로 재현하는

〈제83회 읽기 28번〉

❏ '보통 마트가 해외에 진출할 때는 현지인의 취향에 맞추려고 하는데' 이와 반대로 최근 해외에 진출한 편의점은 한국 편의점을 재현하는 방법을 썼기 때문이다. 따라서 정답은 ④번이다.

유형 ⑦ 빈칸에 알맞은 지시어, 관용어 고르기

✔ 읽기 19번, 21번에서 이 유형으로 총 2문제가 출제되며, **3급, 4급 수준**이다.

풀이 전략

- 19번 문제는 지시어를 고르는 문제가 출제되고, 21번 문제는 관용어를 고르는 문제가 출제된다.
- 빈칸 앞뒤의 문장을 잘 살펴보고, 빈칸에 알맞은 지시어와 관용어를 골라야 한다. 평소 지시어와 관용어의 의미를 공부하면 도움이 된다.

기출 문제

※ [19~20] 다음을 읽고 물음에 답하십시오. (각 2점)

> 흥미와 재미 요소를 내세워 홍보하는 마케팅 전략이 주목받고 있다. 이런 마케팅은 소비자의 호기심을 자극해 구매로 이어지게 한다. 그러나 제품의 품질이 소비자의 기대에 미치지 못하는 경우 (   ) 브랜드 이미지까지 나빠지기도 한다. 실제로 한 햄버거 회사에서 '주머니 버거', '눌러 먹는 버거'를 만들어 소비자의 관심을 끌었지만 품질이 기대에 못 미치자 회사의 다른 제품까지 판매가 감소한 경우가 있었다.

19. (   )에 들어갈 말로 가장 알맞은 것을 고르십시오.

     ① 과연   ② 비록   ③ 차라리   ④ 오히려

〈제83회 읽기 19번〉

※ [21-22] 다음을 읽고 물음에 답하십시오. (각 2점)

> 소방관은 재난 현장에서 끔찍한 상황을 자주 접하기 때문에 정신 건강에 위험이 따른다. 최근 이러한 문제가 심각해지자 인주시가 해결을 위해 (   ). 인주시는 빠른 시일 내에 정신 건강에 대해 조사를 실시하고 문제를 겪는 소방관이 있으면 전문 상담사를 보내 상담을 진행하기로 했다. 이와 더불어 심리 안정 프로그램 개발과 진료비 지원을 위한 예산을 확보했다고 발표했다.

21. (   )에 들어갈 말로 가장 알맞은 것을 고르십시오.

     ① 등 떠밀었다   ② 눈을 맞췄다   ③ 발 벗고 나섰다   ④ 손에 땀을 쥐었다

〈제83회 읽기 21번〉

흥미와 재미 요소를 내세워 홍보하는 마케팅 전략이 주목받고 있다. 이런 마케팅은 소비자의 호기심을 자극해 구매로 이어지게 한다. 그러나 제품의 품질이 소비자의 기대에 미치지 못하는 경우 (   ) 브랜드 이미지까지 나빠지기도 한다. 실제로 한 햄버거 회사에서 '주머니 버거', '눌러 먹는 버거'를 만들어 소비자의 관심을 끌었지만 품질이 기대에 못 미치자 회사의 다른 제품까지 판매가 감소한 경우가 있었다.

19. (   )에 들어갈 말로 가장 알맞은 것을 고르십시오.

① 과연   ② 비록   ③ 차라리   ④ 오히려

〈제83회 읽기 19번〉

❍ 흥미와 재미로 구매율을 높여야 하지만, 반대로 품질이 나쁜 경우에는 브랜드 이미지까지 나빠지기도 한다. 실제로 소비자의 관심을 끌었지만 품질이 기대에 미치지 못하자 마케팅 계획과는 전혀 반대로 다른 제품까지 판매가 감소한 경우가 있었다. 따라서 정답은 '기대와는 전혀 반대되거나 다르게'라는 뜻을 가진 ④번이다.

소방관은 재난 현장에서 끔찍한 상황을 자주 접하기 때문에 정신 건강에 위험이 따른다. 최근 이러한 문제가 심각해지자 인주시가 해결을 위해 (   ). 인주시는 빠른 시일 내에 정신 건강에 대해 조사를 실시하고 문제를 겪는 소방관이 있으면 전문 상담사를 보내 상담을 진행하기로 했다. 이와 더불어 심리 안정 프로그램 개발과 진료비 지원을 위한 예산을 확보했다고 발표했다.

21. (   )에 들어갈 말로 가장 알맞은 것을 고르십시오.

① 등 떠밀었다   ② 눈을 맞췄다   ③ 발 벗고 나섰다   ④ 손에 땀을 쥐었다

〈제83회 읽기 21번〉

❍ 문제를 해결하기 위해 적극적으로 나서다라는 의미가 들어가야 한다. 인주시는 소방관을 위해 정신 건강에 대해 조사 실시, 전문 상담사의 상담 진행, 심리 안정 프로그램 개발, 진료비 지원을 위한 예산 확보 등과 같이 문제 해결을 위해 적극적으로 나서고 있다. 따라서 정답은 ③번이다.

✔ 읽기 23번, 42번에서 이 유형으로 총 2문제가 출제되며, **4급, 5급 수준**이다.

풀이 전략

- 주로 수필(23번), 소설(42번)과 같은 글에서 심정을 묻는 문제가 나온다. 글의 전체적인 분위기, 사건 등을 파악해 이 사람이 느끼는 감정을 찾아야 한다.
- 심정을 나타내는 다양한 표현을 공부하면 좋다.

 기출 문제

※ [23~24] 다음을 읽고 물음에 답하십시오. (각 2점)

며칠 전 창고 선반 위에 올려 둔 가방을 꺼내는데 공책 한 권이 툭 하고 떨어졌다. 나는 '뭐지?' 하고 별 생각 없이 안을 펼쳐 보고는 눈물이 왈칵 나올 뻔했다. 그것은 바로 어렸을 때 돌아가신 아버지의 일기장이었다. 아버지 물건이 아직도 집에 남아 있을 줄은 전혀 생각하지 못했다. 두근거리는 마음으로 거실로 나와 일기장을 펼쳤다. 30년 전 날짜가 적힌 일기장의 누렇게 변한 페이지마다 아버지의 하루하루가 적혀 있었다. 내가 초등학교에 입학한 날, 여행한 날, 혼났던 날…… 그때의 추억들이 펼쳐졌다. 아버지는 언제 어디서 무엇을 하셨는지 빼곡히 적어 두셨다. 일기장에 적혀 있는 곳을 인터넷으로 찾아보니 자주 가시던 빵집과 국숫집이 아직도 그대로 있었다. 그곳에 가면 아버지의 흔적을 느낄 수 있을까? 나는 이번 주말에 일기장에 적혀 있는 곳에 한번 찾아가 보려고 한다.

23. 밑줄 친 부분에 나타난 '나'의 심정으로 가장 알맞은 것을 고르십시오.

① 반갑고 감격스럽다

② 편하고 만족스럽다

③ 아쉽고 걱정스럽다

④ 기쁘고 자랑스럽다

〈제83회 읽기 23번〉

해설

며칠 전 창고 선반 위에 올려 둔 가방을 꺼내는데 공책 한 권이 툭 하고 떨어졌다. 나는 '뭐지?' 하고 별 생각 없이 안을 펼쳐 보고는 <u>눈물이 왈칵 나올 뻔했다.</u> 그것은 바로 어렸을 때 돌아가신 아버지의 일기장이었다. 아버지 물건이 아직도 집에 남아 있을 줄은 전혀 생각하지 못했다. 두근거리는 마음으로 거실로 나와 일기장을 펼쳤다. 30년 전 날짜가 적힌 일기장의 누렇게 변한 페이지마다 아버지의 하루하루가 적혀 있었다. 내가 초등학교에 입학한 날, 여행한 날, 혼났던 날…… 그때의 추억들이 펼쳐졌다. 아버지는 언제 어디서 무엇을 하셨는지 빼곡히 적어 두셨다. 일기장에 적혀 있는 곳을 인터넷으로 찾아보니 자주 가시던 빵집과 국숫집이 아직도 그대로 있었다. 그곳에 가면 아버지의 흔적을 느낄 수 있을까? 나는 이번 주말에 일기장에 적혀 있는 곳에 한번 찾아가 보려고 한다.

23. 밑줄 친 부분에 나타난 '나'의 심정으로 가장 알맞은 것을 고르십시오.

① 반갑고 감격스럽다
② 편하고 만족스럽다
③ 아쉽고 걱정스럽다
④ 기쁘고 자랑스럽다

<제83회 읽기 23번>

◎ '나'는 어렸을 때 아버지가 돌아가셨다. 어느 날 우연히 아버지의 일기장을 발견했다. 아버지의 일기장을 통해 아버지를 추억할 수 있기 때문에 아버지의 일기장을 발견한 '나'의 심정은 '반갑고 감격스럽다'가 자연스럽다. 따라서 정답은 ①번이다.

✅ 읽기 25번~27번까지 이 유형으로 총 3문제가 출제되며, **4급 수준**이다.

풀이 전략

- 최신 뉴스를 꾸준하게 읽는 것이 좋다.
- 신문 기사의 제목은 함축적인 의미로 사용된 단어가 많다. 따라서 이 표현이 어떤 상황에서 사용되는 단어인지 이해해야 한다.
- 신문 기사의 내용이 선택지에 다 포함되어 있는지 확인한다.

 기출 문제

※ [25~27] 다음 신문 기사의 제목을 가장 잘 설명한 것을 고르십시오. (각 2점)

25.

> 드라마 '진실' 인기 효과, 원작 베스트셀러 1위

① 드라마 '진실'이 인기를 얻으면서 원작이 판매량 1위를 차지했다.
② 드라마 '진실'이 시청률 1위가 되자 원작 작가에 대한 관심이 높아졌다.
③ 드라마 '진실'의 인기로 원작 작가의 모든 작품들의 판매율이 상승했다.
④ 드라마 '진실'의 원작의 인기 요소를 추가해 시청률 1위의 드라마가 됐다.

〈제83회 읽기 25번〉

27.

> 온라인 거래 사기 급증, 정부 대책 마련은 미흡

① 온라인 거래 사기가 늘었지만 정부의 대책 마련은 충분하지 않다.
② 온라인 시장에서 거래 사기가 증가해 정부가 대책을 수립하고 있다.
③ 온라인 거래 사기를 막기 위해 마련한 정부의 대책은 큰 효과가 없었다.
④ 온라인 거래 사기 피해자들을 위해 정부가 대책을 마련하겠다고 발표했다.

〈제83회 읽기 27번〉

해설

25.

드라마 '진실' 인기 효과, 원작 베스트셀러 1위

① 드라마 '진실'이 인기를 얻으면서 원작이 판매량 1위를 차지했다.
② 드라마 '진실'이 시청률 1위가 되자 원작 작가에 대한 관심이 높아졌다.
③ 드라마 '진실'의 인기로 원작 작가의 모든 작품들의 판매율이 상승했다.
④ 드라마 '진실'의 원작의 인기 요소를 추가해 시청률 1위의 드라마가 됐다.

〈제83회 읽기 25번〉

- -

❏ 드라마 '진실'이 인기가 있어서, 원작(원래 작품)이 베스트셀러(잘 팔리는 책) 1위 순위에 올랐다는 내용이다. 따라서 정답은 ①번이다.

27.

온라인 거래 사기 급증, 정부 대책 마련은 미흡

① 온라인 거래 사기가 늘었지만 정부의 대책 마련은 충분하지 않다.
② 온라인 시장에서 거래 사기가 증가해 정부가 대책을 수립하고 있다.
③ 온라인 거래 사기를 막기 위해 마련한 정부의 대책은 큰 효과가 없었다.
④ 온라인 거래 사기 피해자들을 위해 정부가 대책을 마련하겠다고 발표했다.

〈제83회 읽기 27번〉

- -

❏ '급증'은 짧은 기간에 갑자기 늘어난 것을 의미하며, '미흡'은 만족스럽지 못한 것을 뜻한다. 따라서 정답은 ①번이다.

✅ 읽기 43번, 47번, 50번이 이 유형으로 총 3문제가 출제되며, **5급, 6급 수준**이다.

풀이 전략

- [유형 4]에서는 짧은 글을 읽고 같은 내용을 골랐다면, 읽기 43번, 47번, 50번 문제에서는 긴 글을 읽고 같은 내용을 골라야 한다.
- 주로 전문적인 주제(과학, 정치, 경제 등)에 대한 글이 나오며, 선택지의 문제와 글의 내용을 하나씩 비교해 가면서 맞는 것과 틀린 것을 찾아야 한다.
- 긴 글을 읽느라 시간 분배를 잘 못할 수 있으니, 시간에 맞춰 문제를 푸는 연습이 필요하다.

 기출 문제

※ [46~47] 윗글의 내용과 같은 것을 고르십시오. (각 2점)

　　세계는 신에너지, 자동화, 우주여행 등이 주도하는 시대로 급속히 접어들고 있다. 세계 각국은 풍력, 태양광 등 재생 가능한 에너지를 개발하는 회사에 대한 정부 보조금을 늘리고 있고 그에 따라 대체 에너지의 사용 비율도 점차 증가하고 있다. 민간 우주 산업 육성을 위해 인공위성 주파수 사용과 우주선 발사 등에 대한 대대적인 규제 완화를 한 국가도 있다. 그 덕분에 한 민간 기업은 화성 여행이 가능한 호텔급 우주여행선을 제작할 수 있었다. 민간 기업이 과학기술 개발을 주도하며 성장할 수 있게 된 것은 정부가 지원을 확대하면서도 간섭을 최소화했기 때문이다. 이처럼 과학 기술이 유의미하게 발전하기 위해서는 과학 전문가들이 정책 수립을 주도하고 전문 기업이 그 정책의 수행을 담당할 수 있게 해야 한다. 이때 정부는 모든 과정에 지원은 하되 과도하게 관여하는 일은 없어야 할 것이다.

47.　윗글의 내용과 같은 것을 고르십시오.

　　① 많은 국가들이 신에너지 개발에 대한 투자를 줄이고 있다.
　　② 과학 정책이 빠르게 변해서 과학 기술이 발전할 수 있었다.
　　③ 정부가 우주 산업에 대한 규제를 풀어 성장한 민간 기업이 있다.
　　④ 우주 개발에 참여 중인 민간 기업이 화성에 호텔을 건설하고 있다.

〈제83회 읽기 47번〉

세계는 신에너지, 자동화, 우주여행 등이 주도하는 시대로 급속히 접어들고 있다. 세계 각국은 풍력, 태양광 등 재생 가능한 에너지를 개발하는 회사에 대한 정부 보조금을 늘리고 있고 그에 따라 대체 에너지의 사용 비율도 점차 증가하고 있다. 민간 우주 산업 육성을 위해 인공위성 주파수 사용과 우주선 발사 등에 대한 대대적인 규제 완화를 한 국가도 있다. 그 덕분에 한 민간 기업은 화성 여행이 가능한 호텔급 우주여행선을 제작할 수 있었다. 민간 기업이 과학 기술 개발을 주도하며 성장할 수 있게 된 것은 정부가 지원을 확대하면서도 간섭을 최소화했기 때문이다. 이처럼 과학 기술이 유의미하게 발전하기 위해서는 과학 전문가들이 정책 수립을 주도하고 전문 기업이 그 정책의 수행을 담당할 수 있게 해야 한다. 이때 정부는 모든 과정에 지원은 하되 과도하게 관여하는 일은 없어야 할 것이다.

47. 윗글의 내용과 같은 것을 고르십시오.

① 많은 국가들이 신에너지 개발에 대한 투자를 줄이고 있다.
② 과학 정책이 빠르게 변해서 과학 기술이 발전할 수 있었다.
③ 정부가 우주 산업에 대한 규제를 풀어 성장한 민간 기업이 있다.
④ 우주 개발에 참여 중인 민간 기업이 화성에 호텔을 건설하고 있다.

〈제83회 읽기 47번〉

❷ 민간 우주 산업 육성을 위해 인공위성 주파수 사용, 우주선 발사 등처럼 우주 산업에 대한 규제를 완화한 국가가 있다. 그 덕분에 민간 기업에서 화성 여행이 가능한 호텔급 우주 여행선을 제작할 수 있을 만큼 과학 기술이 발전할 수 있었다. 따라서 정답은 ③번이다.

유형 ⑪ 글의 주제 고르기

☑ 읽기 20번, 35번~38번, 45번이 이 유형으로 출제되며,
  20번, 35번~38번까지는 **4급, 5급 수준**
  45번은 **6급 수준**이다.

풀이 전략

- 일치하는 내용을 고르는 문제가 아니다. 글을 쓴 사람이 전하고자 하는 가장 중심된 내용을 찾아야한다.
- 첫 문장과 마지막 문장은 중요한 단서가 될 수 있으므로 주의해서 읽어야 한다.
- 글을 쓴 사람의 의도를 파악하는 것이 중요하다. 특히 '그러나', '하지만' 다음의 내용을 잘 살펴봐야 한다.

 기출 문제

※ [35~38] 다음을 읽고 글의 주제로 가장 알맞은 것을 고르십시오. (각 2점)

> 대중을 대상으로 한 예술 입문서가 작품의 역사적 배경, 작가에 대한 일화 등 독자의 흥미를 끄는 이야기에 집중하는 경우를 많이 볼 수 있다. 작품에 관한 이런 지식은 작품 이해에 도움이 된다. 그러나 예술의 본질은 작품 그 자체에 있다. 작품 외적인 사실들보다 작품에 초점을 두고 작품의 구성 요소, 표현 방식 등을 충분히 설명하는 입문서가 늘어나기를 희망한다.

35. ① 예술 입문서는 작품 외적인 사실들을 다양하게 다뤄야 한다.
  ② 작품 자체에 대해 충실히 소개하는 예술 입문서가 많아져야 한다.
  ③ 대중이 예술 작품에 관해 궁금해 하는 것이 무엇인지 알아야 한다.
  ④ 예술 입문서는 대중이 예술을 어려운 것이 아니라고 느끼게 해야 한다.

〈제83회 읽기 35번〉

대중을 대상으로 한 예술 입문서가 작품의 역사적 배경, 작가에 대한 일화 등 독자의 흥미를 끄는 이야기에 집중하는 경우를 많이 볼 수 있다. 작품에 관한 이런 지식은 작품 이해에 도움이 된다. 그러나 예술의 본질은 작품 그 자체에 있다. 작품 외적인 사실들보다 작품에 초점을 두고 작품의 구성 요소, 표현 방식 등을 충분히 설명하는 입문서가 늘어나기를 희망한다.

35. ① 예술 입문서는 작품 외적인 사실들을 다양하게 다뤄야 한다.

② 작품 자체에 대해 충실히 소개하는 예술 입문서가 많아져야 한다.

③ 대중이 예술 작품에 관해 궁금해 하는 것이 무엇인지 알아야 한다.

④ 예술 입문서는 대중이 예술을 어려운 것이 아니라고 느끼게 해야 한다.

〈제83회 읽기 35번〉

◐ 이 글은 예술 입문서에 대해 말하고 있다. 독자의 흥미를 끄는 이야기에 집중하는 대신 예술의 본질을 작품 그 자체에 두고 충분히 설명하는 입문서가 늘어나기를 희망하고 있다가 이 글의 주제이다. 따라서 정답은 ②번이다.

✔ 읽기 39번~41번이 이 유형으로 총 3문제가 출제되며, **5급 수준**이다.

풀이 전략

- 보통 주어진 문장에 힌트가 되는 단서가 있다. 접속어, 지시어가 있는지 확인한다.
- 접속어, 지시어를 주의 깊게 살펴보고, 주어진 문장을 넣어서 글을 자연스럽게 연결되는지 확인한다.

 기출 문제

※ [39-41] 주어진 문장이 들어갈 곳으로 가장 알맞은 것을 고르십시오. (각 2점)

39.

> 이 책은 크게 두 부분으로 구성되어 있는데 먼저 옛 다리들과 그에 얽힌 이야기를 다룬다.

이영천의『다시, 오래된 다리를 거닐다』는 다리를 소재로 한국인의 삶을 돌아본 책이다. (㉠) 여기에서는 수백 년 전에 놓인 징검다리, 왕을 위한 다리 등을 통해 우리 고유의 풍속과 역사를 만난다. (㉡) 이어서 근현대식 다리와 함께 기술의 발전이 다리와 우리 사회에 가져온 변화를 살펴본다. (㉢) 이 책은 과거와 현재의 다리를 거닐며 우리가 지나온 길과 가야 할 길을 생각해 보게 한다. (㉣)

① ㉠   ② ㉡   ③ ㉢   ④ ㉣

〈제83회 읽기 39번〉

41.

이처럼 정밀하면서도 실제와 같은 그림은 외부인이 궁궐에 침입할 목적으로 사용할 수 있다.

동궐도는 창덕궁과 창경궁 전체를 그린 조선 시대의 그림이다. (㉠) 세로 2m, 가로 5m가 넘는 대작으로 건축물은 물론 주변의 산과 궁궐 안 연못, 나무까지 그대로 그려 넣었다. (㉡) 건물 배치와 건물 사이의 거리도 완벽하게 재현했다. (㉢) 이러한 이유로 제작자와 제작 연도를 포함하여 그림에 관련된 정보 일체가 왕실 기밀이었을 것으로 추정된다. (㉣)

① ㉠   ② ㉡   ③ ㉢   ④ ㉣

〈제83회 읽기 41번〉

해설

39.

이 책은 크게 두 부분으로 구성되어 있는데 먼저 옛 다리들과 그에 얽힌 이야기를 다룬다.

이영천의 『다시, 오래된 다리를 거닐다』는 다리를 소재로 한국인의 삶을 돌아본 책이다. (㉠) 여기에서는 수백 년 전에 놓인 징검다리, 왕을 위한 다리 등을 통해 우리 고유의 풍속과 역사를 만난다. (㉡) 이어서 근현대식 다리와 함께 기술의 발전이 다리와 우리 사회에 가져온 변화를 살펴본다. (㉢) 이 책은 과거와 현재의 다리를 거닐며 우리가 지나온 길과 가야 할 길을 생각해 보게 한다. (㉣)

① ㉠   ② ㉡   ③ ㉢   ④ ㉣

〈제83회 읽기 39번〉

❍ 주어진 문장에 '이 책은'이라는 지시어가 나타나므로 앞부분에 책에 관한 내용(『다시, 오래된 다리를 거닐다』)이 나올 것이다. 또한 주어진 문장에서는 '이 책은'이라는 부분이 나오고 ㉠ 뒤 문장에서는 다리에 얽힌 이야기(수백 년 전에 놓인 징검다리, 왕을 위한 다리)가 나오므로 정답은 ①번이다.

41.

> 이처럼 정밀하면서도 실제와 같은 그림은 외부인이 궁궐에 침입할 목적으로 사용할 수 있다.

동궐도는 창덕궁과 창경궁 전체를 그린 조선 시대의 그림이다. (㉠) 세로 2m, 가로 5m가 넘는 대작으로 건축물은 물론 주변의 산과 궁궐 안 연못, 나무까지 그대로 그려 넣었다. (㉡) 건물 배치와 건물 사이의 거리도 완벽하게 재현했다. (㉢) 이러한 이유로 제작자와 제작 연도를 포함하여 그림에 관련된 정보 일체가 왕실 기밀이었을 것으로 추정된다. (㉣)

① ㉠   ② ㉡   ③ ㉢   ④ ㉣

〈제83회 읽기 41번〉

○ 주어진 문장의 '이처럼'은 앞의 내용을 포함하여 정리할 때 쓸 수 있는 표현이다. '정밀하면서도 실제와 같은 그림'은 ㉢ 앞의 '산과 궁궐 안 연못, 나무까지 그대로 그려' 넣은 것과 '건물 배치, 건물 사이의 거리도 완벽하게 재현'한 것을 말한다. 또한 이렇게 실제와 같은 그림은 외부인이 궁궐 침입 목적으로 사용할 수 있기 때문에 왕실 기밀이었을 것으로 추정된다로 이어지는 것이 자연스럽다. 따라서 정답은 ③번이다.

유형 ⓭ 필자의 태도 / 목적 파악하기

✔ 태도를 파악하는 문제는 46번, 목적을 파악하는 문제는 48번에 출제되며, **5급 수준**이다.

풀이 전략

- 글의 전체적인 흐름을 살피고, 글쓴이가 왜 이 글을 썼는지 파악하며 읽는 게 중요하다.
- 글쓴이의 의견을 강조하는 표현(−아/어야 한다, −(으)ㄹ 필요가 있다, −이/가 중요하다)을 찾는다.
- '보기'에 있는 단어를 공부하면 도움이 된다.
  - (예) 태도 문제에 나오는 보기 단어 : 경계하다 / 강조하다 / 감탄하다 / 우려하다 등
  - 목적 문제에 나오는 보기 단어 : 파악하다 / 분석하다 / 유도하다 / 비교하다 등

 기출 문제

※ [48–50] 다음을 읽고 물음에 답하십시오. (각 2점)

　　많은 사람들은 결혼, 수입 등의 객관적인 조건이 행복을 결정하는 요인이라고 생각한다. 그러나 이런 요인들로는 행복의 이유를 10% 정도밖에 설명할 수 없다고 한다. 그렇다면 행복을 결정하는 요인은 무엇일까? 그것은 행복에 대해 가지는 믿음과 태도이다. 행복에 대한 태도는 행복의 유한성과 무한성 중 어느 한쪽을 선택함으로써 결정된다. 이 세상에 존재하는 행복의 (　　　　) 믿는 사람들은 항상 타인이 행복한 정도를 예의 주시하는 특징이 관찰되었다. 남이 행복하면 내 행복이 줄어든다고 생각하는 사람에게는 타인의 행복이 자신의 행복에 위협적인 요소가 되기 때문이다. 반면 행복의 무한성을 믿는 사람들은 타인의 행복에 그다지 관심을 가지지 않는다. 따라서 행복하려면 행복이 무한한 것이라는 믿음을 가질 필요가 있다. 이러한 생각만으로도 행복감은 증대될 수 있으며 자신이 어떻게 할 때 행복해지는지에 집중할 수 있게 되기 때문이다.

48. 윗글을 쓴 목적으로 가장 알맞은 것을 고르십시오.

① 행복의 사회적 특성을 파악하려고
② 행복을 측정하는 방법을 소개하려고
③ 행복에 대한 관점의 변화를 유도하려고
④ 행복이 인간에게 미치는 영향을 분석하려고

〈제83회 읽기 48번〉

많은 사람들은 결혼, 수입 등의 객관적인 조건이 행복을 결정하는 요인이라고 생각한다. 그러나 이런 요인들로는 행복의 이유를 10% 정도밖에 설명할 수 없다고 한다. 그렇다면 행복을 결정하는 요인은 무엇일까? 그것은 행복에 대해 가지는 믿음과 태도이다. 행복에 대한 태도는 행복의 유한성과 무한성 중 어느 한쪽을 선택함으로써 결정된다. 이 세상에 존재하는 행복의 (   ) 믿는 사람들은 항상 타인이 행복한 정도를 예의 주시하는 특징이 관찰되었다. 남이 행복하면 내 행복이 줄어든다고 생각하는 사람에게는 타인의 행복이 자신의 행복에 위협적인 요소가 되기 때문이다. 반면 행복의 무한성을 믿는 사람들은 타인의 행복에 그다지 관심을 가지지 않는다. 따라서 행복하려면 행복이 무한한 것이라는 믿음을 가질 필요가 있다. 이러한 생각만으로도 행복감은 증대될 수 있으며 자신이 어떻게 할 때 행복해지는지에 집중할 수 있게 되기 때문이다.

48. 윗글을 쓴 목적으로 가장 알맞은 것을 고르십시오.
① 행복의 사회적 특성을 파악하려고
② 행복을 측정하는 방법을 소개하려고
③ 행복에 대한 관점의 변화를 유도하려고
④ 행복이 인간에게 미치는 영향을 분석하려고

〈제83회 읽기 48번〉

◐ 이 글은 객관적인 조건이 행복을 결정하는 요건이라는 관점에서 벗어나 행복에 대해 가지는 믿음과 태도가 행복을 결정한다고 말한다. 따라서 행복하려면 행복이 무한한 것이라는 믿음을 가질 필요가 있다고 주장하고 있으므로 정답은 ③번이다.

COOL TIP

TOPIK II 읽기 영역은 뒷부분으로 갈수록 어려워집니다. 따라서 자기가 목표하는 점수 (급수)가 어디인지 생각하고, 시간 분배를 잘해야 합니다.

3-4급을 받고 싶은 수험자라면 뒷부분의 어려운 문제를 푸는 대신에 시간을 절약해서 앞부분 문제를 정확하게 풀면 됩니다. 5-6급을 받고 싶은 수험자라면 앞부분 문제는 최 대한 빨리 풀고 뒷부분 문제에 더 집중하는 게 좋습니다.

읽기 점수를 잘 받기 위해서 가장 중요한 것은 '정확성'입니다. TOPIK II 읽기에는 50 문제가 나오지만 모든 문제의 점수는 2점으로 같습니다. 따라서 쉬운 문제를 맞혀도, 어 려운 문제를 맞혀도 2점입니다. 어려운 문제에 집중한 나머지 쉬운 문제를 틀리는 경우 가 있습니다. 그러면 높은 점수를 받기가 어려우므로, 쉬운 문제라고 하더라도 문제를 정확하게 푸는 습관을 길러야 합니다.

TOPIK II 읽기 영역 시험 전략!

- 시간을 확인하면서 문제를 풉니다.
- 쉬운 문제일수록 정확하게 풀고 확인합니다.
- 자신의 목표 점수(급수)에 맞춰서 문제를 선택적으로 풉니다.
- 어려운 문제가 나오면 그 문제 때문에 시간을 낭비하지 말고, 다른 문제를 먼저 풀고 나중에 돌아와서 다시 풉니다.

PART 2
실전 모의고사

전체 듣기

제1회
실전 모의고사

TOPIK Ⅱ

1교시	듣기, 쓰기 (Listening, Writing)

수험번호 (Registration No.)		
이름 (Name)	한국어 (Korean)	
	영 어 (English)	

유 의 사 항
Information

1. 시험 시작 지시가 있을 때까지 문제를 풀지 마십시오.
   Do not open the booklet until you are allowed to start.

2. 수험번호와 이름을 정확하게 적어 주십시오.
   Write your name and registration number on the answer sheet.

3. 답안지를 구기거나 훼손하지 마십시오.
   Do not fold the answer sheet; keep it clean.

4. 답안지의 이름, 수험번호 및 정답의 기입은 배부된 펜을 사용하여 주십시오.
   Use the given pen only.

5. 정답은 답안지에 정확하게 표시하여 주십시오.
   Mark your answer accurately and clearly on the answer sheet.

   marking example   ① ● ③ ④

6. 문제를 읽을 때에는 소리가 나지 않도록 하십시오.
   Keep quiet while answering the questions.

7. 질문이 있을 때에는 손을 들고 감독관이 올 때까지 기다려 주십시오.
   When you have any questions, please raise your hand.

※ [1~3] 다음을 듣고 가장 알맞은 그림 또는 그래프를 고르십시오. (각 2점)

1.

①

②

③

④

2.

①

②

③

④

3.

①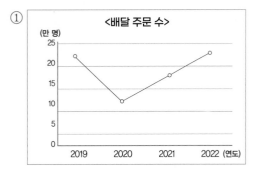

②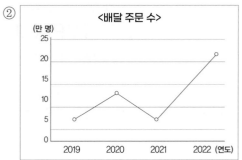

③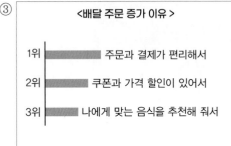

④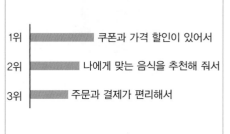

※ **[4~8] 다음을 듣고 이어질 수 있는 말로 가장 알맞은 것을 고르십시오. (각 2점)**

4.
① 이사한 집이 정말 예뻤어요.
② 그때 휴지를 살 걸 그랬어요.
③ 못 올까 봐 걱정이 되어서요.
④ 고향에서 부모님이 오셔서요.

5.
① 표가 있는지 한번 볼게.
② 오전이라도 영화를 보자.
③ 표가 없어서 아직 못 봤어.
④ 수요일 오후 표는 취소할게.

6.　① 그럼 미리 말을 해 줬어야지.

　　② 당장 수리를 맡겨야 될 거야.

　　③ 걱정할까 봐 새로 휴대폰을 사 왔어.

　　④ 생각보다 수리 기간이 짧아서 다행이네.

7.　① 축제 때 재미있게 놀아야지.

　　② 나는 파전과 막걸리를 안 먹어.

　　③ 이번에도 메뉴에 넣는 게 좋겠네.

　　④ 오늘 내가 파전하고 막걸리를 살게.

8.　① 알뜰하게 쇼핑해서 좋겠어요.

　　② 그래서 정리가 중요한 것 같아요.

　　③ 계절이 지나고 사면 싸게 살 수 있어요.

　　④ 잊어버리지 않게 쇼핑 전에 메모를 하세요.

9. ① 선배들을 만나러 간다.

② 도서관에서 책을 빌린다.

③ 김 교수님의 수업을 듣는다.

④ 인터넷으로 자료를 검색한다.

10. ① 잠깐 잔다.

② 시험을 본다.

③ 남자를 깨운다.

④ 시험공부를 한다.

11. ① 영수증을 준다.

② 바지를 교환한다.

③ 바지를 입어 본다.

④ 다른 매장에 간다.

12. ① 돈을 찾으러 간다.

② 증명서를 발급 받는다.

③ 아이의 나이를 말한다.

④ 남자에게 아이를 맡긴다.

[13~16] 다음을 듣고 들은 내용과 같은 것을 고르십시오. (각 2점)

13. ① 남자는 꽃을 선물로 받았다.

② 남자는 식물을 키우려고 한다.

③ 여자는 얼마 전에 가게를 열었다.

④ 여자는 남자의 도움을 받아 식물을 키웠다.

14. ① 이 축제는 주말 동안 공원에서 열린다.

② 축제에서 직업 관련 체험을 할 수 있다.

③ 지문을 등록해야 축제에 참여할 수 있다.

④ 가온시의 어린이만을 대상으로 한 축제이다.

15. ① 빙판길은 급제동하여 지나가야 한다.

② 무더위로 인해 자동차 사고가 급증했다.

③ 핸들을 급하게 돌리면 스노 체인이 손상된다.

④ 스노 체인을 설치하면 30km 이하로 운전해야 한다.

16. ① 조향사는 국내에 많은 편이다.

② 조향사는 화장품을 만드는 일을 한다.

③ 조향사는 향을 만들 때 향을 섞지 않는다.

④ 조향사는 제품의 이미지에 맞는 향을 개발한다.

17. ① 프로 선수처럼 연습해야 한다.

② 비 오는 날에는 연습을 쉬어도 된다.

③ 비가 오면 시합을 하지 않아도 된다.

④ 감기에 걸리더라도 연습을 해야 한다.

18. ① 거짓말이 진실보다 나을 때가 있다.

② 상대방과 입장을 바꿔서 생각해야 한다.

③ 상황에 따라 거절을 할 수 있어야 한다.

④ 상대방이 원하는 것을 들어주는 게 좋다.

19. ① 꾸준하게 약을 먹어야 한다.

② 허리가 아플 때는 걷기 운동이 좋다.

③ 치료를 위해 인터넷 정보를 활용해야 한다.

④ 아플 때는 병원에서 알려준 대로 하는 것이 좋다.

20. ① 직업과 직접 관련이 있는 지식을 배워야 한다.

② 직원들의 자녀를 위한 장학금을 확대해야 한다.

③ 회사의 제도는 직원들을 고려하여 만들어야 한다.

④ 배움을 통해 발전하는 것은 회사에도 도움이 된다.

21. 남자의 중심 생각으로 가장 알맞은 것을 고르십시오.
① 일은 야근을 해서라도 끝내야 한다.
② 무슨 일이든지 미리 준비해 두어야 한다.
③ 건강을 유지하면 다른 일도 더 잘할 수 있다.
④ 개인적인 일 때문에 약속을 어기는 것은 좋지 않다.

22. 들은 내용과 같은 것을 고르십시오.
① 이번 발표를 잘하면 승진에 도움이 된다.
② 남자와 여자는 내일 6시에 만나기로 했다.
③ 여자는 보고서 작성 때문에 야근을 해야 한다.
④ 여자는 건강 문제로 조깅 모임을 쉬기로 했다.

※ [23~24] 다음을 듣고 물음에 답하십시오. (각 2점)

23. 여자가 무엇을 하고 있는지 고르십시오.
① 체험관 이용에 대해 문의하고 있다.
② 체험 프로그램의 시간을 변경하고 있다.
③ 체험 프로그램의 요금을 안내하고 있다.
④ 사전에 예약한 프로그램을 확인하고 있다.

24. 들은 내용과 같은 것을 고르십시오.
① 외국인들은 할인된 요금으로 체험이 가능하다.
② 체험 날 만든 도자기는 바로 가지고 갈 수 있다.
③ 스무 명 이상 체험 시 10% 할인을 받을 수 있다.
④ 학생과 같이 오는 선생님은 요금을 내지 않아도 된다.

25. 여자의 중심 생각으로 가장 알맞은 것을 고르십시오.

① 시각장애인들을 소외시키지 말아야 한다.

② 비장애인들이 점자에 관심을 가지면 좋겠다.

③ 시각장애인들을 위한 발명품이 많이 나와야 한다.

④ 장애인을 대상으로 한 과학 기술 교육이 필요하다.

26. 들은 내용과 같은 것을 고르십시오.

① 이 발명품은 시각장애인들만 사용할 수 있다.

② 이 발명품은 기술에 소외된 대학생을 위해 만들어졌다.

③ 여자는 점자를 읽는 게 어려워서 이 물건을 발명하였다.

④ 여자는 휴대용 점자 입력 장치를 발명하여 상을 받았다.

27. 남자가 말하는 의도로 알맞은 것을 고르십시오.

① 새로운 교통법의 내용을 알려주기 위해

② 새로운 교통법의 필요성을 강조하기 위해

③ 새로운 교통법의 문제점을 지적하기 위해

④ 새로운 교통법이 생긴 이유를 파악하기 위해

28. 들은 내용과 같은 것을 고르십시오.

① 횡단보도 신호등이 빨간 불일 때 차가 멈춰야 한다.

② 새로운 교통법은 운전자의 안전을 위해 만들어졌다.

③ 차는 보행자가 횡단보도를 끝까지 지나간 뒤에 갈 수 있다.

④ 새로운 교통법을 위반하면 벌점과 벌금 10만 원이 부과된다.

29. 남자는 누구인지 맞는 것을 고르십시오.

　　① 사진을 찍는 사람

　　② 풍경을 그리는 사람

　　③ 전시회를 안내하는 사람

　　④ 비행기를 운전하는 사람

30. 들은 내용과 같은 것을 고르십시오.

　　① 남자는 이번 전시회가 처음이다.

　　② 남자는 드론 자격증을 가지고 있다.

　　③ 산에 올라가면 자연 풍경을 잘 그릴 수 있다.

　　④ 인물 사진보다 풍경 사진을 찍는 게 더 어렵다.

31. 여자의 중심 생각으로 가장 알맞은 것을 고르십시오.

　　① 아이들의 교육 문제에 더 신경을 써야 한다.

　　② 성과보다 학생들의 정서적인 문제가 중요하다.

　　③ 높은 교육열은 국가 경쟁력 향상에 도움이 된다.

　　④ 과도한 교육열은 정부가 적극적으로 해결해야 한다.

32. 여자의 태도로 가장 알맞은 것을 고르십시오.

　　① 현재 일어나고 있는 일의 원인을 분석하고 있다.

　　② 사회 문제에 대해 사람들의 관심을 호소하고 있다.

　　③ 상대방의 의견에 대해 예를 들어 반론을 제기하고 있다.

　　④ 상대방의 의견을 일부 수긍하며 반대 의견을 펼치고 있다.

※ **[33~34] 다음을 듣고 물음에 답하십시오. (각 2점)**

33. 무엇에 대한 내용인지 맞는 것을 고르십시오.
① 전쟁으로 인한 피해
② 허준이 의원이 된 이유
③ 조선 시대의 유배지 특징
④ 동의보감이 만들어진 과정

34. 들은 내용과 같은 것을 고르십시오.
① 허준은 유배지에서 동의보감을 완성하였다.
② 동의보감은 백성의 건강을 위해 만들어진 책이다.
③ 모든 신하들이 동의보감을 만드는 데 참여하였다.
④ 허준은 뛰어난 의술로 다른 신하들의 존경을 받았다.

※ **[35~36] 다음을 듣고 물음에 답하십시오. (각 2점)**

35. 남자가 무엇을 하고 있는지 고르십시오.
① 대학의 과거 업적을 소개하고 있다.
② 과학 기술의 발전을 당부하고 있다.
③ 미래 사회의 변화를 예측하고 있다.
④ 도전 정신의 중요성을 강조하고 있다.

36. 들은 내용과 같은 것을 고르십시오.
① 이 학교를 졸업한 사람 중에 회장이 된 사람이 있다.
② 이 학교는 그동안 학업보다는 실습 위주로 교육해 왔다.
③ 이 학교는 작년에 세계 최초로 과학 전문 대학이 되었다.
④ 이 학교의 학생들은 졸업하기 전에 어려운 일을 많이 겪었다.

94

37. 여자의 중심 생각으로 가장 알맞은 것을 고르십시오.
① 채소마다 적합한 조리 방법이 다르다.
② 채소를 자주 먹으면 영양 공급이 활발해진다.
③ 채소를 익히면 채소 안에 있는 영양소가 파괴된다.
④ 채소 안의 영양소를 지키기 위해 살짝 데쳐야 한다.

38. 들은 내용과 같은 것을 고르십시오.
① 시금치는 많이 데칠수록 영양소가 풍부해진다.
② 당근은 그냥 먹으면 영양소를 많이 섭취할 수 있다.
③ 양배추는 데쳐서 먹는 것보다 그냥 먹는 것이 좋다.
④ 브로콜리는 열에 강하기 때문에 익혀 먹는 것이 좋다.

39. 이 대화 전의 내용으로 가장 알맞은 것을 고르십시오.
① 해시태그 챌린지의 역사
② 해시태그 챌린지의 목적
③ 해시태그 챌린지의 긍정적 영향
④ 해시태그 챌린지를 부정적으로 보는 입장

40. 들은 내용과 같은 것을 고르십시오.
① 해시태그 챌린지 덕분에 SNS가 발달했다.
② 해시태그 챌린지는 자신을 되돌아보게 한다.
③ 해시태그 챌린지를 자기 과시용으로 이용하면 안 된다.
④ 기업은 해시태그 챌린지를 활용하여 홍보하는 것이 좋다.

41. 이 강연의 중심 내용으로 가장 알맞은 것을 고르십시오.

① 종이 제조법을 더욱 발전시켜야 한다.

② 지식과 정보는 모든 사람들이 공유해야 한다.

③ 책을 통해 문화유산에 대한 지식을 쌓아야 한다.

④ 종이의 발명은 다양한 사회 문화적 변화를 가져왔다.

42. 들은 내용과 같은 것을 고르십시오.

① 종이 발명 이전에는 책이 없었다.

② 종이는 유럽에서 처음으로 만들어졌다.

③ 최초의 종이는 식물의 섬유질을 활용했다.

④ 중국에서 종이를 대량 생산하는 기계를 만들었다.

43. 무엇에 대한 내용인지 알맞은 것을 고르십시오.

① 생존을 위한 문명 발달

② 원시 부족의 언어 세계

③ 인도 원시 부족의 특징

④ 위험에 처한 원시 부족

44. 자라와족이 바깥 세상에 알려진 이유로 맞는 것을 고르십시오.

① 자라와족이 사는 곳에 도로가 생겼기 때문에

② 사람들이 현대 문명을 연구하러 왔기 때문에

③ 환경오염으로 인해 삼림이 파괴되었기 때문에

④ 자라와족이 치명적인 감염병에 걸렸기 때문에

45. 들은 내용과 같은 것을 고르십시오.

① 수면 시간이 부족하면 살이 빠진다.

② 잠을 안 자면 혈중알코올농도가 증가한다.

③ 성인은 하루 7시간 41분 이하로 자야 한다.

④ 잠은 신체뿐만 아니라 감정에도 영향을 미친다.

46. 여자가 말하는 방식으로 알맞은 것을 고르십시오.

① 수면에 대한 잘못된 인식을 비판하고 있다.

② 수면의 중요성을 청중들에게 설명하고 있다.

③ 수면 부족 문제의 해결 방안을 제시하고 있다.

④ 현대인의 수면 부족에 대한 원인을 분석하고 있다.

47. 들은 내용과 같은 것을 고르십시오.

① 소프트 파워는 정치에도 영향을 미친다.

② 문화나 예술, 기술 교류는 강제성을 가진다.

③ 최근에는 군사력을 통해 국제 관계를 맺고 있다.

④ 소프트 파워는 다른 나라에게 경제적으로 도움을 준다.

48. 남자의 태도로 알맞은 것을 고르십시오.

① 소프트 파워의 개선 방법을 강조하고 있다.

② 소프트 파워에 대한 평가를 우려하고 있다.

③ 소프트 파워에 대해 긍정적으로 생각하고 있다.

④ 소프트 파워를 위한 국가의 협조를 당부하고 있다.

49. 들은 내용과 같은 것을 고르십시오.

① 이곳은 세종 과학기지 다음으로 지어졌다.

② 이곳은 남극 대륙에 세워진 두 번째 기지이다.

③ 이곳에서는 풍력 에너지와 관련한 연구를 진행한다.

④ 이곳에서는 운석을 수집하여 해양 자원을 연구한다.

50. 남자의 태도로 알맞은 것을 고르십시오.

① 장보고 과학기지의 활용 방안을 강구하고 있다.

② 장보고 과학기지의 기후 연구를 찬성하고 있다.

③ 장보고 과학기지의 친환경 설계를 촉구하고 있다.

④ 장보고 과학기지에서 진행되는 연구를 높이 평가하고 있다.

※ **[51~52] 다음 글의 ㉠과 ㉡에 알맞은 말을 각각 쓰시오. (각 10점)**

51.

면접 준비 모임 회원을 모집합니다.

한국전자 2차 면접을 준비할 회원을 모집합니다. 지원 자격은 한국전자 1차 서류 전형에 (㉠). 일주일에 두 번 예상 문제로 실제 (㉡). 함께 면접을 준비하고 싶은 분들의 연락을 기다리겠습니다.

☎ 010-1111-2345

㉠

㉡

52.

우리는 가족, 친구, 직장 동료 등 다른 사람들과 관계를 맺으며 살아간다. 그런데 관계를 맺을 때 상대방과 (㉠) 멀면 문제가 생길 수 있다. 상대방과 친하다고 생각해서 예의 없게 행동하거나 상대방과 친하지 않다고 생각해서 거리를 두고 행동하면 좋은 관계를 맺을 수 없기 때문이다. 따라서 상대방과 좋은 관계를 맺기 위해서는 (㉡).

㉠

㉡

53. 다음은 '한류 콘텐츠 수출 현황'에 대한 자료이다. 이 내용을 200~300자의 글로 쓰시오.
단, 글의 제목을 쓰지 마시오. (30점)

조사 기관: 한류 콘텐츠 협회

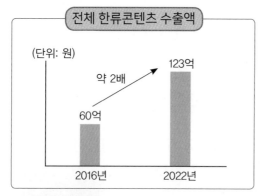

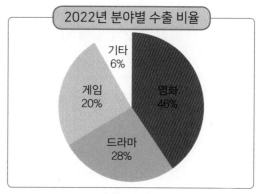

원인	• 다양한 플랫폼 ⇧ • 한류 콘텐츠 접근 쉬어짐
전망	• 한류 콘텐츠 수출 ⇧

54. 다음을 참고하여 600~700자로 글을 쓰시오. 단, 문제를 그대로 옮겨 쓰지 마시오. (50점)

인공 지능이 인문, 사회, 과학 등 다양한 분야에서 영향을 미치고 있다. 우리는 인공 지능으로 인해 생활이 편리해지고 삶의 질도 높아지고 있다. 하지만 인공 지능의 발전으로 다양한 문제점도 야기되고 있다. 아래의 내용을 중심으로 '인공 지능 발전의 긍정적인 측면과 문제점'에 대한 자신의 생각을 쓰라.

• 인공 지능의 발전이 인간의 삶에 어떤 편리함을 주는가?
• 인공 지능 발전으로 인해 어떤 문제점이 발생할 수 있는가?
• 인공 지능의 발전이 바람직한 방향으로 이루어지려면 어떻게 해야 하는가?

＊ 원고지 쓰기의 예

	우	리	는		가	족	,	친	구	,	직	장		동	료		등		다
른		사	람	들	과		관	계	를		맺	으	며		살	아	간	다	.

제1교시 듣기, 쓰기 시험이 끝났습니다. 제2교시는 읽기 시험입니다.

제1회
실전 모의고사

TOPIK II

2교시	읽기 (Reading)

수험번호 (Registration No.)		
이름 (Name)	한국어 (Korean)	
	영 어 (English)	

유 의 사 항
Information

1. 시험 시작 지시가 있을 때까지 문제를 풀지 마십시오.
   Do not open the booklet until you are allowed to start.

2. 수험번호와 이름을 정확하게 적어 주십시오.
   Write your name and registration number on the answer sheet.

3. 답안지를 구기거나 훼손하지 마십시오.
   Do not fold the answer sheet; keep it clean.

4. 답안지의 이름, 수험번호 및 정답의 기입은 배부된 펜을 사용하여 주십시오.
   Use the given pen only.

5. 정답은 답안지에 정확하게 표시하여 주십시오.
   Mark your answer accurately and clearly on the answer sheet.

6. 문제를 읽을 때에는 소리가 나지 않도록 하십시오.
   Keep quiet while answering the questions.

7. 질문이 있을 때에는 손을 들고 감독관이 올 때까지 기다려 주십시오.
   When you have any questions, please raise your hand.

※ [1~2] (   )에 들어갈 말로 가장 알맞은 것을 고르십시오. (각 2점)

1. 동생은 졸업을 (   ) 취직하였다.

① 한다고   ② 하려고

③ 하느라고   ④ 하자마자

2. 하늘이 흐린 것을 보니까 비가 (   ).

① 오기도 한다   ② 오는 게 낫다

③ 올 모양이다   ④ 온 적이 없다

※ [3~4] 밑줄 친 부분과 의미가 가장 비슷한 것을 고르십시오. (각 2점)

3. 올해는 생각하는 대로 모두 다 잘 되었으면 좋겠다.

① 생각하는 김에   ② 생각하는 반면에

③ 생각하는 것처럼   ④ 생각하는 바람에

4. 매일 야근을 하면 피곤할 수밖에 없다.

① 피곤할 것 같다   ② 피곤하다는 것이다

③ 피곤할 수도 있다   ④ 피곤한 게 당연하다

※ [5~8] 다음은 무엇에 대한 글인지 고르십시오. (각 2점)

5.

멀리서도 가까이에서도
뚜렷하고 선명하게 잘 보이는 세상을 만나세요.

① 안경　　　　② 휴대폰　　　　③ 컴퓨터　　　　④ 텔레비전

6.

칼로리를 활활 태우세요!

움직일수록 매일 더 가벼워집니다.

① 마트　　　　② 식당　　　　③ 약국　　　　④ 헬스장

7.

물 자주 마시기, 하루 10분 운동하기
이제 실천하세요!

① 이웃 사랑　　　② 동물 보호　　　③ 건강 관리　　　④ 전기 절약

8.

• 1월 10일부터 3월 10일까지 화장실 공사를 실시합니다.
• 공사 중에는 다른 화장실을 이용해 주십시오.
• 화장실 이용에 불편을 드려서 죄송합니다.

① 공사 안내　　　② 공사 비용　　　③ 이용 문의　　　④ 이용 순서

※ **[9~12] 다음 글 또는 그래프의 내용과 같은 것을 고르십시오. (각 2점)**

9.

행복 유원지 선착장

운항 안내	· 문의: 055-123-4567	· 승선 정원: 90명	· 최소 승선 인원: 4명
운항 시간	1회- 10:00 4회- 14:30	2회- 11:00 5회- 15:30	3회- 13:30 6회- 16:30

※ 신분증 필수 지참
※ 매주 월요일 휴무

① 배를 타려면 신분증이 필요하다.
② 90명이 모여야 운항이 가능하다.
③ 매달 첫째 주 주말에는 배를 탈 수 없다.
④ 운항 가능 시간은 오후보다 오전이 더 많다.

10.

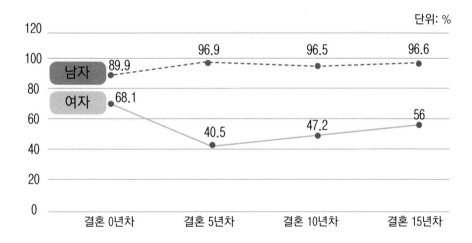

① 기혼 여성의 고용률은 지속적으로 감소했다.
② 결혼 기간에 따른 기혼 남성의 고용률은 큰 변화가 없다.
③ 결혼 기간에 따른 고용률 변화는 여성이 남성에 비해 작다.
④ 기혼 남성과 여성의 고용률 차이는 결혼 10년 차에 가장 크다.

11.

가온시에서는 정월 대보름을 맞아 시민 공원에서 오는 2월 3일 월요일부터 5일간 정월 대보름 행사를 개최한다. 올해로 다섯 번째를 맞이하는 이 행사는 정월 대보름의 즐거움을 느낄 수 있어 많은 시민들에게 사랑을 받아 왔다. 낮에는 연날리기, 윷놀이 등을 체험할 수 있고 밤에는 쥐불놀이, 강강술래 행사가 열린다. 다만 눈이나 비가 오는 날은 행사가 취소된다.

① 정월 대보름 행사는 평일에 진행된다.
② 밤에 연날리기와 윷놀이를 체험할 수 있다.
③ 올해 처음으로 개최해 시민들의 사랑을 받고 있다.
④ 실내에서 진행하기 때문에 날씨에 영향을 받지 않는다.

12.

우유는 영양가가 높아 대표적인 건강식품으로 인정받고 있다. 하지만 우유를 마시기만 하면 설사를 하는 사람들이 있다. 이 증상을 유당불내증이라고 한다. 이것은 장이 안 좋아서 생기는 현상이라기보다는 우유의 당을 소화시키는 락타아제라는 효소가 없어서 일어나는 일이다. 락타아제는 유아기에 가장 활발하게 생성되고 이후 점차 감소한다. 따라서 성인이 되면 이 증상은 더욱 심하게 나타날 수 있지만 얼마든지 개선될 수도 있다.

① 유당불내증은 한번 생기면 치료하기 힘들다.
② 락타아제는 우유의 당을 소화시키는 역할을 한다.
③ 어른들은 유아에 비해 우유를 잘 소화시킬 수 있다.
④ 장이 안 좋은 사람이 우유를 마시면 유당불내증이 나타난다.

13.

> (가) 가시 덕분에 장미는 예쁜 모습과 향을 유지할 수 있다.
> (나) 그리고 주변 동물로부터 장미꽃을 보호하기도 한다.
> (다) 장미꽃을 자세히 살펴보면 줄기에 가시가 있다.
> (라) 이 가시는 장미에 해를 끼치는 벌레가 올라오는 것을 막는다.

① (가)-(라)-(다)-(나)　　　　② (가)-(나)-(라)-(다)
③ (다)-(라)-(나)-(가)　　　　④ (다)-(나)-(라)-(가)

14.

> (가) 퇴근한 후에 장을 보러 마트에 갔다.
> (나) 그런데 마트에 들어가니 직원들이 갑자기 나를 향해 박수를 쳤다.
> (다) 마트 상품권도 선물로 받고 운이 좋은 하루였다.
> (라) 알고 보니 내가 그날 마트를 방문한 천 번째 고객이었다.

① (가)-(다)-(라)-(나)　　　　② (가)-(나)-(라)-(다)
③ (다)-(가)-(라)-(나)　　　　④ (다)-(나)-(가)-(라)

15.

> (가) 두 악기 모두 한국의 전통 현악기로 나무로 만들어진다.
> (나) 그렇지만 가야금은 12개의 줄로 되어 있고 맨손을 사용한다.
> (다) 반면에 거문고는 막대를 이용해 6개 줄을 연주한다.
> (라) 가야금과 거문고는 모양이 매우 비슷한 악기다.

① (가)-(다)-(가)-(나)　　　　② (가)-(라)-(나)-(다)
③ (라)-(다)-(가)-(나)　　　　④ (라)-(가)-(나)-(다)

16.

　술을 마신 다음 날 숙취에 시달리는 사람이라면 술을 마실 때 먹는 음식을 바꿔볼 필요가 있다. 간이 알코올을 해독할 때 주로 단백질을 사용하므로 (   ) 음식을 안주로 먹는 게 좋다. 이렇게 먹으면 간에서 알코올 해독 효소가 생기기 때문이다. 대표적인 안주로는 치즈, 고기, 두부 등이 있다.

① 평소 먹고 싶었던　　　　　　② 수분이 충분히 있는
③ 단백질이 많이 포함된　　　　④ 다양한 영양소가 있는

17.

　삶이 얼마 남지 않은 환자에게 얼마나 더 살 수 있는가에 대해 (   ) 것이 좋은가에 대한 논란이 있다. 이러한 의사의 설명은 환자에게 심리적으로 부정적인 영향을 미쳐 오히려 치료에 도움이 되지 않는 경우가 있다. 반면에 의사의 설명 덕분에 자신에게 남은 시간을 정확히 알고, 삶을 정리하는 사람들도 있다.

① 설명하지 않는　　　　　　　② 어렵게 알려주는
③ 희망적으로 말하는　　　　　④ 솔직하게 이야기하는

18.

　우리는 보통 하늘의 색으로 파란색을 떠올린다. 그런데 한국어에는 '하늘이 노랗다'라는 말이 있다. 이 말은 진짜 하늘이 노란 것이 아니라 (   )는 뜻이다. 우리가 스트레스를 받거나 매우 피곤할 때 눈앞에 보이는 모든 것이 노랗게 보인다. 심하면 쓰러지기도 하는데 그런 상황에서 사용할 수 있는 말이 바로 '하늘이 노랗다'이다.

① 시력이 나빠졌다　　　　　　② 갑자기 살이 쪘다
③ 미세먼지가 심하다　　　　　④ 힘들어서 기력이 없다

최근 한 연구 결과에서는 병원균이 미세플라스틱에 잘 붙어 광범위하게 확산될 수 있다고 밝혔다. 미세플라스틱은 환경오염뿐만 아니라 동물과 인간에게도 치명적인 영향을 미친다. (　　　　　) 물티슈, 티백, 종이컵 등과 같이 인간의 편리함을 위해 선택한 물건들이 결국 인간을 병들게 만드는 것이다. 따라서 당장의 편리함을 선택하는 대신 불편함과 번거로움을 감수하더라도 플라스틱을 덜 쓰기 위해 노력해야 한다.

19. (　　　　　)에 들어갈 알맞은 것을 고르십시오.

① 비록

② 만약

③ 그렇지만

④ 다시 말해

20. 윗글의 주제로 가장 알맞은 것을 고르십시오.

① 병원균에 감염되지 않도록 주의해야 한다.

② 환경을 위해 플라스틱 사용을 줄여야 한다.

③ 환경오염으로 병든 동물을 치료해야 한다.

④ 건강에 악영향이 없는 플라스틱을 개발해야 한다.

장애인들의 소외와 간병 문제를 해결해야 하는 지자체의 (   ). 이에 가온시에서는 장애인 공유 주택을 활용한 돌봄 모델을 제시하였다. 이는 일방적인 지원을 받지 않고 비장애인과 같이 평범하게 살고 싶다는 장애인들의 의사를 반영한 것이다. 이곳에 사는 장애인들은 서로를 돌보며 함께 살아간다. 물론 모든 장애인이 공유 주택에서 함께 살 수 있는 것은 아니지만 이러한 시도를 통해 새로운 돌봄 모델의 가능성을 볼 수 있다.

21. (   )에 들어갈 알맞은 것을 고르십시오.

① 발이 묶였다

② 어깨가 무겁다

③ 얼굴이 두껍다

④ 코가 납작해졌다

22. 윗글의 내용과 같은 것을 고르십시오.

① 장애인들은 공유 주택에서 서로를 돌볼 수 있다.

② 모든 장애인은 장애인 공유 주택에서 살 수 있다.

③ 장애인 공유 주택에서는 비장애인과 장애인이 함께 산다.

④ 장애인 공유 주택으로 인해 장애인 간병 문제가 심각해졌다.

오늘은 할머니 생신이어서 나는 어머니와 같이 빵집에 들러 케이크를 샀다. 그리고 아버지가 퇴근하신 후 저녁에 할머니 댁으로 갔다. 친척들은 점심 때 미리 왔다 갔기 때문에 저녁에는 우리 가족뿐이었다. 나는 할머니 댁에서 케이크를 열어 긴 초 여덟 개, 짧은 초 한 개를 꽂았다. 문득 케이크 위에 꽂은 초를 보니 눈시울이 붉어졌다. '벌써 할머니께서 여든 한 살이시라니' 믿기지가 않았다. 어렸을 때부터 바쁜 부모님을 대신하여 나를 키워주셨던 할머니셨는데 작년에 나도 대학교에 입학하고 정신이 없어 자주 찾아뵙지 못하였다. 그동안 할머니는 주름도 많이 생기시고 허리도 더 굽으신 것 같았다. 나는 할머니께 "할머니, 오래오래 우리랑 같이 사셔야 해요."라고 말했더니 할머니께서는 "아이구, 우리 손자! 이 케이크에 긴 초가 열 개 꽂힐 때까지 행복하게 살게."라고 하셨다. 우리는 할머니께 생신 축하 노래를 불러드리고 내가 직접 만든 팔찌를 드렸다. 팔찌를 보시며 활짝 웃는 할머니의 모습은 마치 10대 소녀 같았다.

23. 밑줄 친 부분에 나타난 '나'의 심정으로 가장 알맞은 것을 고르십시오.

① 슬프고 안타깝다

② 편하고 후련하다

③ 초조하고 불안하다

④ 재미있고 흥미롭다

24. 윗글의 내용과 같은 것을 고르십시오.

① 할머니는 올해 82살이 되었다.

② 할머니는 바빠서 나를 키워주지 못했다.

③ 나는 부모님과 함께 케이크를 만들었다.

④ 나는 할머니 생신 선물로 팔찌를 드렸다.

25.

고금리 직격탄, 중고차 시장 '한파주의보'

① 금리가 높아져서 중고차를 이용하는 사람들이 많아졌다.
② 추운 겨울 날씨로 인해 중고차 시장의 손님이 줄어들었다.
③ 높은 금리 때문에 중고차 시장이 치명적인 손해를 보고 있다.
④ 높은 금리로 인해 중고차를 맡기고 돈을 빌리는 사람들이 많아졌다.

26.

해외로 진출한 면세점, 내수 부진 극복하고 새 물꼬 트다

① 국내에서 성공한 면세점이 해외 진출을 앞두고 있다.
② 불황 속에서 면세점이 성공하기 위해서는 해외에 나가야 한다.
③ 해외로 나간 면세점이 국내의 어려운 경제 상황에 도움을 줬다.
④ 면세점이 국내의 어려운 상황을 이겨내고 해외에서 잘 되고 있다.

27.

물거품이 된 대형 마트 의무휴업일 폐지

① 대형 마트의 의무휴업 날짜가 정해졌다.
② 대형 마트가 의무적으로 쉬는 날이 도입될 것이다.
③ 대형 마트 의무휴업일 폐지 논의가 없던 일이 되었다.
④ 하수구 물거품 때문에 대형 마트가 의무적으로 쉬게 되었다.

28.

체감 온도란 사람이 덥거나 춥다고 느끼는 주관적인 온도다. 이를 느낌 온도라 부르기도 한다. 체감 온도는 습도, 바람, 햇볕의 양뿐만 아니라 심리 상태 등에 따라서도 달라질 수 있다. 따라서 (   ) 표시하기 어렵다. 체감 온도는 말 그대로 몸의 어떤 감각으로 느끼는 추상적인 온도이기 때문이다.

① 더위보다 추위를

② 객관적인 지수로

③ 변화하는 날씨를

④ 사람들의 느낌을

29.

몸에 이상이 있거나 아플 때 민간요법을 사용하는 경우가 있다. 특히 나이 든 사람들은 병원에 가는 것보다 민간요법을 선호하는 경우가 많다. 물론 어느 정도 의학적인 근거가 있는 민간요법도 있지만 전혀 근거가 없는 민간요법도 있다. 따라서 민간요법에 대한 정확한 지식이 없다면 (   ) 낫다. 오히려 부작용으로 고생할 수도 있기 때문이다.

① 따라하지 않는 것이

② 의학적 근거를 찾는 것이

③ 부작용에 대해 공부하는 것이

④ 나이 든 사람에게 물어보는 것이

30.

　흔히 많은 사람들은 다른 사람의 성공한 삶을 부러워하지만 그 사람들이 성공에 이르기까지의 과정은 잘 알지 못한다. 진정한 성공 뒤에는 사람들이 알지 못하는 수많은 (　　　　　) 있다. 성공한 사람들은 어떤 시련이나 어려움이 있더라도 절망하고 포기하는 대신 목표를 향해 앞으로 나아간다. 힘든 과정 속에서도 그 일에 모든 열정을 쏟고 최선을 다하여 마침내 꿈을 이룬 것이다.

① 포기의 시간이

② 행복한 결과가

③ 고통의 시간이

④ 꿈을 이룬 순간이

31.

　한국의 높은 대학 진학률이 때로는 청년 실업 문제를 더욱 부추기기도 한다. 대부분의 사람들이 대학만 나오면 번듯한 일자리를 가질 수 있다는 환상을 가지고 자신의 적성은 고려하지 않은 채 좋은 일자리만을 찾기 때문이다. 이러한 문제를 해결하기 위해서는 입시 위주의 교육 정책이 아닌 (　　　　　) 있는 교육 정책이 절실히 필요한 시점이다.

① 개인의 적성을 키울 수

② 대학 진학률을 낮출 수

③ 좋은 대학에 진학할 수

④ 번듯한 일자리를 가질 수

32.

　　한국에서는 자동차가 중앙선을 기준으로 오른쪽으로 통행하기 때문에 한국 자동차들의 핸들은 왼쪽에 달려 있다. 보행자 역시 자동차와 마찬가지로 인도에서 우측통행을 하기 때문에 차량을 마주 보면서 걷는다. 그렇게 하면 위험 상황을 대비할 수 있고 교통사고의 위험을 줄일 수 있기 때문이다. 그리고 우측통행을 하면 짐이나 가방을 든 오른손이 다른 사람과 부딪힐 확률이 낮아져 걷는 속도가 빨라지는 효과도 있다.

① 보행자는 인도에서 좌측으로 통행하는 것이 좋다.
② 오른손에 든 가방이 부딪힐 때 왼손으로 바꿔야 한다.
③ 한국은 중앙선을 기준으로 자동차가 왼쪽으로 통행한다.
④ 보행자는 자동차와 마주보며 걸으면 교통사고를 예방할 수 있다.

33.

　　두 종류를 함께 먹으면 영양소가 더 좋아지는 음식을 보고 음식 궁합이 좋다고 하고, 함께 먹었을 때 상극이 되는 경우는 음식 궁합이 나쁘다고 한다. 예를 들어 김치는 유산균이 풍부하지만 나트륨이 많다. 따라서 김치를 고구마와 함께 먹으면 고구마에 있는 칼륨 성분이 김치의 나트륨을 배출시켜 영양을 고루 갖출 수 있다. 반면에 토마토와 설탕은 함께 먹으면 토마토의 비타민이 몸에 흡수되지 않고 설탕을 분해하는 데 사용되기 때문에 건강에 좋은 효과가 떨어진다.

① 토마토와 설탕은 음식 궁합이 좋지 않다.
② 고구마는 유산균이 많지만 칼륨 성분은 적다.
③ 설탕은 토마토의 비타민을 분해하는 역할을 한다.
④ 김치는 고구마가 가진 나트륨을 흡수시키는 것을 돕는다.

34.

　　사람에게는 아무 소리도 들리지 않는데 개나 고양이가 반응하는 경우가 있다. 사람과 동물들은 각 종마다 들을 수 있는 소리의 진동수 영역이 다르기 때문에 사람에게 들리지 않아도 다른 동물들에게는 들릴 수 있는 것이다. 일반적으로 사람은 진동수가 20Hz에서 20,000Hz의 영역만 들을 수 있으며, 그 이상은 초음파 영역이어서 들을 수 없다. 하지만 개는 40,000Hz, 고양이는 60,000Hz 영역까지의 초음파를 들을 수 있고, 돌고래는 150,000Hz 초음파를 들을 수 있다. 그래서 돌고래는 초음파의 특징을 통해서 물체의 위치와 성질도 알아낼 수 있는 것이다.

① 개와 고양이는 들을 수 있는 초음파 영역이 같다.

② 초음파는 20Hz에서 150,000Hz를 포함하는 진동수이다.

③ 사람이 소리를 들으려면 진동수가 20,000Hz 이상이어야 한다.

④ 돌고래는 높은 초음파의 특징을 사용해 물체를 인지할 수 있다.

※　**[35~38] 다음을 읽고 글의 주제로 가장 알맞은 것을 고르십시오. (각 2점)**

35.

　　겨울철 난방비를 줄이기 위해 외출 시 보일러를 끄는 경우가 있다. 하지만 난방비를 아끼기 위해서는 외출할 때 보일러를 끄면 안 된다. 왜냐하면 차가워진 집의 바닥과 실내 온도를 다시 올리는 데 더 많은 연료가 소모되기 때문이다. 따라서 외출을 할 때는 보일러를 아예 꺼 놓는 것보다 설정 온도를 2도에서 3도 정도 낮춰 놓는 게 도움이 된다. 하지만 출장과 여행과 같이 긴 시간 집을 비울 때에는 외출 모드를 설정해 놓는 게 좋다. 외출 모드를 설정하면 한겨울에도 보일러가 동파되는 것을 방지해 준다.

① 집을 비울 때마다 보일러를 꺼야 한다.

② 적정 실내 온도를 유지해 난방비를 절약해야 한다.

③ 난방비 절약을 위해 외출 시 보일러를 끄면 안 된다.

④ 보일러 고장을 막기 위해 한겨울에도 보일러를 켜야 한다.

36.

　　착오 행위는 의식하지 못한 상태에서 자신의 의도와 다른 행위를 하는 현상을 말한다. 예를 들면 매일 사용하는 물건을 어디에 뒀는지 잊어버리는 일, 생각하는 단어를 다른 글자로 쓰는 것 등이 있다. 대부분의 사람들은 이를 단순한 실수로 여겼지만, 심리학자인 프로이트는 사소한 실수처럼 보이는 이 행동들도 동기와 의미를 가지고 있다고 생각해 계속 연구를 이어갔다. 그 결과 착오 행위는 인간의 무의식과 관련 있다는 것을 밝혀냈다. 아무 의미 없어 보이는 행동도 무시하지 않고 진지하게 탐구해 인간의 무의식이라는 새로운 지평을 열게 된 것이다.

① 행동은 의도와 일치해야 한다.
② 인간은 누구나 착오 행위를 한다.
③ 착오 행위는 인간의 무의식과 상관있다.
④ 중요한 것은 관심을 가지고 탐구해야 한다.

37.

　　전기차는 주행 중에 매연을 발생하지 않기 때문에 친환경 자동차로 인식되고 있다. 하지만 전기차에 사용되는 배터리를 만드는 과정, 전기를 생산하는 과정에서는 이산화탄소가 배출된다. 특히 전기차의 배터리를 제조할 때 사용되는 광물들을 채굴할 때 많은 양의 지하수가 소모되고 가공 과정에서는 대기오염 물질이 배출되기도 한다. 더 큰 문제는 다 쓴 배터리는 유독 물질을 포함하고 있어 토양 오염을 유발할 수 있다는 것이다. 따라서 전기차가 실제로 친환경 자동차로 성장하기 위해서는 환경오염을 유발할 수 있는 문제에 대한 대책이 필요하다.

① 전기차 보급을 확대해야 한다.
② 전기차 생산 과정에서 환경오염이 유발된다.
③ 전기차 생산에 사용되는 광물은 인체에 유해하다.
④ 친환경 전기차가 되기 위해 근본적인 해결 방안이 필요하다.

38.

> 초창기의 영화는 소리가 없는 무성 영화였다. 그 후 소리가 들어가는 영화가 등장했지만, 일부 영화감독들은 유성 영화를 부정적인 시각으로 바라보았다. 영화의 소리가 시각적인 예술 효과와 관객의 상상력을 빼앗을 것이라고 생각했기 때문이다. 하지만 영화에 소리가 없다면 영화의 내용, 분위기를 효과적으로 전달할 수 없을 것이다. 그리고 필요한 장면에 적절한 음악을 삽입할 경우 더 깊은 감동을 줄 수도 있다. 그래서 오늘날에는 영화에서만 사용되는 음악을 따로 녹음해 오리지널 사운드트랙을 발매하기도 한다.

① 영화 속의 소리는 긍정적인 역할을 한다.
② 오리지널 사운드트랙은 영화 홍보에 중요하다.
③ 관객에게 감동을 주기 위해 시각적인 효과를 넣어야 한다.
④ 영화에 필요한 소리를 넣기 위해 감독의 상상력이 필요하다.

※ **[39~41] 주어진 문장이 들어갈 곳으로 가장 알맞은 것을 고르십시오. (각 2점)**

39.

> 칼집을 낸 부분의 껍질이 저절로 벗겨지면 토마토를 건져 올려 맛있게 먹을 수 있다.

> 건강에 좋은 토마토를 맛있게 익힐 수 있는 방법이 있다. (㉠) 냄비에 토마토가 잠길 만큼의 물을 채우고 소금을 조금 넣은 다음 불을 켠다. (㉡) 그리고 물에서 작은 공기 방울들이 올라올 때까지 기다린다. (㉢) 물이 충분히 끓으면 토마토의 꼭지 부분을 십(十) 자로 칼집을 내고 냄비에 넣는다. (㉣)

① ㉠   ② ㉡   ③ ㉢   ④ ㉣

40.

> 반면에 고양이는 쓴맛과 신맛에는 무척이나 예민하게 반응한다.

> 고양이는 단맛을 느끼지 못한다고 한다. (㉠) 왜냐하면 고양이는 혀에서 이 맛을 느끼는 미각 세포가 없기 때문이다. (㉡) 그래서 고양이에게 초콜릿을 줘도 고양이는 달콤함을 느끼지 못한다. (㉢) 이 맛은 음식이 부패했는지 아닌지를 판단할 수 있게 도와줘 고양이의 생존에 중요한 역할을 하기 때문이다. (㉣)

① ㉠   ② ㉡   ③ ㉢   ④ ㉣

41.

> 그런데 움직이는 대상을 그린 그림에서도 이와 비슷한 운동감을 느낄 수 있다.

> 우리는 어린아이가 빠르게 뛰는 모습을 포착한 사진을 통해 운동감을 연상할 수 있다. (㉠) 선과 도형만으로 운동감을 표현한 몬드리안의 작품이 대표적인 예이다. (㉡) 이런 그림에서 운동감을 느끼는 이유는 감상하는 사람의 눈이 대상들을 따라 이동하며 움직임을 떠올리기 때문이다. (㉢) 균형적으로 배열된 패턴보다 불균형적인 패턴에서 운동감을 더 잘 느낄 수 있다. (㉣)

① ㉠   ② ㉡   ③ ㉢   ④ ㉣

집에 돌아오자마자, 뜨거운 물로 샤워를 하고 실내복으로 갈아입었다. 목요일, 심신 장애인 시설에서 자원봉사자로 일하는 날은 몸이 젖은 솜처럼 무겁고 피곤하다. 그래도 뇌성마비나 선천적 기능 장애로 사지가 뒤틀리고 정신마저 온전치 못한 아이들을 씻기고 함께 놀이를 하고 휠체어를 밀어 산책을 시키는 등 시중을 들다 보면, 나를 요구하는 곳에서 시간과 힘을 내어 일한다는 뿌듯함이 있다. 고등학생인 두 아들은 아침에 도시락을 두 개씩 싸 들고 갔으니 밤 11시나 되어야 올 것이고, 남편은 3박 4일의 출장 중이니 날이 저물어도 서두를 일이 없다. 더욱이 나는 한나절 심신이 지치게 일을 한 뒤라 당당히 휴식을 즐길 권리가 있다. 아이들이 돌아올 때까지의 서너 시간은 오로지 내 시간인 것이다. 아이들은 머리가 커져 치마폭에 감기거나 귀찮게 치대는 일이 없이 "다녀왔습니다." 한 마디로 문 닫고 제 방에 들어가기 마련이지만, <u>가족들이 집에 있을 때에는 아무리 거실이나 방에 혼자 있어도 혼자 있다는 기분을 갖기 어려웠다.</u> 사방 문 열린 방에서 두 손 모아 쥐고 전전긍긍 24시간 대기하고 있는 형국이었다.

42. 밑줄 친 부분에 나타난 '나'의 심정으로 가장 알맞은 것을 고르십시오.

① 섭섭하다

② 서글프다

③ 성가시다

④ 혼란스럽다

43. 윗글의 내용으로 알 수 있는 것을 고르십시오.

① 나는 목요일에 봉사활동을 한다.

② 나는 음식을 만들어서 돈을 번다.

③ 나는 고등학생 아들이 한 명 있다.

④ 나는 다리를 다쳐 휠체어를 타고 있다.

노모포비아는 스마트폰을 (   ) 불안을 느끼는 스마트폰 과의존 증상을 말한다. 강제로 스마트폰 사용을 제지당했을 때는 폭력성을 보이기도 한다. 스마트폰이 똑똑해질수록 편리함과 신속함에 길들어진 현대인들이 겪는 문제점들도 많아지고 있다. 대표적으로 시력 저하, 거북목 증후군 등 신체적인 기능이 떨어지는 것 외에 대인관계의 단절, 우울증과 같은 정신적인 어려움도 가져올 수 있다. 노모포비아를 예방하기 위해서는 스마트폰 과의존의 위험성을 인지해야 한다. 또는 스마트폰 과의존을 막아 주는 앱을 설치해 스마트폰 기능을 잠시 멈추거나, 앱 사용 시간을 조절하는 것도 도움이 된다. 그리고 자주 스마트폰 알람이 뜨는 것을 차단해 스마트폰을 보는 시간을 줄이는 것도 도움이 된다.

44. (   )에 들어갈 말로 가장 알맞은 것을 고르십시오.

① 꾸미지 않으면

② 자주 바꾸지 않으면

③ 가지고 있지 않으면

④ 다른 사람에게 빌려주면

45. 윗글의 주제로 가장 알맞은 것을 고르십시오.

① 노모포비아는 현대인들이 모두 겪는 증상이다.

② 전문가의 도움으로 노모포비아를 치료해야 한다.

③ 스마트폰에 과의존하지 않기 위해 노력해야 한다.

④ 스마트폰 사용 시간을 조절해 주는 앱을 이용해야 한다.

미국의 한 대학에서 사람들에게 두 팀의 농구공 패스 장면을 보여주며 한쪽 팀의 패스 횟수를 세게 하였다. 그리고 경기 중에 고릴라 분장을 한 사람을 지나가게 하였지만 실험 참가자의 절반이 고릴라를 보지 못했다고 답했다. 이러한 현상을 '무주의 맹시'라고 한다. 무주의 맹시는 시각이 손상되어 물체를 보지 못하는 것과는 달리 보면서도 인지하지 못하는 경우를 말한다. 사람들은 이러한 현상을 생각보다 자주 경험을 한다. 사고 싶은 물건이 있으면 길에서 유난히 그 물건이 자주 보이고, 드라마나 영화 속에서 엉망이 된 옷을 입고 있던 주인공이 다음 장면에서 멀쩡한 옷을 입고 나와도 잘 알아차리지 못한다. 즉 우리는 본 것을 그대로 인지하는 것이 아니라 인지한 대로 보는 것이다. 따라서 우리가 본 것이 모두 사실은 아닐 수 있으며 본 것을 모두 사실로 믿는 일은 없어야 할 것이다.

46. 윗글에 나타난 필자의 태도로 가장 알맞은 것을 고르십시오.
① 실험 결과에 대한 의문을 제기하고 있다.
② 무주의 맹시를 겪는 사람들을 우려하고 있다.
③ 인지하는 대로 보는 사람들을 경계하고 있다.
④ 본 것이 모두 사실이 아닐 수 있음을 강조하고 있다.

47. 윗글의 내용과 같은 것을 고르십시오.
① 무주의 맹시는 시력과 관련이 있다.
② 사람들이 고릴라를 못 본 것은 시력 때문이다.
③ 인지하는 것에 따라 같은 것도 다르게 볼 수 있다.
④ 일상생활에서 사람들은 무주의 맹시를 경험하기 어렵다.

※ **[48~50] 다음을 읽고 물음에 답하십시오. (각 2점)**

어떻게 살아야 하는가에 대한 물음에 대해 칸트는 두 가지 사랑을 비교해서 말했다. 이성 간의 사랑처럼 인간의 자연스러운 감정이 중요시되는 사랑은 감성적 차원의 사랑이며, 타인에 대한 의무를 가지고 행동하는 사랑은 실천적 사랑이다. 도덕성을 중요하게 생각했던 칸트는 감성적 차원의 사랑보다 실천적 사랑에 더 많은 가치를 두었다. 남녀 간의 사랑과 같은 감성적 차원의 사랑은 자연적으로 생겨나는 감정이기 때문에 명령을 통해 강제성을 부여할 수 없다. 하지만 타인에 대한 의무를 가진 실천적 사랑은 도덕법칙을 중요하게 여기기 때문에 (   ) 보았다. 만약 돈이 없어서 굶고 있는 친구가 있다면 주저하지 않고 돈을 빌려줘야 한다. 또는 이 친구에게 돈을 빌려주라고 타인에게 명령하는 행동은 실천적 사랑이다. 친구에게 돈을 빌려준 뒤 친구가 나에게 고마워하겠지, 나에게 빌려 간 돈보다 더 많은 돈을 주겠지라는 기대는 하지 않아야 한다. 친구에게 친절한 행동을 한 나의 도덕적인 모습에 스스로 행복을 느껴야 한다. 다시 말해 모든 인간은 보편적인 도덕법칙을 중요하게 생각하고 행동하며 살아야 한다는 것을 알 수 있다.

48. 윗글을 쓴 목적으로 가장 알맞은 것을 고르십시오.
① 사랑을 측정하는 방법을 연구하려고
② 바람직한 삶의 자세와 태도를 설득하려고
③ 각각의 사랑이 가진 장단점을 비교하려고
④ 사랑이 인간의 행복에 미치는 영향을 분석하려고

49. (   )에 들어갈 말로 가장 알맞은 것을 고르십시오.
① 존경을 받을 수 있다고　　② 강제성을 가질 수 있다고
③ 뜻밖의 행운이 생긴다고　　④ 항상 이익을 볼 수 있다고

50. 윗글의 내용과 같은 것을 고르십시오.
① 남녀 간의 사랑은 강제성을 가질 수 있다.
② 실천적 사랑을 한 후 보상을 기대하는 게 좋다.
③ 타인에게 명령을 하는 것은 도덕성을 저해하는 행동이다.
④ 칸트는 자연스러운 감정보다 도덕성을 중요하게 생각했다.

전체 듣기

제2회
실전 모의고사

TOPIK II

1교시	듣기, 쓰기 (Listening, Writing)

수험번호 (Registration No.)		
이름 (Name)	한국어 (Korean)	
	영 어 (English)	

유 의 사 항
Information

1. 시험 시작 지시가 있을 때까지 문제를 풀지 마십시오.
   Do not open the booklet until you are allowed to start.

2. 수험번호와 이름을 정확하게 적어 주십시오.
   Write your name and registration number on the answer sheet.

3. 답안지를 구기거나 훼손하지 마십시오.
   Do not fold the answer sheet; keep it clean.

4. 답안지의 이름, 수험번호 및 정답의 기입은 배부된 펜을 사용하여 주십시오.
   Use the given pen only.

5. 정답은 답안지에 정확하게 표시하여 주십시오.
   Mark your answer accurately and clearly on the answer sheet.

6. 문제를 읽을 때에는 소리가 나지 않도록 하십시오.
   Keep quiet while answering the questions.

7. 질문이 있을 때에는 손을 들고 감독관이 올 때까지 기다려 주십시오.
   When you have any questions, please raise your hand.

※　[1~3] 다음을 듣고 가장 알맞은 그림 또는 그래프를 고르십시오. (각 2점)

1.　① 　②

③ 　④

2.　① 　②

③ 　④

3.

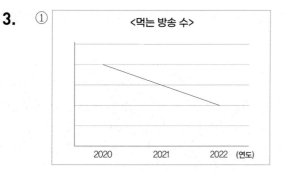

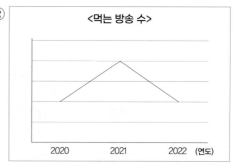

④	<먹는 방송을 보는 이유>
1위	혼자 밥을 먹어서
2위	대리 만족할 수 있어서
3위	맛집을 소개해 줘서

※ [4~8] 다음을 듣고 이어질 수 있는 말로 가장 알맞은 것을 고르십시오. (각 2점)

4. ① 내일 이메일로 알려준대.

② 이번 주말에 전화할까 해.

③ 일주일 후에 출근할 거야.

④ 직접 회사에 가서 물어봤어.

5. ① 수리 센터에 연락해 봐.

② 낡아서 새것으로 바꾸고 싶어.

③ 빨래가 너무 많아서 걱정이야.

④ 소리가 시끄러워서 세탁기를 껐어.

6. ① 세일할 때 사서 돈을 절약했네.

② 여자 친구한테 원피스를 선물했어.

③ 요즘 많이 하는 중고 장터에 올려 봐.

④ 쇼핑을 많이 하면 나중에 힘들어질 거야.

7. ① 늦지 않게 지금 신청하자.

② 목요일에는 다른 약속이 있어.

③ 취업하기가 점점 힘들어져서 걱정이야.

④ 도서관에 자리가 없으니까 빨리 가야 해.

8. ① 금요일에 신청했어요.

② 올해는 아직 안 했어요.

③ 모레까지 접수를 받고 있어요.

④ 말하기 대회는 자신이 없어요.

9. ① 차에 탄다.

② 캠핑장에 간다.

③ 수미에게 연락한다.

④ 텐트를 차에 넣는다.

10. ① 명함을 만든다.

② 새집으로 이사를 간다.

③ 인테리어 회사에 방문한다.

④ 인테리어 회사에 연락한다.

11. ① 시험공부를 한다.

② 수업을 들으러 간다.

③ 교수님과 약속을 잡는다.

④ 병원에 가서 상담을 받는다.

12. ① 카페에서 계속 기다린다.

② 근처 다른 식당을 예약한다.

③ 핸드폰으로 카페를 검색한다.

④ 맛집에 가기 위해 30분 걷는다.

※ [13~16] 다음을 듣고 들은 내용과 같은 것을 고르십시오. (각 2점)

13. ① 여자는 1학년 학생이다.

② 남자는 곧 수강 신청 기간이다.

③ 남자는 경영학 개론 수업을 들었다.

④ 남자는 여자와 함께 마케팅 수업을 들을 것이다.

14. ① 현관문 불량으로 인한 민원이 증가하였다.

② 아파트 실내 흡연은 다수에게 피해를 준다.

③ 화장실에서 담배를 피울 때는 환풍기를 켜야 한다.

④ 집 안에서 담배를 피우면 위층으로만 냄새가 퍼진다.

15. ① 저녁에는 교통사고가 더 많이 발생한다.

② 학교 앞 도로에는 가로등이 설치되었다.

③ 운전자는 도로에 아이가 있는지 몰랐다.

④ 평소에 경찰들이 학교 앞 교통을 정리한다.

16. ① 이 법은 우리나라에서 최초로 시작되었다.

② 이 법은 현재 모든 자동차 회사에 적용되었다.

③ 이 법은 농산물의 교환과 환불에 관한 법이다.

④ 이 법은 변화된 소비자 보호의 방법을 보여준다.

17. ① 대출 기한 내에 책을 읽어야 한다.

② 공부할 때 메모를 하면 도움이 된다.

③ 공부에 필요한 책은 구매하는 게 좋다.

④ 다른 사람에게 빌린 책은 깨끗하게 봐야 한다.

18. ① 영어 말하기 공부는 규칙적으로 해야 한다.

② 동영상을 활용해 영어 말하기 공부를 해야 한다.

③ 외국인과 직접 만나서 영어 말하기 연습을 해야 한다.

④ 영어 말하기를 잘하기 위해 다양한 문장을 연습해야 한다.

19. ① 도서관에 오면 삼십 분 이상 공부해야 한다.

② 도서관에서는 자리에 앉아서 책을 읽어야 한다.

③ 도서관을 이용하지 않을 때는 자리 반납을 해야 한다.

④ 시험 기간에는 학생들끼리 서로 자리를 배려해야 한다.

20. ① 아침에 진행하는 라디오 프로그램은 인기를 얻기 어렵다.

② 청취차가 참여할 수 있는 라디오 프로그램을 만들고 싶다.

③ 청취자가 관심을 가지는 내용으로 라디오를 진행해야 한다.

④ 라디오 프로그램은 진행자가 청취자의 사연을 읽어줘야 한다.

※ **[21~22] 다음을 듣고 물음에 답하십시오. (각 2점)**

21. 남자의 중심 생각으로 가장 알맞은 것을 고르십시오.
① 업무 능력과 인성이 가장 중요하다.
② 다른 회사들과 다른 채용 방법이 필요하다.
③ 실력을 갖추기 위해 선입견을 가지면 안 된다.
④ 학력, 자격증, 외국어 실력 등은 중요한 조건이다.

22. 들은 내용과 같은 것을 고르십시오.
① 이 회사는 블라인드 테스트로 채용한 적이 있다.
② 여자는 인성과 업무 능력을 가장 중요하게 생각한다.
③ 학력이 높고 자격증이 있으면 이 회사의 채용에 유리하다.
④ 남자는 선입견 때문에 실력 있는 사람을 놓친 경우가 있다.

※ **[23~24] 다음을 듣고 물음에 답하십시오. (각 2점)**

23. 여자가 무엇을 하고 있는지 고르십시오.
① 취업 지원 신청 방법을 문의하고 있다.
② 취업 지원 신청 자격을 확인하고 있다.
③ 취업 지원 신청의 결과를 안내하고 있다.
④ 취업 지원 신청 카드 재발급을 요청하고 있다.

24. 들은 내용과 같은 것을 고르십시오.
① 전화 통화로 심사 결과를 알 수 있다.
② 센터 주소는 인터넷으로만 확인할 수 있다.
③ 신청한 사람은 누구나 지원을 받을 수 있다.
④ 가까운 센터에 직접 와서 회원 가입을 해야 한다.

25. 남자의 중심 생각으로 가장 알맞은 것을 고르십시오.
　① 사회 문제에 관심을 가지는 것이 중요하다.
　② 독립운동가들에게 고마운 마음을 가져야 한다.
　③ 경제적으로 어려운 사람이 있으면 도와야 한다.
　④ 후손에게 남겨줄 집은 튼튼하게 짓는 것이 중요하다.

26. 들은 내용과 같은 것을 고르십시오.
　① 독립운동가의 후손을 찾는 것은 불가능하다.
　② 이 사업은 현재 사람들에게 외면당하고 있다.
　③ 집을 짓는 비용은 큰 사업을 통해 마련하였다.
　④ 우리나라의 독립을 위해 활동한 사람들이 있었다.

27. 남자가 말하는 의도로 알맞은 것을 고르십시오.
　① 출장 진행 상황을 확인하기 위해
　② 부당한 업무 지시를 항의하기 위해
　③ 부탁을 거절한 것을 사과하기 위해
　④ 출장을 대신 가 줄 것을 부탁하기 위해

28. 들은 내용과 같은 것을 고르십시오.
　① 여자는 남자 대신 출장을 가기로 했다.
　② 여자는 장례식이 끝나기 전에 돌아온다.
　③ 남자는 다른 지역에 있는 장례식에 간다.
　④ 남자의 아버지가 갑자기 사고로 돌아가셨다.

29. 여자는 누구인지 맞는 것을 고르십시오.

① 미술을 가르치는 사람

② 미술관을 운영하는 사람

③ 미술을 통해 심리를 치료하는 사람

④ 미술과 심리의 관계를 연구하는 사람

30. 들은 내용과 같은 것을 고르십시오.

① 이곳에는 특이한 그림들이 많이 있다.

② 이곳에서는 신체적인 질병을 치료한다.

③ 여자는 미술 활동과 대화로 상대방의 문제를 파악한다.

④ 여자와 같은 직업을 가지기 위해서 미술을 전공해야 한다.

31. 남자의 중심 생각으로 가장 알맞은 것을 고르십시오.

① 농촌의 장점을 알리는 홍보가 필요하다.

② 농촌 인구 감소의 원인을 파악해야 한다.

③ 귀농 인구 유치를 위해 혜택을 마련해야 한다.

④ 귀농한 사람들이 적응할 수 있도록 도와야 한다.

32. 남자의 태도로 가장 알맞은 것을 고르십시오.

① 문제에 대한 해결책을 제시하고 있다.

② 상대방의 의견을 강하게 비판하고 있다.

③ 과거의 사건을 분석하고 평가하고 있다.

④ 현재 상황을 통해 미래를 예측하고 있다.

33. 무엇에 대한 내용인지 맞는 것을 고르십시오.
① 영재 판별 기준
② 영재 교육의 시기
③ 영재 교육의 중요성
④ 영재 프로그램 개발

34. 들은 내용과 같은 것을 고르십시오.
① 과제 집착력이 없는 영재도 있다.
② 영재들은 특별한 교육이 필요하다.
③ 공부를 잘하면 영재가 될 수 있다.
④ 지능에 따라 영재를 구분할 수 있다.

35. 여자가 무엇을 하고 있는지 고르십시오.
① 수상 소감을 밝히고 있다.
② 과거의 업적을 소개하고 있다.
③ 앞으로의 다짐을 호소하고 있다.
④ 새로 나온 노래를 홍보하고 있다.

36. 들은 내용과 같은 것을 고르십시오.
① 이 사람은 노래 가사를 직접 썼다.
② 이 사람은 예전에 상을 받은 적이 있다.
③ 이 사람은 어렸을 때 친구들과 자주 다퉜다.
④ 이 사람의 노래는 국내에서만 들을 수 있다.

※ **[37~38] 다음을 듣고 물음에 답하십시오. (각 2점)**

37. 남자의 중심 생각으로 가장 알맞은 것을 고르십시오.
① 상어 피부에 대한 비밀을 과학적으로 밝혀야 한다.
② 올림픽에서 수영 선수들의 수영복을 규제해야 한다.
③ 과학 전 분야에서 생체 모방 기술을 발전시켜야 한다.
④ 전신 수영복을 발명하게 해 준 상어를 보호해야 한다.

38. 들은 내용과 같은 것을 고르십시오.
① 전신 수영복은 상어의 피부로 만들었다.
② 수영복의 돌기는 물의 저항을 줄여 준다.
③ 생체 모방 기술은 인간의 신체를 연구하는 것이다.
④ 상어는 큰 덩치 때문에 물 속에서 빠르게 이동할 수 있다.

※ **[39~40] 다음을 듣고 물음에 답하십시오. (각 2점)**

39. 이 대화 전의 내용으로 가장 알맞은 것을 고르십시오.
① 카카오 재배 과정
② 카카오 농장의 규모
③ 카카오 농장의 수입
④ 카카오 농장의 근로 환경

40. 들은 내용과 같은 것을 고르십시오.
① 공정 무역은 여러 거래 단계를 거쳐 비용이 올라간다.
② 공정 무역은 부유한 나라의 소비자를 돕기 위한 것이다.
③ 15세 이하는 공정 무역 농장에서 일하려면 학교를 가야 한다.
④ 카카오 농장에서 일하는 아이들은 초콜릿을 자주 먹을 수 있다.

41. 이 강연의 중심 내용으로 가장 알맞은 것을 고르십시오.

① 직업을 통해 여러 가치를 얻을 수 있다.

② 직업을 선택하는 다양한 기준이 마련되었다.

③ 직업 선택에서는 개인적인 측면이 가장 중요하다.

④ 일을 하면서 적당한 휴식을 취하는 것이 필요하다.

42. 들은 내용과 같은 것을 고르십시오.

① 많은 사람들은 국가의 발전을 위해 일을 한다.

② 직업을 통해서 개인은 어떤 집단에 포함될 수 있다.

③ 일을 할 때 자신의 능력을 인정받지 못하면 힘들다.

④ 사회의 발전을 위해 기여하는 직업은 돈을 벌기 어렵다.

43. 무엇에 대한 내용인지 알맞은 것을 고르십시오.

① 암컷과 수컷의 피부 색깔 차이

② 갑오징어가 좋아하는 피부 색깔

③ 갑오징어의 피부 색깔과 질감 특징

④ 생존을 위한 카멜레온의 피부 색깔 변화

44. 갑오징어가 피부 색깔을 바꿀 수 있는 이유로 맞는 것을 고르십시오.

① 색소포가 있어서

② 피부 질감과 함께 바꿔서

③ 특별한 에너지를 사용해서

④ 카멜레온과 같은 세포가 있어서

※ **[45~46] 다음을 듣고 물음에 답하십시오. (각 2점)**

45. 들은 내용과 같은 것을 고르십시오.

　① 우리나라는 이미 초고령 사회에 접어들었다.

　② 고령 사회의 가장 큰 문제는 노인 차별이다.

　③ 노인 빈곤 문제 해결을 위해 연금을 지급해야 한다.

　④ 노인들에게 일할 수 있는 기회를 주는 것이 중요하다.

46. 여자가 말하는 방식으로 알맞은 것을 고르십시오.

　① 고령 사회와 초고령 사회의 차이를 비교하고 있다.

　② 우리나라가 고령 사회가 된 원인을 분석하고 있다.

　③ 현재를 통해 예상할 수 있는 미래를 추측하고 있다.

　④ 문제점을 분석하고 이에 따른 해결 방안을 제시하고 있다.

※ **[47~48] 다음을 듣고 물음에 답하십시오. (각 2점)**

47. 들은 내용과 같은 것을 고르십시오.

　① 지역 화폐 발행은 오래전부터 시행되었다.

　② 지역 화폐는 소상공인들의 매출을 감소시킨다.

　③ 지역 화폐 도입은 대형 상점에서도 사용할 수 있다.

　④ 소비자들은 지역 화폐 사용에 불편함을 느끼고 있다.

48. 남자의 태도로 알맞은 것을 고르십시오.

　① 문제의 책임을 따지고 있다.

　② 문제의 결과에 대해 평가하고 있다.

　③ 문제 해결의 어려움을 호소하고 있다.

　④ 문제의 해결 방안 마련을 촉구하고 있다.

49. 들은 내용과 같은 것을 고르십시오.
　① 인류는 매년 더 빨리 더 많은 자원을 소비하고 있다.
　② 올해 인류는 지구 2개에 해당하는 자원을 사용하였다.
　③ 지구 생태용량 초과의 날은 생태계가 가장 많이 파괴된 날이다.
　④ 지구 생태용량 초과의 날은 처음부터 지금까지 변한 적이 없다.

50. 남자의 태도로 알맞은 것을 고르십시오.
　① 관련 정책에 대해 비판하고 있다.
　② 현황을 분석하고 우려를 나타내고 있다.
　③ 문제점에 대한 해결책을 제안하고 있다.
　④ 현상에 대한 올바른 이해를 당부하고 있다.

※　[51~52] 다음 글의 ㉠과 ㉡에 알맞은 말을 각각 쓰시오. (각 10점)

51.

자유게시판

'친구' 영화 보실 분

작성자: 티미

며칠 전 인터넷에서 '친구'라는 영화를 예매했습니다. 정말 보고 싶었던 영화였지만 갑자기 (　　㉠　　) 못 가게 되었습니다. 그래서 저 대신 이 영화를 보고 싶으신 분에게 표를 (　　㉡　　). 제 전화번호는 010-1234-5678입니다. 그럼 연락 기다리겠습니다.

㉠

㉡

52.

　　한국어에는 "언제 밥 한번 먹자.", "밥 먹었어?", "밥 잘 챙겨 먹어."와 같이 (　　㉠　　). 이러한 표현을 통해 한국인들은 서로의 안부를 묻고 인사를 전한다. 이처럼 밥은 한국인에게 단순히 쌀로 만든 식사가 아니라 서로의 안부와 안녕을 확인하는 (　　㉡　　).

㉠

㉡

53. 다음은 '국내 반려동물 관련 시장 현황'에 대한 자료이다. 이 내용을 200~300자의 글로 쓰시오. 단, 글의 제목을 쓰지 마시오. (30점)

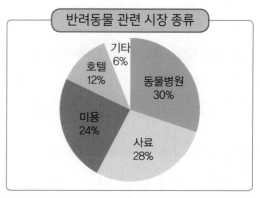

원인	• 저출산, 인구 고령화 → 반려동물에 대한 관심 ⇧ • 반려동물의 건강에 대한 관심 ⇧
전망	• 반려동물 관련 시장 다양화

54. 다음을 참고하여 600~700자로 글을 쓰시오. 단, 문제를 그대로 옮겨 쓰지 마시오. (50점)

> 사람들은 실패를 두려워 한다. 그러나 사람이라면 누구나 실패를 할 수 있고 이를 통해 긍정적인 것을 얻을 수도 있다. 아래의 내용을 중심으로 실패에 대한 자신의 생각을 쓰라.
>
> • 실패는 왜 중요한가?
> • 실패를 통해 얻을 수 있는 것은 무엇인가?
> • 실패를 했을 때 바람직한 자세는 무엇인가?

＊ 원고지 쓰기의 예

	한	국	어	에	는		"	언	제		밥		한	번		먹	자	.	"	,
"	밥		먹	었	어	?	"	,		"	밥		잘		챙	겨		먹	어	.	"

> 제1교시 듣기, 쓰기 시험이 끝났습니다. 제2교시는 읽기 시험입니다.

제2회
실전 모의고사

TOPIK II

2교시	읽기 (Reading)

수험번호 (Registration No.)		
이름 (Name)	한국어 (Korean)	
	영 어 (English)	

유 의 사 항
Information

1. 시험 시작 지시가 있을 때까지 문제를 풀지 마십시오.
   Do not open the booklet until you are allowed to start.

2. 수험번호와 이름을 정확하게 적어 주십시오.
   Write your name and registration number on the answer sheet.

3. 답안지를 구기거나 훼손하지 마십시오.
   Do not fold the answer sheet; keep it clean.

4. 답안지의 이름, 수험번호 및 정답의 기입은 배부된 펜을 사용하여 주십시오.
   Use the given pen only.

5. 정답은 답안지에 정확하게 표시하여 주십시오.
   Mark your answer accurately and clearly on the answer sheet.

6. 문제를 읽을 때에는 소리가 나지 않도록 하십시오.
   Keep quiet while answering the questions.

7. 질문이 있을 때에는 손을 들고 감독관이 올 때까지 기다려 주십시오.
   When you have any questions, please raise your hand.

※ [1~2] (   )에 들어갈 말로 가장 알맞은 것을 고르십시오. (각 2점)

1. 내가 음식을 (   ) 너는 쓰레기를 버려 줘.

① 하다가   ② 하도록

③ 할지라도   ④ 할 테니까

2. 출근 시간에 차가 막힐 때는 자주 지하철을 (   ).

① 타곤 한다   ② 타고 말았다

③ 타는 셈이다   ④ 타는 중이다

※ [3~4] 밑줄 친 부분과 의미가 가장 비슷한 것을 고르십시오. (각 2점)

3. 유학 생활 동안 큰 도움을 줘서 고마울 따름이다.

① 고마울 뿐이다   ② 고마울 참이다

③ 고마울 모양이다   ④ 고마울지도 모른다

4. 늦잠을 잔 탓에 회사에 지각을 했다.

① 잘수록   ② 자려거든

③ 자려던 참에   ④ 자는 바람에

5.

인생을 펴는 한 페이지~
마음의 부자가 되어 보세요.

① 집   ② 빵   ③ 돈   ④ 책

6.

24시간 언제 어디에서나
생활용품부터 택배 서비스까지 이용 가능!

① 편의점   ② 우체국   ③ 여행사   ④ 대사관

7.

소화기는 눈에 띄게!
작은 불씨 하나에 모든 것이 무너집니다.

① 화재 예방   ② 환경 보호   ③ 건강 관리   ④ 공공 예절

8.

이 노트북을 추천합니다!

- 가격 대비 성능이 아주 좋습니다.
- 무겁지 않아서 휴대용으로 잘 사용하고 있습니다.

① 주의 사항   ② 상품 안내   ③ 구매 후기   ④ 이용 문의

9.

도전 퀴즈 타임

매주 금요일 '도전 퀴즈 타임'의 참가자를 모집합니다.

- 대상: 대한민국에 사는 누구나 신청 가능
- 신청: 매주 월요일 홈페이지를 통해 신청
- 혜택: 1등에게 상금 100만 원과 상품 수여
- ※ 탈락한 사람도 도전 단계에 따라 상품을 드립니다.

① 우승한 사람에게만 상품을 준다.
② 한국에 사는 외국인도 퀴즈에 참가할 수 있다.
③ 매주 금요일 홈페이지에서 참가 신청을 받는다.
④ 퀴즈에 참가한 사람들에게 100만 원을 나눠준다.

10.

육아휴직자 수 및 비율

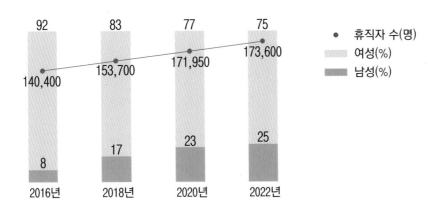

① 전체 육아휴직자 수는 변함이 없다.
② 남성보다 여성 육아휴직자 비율이 낮다.
③ 남성 육아휴직자의 비율은 점차 감소하고 있다.
④ 전체 휴직자 중에서 여성이 절반 이상을 차지한다.

11.

> 가온시에서 주최하는 취업 박람회에 하루 평균 천 명 이상의 사람들이 방문하고 있다. 이번 박람회에서는 구직자의 특성에 맞는 취업 정보를 제공할 뿐만 아니라 취업 관련 프로그램도 운영하고 있다. 지금까지 이 박람회를 통해 구직에 성공한 사람은 3만 명이 넘었다. 이번 박람회는 오는 5일까지 일주일간 개최될 예정이다.

① 박람회는 평일 동안만 개최된다.
② 박람회를 통해 취업한 사람들이 있다.
③ 이번 박람회에 3만 명이 참여할 예정이다.
④ 박람회의 취업 관련 프로그램에 참가해야 한다.

12.

> 최근 경북의 한 지역에서 빈집을 재활용하는 사업을 진행하고 있다. 빈집을 주민들을 위한 마을 공동 공간으로 만들거나 게스트 하우스로 바꿔 운영하기도 한다. 또한 새로운 주거 공간으로 탈바꿈시켜 귀농하는 사람들을 위해 저렴한 가격에 대여하고 있다. 이러한 사업은 다른 지역으로 확대되어 빈집이 지역민을 위한 문화 예술 공간으로도 활용되고 있다.

① 이 사업은 경북에서만 진행되고 있다.
② 빈집을 수리해 주민들에게 나누어 준다.
③ 빈집은 다양한 용도로 재활용되고 있다.
④ 빈집을 귀농하는 사람들에게 팔고 있다.

13.

> (가) 그래서 고기를 구울 때 옷에 냄새가 많이 배는 것이다.
> (나) 고기를 구울 때 여러 가지 화학 물질이 발생하게 된다.
> (다) 이 물질은 크기가 커서 옷의 섬유에 잘 들러붙는다.
> (라) 한 번 옷에 붙으면 쉽게 떨어지지 않고 오랫동안 냄새가 난다.

① (나)-(다)-(가)-(라) ② (나)-(다)-(라)-(가)
③ (라)-(가)-(다)-(나) ④ (라)-(가)-(나)-(다)

14.

> (가) 이 운동은 라틴댄스와 에어로빅을 결합한 유산소 운동이다.
> (나) 최근 중장년층 여성들에게 각광을 받고 있는 운동이 있다.
> (다) 신나는 음악과 함께 라틴댄스에서 사용하는 스텝으로 운동을 한다.
> (라) 또한 유산소 운동으로 많은 에너지를 소모해 다이어트에도 좋다.

① (나)-(가)-(다)-(라) ② (나)-(라)-(다)-(가)
③ (다)-(가)-(나)-(라) ④ (다)-(나)-(라)-(가)

15.

> (가) 청년의 도움으로 그 노인은 위기를 넘기고 목숨을 구했다.
> (나) 결국 그 청년은 회사 면접에 못 갔지만 한 생명을 구해서 기뻤다.
> (다) 한 청년이 면접을 보러 가던 중 거리에 쓰러진 노인을 발견했다.
> (라) 그 청년은 바로 119를 불러 노인과 함께 병원에 갔다.

① (가)-(나)-(다)-(라) ② (가)-(나)-(라)-(다)
③ (다)-(나)-(라)-(가) ④ (다)-(라)-(가)-(나)

16.

이제 마트나 편의점에서 일회용 비닐봉지를 무료로 제공하지 않는다. 대신에 소비자는 종이봉투를 구매해야 한다. 종이봉투를 구매하기 싫은 사람은 ( ) 된다. 이렇게 하면 소비자가 장을 볼 때마다 장바구니를 챙기는 습관을 기를 수 있고 플라스틱도 줄일 수 있어 환경오염 방지에 도움이 된다.

① 플라스틱을 재활용하면   ② 장바구니를 들고 다니면
③ 일회용 봉투를 구매하면   ④ 종이봉투를 직접 만들면

17.

액션 연기를 할 때 대역을 쓰지 않고 직접 연기를 선보이는 60대 배우가 화제다. 이 배우는 18살에 드라마로 데뷔하여 65세가 된 지금까지 드라마와 영화에 출연하고 있다. 특히 이번 영화에서는 위험한 장면이 많았음에도 불구하고 모든 장면을 성공적으로 연기했다. 이 배우는 한 인터뷰에 나와 ( ) 때문에 열정만 있으면 어떤 일이든 해낼 수 있다고 말했다.

① 오랫동안 연기를 쉬었기   ② 나이는 숫자에 불과하기
③ 액션 연기를 할 때 힘들기   ④ 젊은 사람이 연기를 더 잘하기

18.

직업병이란 특정한 직업 환경이 원인이 되어 건강을 해치는 경우를 말한다. 예를 들면 공사 현장의 소음으로 난청이 발생하거나 업무 환경에서 발생하는 유해 물질로 바이러스에 감염되는 것이다. 따라서 직업병에 걸리지 않기 위해서 ( ) 중요하다. 청력을 보호하는 귀마개나 유해 물질을 차단하는 안경을 써야 한다.

① 병원에 가는 게   ② 회사를 오래 다니는 게
③ 동료에게 직접 말하는 게   ④ 보호 장비를 착용하는 게

여러 지자체를 중심으로 로컬푸드 운동이 확산되고 있다. 로컬푸드 운동은 안전한 먹거리를 확보하기 위해 농수산물이 생산된 지역에서 직거래로 소비되도록 장려하고 있는 운동이다. 먹거리가 생산자의 손에서 떠나 식탁에 오르기까지의 거리가 멀수록 농약과 방부제 처리를 많이 해야 하므로 식품의 안정성이 떨어지기 때문이다. (　　　　　) 로컬푸드 운동은 건강에 해로운 것을 최소화하고 신선한 식품을 먹을 수 있다는 점에서 더 많은 관심을 기울여야 한다.

19. (　　　　　)에 들어갈 말로 가장 알맞은 것을 고르십시오.

① 비록

② 이처럼

③ 반면에

④ 그렇지만

20. 윗글의 주제로 가장 알맞은 것을 고르십시오.

① 다양한 로컬푸드를 생산해야 한다.

② 직거래를 통해 로컬푸드의 가격을 낮춰야 한다.

③ 안전한 로컬푸드를 생산하기 위해 노력해야 한다.

④ 로컬푸드 운동이 확산될 수 있도록 장려해야 한다.

> 석빙고는 조상들이 얼음을 저장하던 창고이다. 겨울에는 석빙고를 냉각시켜 얼음을 보관하고, 여름에는 얼음을 꺼내 사용했다. 석빙고는 (   ) 만큼 과학적인 구조를 가지고 있다. 햇빛이 들어오지 않게 설계해 내부가 어둡고, 얼음 저장 공간에는 바닥이나 벽의 열을 차단하기 위해 단열재를 사용했다. 게다가 반원형의 지붕은 세 개의 환기통이 있어서 더운 공기는 위로 빠져나가고, 차가운 공기는 아래로 내려오게 해 한여름에도 얼음이 녹지 않게 했다.

21. (   )에 들어갈 알맞은 것을 고르십시오.

① 코가 빠질

② 기가 막힐

③ 손발이 맞을

④ 눈에 불을 켤

22. 윗글의 내용과 같은 것을 고르십시오.

① 석빙고의 지붕은 평평하다.

② 석빙고의 벽은 열을 흡수한다.

③ 석빙고의 내부는 햇빛이 없어서 깜깜하다.

④ 석빙고 내부의 차가운 공기는 밖으로 빠져 나간다.

지난 명절 때 오랜만에 부모님 댁에 갔다. 평소 일이 바빠서 부모님께 안부 전화만 드리다가 얼굴을 뵌 것은 오랜만이었다. 전화 통화를 할 때는 항상 밝은 목소리만 들려주셔서 별일이 없는 줄 알았는데, 거칠거칠하고 퉁퉁 부은 어머니 손을 보니 눈물이 핑 돌았다. 안 그래도 시골에서 농사일을 하시느라 항상 고단하신데, 세탁기가 고장 나서 추운 겨울에 찬물에 손을 담가 빨래를 하고 계셨던 것이다. "세탁기가 고장 났으면 진작에 말씀을 해 주시지. 왜 고생을 하고 계세요."하고 타박하는 내게 어머니는 "옛날에는 다 이렇게 살았어. 이게 무슨 고생이라고."라며 멋쩍게 대답하셨다. 나는 그날 오후 어머니를 모시고 시내에 가서 당장 배송이 가능한 최신식 세탁기를 사 드렸다. 그 어느 때보다 마음이 따뜻한 명절이었다.

23. 밑줄 친 부분에 나타난 '나'의 심정으로 가장 알맞은 것을 고르십시오.

① 슬프고 속상하다

② 화나고 당황스럽다

③ 긴장되고 초조하다

④ 편하고 감격스럽다

24. 윗글의 내용과 같은 것을 고르십시오.

① 옛날에는 손빨래를 하는 사람들이 있었다.

② 부모님께 사 드린 세탁기는 다음 날 도착했다.

③ 나는 농사일이 바빠서 부모님을 자주 뵙지 못한다.

④ 나는 부모님의 세탁기를 사 드리기 위해 고향에 갔다.

※ [25~27] 다음 신문 기사의 제목을 가장 잘 설명한 것을 고르십시오. (각 2점)

25.

전기료 인상에 자영업자 속앓이… 가격 인상 초읽기

① 전기업계 자영업자들이 물건의 가격을 카드로만 받는다.

② 전기료와 물건 가격이 올라서 자영업자들이 단체로 병이 났다.

③ 전기 요금을 카드로만 낼 수 있어서 자영업자들이 힘들어 한다.

④ 전기료가 올라서 힘든 자영업자들이 가격 인상을 고민하고 있다.

26.

보험 계약 시 무심코 "네, 네" 했다간 낭패

① 보험 계약을 할 때 "네"라고 대답하는 것이 좋다.

② 보험 계약을 할 때는 빨리 결정하는 것이 이익이다.

③ 보험 계약을 제대로 확인하지 않으면 손해 볼 수 있다.

④ 보험 계약에 무관심한 사람들 때문에 보험 회사가 손해를 본다.

27.

중소기업, 인력난 대체재로 자동 로봇 급부상

① 중소기업에서 사람이 하기 어려운 일을 로봇이 대신하고 있다.

② 중소기업의 노동력 문제 해결 방안으로 자동 로봇이 뜨고 있다.

③ 중소기업에서 자동 로봇이 개발되면서 일자리를 잃은 사람이 많다.

④ 중소기업 노동력 문제 해결을 위해 자동 로봇을 급히 개발하고 있다.

28.

　　마음먹은 계획이 생각만큼 길게 지속되지 않고 흐지부지될 때 작심삼일이라는 말을 한다. 작심삼일의 위기를 극복하려면 목표한 행동을 (　　　　　) 만드는 것이 중요하다. 하루에 30분 동안 책 읽기를 목표로 잡았다면 처음 사흘은 30분 동안 책을 읽고, 그 다음에는 40분 동안 사흘을 읽는 식이다. 점차 시간을 늘려가면서 세 달 정도 실행하다 보면 습관처럼 몸에 익게 되어 목표했던 계획을 꾸준히 할 수 있다.

① 잘 계획된 표로
② 전문가 수준으로
③ 자기 발전의 기회로
④ 계속 반복해 습관으로

29.

　　얼굴 인식을 통해 현관문을 여는 방법이 우리 생활 속에 도입되고 있다. 코, 입, 눈썹 등 얼굴의 특징적인 점 50개를 통해 특정 인물의 얼굴 윤곽 정보를 수치로 저장하고 등록한다. 또한 그 인물의 얼굴 움직임을 감지해 집주인과 외부인을 구별한다. 만약 등록된 사람의 사진을 현관문 카메라에 비춘다면 어떻게 될까? 사진은 살아 있는 사람처럼 (　　　　　) 때문에 현관문이 열리지 않는다고 한다.

① 목소리가 없기
② 지문이 보이지 않기
③ 눈을 깜빡이지 않기
④ 피부색이 선명하지 않기

30.

　　한국은 예로부터 농경 국가로 달의 모양을 통해 절기와 계절을 예측했다. 추석 때는 한 해의 농사를 잘 지을 수 있도록 도와준 하늘과 조상께 감사의 마음을 담아 송편을 빚었다. 송편 반죽은 소를 넣기 전에는 동그란 보름달 모양이며, 소를 넣어 반으로 접은 후에는 반달처럼 생겼다. 송편 하나에 (　　　　　) 모두 있는 것이다. 보름달은 다시 작아지지만 반달은 점차 풍요로운 보름달로 변하기 때문에 반달 모양의 송편을 만든 것이다.

① 달의 변화 모습이
② 조상들의 상상력이
③ 추석의 풍요로움이
④ 자연을 숭배하던 마음이

31.

　　딥러닝은 인공 지능 컴퓨터가 사람처럼 생각하고 학습할 수 있도록 하는 기계 학습 중 하나로 복잡하게 얽힌 사람의 뇌 신경망 구조를 모방했다. 딥러닝은 (　　　　　) 컴퓨터가 스스로 학습하고 미래 상황을 예측할 수 있다. 예를 들어 개발자가 컴퓨터에게 다양한 사과 사진을 보여주면서 사과를 알려주면, 그 후에는 컴퓨터가 알아서 사과 사진을 찾아보고 학습한 후 사과와 사과가 아닌 것을 구분할 줄 알게 되는 것이다.

① 최근의 정보가 아니어도
② 프로그램 업데이트 없이도
③ 새로운 장치의 연결이 없어도
④ 인간이 계속 가르쳐 주지 않아도

※ [32~34] 다음을 읽고 글의 내용과 같은 것을 고르십시오. (각 2점)

32.

음성 인식 기술은 컴퓨터가 마이크와 같은 소리 센서를 통해 얻은 음향학적 신호를 단어나 문장으로 변환시키는 기술을 말한다. 음성 인식 기술을 바탕으로 휴대폰에서는 음성 명령을 내릴 수 있고 외국어 통역 서비스도 편하게 이용할 수 있다. 그러나 음성 인식 기술은 많은 양의 텍스트 자료로 학습하는 것에 의존하고 있다. 그래서 현재 몇 개의 언어에서만 음성 인식 기술이 가능하다.

① 음성 인식 기술은 단어를 듣고 문장으로 바꾸는 것이다.
② 음성 인식 기술을 사용하여 모든 언어를 통역할 수 있다.
③ 음성 명령을 내리기 위해서는 컴퓨터와 마이크가 필요하다.
④ 음성 인식 기술은 다량의 텍스트 자료로 학습하여 실행된다.

33.

한국의 선거일은 공휴일이며 수요일로 정해져 있다. 수요일에 선거를 하는 이유는 투표율을 높이기 위해서이다. 주말에 가까운 요일일수록 선거일까지 휴가로 이용해 투표를 하지 않는 경우가 생길 수 있다. 그리고 화요일이나 목요일 역시 월요일이나 금요일 중 하루만 휴가를 내면 며칠 동안 연휴를 즐길 수 있어서 투표율에 영향을 미칠 수 있다. 따라서 선거 투표에만 집중할 수 있는 수요일이 한국의 선거일로 지정되었다.

① 선거일이 주말에 가까울수록 투표율이 높다.
② 월요일은 선거 투표에 집중할 수 있는 요일이다.
③ 화요일을 선거일로 하면 투표율이 떨어질 수 있다.
④ 연휴를 즐기기 위해 한국의 선거일은 공휴일로 정해졌다.

34.

흔히 자동차나 건물처럼 눈으로 확인할 수 있는 것을 재산이라고 한다. 그러나 사람이 지식 활동으로 만드는 교육, 연구, 정보, 기술 등도 무형의 재산이 될 수 있다. 이것을 지식 재산이라고 하는데 이를 보호하는 권리를 지식 재산권이라고 부른다. 따라서 지식 재산으로 등록된 발명 아이디어를 훔쳐서 물건을 만든 사람은 처벌을 받게 된다. 발명 아이디어도 등록된 지식 재산으로 인정받아 지식 재산권을 사용할 수 있기 때문이다.

① 지식 재산권은 눈으로 확인하는 물건에 사용된다.

② 자동차나 건물은 무형의 재산으로 분류할 수 있다.

③ 다른 사람의 발명 아이디어를 훔치면 모두 처벌받는다.

④ 지식 재산은 교육뿐만 아니라 발명 아이디어도 포함된다.

※ [35~38] 다음을 읽고 글의 주제로 가장 알맞은 것을 고르십시오. (각 2점)

35.

책을 읽으면 좋다는 말을 모르는 사람은 없다. 책을 많이 읽을수록 다양한 경험을 간접적으로 체험할 수 있고 공감 능력도 향상된다. 그러나 무조건 책을 많이 읽는다고 해서 좋은 것은 아니다. 특정 분야의 책만 읽었을 때는 생각의 폭이 좁아질 수 있고 편향된 사고방식을 가질 수 있으므로 다양한 장르의 책을 골고루 읽는 것이 중요하다.

① 어려운 어휘가 포함된 책을 읽는 것이 좋다.

② 생각의 폭을 넓히기 위해서는 책을 읽어야 한다.

③ 공감 능력을 향상시키기 위해 책을 많이 읽어야 한다.

④ 한 분야의 책보다 다양한 분야의 책을 읽는 것이 좋다.

36.

　　비즈쿨은 비즈니스와 스쿨을 합친 말로 청소년들에게 창업 정신을 키워주기 위해 만들어진 프로그램이다. 초·중·고등학생을 대상으로 기업가 정신, 창업 마인드 등을 가르치고 모의 창업, 창업동아리 운영을 통해 자신감과 모험심을 길러 주고 있다. 이 프로그램은 정형화된 학교 교육에서 벗어나 자신의 꿈과 잠재력을 찾을 수 있는 좋은 경험이 될 수 있다. 따라서 더욱 활발한 홍보를 통해 학생들의 참여 기회를 확대해야 할 것이다.

① 어린 학생일수록 비즈쿨 프로그램이 도움이 된다.
② 틀에 박힌 학교 교육은 학생의 잠재력을 빼앗는다.
③ 모든 학생들이 꿈과 잠재력을 찾을 수 있도록 도와줘야 한다.
④ 많은 학생들이 비즈쿨 프로그램에 참여할 수 있도록 해야 한다.

37.

　　번아웃 증후군은 어떤 일에 지나치게 몰두하다가 갑자기 극도의 피로감을 느끼며 무기력해지는 증상을 말한다. 이 증상을 겪는 사람은 업무 효율이 떨어지며 다른 사람과 원만한 관계를 유지하는 데도 어려움을 겪는다. 번아웃 증후군을 겪는 사람은 자신의 신체 건강과 내면을 잘 돌봐야 한다. 또한 주변 사람들은 이들의 어려움을 이해해주고, 이 증상을 극복할 수 있도록 공정하게 업무를 배분하고 시스템을 바꾸려는 노력을 해야 한다.

① 극도의 피로감을 느낄 때는 업무를 중단해야 한다.
② 개인과 주변의 노력으로 번아웃 증후군을 극복할 수 있다.
③ 타인과 원만한 관계를 유지하기 위한 공감 능력이 중요하다.
④ 번아웃 증후군을 겪을 때는 주변 사람들에게 도움을 요청해야 한다.

38.

　　인간의 뇌에는 공간 구조를 기억할 수 있도록 해 주는 해마라는 기관이 있다. 해마는 인간의 경험에 따라 크기가 달라진다. 한 연구 결과에 따르면 버스 기사와 택시 기사는 똑같이 운전을 하는 직업이지만 버스 기사 보다 택시 기사의 해마가 더 컸다고 한다. 왜냐하면 버스 기사는 정해진 길을 반복적으로 다니지만, 택시 기사는 손님의 목적지에 따라 매번 새로운 길을 찾아서 가기 때문이다.

① 버스 기사보다 택시 기사의 뇌가 더 발달했다.

② 빠르게 목적지에 가기 위해서는 버스보다 택시가 좋다.

③ 공간 지각 경험을 많이 쌓을수록 해마의 크기가 커진다.

④ 반복적인 경험을 통해 공간을 잘 기억하는 것이 중요하다.

※ [39~41] 주어진 문장이 들어갈 곳으로 가장 알맞은 것을 고르십시오. (각 2점)

39.

　　따라서 벌에 쏘이지 않기 위해서는 무엇보다 예방이 중요하다.

　　가을철에는 산에서 벌에 쏘이는 사고가 많이 발생한다. (㉠) 벌에 쏘이면 피부가 붓게 되고 심하면 호흡 곤란까지 올 수 있다. (㉡) 먼저 산에 갈 때 강한 향이 나는 향수나 화장품 사용은 자제해야 한다. (㉢) 그리고 음료수나 과일 등 단 음식은 벌이 냄새를 맡지 못하도록 주의해서 보관해야 한다. (㉣) 혹시 벌에 쏘였을 때는 당황하지 말고 바로 119에 신고해야 한다.

① ㉠　　　　　　② ㉡　　　　　　③ ㉢　　　　　　④ ㉣

40.

> 이때 사람은 호흡량과 호흡의 횟수를 증가시켜 부족한 산소를 보충하게 된다.

보통 2,400m 이상의 높은 산에 올라가면 공기 중 산소 농도가 낮아진다. (㉠) 그리고 사람이 호흡할 수 있는 산소 농도도 낮아져 저산소증이 발생하게 된다. (㉡) 그런데 산소를 얻는 과정에서 호흡 곤란이나 두통, 현기증 등의 증상이 생길 수 있다. (㉢) 심각한 경우에는 죽을 수도 있기 때문에 이런 증상이 나타나면 바로 하산하는 것이 좋다. (㉣)

① ㉠   ② ㉡   ③ ㉢   ④ ㉣

41.

> 이후 수도가 생겼지만 물장수의 역할은 사라지지 않았다.

수도가 없던 시절에 사람들은 우물을 사용해서 물을 길러 사용했다. (㉠) 그러나 우물의 분포가 불균등하고 수질도 나빠서 식수로 마실 수가 없었다. (㉡) 그래서 당시에는 한강이나 계곡물을 길러서 파는 물장수라는 직업이 있었다. (㉢) 집집마다 수도관을 설치하기 힘들었기 때문에 물장수가 수도에서 물을 받아 새벽부터 각 가정에 물을 배달하는 일을 했다. (㉣) 그러다가 수도 시설이 널리 보급되어 집에서도 깨끗한 물을 사용할 수 있게 되면서 물장수 직업은 사라지게 되었다.

① ㉠   ② ㉡   ③ ㉢   ④ ㉣

쓰레기라도 깔끔하게 보이고 싶다는 내 허영심을 비웃듯이 수거차가 오기 전에 우리 쓰레기봉투가 무참하게 파헤쳐지는 일이 빈번하다는 것을 알게 되었다. 생선이나 닭고기를 먹고 난 후는 영락없이 그런 일을 당했다. 고양이들의 소행이었다. 개는 안 기르는 집이 거의 없다시피 하지만 고양이 기르는 집은 거의 없는 것 같은데도 동네에는 고양이들이 많다. 이렇게 도둑고양이들이 많기 때문에 쥐가 거의 없다는 게 동네 사람들의 설명이었다.

아무리 그렇다고 해도 수거차가 지나간 후에도 문 앞이 깨끗하지 않고 닭 뼈나 생선 뼈가 어지럽게 널려 있다는 건 여간 속상한 일이 아니었다. 터져서 냄새나는 내용물이 꾸역꾸역 쏟아지는 쓰레기봉투를 들어 올렸을 미화원 아저씨에게는 또 얼마나 미안한 노릇인가. 그래서 생각해 낸 게 고양이가 좋아할 만한 먹이가 생기면 봉투 속에 넣지 않고 접시에 따로 담아 고양이가 잘 다니는 통로에다 놓아두는 거였다. 그것은 좋은 생각이었다. 적중했으니까. 그 후부터 쓰레기봉투가 훼손당하는 일은 안 생겼고, 나도 고양이를 챙기는 일에 재미를 붙이게 되었다. 비린 것을 탐하는 고양이의 식성은 츱츱했지만 <u>생선 뼈를, 머리칼처럼 가느다란 가시까지도 깨끗이 발라내는 솜씨는 가히 예술이라 부를 만했다.</u> 그 대신 우리 식구들은 고양이 생각을 한답시고 닭고기나 생선을 먹을 때 점점 더 살을 많이 붙여서 남기게 되었다.

42. 밑줄 친 부분에 나타난 '나'의 심정으로 가장 알맞은 것을 고르십시오.

① 기쁘다

② 불안하다

③ 실망스럽다

④ 감탄스럽다

43. 윗글의 내용으로 알 수 있는 것을 고르십시오.

① 쥐가 동네의 쓰레기봉투를 파헤친다.

② 동네에는 개보다 고양이를 기르는 사람이 많다.

③ 나는 고양이가 잘 다니는 통로를 잘 알고 있다.

④ 고양이 먹이를 챙겨도 여전히 쓰레기봉투가 훼손되었다.

면역은 우리 몸에 침투하는 바이러스를 막아 주는 방패 역할을 한다. 따라서 많은 사람들이 면역력이 높은 것을 건강의 지표로 여긴다. 그러나 과도한 면역력은 오히려 독이 될 수 있다. 내 몸을 지켜줘야 할 면역 세포들이 정상적인 세포를 공격하고 파괴할 수도 있기 때문이다. 그리고 면역 세포가 몸의 어느 부분을 공격하느냐에 따라 증상과 질병이 다양하게 나타나는데 대표적인 증상이 알레르기나 자가 면역 질환이다. 이와 반대로 온실을 벗어나면 금방 시들어버리는 온실 속 화초처럼 면역 상태가 약한 온실 면역 상태도 주의해야 한다. 온실 면역 상태가 되면 일반인보다 바이러스나 세균 등에 (   ) 때문이다. 따라서 항상 자신의 몸 상태를 잘 살펴보면서 건강한 생활 습관으로 면역력을 조절하는 것이 중요하다.

44. (   )에 들어갈 말로 가장 알맞은 것을 고르십시오.

① 바이러스가 증가하기

② 감염 위험이 높아지기

③ 자가 면역 질환이 발생하기

④ 면역 과잉 현상이 일어나기

45. 윗글의 주제로 알맞은 것을 고르십시오.

① 알레르기를 일으키는 원인을 조기에 파악해야 한다.

② 면역력을 높이기 위해 방안의 온도를 따뜻하게 해야 한다.

③ 다른 사람보다 세균 감염 위험이 높다면 병원 치료를 받아야 한다.

④ 평소 자신의 건강 상태를 점검하면서 적당한 면역력을 유지해야 한다.

　　도시의 규모가 작을 때에는 관청, 상점, 주택, 학교, 공장 등이 도시 중심에 섞여 있어 지역 분화가 뚜렷하게 나타나지 않는다. 그러나 도시의 규모가 커지고 그 기능이 다양해지면서 비슷한 기능끼리는 모이고 서로 다른 기능끼리는 분리되는 경향이 나타난다. 이로 인해 하나의 도시 안에는 업무 지역, 상업 지역, 주거 지역, 공업 지역 등 여러 종류의 기능 지역으로 나누어진다. 이처럼 도시가 분리되는 가장 중요한 이유는 접근성과 땅값 때문이다. 도시 중심부에 자리 잡은 도심은 교통이 발달해 어디로든 접근할 수 있어서 고층 건물이 많고 땅값이 비싸다. 이러한 이유로 비싼 땅값을 낼 수 있는 대기업이나 전문적인 상가만 남게 된다. 한편 비싼 땅값을 감당할 수 없는 공장이나 주택들은 접근성이 다소 떨어지더라도 도시 외곽에 많이 생기게 된다. 그래서 도시 외곽에는 주거 지역과 공업 지역이 많은 것이다.

46. 윗글에 나타난 필자의 태도로 가장 알맞은 것을 고르십시오.

① 대규모 도시의 필요성을 강조하고 있다.

② 도심의 비싼 땅값에 대해 비판하고 있다.

③ 도시가 분리되는 이유에 대해 설명하고 있다.

④ 비싼 땅값의 도시가 생기는 것을 경계하고 있다.

47. 윗글의 내용과 같은 것을 고르십시오.

① 전문적인 상가는 교통보다 땅값이 더 중요하다.

② 고층 건물은 도심보다 도시 외곽에 많이 생긴다.

③ 도심은 땅값이 비싸기 때문에 공업 시설이 많지 않다.

④ 도시의 기능이 비슷할수록 지역 분화가 활발하게 이루어진다.

> 각 지역 자치단체에서는 주민 참여 예산 제도를 운영하고 있다. 이 제도를 통해 주민들은 자신이 사는 지역에 필요한 사업을 제안하거나 사업에 참여할 수 있다. 주민들은 직접 지역의 (   ) 지역 재정과 예산에 대해 관심을 가질 수 있으며 지역 경제의 투명성을 보장할 수 있다는 점에서 의미가 있다. 또한 주민 참여 예산 제도는 해당 지역에 사는 주민이면 누구나 참여할 수 있으며 참여하는 방법도 간단하다. 먼저 주민들이 사업을 제안한 후에 주민 투표와 전문가 검토 등을 거쳐서 사업이 선정된다. 그리고 지역 자치 단체에서는 주민들의 의견을 모아 해당 사업에 대한 예산을 계획하고 지원한다. 이 제도는 단순히 하나의 예산 제도라기보다는 지역의 역량을 강화하고 이를 통해 주민 자치를 실현하는 중요한 장치라고 할 수 있다. 따라서 앞으로도 지역 자치 단체에서는 주민들의 더 많은 참여를 위해 홍보하고 운영 역량을 강화해야 할 것이다.

48. 윗글을 쓴 목적으로 가장 알맞은 것을 고르십시오.

① 주민 참여 예산 제도와 경제 관계를 분석하려고

② 주민 참여 예산 제도의 특징과 의의를 설명하려고

③ 주민 참여 예산 제도를 대체할 제도를 소개하려고

④ 주민 참여 예산 제도 문제점의 개선 방안을 제안하려고

49. (   )에 들어갈 말로 가장 알맞은 것을 고르십시오.

① 사업 예산을 기부함으로써   ② 경제 상황을 살펴봄으로써

③ 주민 투표를 실시함으로써   ④ 예산 과정에 참여함으로써

50. 윗글의 내용과 같은 것을 고르십시오.

① 이 제도는 사업이 선정된 이후에 주민 투표를 거친다.

② 이 제도를 통해 주민들은 지역 사업에 투자할 수 있다.

③ 이 제도는 지역 자치 단체에서 사업을 제안하는 것이다.

④ 이 제도를 통해 지역 발전과 주민 자치를 실현할 수 있다.

제3회
실전 모의고사

TOPIK II

1교시	듣기, 쓰기 (Listening, Writing)

수험번호 (Registration No.)		
이름 (Name)	한국어 (Korean)	
	영 어 (English)	

유 의 사 항
Information

1. 시험 시작 지시가 있을 때까지 문제를 풀지 마십시오.
   Do not open the booklet until you are allowed to start.

2. 수험번호와 이름을 정확하게 적어 주십시오.
   Write your name and registration number on the answer sheet.

3. 답안지를 구기거나 훼손하지 마십시오.
   Do not fold the answer sheet; keep it clean.

4. 답안지의 이름, 수험번호 및 정답의 기입은 배부된 펜을 사용하여 주십시오.
   Use the given pen only.

5. 정답은 답안지에 정확하게 표시하여 주십시오.
   Mark your answer accurately and clearly on the answer sheet.

   marking example | ① ● ③ ④ |

6. 문제를 읽을 때에는 소리가 나지 않도록 하십시오.
   Keep quiet while answering the questions.

7. 질문이 있을 때에는 손을 들고 감독관이 올 때까지 기다려 주십시오.
   When you have any questions, please raise your hand.

※ [1~3] 다음을 듣고 가장 알맞은 그림 또는 그래프를 고르십시오. (각 2점)

1.

①

②

③

④

2.

①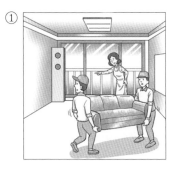

②

③

④

3.

①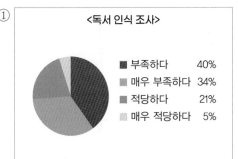

②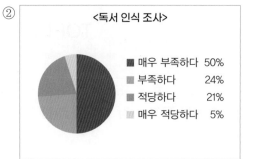

③

④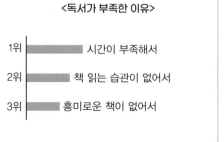

※ [4~8] 다음을 듣고 이어질 수 있는 말로 가장 알맞은 것을 고르십시오. (각 2점)

4. ① 퇴근 시간에는 길이 복잡해요.

② 저도 신입 사원 때 생각이 나네요.

③ 환영회에 행사를 많이 준비했어요.

④ 저는 배탈이 나서 참석 못 할 것 같아요.

5. ① 지난번 세일 때 코트를 샀어요.

② 내일부터는 가방에 넣고 다녀야겠어요.

③ 우리나라는 사계절이 뚜렷해서 좋아요.

④ 환경오염 때문에 이런 현상이 생겼네요.

6.　① 집이 좁아서 너무 불편해.

　　　② 부동산에 한번 가서 물어봐야겠어.

　　　③ 학교랑 가까워서 십 분밖에 안 걸려.

　　　④ 룸메이트를 빨리 찾아보는 게 좋겠어.

7.　① 집에서 옷을 편하게 입으면 좋겠어요.

　　　② 편한 옷차림이면 일이 더 잘 될 거예요.

　　　③ 요즘 정장 가격이 많이 비싸졌더라고요.

　　　④ 깔끔한 옷을 좋아하면 정장을 입어 보세요.

8.　① 절약이 이렇게 힘든지 몰랐어.

　　　② 지금 사는 집 방값이 좀 비싸.

　　　③ 이제 쇼핑을 하지 않기로 했어.

　　　④ 방학에 아르바이트를 할 계획이야.

[9~12] 다음을 듣고 <u>여자</u>가 이어서 할 행동으로 가장 알맞은 것을 고르십시오. (각 2점)

9. ① 짐을 다시 챙긴다.

② 일기 예보를 확인한다.

③ 남자의 옷을 사러 간다.

④ 선글라스와 모자를 산다.

10. ① 시험공부를 한다.

② 교수님께 연락한다.

③ 자료를 찾으러 도서관에 간다.

④ 인터넷에서 자료를 다운로드한다.

11. ① 가벼운 스트레칭을 한다.

② 시원한 탄산음료를 마신다.

③ 친구와 점심을 먹으러 간다.

④ 진료를 받으러 병원에 간다.

12. ① 회의실을 확인한다.

② 남자에게 사진을 준다.

③ 설명회 자료를 복사한다.

④ 신제품에 대해서 설명한다.

※ [13~16] 다음을 듣고 들은 내용과 같은 것을 고르십시오. (각 2점)

13. ① 남자는 연휴에 집에서 쉴 계획이다.

② 다음 주 월요일은 영화관 휴무일이다.

③ 여자는 남자와 영화를 보기로 약속했다.

④ 여자는 캠핑을 가기 위해 3일 동안 휴가를 냈다.

14. ① 부산행 기차는 열 시에 도착했다.

② 안내소에서 사고를 정리하고 있다.

③ 기차 사고 때문에 출발 시간이 바뀌었다.

④ 부산까지 가는 비행기를 이용할 수 없다.

15. ① 오늘 저녁에는 비가 그칠 것이다.

② 고속도로에서 오토바이 사고가 있었다.

③ 오늘 오전 8시에는 기차가 운행하지 않았다.

④ 생각한 것과 달리 폭우의 피해는 심하지 않았다.

16. ① 여자는 학교에서 따돌림을 당한 적이 있다.

② 남자는 청소년 상담을 시작한 지 오래됐다.

③ 청소년들은 친구와 놀면서 스트레스를 풀 수 있다.

④ 청소년들은 시험 성적 때문에 상담을 많이 받는다.

※　　[17~20] 다음을 듣고 <u>남자</u>의 중심 생각으로 가장 알맞은 것을 고르십시오. (각 2점)

17. ① 계획을 짜서 행동해야 한다.
② 방을 깨끗하게 정리해야 한다.
③ 지금 하는 일에 집중해야 한다.
④ 잊어버리지 않도록 메모를 해야 한다.

18. ① 한 번 만나고 사람을 판단하면 안 된다.
② 남녀 사이에서는 서로 통하는 게 중요하다.
③ 소개팅으로 사람을 만나는 것은 시간 낭비다.
④ 사람은 시간을 가지고 천천히 알아가야 한다.

19. ① 공유 킥보드에서 내릴 때 조심해야 한다.
② 공유 킥보드는 정해진 곳에 주차해야 한다.
③ 공유 킥보드를 탈 때 보행자를 확인해야 한다.
④ 공유 킥보드는 아무 곳에서나 탈 수 있어야 한다.

20. ① 누구나 추억을 만들 수 있어야 한다.
② 어릴 때는 도시에서 생활하는 것이 좋다.
③ 돈이 없어도 꾸준히 책을 읽는 것이 좋다.
④ 무료로 이용할 수 있는 카페가 많아져야 한다.

21. 남자의 중심 생각으로 가장 알맞은 것을 고르십시오.

① 학생들은 텀블러를 싫어할 것이다.

② 시간을 확인하는 습관을 길러야 한다.

③ 탁상시계에 회사 이름이 있으면 회사 홍보에 좋다.

④ 환경 보호와 회사 홍보를 위해 텀블러를 준비하면 좋다.

22. 들은 내용과 같은 것을 고르십시오.

① 여자는 남자에게 텀블러를 보여 줬다.

② 기념품의 색깔은 아직 정하지 않았다.

③ 기념품으로 탁상시계를 준비할 예정이다.

④ 이번에 처음으로 회사에서 직업 체험을 한다.

23. 여자가 무엇을 하고 있는지 고르십시오.

① 여권 재발급 신청 방법을 문의하고 있다.

② 분실된 여권을 찾아 달라고 부탁하고 있다.

③ 여권 사진을 찍을 수 있는 곳을 알아보고 있다.

④ 여권 신청서를 작성할 수 있는 사람을 확인하고 있다.

24. 들은 내용과 같은 것을 고르십시오.

① 신분증 대신 신청서가 필요하다.

② 여자는 여권 사용 기간이 지났다.

③ 인터넷에서 여권 재발급을 신청할 수 있다.

④ 1년 전 사진은 여권 사진으로 사용할 수 없다.

※ [25~26] 다음을 듣고 물음에 답하십시오. (각 2점)

25. 남자의 중심 생각으로 가장 알맞은 것을 고르십시오.

① 환경을 생각하는 기업들이 늘어나야 한다.

② 해양 오염을 막기 위한 대책을 세워야 한다.

③ 페트병을 재활용할 수 있는 방법을 찾아야 한다.

④ 플라스틱을 활용한 다양한 의류가 생산되어야 한다.

26. 들은 내용과 같은 것을 고르십시오.

① 플라스틱으로 만든 옷은 가볍지만 약하다.

② 버려진 플라스틱은 금방 썩어서 없어진다.

③ 버려진 페트병을 활용하여 옷을 만들 수 있다.

④ 친환경 제품에 관심을 가지는 사람들이 줄었다.

※ [27~28] 다음을 듣고 물음에 답하십시오. (각 2점)

27. 남자가 말하는 의도로 알맞은 것을 고르십시오.

① 무인 가게의 문제점을 말하기 위해

② 다양한 무인 가게의 종류를 알려 주기 위해

③ 무인 가게를 창업하는 방법을 설명하기 위해

④ 무인 가게가 가진 문제점의 해결 방안을 제시하기 위해

28. 들은 내용과 같은 것을 고르십시오.

① 무인 가게는 재고 관리가 잘된다.

② 다양한 종류의 무인 가게들이 생겨나고 있다.

③ 무인 가게는 도난이나 파손 문제가 거의 없다.

④ 무인 가게 덕분에 새로운 일자리들이 많아졌다.

※   [29~30] 다음을 듣고 물음에 답하십시오. (각 2점)

29. 남자는 누구인지 맞는 것을 고르십시오.

① 생활 정보를 제공해주는 사람

② 온라인 취미 서비스를 개발한 사람

③ 온라인 취미 서비스에 가입한 사람

④ 온라인에서 노래를 가르쳐주는 사람

30. 들은 내용과 같은 것을 고르십시오.

① 이 서비스를 찾는 회원이 늘고 있다.

② 이 서비스는 무료로 이용이 가능하다.

③ 이 서비스는 직접 만나서 진행하기도 한다.

④ 이 서비스는 운동 관련 동영상을 개발할 예정이다.

※   [31~32] 다음을 듣고 물음에 답하십시오. (각 2점)

31. 남자의 중심 생각으로 가장 알맞은 것을 고르십시오.

① 가까운 사람의 전화번호는 외워야 한다.

② 기억력을 높이기 위해 다양한 노력을 해야 한다.

③ 디지털 기술이 발달로 사람들의 기억력이 안 좋아졌다.

④ 디지털 기술의 발달 속도에 맞게 의식이 변화하고 있다.

32. 남자의 태도로 가장 알맞은 것을 고르십시오.

① 현재의 상황을 우려하고 있다.

② 상대방의 의견에 동의하고 있다.

③ 상대방의 주장을 비판하고 있다.

④ 현재의 문제를 해결하려고 하고 있다.

※ [33~34] 다음을 듣고 물음에 답하십시오. (각 2점)

33. 무엇에 대한 내용인지 맞는 것을 고르십시오.

① 스트레스의 긍정적인 효과

② 스트레스를 받는 주요 원인

③ 스트레스와 업무 효율의 관계

④ 스트레스를 해소하기 위한 방법

34. 들은 내용과 같은 것을 고르십시오.

① 뇌를 자극하면 호르몬이 많이 분비된다.

② 적당한 스트레스는 면역력을 향상시킨다.

③ 긴장감은 스트레스가 쌓이는 원인이 된다.

④ 스트레스가 많이 쌓이면 몸에 염증이 생긴다.

※ [35~36] 다음을 듣고 물음에 답하십시오. (각 2점)

35. 여자가 무엇을 하고 있는지 고르십시오.

① 가온시의 문제점에 대해 밝히고 있다.

② 당선에 대한 감사 인사를 전하고 있다.

③ 교통약자에 대한 관심을 촉구하고 있다.

④ 선거 공약에 대해 구체적으로 설명하고 있다.

36. 들은 내용과 같은 것을 고르십시오.

① 여자는 두 번 연속 선거에 당선되었다.

② 가온시에는 현재 저상버스가 다니지 않는다.

③ 교통약자를 위한 법은 4년 전에 만들어졌다.

④ 여자는 이번 당선을 끝으로 시장직을 그만둔다.

37. 남자의 중심 생각으로 가장 알맞은 것을 고르십시오.

① 교묘해진 범죄 방법에 대해 연구해야 한다.

② 범죄 예방을 위해 중고 거래를 자제해야 한다.

③ 중고 거래 사이트에서 구매자를 보호해야 한다.

④ 구매자는 판매자의 정보를 사이트에 요구해야 한다.

38. 들은 내용과 같은 것을 고르십시오.

① 중고 거래 관련 범죄의 피해가 사라지고 있다.

② 안전 거래는 중고 거래 범죄 예방에 도움이 된다.

③ 중고 거래를 할 때 구매자의 정보를 알아야 한다.

④ 신상 정보만 정확하면 누구나 판매를 할 수 있게 해야 한다.

39. 이 대화 전의 내용으로 가장 알맞은 것을 고르십시오.

① 안면 인식 기술의 연구가 필요하다.

② 안면 인식 기술을 금지한 곳이 있다.

③ 안면 인식 기술에 대한 법이 만들어졌다.

④ 안면 인식 기술은 일상생활 속에서 활용된다.

40. 들은 내용과 같은 것을 고르십시오.

① 이 기술은 사생활이 노출된다는 문제가 있다.

② 이 기술은 사진 도용을 막는 데 도움이 된다.

③ 이 기술은 안전하지 않기 때문에 발전하기 힘들다.

④ 이 기술을 통해 자신의 얼굴을 SNS에 올릴 수 있다.

41. 이 강연의 중심 내용으로 가장 알맞은 것을 고르십시오.

　① 건강을 위해 탄수화물을 멀리하는 것이 좋다.

　② 단백질, 지방, 탄수화물을 골고루 섭취해야 한다.

　③ 탄수화물의 과다 섭취는 여러 질병의 발병률을 높인다.

　④ 탄수화물에 대해 제대로 알고 섭취하는 것이 중요하다.

42. 들은 내용과 같은 것을 고르십시오.

　① 탄수화물은 뇌의 유일한 에너지원이다.

　② 탄수화물을 과도하게 섭취하면 근육이 빠진다.

　③ 탄수화물은 섭취하는 양보다 종류가 더 중요하다.

　④ 탄수화물을 섭취할 때 다른 영양소는 제한해야 한다.

43. 무엇에 대한 내용인지 알맞은 것을 고르십시오.

　① 조선 시대의 군사력

　② 조선 시대의 궁궐 모습

　③ 조선 시대 왕의 하루 일과

　④ 조선 시대 왕과 신하의 관계

44. 왕이 군사들에게 암호를 알려 주는 이유로 맞는 것을 고르십시오.

　① 적을 구별하기 위해

　② 군사들을 통제하기 위해

　③ 놀이의 규칙을 지키기 위해

　④ 군사들의 사기를 북돋아 주기 위해

45. 들은 내용과 같은 것을 고르십시오.

① 모든 닭들은 케이지 안에서 자란다.

② 난각 코드를 통해 두 가지 정보를 알 수 있다.

③ 난각 코드의 다섯 자리 번호는 생산자 정보를 나타낸다.

④ 마지막 숫자에 4번이 적힌 달걀은 동물 복지 인증 달걀이다.

46. 남자가 말하는 방식으로 알맞은 것을 고르십시오.

① 전문가의 말을 인용하고 있다.

② 대상의 문제점을 제시하고 있다.

③ 청중에게 질문하며 설명하고 있다.

④ 대상의 변화 과정을 알려주고 있다.

※　[47~48] 다음을 듣고 물음에 답하십시오. (각 2점)

47. 들은 내용과 같은 것을 고르십시오.

① 이 제도는 정부에서 강제적으로 실시한다.

② 이 제도는 물건에 문제가 있을 때 시행된다.

③ 이 제도를 통해 소비자는 보상을 받을 수 없다.

④ 이 제도에서는 소비자가 물건을 직접 파기한다.

48. 남자의 태도로 알맞은 것을 고르십시오.

① 제도에 대한 효과를 유보하고 있다.

② 제도 시행의 문제점을 지적하고 있다.

③ 제도의 부정적인 결과를 우려하고 있다.

④ 제도 시행에 대한 기업의 협조를 당부하고 있다.

49. 들은 내용과 같은 것을 고르십시오.

① 이 법을 실제로 시행하는 나라는 아직 없다.

② 이 법은 도덕성이 없는 사람들을 모두 처벌하는 법이다.

③ 이 법에서는 자신이 위험하더라도 다른 사람을 구해야 한다.

④ 이 법을 반대하는 사람들은 개인의 자유를 중요하게 생각한다.

50. 여자의 태도로 알맞은 것을 고르십시오.

① 찬성과 반대 입장을 제시하고 있다

② 문제점에 대한 해결책을 제안하고 있다.

③ 현대 사회에 대한 우려를 나타내고 있다.

④ 다른 나라와 비교하여 법의 제정을 촉구하고 있다.

TOPIK II 쓰기 (51번~ 54번)

※　[51~52] 다음 글의 ㉠과 ㉡에 알맞은 말을 각각 쓰시오. (각 10점)

51.

자유게시판

제목: 부산 횟집을 소개해 주세요.

다음 달에 가족들과 부산에 가기로 했습니다. 한국 친구들이 부산에 가면 생선회를 꼭 (　　㉠　　). 그런데 저는 부산이 처음이라서 아는 식당이 없습니다. 맛있는 식당을 아시면 (　　㉡　　)? 좋은 곳을 알려 주시면 감사하겠습니다.

㉠

㉡

52.

　　선인장은 사막에서 살아가기 위해 몇 가지 방법을 통해 환경에 적응했다. 먼저 선인장의 뿌리는 흡수 능력이 뛰어나다. 그래서 비가 드물게 오는 사막에서도 선인장은 적은 빗물을 (　　㉠　　). 그리고 선인장의 가시는 물이 증발하는 것을 막는다. 그래서 선인장은 가시에 물을 오랫동안 저장해 놓는다. 식물학자들은 이것이 바로 선인장이 건조한 사막에서 살아남는 (　　㉡　　).

㉠

㉡

53. 다음은 '멸종 위기종 현황'에 대한 자료이다. 이 내용을 200~300자의 글로 쓰시오. 단, 글의 제목을 쓰지 마시오. (30점)

※ 조사 기관: 생태 연구소

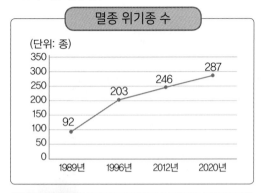

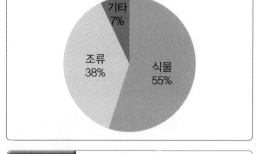

| 원인 | • 환경 오염 → 기후 변화
• 삼림 개발 → 서식지 파괴 |

| 과제 | • 개체 수 증가 위한 지원 확대
• 환경 교육 강화 |

54. 다음을 참고하여 600~700자로 글을 쓰시오. 단, 문제를 그대로 옮겨 쓰지 마시오. (50점)

> 위로는 현대 사회에서 점점 중요해지고 있다. 우리는 위로를 통해 인간관계를 더욱 돈독하게 유지할 수 있지만 잘못된 위로는 오히려 상대방에게 상처를 줄 수도 있다. 아래의 내용을 중심으로 바람직한 위로에 대한 자신의 생각을 쓰라.

• 위로가 중요한 이유는 무엇인가?
• 위로할 때 주의해야 할 점은 무엇인가?
• 바람직한 위로란 무엇인가?

* 원고지 쓰기의 예

	선	인	장	은		사	막	에	서		살	아	가	기		위	해		몇
가	지		방	법	을		통	해		환	경	에		적	응	했	다	.	

제1교시 듣기, 쓰기 시험이 끝났습니다. 제2교시는 읽기 시험입니다.

제3회
실전 모의고사

TOPIK II

| 2교시 | 읽기 (Reading) |

수험번호 (Registration No.)		
이름 (Name)	한국어 (Korean)	
	영 어 (English)	

유 의 사 항
Information

1. 시험 시작 지시가 있을 때까지 문제를 풀지 마십시오.
   Do not open the booklet until you are allowed to start.

2. 수험번호와 이름을 정확하게 적어 주십시오.
   Write your name and registration number on the answer sheet.

3. 답안지를 구기거나 훼손하지 마십시오.
   Do not fold the answer sheet; keep it clean.

4. 답안지의 이름, 수험번호 및 정답의 기입은 배부된 펜을 사용하여 주십시오.
   Use the given pen only.

5. 정답은 답안지에 정확하게 표시하여 주십시오.
   Mark your answer accurately and clearly on the answer sheet.

   marking example   ① ● ③ ④

6. 문제를 읽을 때에는 소리가 나지 않도록 하십시오.
   Keep quiet while answering the questions.

7. 질문이 있을 때에는 손을 들고 감독관이 올 때까지 기다려 주십시오.
   When you have any questions, please raise your hand.

※ [1~2] (   )에 들어갈 말로 가장 알맞은 것을 고르십시오. (각 2점)

1. 이 책은 몇 번을 (   ) 이해하기가 힘들다.
① 읽었다가   ② 읽자마자
③ 읽고 나서   ④ 읽었는데도

2. 운동을 꾸준히 (   ) 건강이 많이 좋아졌어요.
① 하다가는   ② 하느라고
③ 하다 보니   ④ 할 테니까

※ [3~4] 밑줄 친 부분과 의미가 가장 비슷한 것을 고르십시오. (각 2점)

3. 두 나라는 좋은 관계를 <u>유지하기 위해</u> 새로운 조약을 맺었다.
① 유지하고자   ② 유지할수록
③ 유지하더라도   ④ 유지하는 대신

4. 한국에서 20년 이상 살았으니까 한국이 <u>고향인 셈이다.</u>
① 고향보다 좋다   ② 고향이면 좋겠다
③ 고향일 리가 없다   ④ 고향과 마찬가지이다

※ [5~8] 다음은 무엇에 대한 글인지 고르십시오. (각 2점)

5.

작지만 강력하게
이제 바닥에 쌓인 먼지와 이별하세요.

① 냉장고   ② 세탁기   ③ 에어컨   ④ 청소기

6.

신메뉴 출시 기념 이벤트
신메뉴 주문 시 음료수는 서비스!

① 마트   ② 식당   ③ 은행   ④ 학교

7.

어린이 보호 구역
학교 앞에서는 시속 30km로 아이들을 지켜 주세요.

① 교통 안전   ② 자원 절약   ③ 학교 교육   ④ 환경 보호

8.

▶ 안전핀을 뽑고 호스를 뺍니다.

▶ 손잡이를 힘껏 쥐고 골고루 뿌립니다.

① 관리 방법   ② 사용 방법   ③ 주의 사항   ④ 이용 시간

※ **[9~12] 다음 글 또는 그래프의 내용과 같은 것을 고르십시오. (각 2점)**

9.

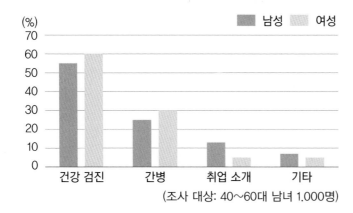

외국인 노래자랑

- 장소: 한국대학교 대강당 1층
- 일시: 5월 1일(월) 10:00~15:00
- 참가 대상: 한국에 사는 외국인
- 신청 방법: 한국대학교 홈페이지 (https://www.hankook.ac.kr)

· 참가자에게는 점심 식사를 제공합니다.
· 춤을 잘 추는 사람도 신청할 수 있습니다.
· 문의 사항은 한국대학교 국제교육원 사무실로 전화 주십시오.

① 한국인과 외국인 모두 참가할 수 있다.
② 한국대학교 사무실에서 신청할 수 있다.
③ 특기가 춤인 사람도 이 노래자랑에 나갈 수 있다.
④ 참가하는 사람은 점심 식사를 따로 준비해야 한다.

10.

노후에 받고 싶은 복지 서비스

(조사 대상: 40~60대 남녀 1,000명)

① 여성은 간병보다 취업 소개를 더 받고 싶어 한다.
② 간병을 받고 싶어 하는 비율은 여성보다 남성이 높다.
③ 간병보다 취업 소개를 받고 싶어 하는 남성들이 많다.
④ 남녀 모두 건강 검진을 받고 싶다는 응답이 절반을 넘는다.

11.

> 충청남도 금산군에서 진행하는 금산 인삼 축제는 매년 9월 마지막 주부터 일주일 동안 진행된다. 이 축제에서는 금산 인삼 맛보기, 인삼 요리 전시, 천연 화장품 만들기 등 다양한 프로그램을 무료로 즐길 수 있다. 그리고 축제 마지막 날에는 불꽃놀이와 함께 인기 가수의 공연도 볼 수 있다.

① 이 축제는 보름 동안 진행된다.
② 올해 아홉 번째 열리는 축제이다.
③ 축제 첫째 날에는 불꽃놀이를 볼 수 있다.
④ 이 축제에 가면 금산 인삼을 먹어볼 수 있다.

12.

> 최근 가온시의 한 커피숍이 화제가 되고 있다. 이 커피숍은 대중교통으로 가기 힘든 곳이지만 조용한 분위기와 독특한 커피 맛으로 인기를 끌고 있다. 손님들이 커피숍에 오면서 골목길도 구경하고 사진을 찍는 등 커피숍 주변이 관광 명소로 변하고 있다. 그러나 골목길에 살고 있는 주민들은 이 소식을 반갑게 받아들이지 않는다. 주민들은 커피숍의 손님들이 골목길에 버리는 쓰레기와 소음으로 피해를 보고 있기 때문이다.

① 이 커피숍 안에서는 조용히 해야 한다.
② 이 커피숍은 버스로 가기 편한 곳에 있다.
③ 사람들은 이 커피숍에 오는 길에 사진을 찍는다.
④ 골목길에 사는 주민들은 이 커피숍이 관광지가 되길 바란다.

13.

> (가) 장례식장에 도착하면 조의금을 전달한다.
> (나) 그 후에 절이나 묵념을 하고 돌아가신 분의 명복을 빈다.
> (다) 누군가 돌아가셨다는 소식을 들으면 장례식장에 간다.
> (라) 마지막으로 가족이나 친척들에게 위로를 전한다.

① (가)-(나)-(다)-(라) ② (가)-(다)-(나)-(라)
③ (다)-(나)-(가)-(라) ④ (다)-(가)-(나)-(라)

14.

> (가) 사막의 낮 기온은 40℃ 이상으로 더운 것이 사실이다.
> (나) 그러나 저녁에는 10℃ 정도로 기온이 급격히 떨어진다.
> (다) 사막은 기온이 높아서 하루 종일 덥다고 생각하는 사람이 많다.
> (라) 따라서 사막을 여행할 때는 따뜻한 옷도 꼭 챙겨야 한다.

① (가)-(나)-(다)-(라) ② (가)-(다)-(라)-(나)
③ (다)-(라)-(가)-(나) ④ (다)-(가)-(나)-(라)

15.

> (가) 이에 따라 트로트 경연 프로그램도 큰 인기를 끌고 있다.
> (나) 프로그램에서 인기가 많은 어린 어떤 참가자들은 전국 콘서트를 하기도 한다.
> (다) 나이든 사람의 전유물로 여겨졌던 트로트가 새롭게 뜨고 있다.
> (라) 이 프로그램에는 어린아이들도 참가해 눈길을 끈다.

① (나)-(가)-(라)-(다) ② (나)-(다)-(가)-(라)
③ (다)-(가)-(라)-(나) ④ (다)-(나)-(가)-(라)

※ [16~18] (   )에 들어갈 말로 가장 알맞은 것을 고르십시오. (각 2점)

16.

한국에서는 예로부터 태몽을 통해서 (   ) 예측했다. 농경 사회였던 때는 그 마을의 점쟁이나 나이가 많은 어른들이 태몽을 해석했기 때문에 지역에 따라 태몽의 해석이 달랐다. 하지만 일반적으로 큰 동물 꿈은 아들을 상징하고, 작은 동물, 식물과 관련된 꿈은 딸을 상징한다고 판단했다.

① 아기의 성별을   ② 아기의 장래 직업을
③ 아기가 태어날 순서를   ④ 아기와 부모의 궁합을

17.

기성세대의 향수를 불러일으키는 만화가 다시 극장에서 개봉되었다. 만화에 등장하는 옛날 배경과 캐릭터들은 기성세대에게 (   ) 하기 때문이다. 비슷한 예로 오래전 판매되었던 만화책이 다시 베스트셀러로 떠오르기도 하고, 옛날 교복을 입고 사진을 찍는 사진관도 생겨나고 있다. 이를 통해 기성세대들이 그리워하는 과거의 시간을 다시 만날 수 있다.

① 미래를 꿈꾸게   ② 추억을 떠올리게
③ 과거 친구를 만나게   ④ 특별한 계획을 세우게

18.

요즘은 도시의 환한 빛들 때문에 밤하늘의 별을 맨눈으로 보기 어렵다. 그리고 여러 나라에서 쏘아 올린 인공위성으로 인해 2030년에는 밤하늘의 별을 아예 보지 못할 거라는 예측도 나오고 있다. 수많은 인공위성이 햇빛을 지구로 반사하면 (   ) 때문이다. 이렇게 되면 극히 적은 수의 별들만 관측될 것이다.

① 밤하늘이 밝아지기   ② 별이 우주에서 멀어지기
③ 지구 온난화가 심해지기   ④ 인공위성과 별이 비슷해 보이기

캠핑장에서 쓰레기를 함부로 버리거나 자연을 훼손하는 몇몇 사람들의 행동이 눈살을 찌푸리게 만든다. 캠핑장은 주로 자연과 가까운 곳에 있기 때문에 자연을 보호하지 않는 행동을 하면 처벌을 받을 수 있다. (   ) 공원이나 유원지에 있는 캠핑장에 쓰레기를 몰래 버리는 경우 최대 20만 원의 벌금이 부과될 수 있고 풀이나 꽃, 나무 등을 함부로 꺾거나 훼손시킨 사람에게는 경범죄가 적용될 수 있다.

19. (   )에 들어갈 말로 가장 알맞은 것을 고르십시오.

① 비록

② 만약

③ 차라리

④ 오히려

20. 윗글의 주제로 가장 알맞은 것을 고르십시오.

① 캠핑장 이용 시 자연을 보호해야 한다.

② 공공장소에서 쓰레기를 버리면 안 된다.

③ 유원지에서 풀이나 나무를 꺾으면 안 된다.

④ 캠핑장에서 사용한 쓰레기는 가지고 가야 한다.

칠교놀이는 7개의 정사각형 도형을 움직여 여러 가지 모양을 만드는 놀이이다. 이 놀이는 남녀노소 누구나 즐길 수 있으며 때와 장소에도 구애받지 않는다. 예전에는 집에 손님이 와서 음식을 준비해야 하는 동안, 손님이 심심하지 않도록 주인이 칠교판을 내놓기도 했다. 칠교놀이를 혼자 할 때는 정해진 대본들의 순서에 따라 만든다. 반면에 여러 명이 할 때는 (   ) 일정한 시간 내에 상대방이 제시한 모양을 똑같이 만들면 이기는 놀이로 활용했다.

21. (   )에 들어갈 알맞은 것을 고르십시오.

① 입을 떼서

② 손을 뻗쳐서

③ 고개를 들어서

④ 머리를 짜내서

22. 윗글의 내용과 같은 것을 고르십시오.

① 이 놀이는 어린아이들만 즐기던 놀이다.

② 여러 명이 칠교놀이를 할 때는 서로 경쟁을 한다.

③ 이 놀이는 7개의 도형으로 똑같은 모양을 만들어야 한다.

④ 다른 집에 손님으로 초대 받았을 때 칠교판을 가지고 간다.

　　어느 봄날 우리 집 정원에 고양이 한 마리가 찾아왔다. 나는 평소에 고양이에게 별다른 관심이 없어서 고양이가 찾아오는 것도 예사로 보았다. 고양이는 하루도 빠짐없이 우리 집 정원에 찾아왔다. 따뜻한 햇볕에 누워서 기지개를 켜기도 하고, 벤치 아래에서 달콤한 낮잠을 자기도 했다. 그 고양이가 매일 찾아오는 날이 쌓이면서 어느새 겨울이 되었다. 그런데 겨울이 되자 고양이의 방문이 점차 뜸해졌고, <u>일기 예보에서 한파 주의보를 알리는 날이면 나는 더 자주 창문 앞을 서성였다.</u> 겨울이 시작될 때 고양이가 세 마리의 새끼 고양이를 낳았기 때문이다. 한겨울에 새끼 고양이들과 어디에서 무엇을 하는지 걱정이 되어 계속 창문 앞에 앉아 고양이를 기다리곤 했다. 고양이들이 오면 줄 따뜻한 손난로와 담요도 준비해 놓았지만 12월 한 달 동안 나는 고양이 가족들을 만날 수 없었다.

23. 밑줄 친 부분에 나타난 '나'의 심정으로 가장 알맞은 것을 고르십시오.

① 기쁘고 기대되다

② 화나고 억울하다

③ 그립고 걱정스럽다

④ 놀랍고 감격스럽다

24. 윗글의 내용과 같은 것을 고르십시오.

① 나는 원래 고양이에게 관심이 많았다.

② 고양이는 나의 방 안에서 낮잠을 잤다.

③ 고양이는 겨울이 오기 전에 새끼를 낳았다.

④ 겨울이 오기 전까지 고양이는 매일 나의 집에 왔다.

25.

미세먼지 차츰 해소, 밤부터 대설 주의보

① 미세먼지가 조금씩 없어지므로 밤부터 외출을 해도 된다.
② 미세먼지가 점차 나빠질 것이고 밤에는 눈이 그칠 것이다.
③ 미세먼지가 계속해서 심각해져 밤에는 외출을 하면 안 된다.
④ 미세먼지가 점점 좋아질 것이고 밤부터는 눈이 많이 올 것이다.

26.

무너지는 경제 근간, 수출을 살려라

① 경제가 더 악화되지 않도록 수출을 늘려야 한다.
② 경제가 안 좋아졌기 때문에 수출을 중단해야 한다.
③ 경제를 중요시하면서 수출 산업이 주목을 받고 있다.
④ 경제가 안정적으로 이루어지면서 수출이 정상화되었다.

27.

고수익 유투버, 세금은 0원? 고수익 유투버에 칼 뽑았다

① 소득이 없는 유투버들이 세금을 절약해서 내고 있다.
② 소득이 낮은 유투버들이 내는 세금으로 다른 사업을 시작하고 있다.
③ 소득이 높은 유투버들이 세금이 내지 않아 대책을 마련하려고 한다.
④ 소득이 높은 유투버들이 세금을 적게 내서 사람들이 불만을 제기한다.

28.

　　사운드 디자이너는 일상생활의 다양한 소리를 만든다. 핸드폰의 벨 소리, 자동차의 경고음 등을 떠올리면 쉽게 이해할 수 있다. 이런 소리를 여러 번 반복적으로 듣다 보면 소비자들에게 해당 제품을 떠올리는 이미지로 남는다. 제품과 연결되는 소리를 통해 (　　　　　) 있는 것이다. 따라서 여러 회사들은 앞다투어 사운드 디자이너를 고용하여 제품의 매력적인 소리를 만들어 내기 위해 노력하고 있다.

① 감동을 느낄 수
② 정보를 잘 전달할 수
③ 회사의 이미지를 결정할 수
④ 제품의 기능을 다양하게 만들 수

29.

　　미국의 한 심리학자가 차량 두 대를 이용해 실험을 했다. 두 대 중 한 대의 차량은 유리창을 깨뜨려 놓고 일주일 동안 길에 두었다. 아무 이상이 없던 차량은 처음 상태 그대로였지만, 유리창이 깨진 차량은 사람들이 부속품을 훔쳐 갔을 뿐만 아니라 더 이상 가지고 갈 물건이 없자 차량까지 파손해 놓았다. 이를 통해 (　　　　) 더 큰 범죄로 이어진다는 범죄 심리학 이론을 증명하게 되었다.

① 차량에 이상이 없으면
② 사소한 문제를 방치하면
③ 도둑을 신고하지 않으면
④ 주차장에서 문제가 발생하면

30.

스마트팜은 사물인터넷과 같은 과학기술을 이용해 식물과 동물이 잘 자랄 수 있는 (　　　) 농장이다. 미리 설정해 둔 온도, 일조량 등에서 벗어나면 사람이 없어도 농장 안에서 필요한 부분이 저절로 조절되기 때문에 생산량이 확대되고 품질도 높일 수 있다. 또한 스마트폰을 통해 원격으로도 편리하게 관리할 수 있다.

① 장소를 찾아 설치한

② 시설을 대규모로 만든

③ 환경을 자동으로 제어하는

④ 지식을 잘 아는 사람이 운영하는

31.

부럼 깨기는 정월대보름에 밤, 호두, 땅콩 등 껍질이 딱딱한 견과류를 깨무는 세시풍속이다. 가족들이 모여 한 해의 건강을 바라는 말을 하며 딱딱한 견과류를 어금니로 깨물었다. 이 풍속은 단단한 것을 깨물면 (　　　) 믿음에서 시작되었다. 그래서 치아의 건강 상태를 고려해 부럼 깨기를 했다고 한다. 이후 부럼 깨기를 하면 부스럼과 같은 피부병을 앓지 않고 일 년 동안 무탈할 수 있다는 생각이 더해져 건강을 기원하는 뜻도 생겼다.

① 오래 살 수 있다는

② 부자가 될 수 있다는

③ 이를 튼튼하게 할 수 있다는

④ 외모가 훌륭하게 바뀔 수 있다는

32.

> 굴은 동서양을 막론하고 예로부터 사람들에게 사랑받아 온 음식이다. 굴은 영양가가 높고 맛이 풍부하여 바다의 우유라 불린다. 그런데 이러한 굴은 독성으로 인해 특정 시기에는 먹지 않는 것이 좋다. 아시아에서는 보리가 피면 굴을 먹어서는 안 된다고 하였으며, 유럽과 미국 등에서는 달의 이름에 알파벳 R자가 들어가지 않는 5월부터 8월까지는 굴을 먹지 말라는 말이 있다.

① 굴은 우유와 비슷한 맛이 난다.
② 굴은 동서양에서 모두 먹는 음식이다.
③ 굴은 영양가가 높아 1년 내내 먹는 것이 좋다.
④ 서양에서는 보리가 필 때 굴을 먹지 말라고 한다.

33.

> 생태 통로란 도로나 철도 등의 건설로 인해 끊어진 두 생태계를 이어주고 야생 동물의 로드킬을 방지하기 위해 인공적으로 설치한 통로를 말한다. 생태 통로는 도로 위에 육교 형태나 도로 아래 터널 형태로 만든다. 생태 통로는 단순히 통로 역할만을 하는 것이 아니라 동물들의 휴식 공간이나 먹이 활동을 하는 공간으로 생태계에 기여하고 있다.

① 생태 통로를 통해 로드킬을 방지할 수 있다.
② 생태 통로로 인해 생태계가 끊어지기도 한다.
③ 생태 통로는 동물들에 의해 자연적으로 생긴다.
④ 생태 통로는 동물들에게 부정적인 영향을 준다.

34.

　　한국, 중국, 일본의 젓가락은 서로 다른 모습을 가지고 있다. 한국 젓가락은 22cm 정도의 길이로 나물이나 콩 등 크기가 작은 반찬을 쉽게 집을 수 있도록 끝이 둥글고 납작하다. 중국 젓가락은 뜨거운 기름을 사용하는 중국 음식을 요리할 때 화상을 입는 위험을 방지하기 위해 젓가락의 길이가 25cm나 된다. 일본은 세 국가 중에서 젓가락 길이가 가장 짧으며 생선의 뼈를 쉽게 바를 수 있도록 끝이 뾰족하다.

① 한국, 중국, 일본의 젓가락은 모두 비슷하다.
② 중국 젓가락은 세 나라 중에서 길이가 가장 짧다.
③ 일본 젓가락은 생선을 발라 먹기 좋은 모양이다.
④ 한국 젓가락은 작은 반찬을 집기 위해 길이가 길다.

※ [35~38] 다음을 읽고 글의 주제로 가장 알맞은 것을 고르십시오. (각 2점)

35.

　　이미 성공한 시장인 레드 오션과 성공 잠재력을 가지고 있는 블루 오션을 조합한 말인 퍼플 오션은 발상의 전환을 통해 치열한 경쟁 시장 속에서 새롭게 떠오르는 경영 전략이다. 기업들은 소비자들의 요구를 잘 파악해 창의적인 아이디어나 기술을 새로운 시장에 적용하는 퍼플 오션 전략을 활용하고 있다. 가령 인기가 많았던 만화를 바탕으로 드라마나 영화를 만들거나, 캐릭터 상품을 개발하는 것이다.

① 성공 잠재력을 가지고 있는 시장을 개척해야 한다.
② 이미 성공한 시장을 통해 경영 전략을 세워야 한다.
③ 기업은 소비자의 요구를 정확하게 파악해야 성공할 수 있다.
④ 인기 만화를 제작하면 퍼플 오션 전략에서 살아남을 수 있다.

36.

　　많은 사람들은 식사 사이에 간식을 먹는 것이 좋지 않다고 생각한다. 그렇지만 간식을 먹는 것 자체는 나쁘지 않다. 적절한 간식 섭취는 식사에서 부족한 영양소를 보충하는 효과가 있다. 또한 점심과 저녁 사이에 간식을 먹어 허기를 채우면 저녁 식사 시 과식을 하지 않는다. 그리고 긴장하며 일을 한 후에 자신의 기호에 맞춰 사탕이나 과일 등을 간식으로 먹으면 스트레스 완화에도 좋다.

① 일을 하면서 간식을 먹으면 안 된다.
② 간식은 저녁 식사 후에 먹어야 한다.
③ 간식을 적절하게 먹으면 건강에 좋다.
④ 간식으로 사탕이나 과일을 먹는 것이 좋다.

37.

　　세정제는 먼지나 때와 같은 오염 물질을 제거하여 깨끗하게 해 주는 성분을 가지고 있어 화장실을 청소할 때 많이 사용한다. 그러나 세정제에는 오염 물질을 표면에서 떼어내는 계면 활성제가 들어있는데, 이것은 깨끗하게 씻어도 피부에 남아 염증을 일으킬 수 있다. 그리고 눈이나 뇌, 심장에도 쌓여 기타 질병을 발생시킬 수 있다. 따라서 화학 성분이 없는 레몬이나 식초 등 주위에서 쉽게 구할 수 있는 재료로 세정제를 만들어 사용하는 것이 좋다.

① 계면 활성제는 만들어서 사용하는 게 좋다.
② 천연 세정제를 사용하면 질병 예방에 좋다.
③ 화장실을 자주 청소하면 질병이 생길 수 있다.
④ 세정제를 사용하면 오염 물질을 제거할 수 있다.

38.

　　보통 화상은 100℃ 이상의 뜨거운 열에 의해 발생하지만 사람들이 따뜻하다고 느끼는 40℃에서도 화상을 입을 수 있다. 40℃에서 50℃ 정도의 열에 장시간 노출되어 입는 화상을 저온 화상이라고 한다. 저온 화상은 통증이 적고 피부 변화가 바로 나타나지 않아 그 위험성을 인지하기 어렵다. 따라서 겨울철 온열 제품을 사용할 때는 타이머를 설정하고 온열 제품이 피부에 직접 닿지 않게 사용해야 한다. 또한 춥다고 해서 온열 제품의 온도를 너무 높이기보다는 체온 이하로 유지하는 것이 좋다.

① 저온 화상보다 고온 화상을 유의해야 한다.

② 온열 제품은 되도록 사용하지 말아야 한다.

③ 온열 제품은 40℃에서 50℃를 유지해야 한다.

④ 온열 제품 사용 시 저온 화상에 주의해야 한다.

※ **[39~41] 주어진 문장이 들어갈 곳으로 가장 알맞은 것을 고르십시오. (각 2점)**

39.

　　제3세계나 개발도상국 사람들의 삶의 질을 높여주는 기술로 '착한 기술'이라고도 불린다.

　　적정 기술이란 해당 사회의 여러 가지 조건을 고려해 그 지역에서 지속적으로 제품을 만들고 소비가 가능하도록 만들어진 기술을 말한다. (㉠) 대표적인 예로 휴대용 정수 빨대인 라이프 스트로우가 있는데 이 빨대 하나로 한 사람이 1년 동안 먹는 물을 정수할 수 있다. (㉡) 이를 통해 더러운 물로 인해서 걸릴 수 있는 각종 질병을 막을 수 있다. (㉢) 게다가 질병을 유발하는 박테리아와 바이러스도 사전에 제거할 수 있다. (㉣)

① ㉠　　　　　② ㉡　　　　　③ ㉢　　　　　④ ㉣

40.

> 관리자 못지않게 관람자들에게도 여러 가지 장점이 있다.

가상현실이나 증강 현실 기술을 활용해 언제 어디서나 갈 수 있는 온라인 미술관이 있다. (㉠) 온라인 미술관은 미술 작품을 보관하고 전시하는 데에 필요한 물리적 공간이 필요하지 않다는 장점이 있다. (㉡) 공간적 제약이 없기 때문에 세계 어디에 있는 미술관도 접근할 수 있으며, 화면을 확대하거나 축소하는 등 다양하게 작품을 감상할 수 있다. (㉢) 이러한 온라인 미술관은 누구나 쉽게 미술 작품을 감상할 수 있는 기회를 넓혀 주고 있다. (㉣)

① ㉠   ② ㉡   ③ ㉢   ④ ㉣

41.

> 특히 내리막길을 내려올 때는 좁은 보폭으로 걸어야 무릎 관절에 무리가 가지 않는다.

무릎은 작은 충격에도 취약해 쉽게 부상을 입을 수 있는 부위이다. (㉠) 왜냐하면 무릎은 체중이 집중되는 부위인 만큼 무릎 관절이 빨리 손상되어 몸에 부담을 줄 수 있기 때문이다. (㉡) 물론 꾸준히 운동을 계속한 사람은 문제가 되지 않지만 평소 운동이 부족하거나 자세가 안 좋은 사람은 부상을 입을 가능성이 크다. (㉢) 따라서 이런 부담을 줄이기 위해서는 30분간 걸었다면 잠시 휴식을 취하고 경사가 있는 길에서는 평지를 걸을 때보다 천천히 걷는 게 좋다. (㉣)

① ㉠   ② ㉡   ③ ㉢   ④ ㉣

나는 사실 우리 식구 말고 다른 사람이 오면 반갑기는 하지만 그것은 순전히 손님으로 왔을 때 뿐이다. 손님으로 왔으니 금방 가야 할 사람이 몇 날 며칠을 가지 않고 아예 눌러앉아 살 기색을 보이니, 나는 답답해서 견딜 수가 없었다. 내가 답답한 것은 우리 식구만 있을 때처럼 말이나 행동이 자연스럽거나 자유롭지 못하기 때문이다. 더구나 내 말, 내 행동 하나하나에 '조선 사람의 예의범절'을 따지는 손님이니, 신경이 보통으로 쓰이는 것이 아니었다.

"아버지, 아저씨 언제 가요?"

나는 지나가는 말투로 슬쩍 아버지에게 물었다. 그랬는데,

"창이 너 이제 보니 아주 버릇없는 놈이구나. 손님이 오셨으면 계시는 동안 불편하지 않도록 잘 모실 생각만 해도 모자랄 판국에 뭐? 언제 가? 예끼, 이놈."

아버지에게는 손님에 관한 말은 아예 꺼내지 않는 게 좋을 것 같았다. 〈중략〉

나는 눈을 떴다 감았다 했다. <u>아저씨가 아, 우리 외삼춘두 차암, 하는 소리에 눈이 번쩍 떠졌다.</u> 문득, 아저씨가 내게 처음 했던 말, 그놈 궁뎅이도 차암, 하는 소리와 비슷한 느낌 때문이었을 것이다. 나는 속으로 말했다. '거, 아저씨도 차암.' 그러고 나서 나는 깜빡 잠이 들어 버렸다. 아침에 눈을 떠 보니, 부엌에서 낯익은 소리가 났다. 똑같이 달그락거려도 어쩐지 부드러운 달그락거림. 그것은 바로 엄마가 왔다는 소리였다.

42. 밑줄 친 부분에 나타난 '나'의 심정으로 가장 알맞은 것을 고르십시오.

① 놀라다

② 아쉽다

③ 막막하다

④ 부끄럽다

43. 윗글의 내용으로 알 수 있는 것을 고르십시오.

① 아저씨는 예의를 중요하게 생각했다.

② 아저씨는 손님으로 와서 하루 만에 떠났다.

③ 엄마는 부엌에서 나와서 아저씨에게 인사했다.

④ 아버지와 나는 아저씨에 대해서 자주 이야기했다.

　　권위적이지 않고 친구 같은 부모가 좋은 부모라고 생각하는 사람들이 있다. 하지만 아이는 부모에게서 친구의 역할을 기대하지 않는다. 아이에게 선택권과 결정권을 주면 (　　　　　) 생각하지만, 아이는 스스로 결정하지 못하고 매 순간 불안감과 혼란을 느낄 수 있다. 아이에게 필요한 것은 스스로 자립하는 것이 아니라 부모의 체계적인 질서 안에서 정서적 안정감을 느끼는 것이기 때문이다. 하지만 아이에게 맹목적으로 자신을 따르게 하거나 잘못했을 때 체벌을 하는 것은 올바른 권위가 아니다. 권위 있는 부모는 평소에 아이에게 다정하지만 잘못했을 때는 엄격한 태도로써 아이가 자신의 잘못을 반성하고 문제를 해결할 수 있도록 안내자 역할을 수행해야 한다.

44. (　　　　　)에 들어갈 말로 가장 알맞은 것을 고르십시오.

① 아이가 행복해 한다고

② 아이와 관계가 좋아진다고

③ 아이가 리더가 될 수 있다고

④ 아이의 독립심을 키워줄 수 있다고

45. 윗글의 주제로 알맞은 것을 고르십시오.

① 아이가 잘못했을 때 체벌을 하면 안 된다.

② 다정한 친구 같은 부모의 역할이 중요하다.

③ 부모는 올바른 권위로 아이의 안내자가 되어야 한다.

④ 부모는 아이에게 정서적인 안정감을 주는 것이 중요하다.

조선 후기 소설이 유행하면서 당시 수도였던 한양에는 베껴 쓴 책을 돈을 받고 빌려 주는 세책점이 생겨났다. 세책점은 필사본을 여러 권 준비해 책을 대여해 주었는데, 부녀자들이 주 고객층이었다. 한편 '기이한 이야기를 전하는 늙은이'를 뜻하는 전기수라는 새로운 직업도 등장했다. 전기수는 떠돌아다니며 사람들이 많이 모이는 장날에 돈을 받고 소설을 낭독해 주는 전문 이야기꾼이다. 이들은 재미있게 이야기를 낭독하다가 정점인 대목에서 말을 끊어 버린다. 구경꾼이 돈을 내면 뒷이야기를 이어갔다. 소설의 인기가 더해 갈수록 소설을 창작하는 사람, 출판하는 사람, 유통하는 사람 등 소설과 관련된 새로운 직업들도 늘어났다. 이렇게 소설의 열풍이 거세지면서 부녀자들이 집안일은 뒷전인 채 소설 읽기에 빠지거나, 전기수의 이야기를 듣다가 흥분한 청중이 전기수를 살해하는 일 등이 발생하자 조선의 왕이었던 정조는 '소설 금지령'을 내리기도 했다. 하지만 역동적인 사회, 문화의 변화 속에서 소설을 읽고자 하는 민중들의 욕구를 잠재울 수는 없었다. 당시 소설의 확대는 새로운 민중 문화를 꽃피울 수 있는 기반이 되었다는 점에서 의의를 가지고 있다.

46. 윗글에 나타난 필자의 태도로 가장 알맞은 것을 고르십시오.

① 조선 시대 문화 연구의 필요성을 강조하고 있다.

② 정조가 소설 금지령을 내린 점을 비판하고 있다.

③ 민중들이 일을 하지 않고 소설에 빠지는 것을 경계하고 있다.

④ 소설의 확대가 민중 문화를 발전시켰다는 점을 높이 평가하고 있다.

47. 윗글의 내용과 같은 것을 고르십시오.

① 세책점은 원본 소설을 대여해 줬다.

② 세책점은 부녀자보다 남자들에게 인기가 있었다.

③ 전기수가 낭독을 멈출 때마다 사람들이 돈을 냈다.

④ 소설 관련 직업의 사람들이 모여 소설을 유행시켰다.

정부에서 시행하는 공공형 노인 일자리의 축소에 대한 찬반 논의가 뜨겁다. 정부는 쓰레기 줍기, 잡초 뽑기 등 단순 노동 형태의 공공형 노인 일자리를 시행하는 대신 더 안정적이고 보수가 높은 사회 서비스형, 민간 중심형의 일자리를 늘리겠다는 방침이다. 사회 서비스형 일자리는 노인의 경력을 살릴 수 있는 맞춤형 일자리 제공이고, 민간 중심형은 노인을 채용하는 기업에 정부가 여러 가지 혜택을 주는 것을 말한다. 하지만 일부에서는 기존의 공공형 노인 일자리에 참여하는 대상이 절대 빈곤층인 만큼 공공형 노인 일자리를 감축하면 빈곤층 노인의 생계가 위협받을 수 있다는 의견도 있다. 또한 공공형 노인 일자리는 노인 복지 제도의 일환으로 이해해야 한다고 덧붙였다. 따라서 맞춤형 일자리와 민간 중심형 일자리를 시행하기 앞서서 합리적이고 공정한 기준을 설정하고 검토해야 할 것이다. 또한 기존에 시행되던 공공형 노인 일자리를 축소함에 따라 발생할 수 있는 (   ) 줄일 수 있는 방안도 마련해야 할 것이다.

48. 윗글을 쓴 목적으로 가장 알맞은 것을 고르십시오.
① 제도 시행의 의의를 강조하기 위해
② 제도의 시행 취지를 비판하기 위해서
③ 제도의 시행 전과 시행 후의 장단점을 비교하기 위해
④ 제도 축소 후 발생할 문제의 해결 방안 마련을 강조하기 위해

49. (   )에 들어갈 말로 가장 알맞은 것을 고르십시오.
① 노인의 외로움을   ② 세대 간 갈등을
③ 노인의 빈곤 문제를   ④ 노인의 질병 발생을

50. 윗글의 내용과 같은 것을 고르십시오.
① 사회 서비스형에서는 노인에게 맞춤형 일자리를 제공한다.
② 민간 중심형 기업에 취업하면 노인에게 다양한 혜택이 제공된다.
③ 공공형 노인 일자리를 확대하면 빈곤층 노인의 생계가 어려워진다.
④ 공공형 노인 일자리는 경제적으로 여유가 있는 노인들이 지원했다.

제4회
실전 모의고사

TOPIK II

1교시	듣기, 쓰기 (Listening, Writing)

수험번호 (Registration No.)		
이름 (Name)	한국어 (Korean)	
	영 어 (English)	

유 의 사 항
Information

1. 시험 시작 지시가 있을 때까지 문제를 풀지 마십시오.
   Do not open the booklet until you are allowed to start.

2. 수험번호와 이름을 정확하게 적어 주십시오.
   Write your name and registration number on the answer sheet.

3. 답안지를 구기거나 훼손하지 마십시오.
   Do not fold the answer sheet; keep it clean.

4. 답안지의 이름, 수험번호 및 정답의 기입은 배부된 펜을 사용하여 주십시오.
   Use the given pen only.

5. 정답은 답안지에 정확하게 표시하여 주십시오.
   Mark your answer accurately and clearly on the answer sheet.

   marking example ① ● ③ ④

6. 문제를 읽을 때에는 소리가 나지 않도록 하십시오.
   Keep quiet while answering the questions.

7. 질문이 있을 때에는 손을 들고 감독관이 올 때까지 기다려 주십시오.
   When you have any questions, please raise your hand.

TOPIK Ⅱ 듣기 (1번~ 50번)

※ [1~3] 다음을 듣고 가장 알맞은 그림 또는 그래프를 고르십시오. (각 2점)

1. ①  ②

③  ④

2. ①  ②

③  ④

3.

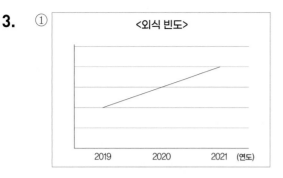

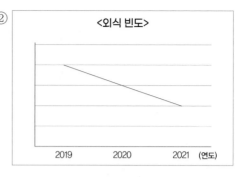

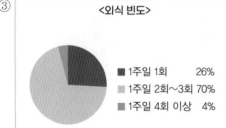

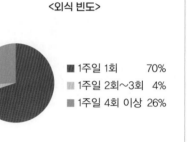

※ **[4~8] 다음을 듣고 이어질 수 있는 말로 가장 알맞은 것을 고르십시오. (각 2점)**

4. ① 앞으로 점점 나아질 거야.
② 공연이 너무 지루해서 졸았어.
③ 주말에 보려고 미리 예매했어.
④ 첫 공연이니까 더 열심히 준비했어.

5. ① 비행기 표를 미리 예매하세요.
② 귀국하려면 준비할 게 많겠네요.
③ 같이 사진이라도 찍어둘 걸 그랬어요.
④ 지각하는 습관을 고쳐야 할 것 같아요.

6. ① 겨울보다 여름이 좋아서요.

② 가을이 빨리 끝났으면 좋겠어요.

③ 겨울에는 택시를 타는 게 편해요.

④ 미리 겨울옷을 많이 준비해 두세요.

7. ① 지난달처럼 일찍 제출했네요.

② 오늘 퇴근 전까지 꼭 제출하세요.

③ 이 대리에게 보고서를 달라고 하세요.

④ 보고서보다 출근 시간에 신경 쓰세요.

8. ① 이번 주 일요일에 꼭 참가하세요.

② 프로그램 참가자들이 생각보다 많지 않네요.

③ 문자 메시지나 이메일을 보내서 다시 확인하세요.

④ 프로그램의 성공을 위해서 준비를 많이 해야 해요.

※   [9~12] 다음을 듣고 여자가 이어서 할 행동으로 가장 알맞은 것을 고르십시오. (각 2점)

9.   ① 부엌에 간다.

② 문을 잠근다.

③ 밖으로 나간다.

④ 방의 불을 끈다.

10.   ① 편의점에 간다.

② 청소를 시작한다.

③ 쓰레기봉투를 준비한다.

④ 이삿짐센터에 연락한다.

11.   ① 라면을 산다.

② 라면을 끓인다.

③ 샐러드를 만든다.

④ 샐러드를 주문한다.

12.   ① 이사를 준비한다.

② 부동산에 전화한다.

③ 인터넷에 글을 올린다.

④ 집주인과 만나서 의논한다.

※ **[13~16] 다음을 듣고 들은 내용과 같은 것을 고르십시오. (각 2점)**

13. ① 여자는 최근에 집을 구하고 있다.

② 회사 근처는 집값이 저렴한 편이다.

③ 남자는 회사와 가까운 곳에서 살고 싶다.

④ 남자는 바빠서 결혼 준비를 거의 못 했다.

14. ① 에스컬레이터가 급하게 멈출 수도 있다.

② 에스컬레이터에서는 손잡이를 잡고 걸어야 한다.

③ 휠체어 이용 손님도 에스컬레이터를 탈 수 있다.

④ 아이를 동반한 사람은 에스컬레이터를 탈 수 없다.

15. ① 이 제도의 효과는 적은 편이다.

② 이 제도는 등산 지역에만 적용된다.

③ 이 제도 지역은 허가를 받아서 사냥해야 한다.

④ 이 제도는 자연이 회복할 시간을 주는 것이다.

16. ① 남자는 작년에 상을 받았다.

② 남자는 시를 쓰는 작가이다.

③ 남자는 사람들을 통해 영감을 얻는다.

④ 남자는 직접 경험한 사건을 작품으로 쓴다.

※   [17~20] 다음을 듣고 <u>남자</u>의 중심 생각으로 가장 알맞은 것을 고르십시오. (각 2점)

17. ① 다른 사람의 일에 참견하면 안 된다.

② 개인의 자유는 최대한 보장되어야 한다.

③ 수업을 들을 때는 편한 옷을 입는 것이 좋다.

④ 공공장소에서 잠옷을 입는 것은 예의에 어긋난다.

18. ① 상대방을 배려하려면 참을 수 있어야 한다.

② 오해를 일으키는 문제는 만들지 말아야 한다.

③ 오해를 풀기 위해 자신의 생각을 말해야 한다.

④ 사소한 문제로 친구 사이가 멀어지면 안 된다.

19. ① 여행하면서 사진을 많이 찍어야 한다.

② 위험해도 멋있는 사진은 찍어야 한다.

③ 예쁜 사진을 찍으려면 노력해야 한다.

④ 사진보다 안전을 먼저 생각해야 한다.

20. ① 적당한 자리에 물건을 배치해야 한다.

② 건축가에게 정리 정돈의 습관은 중요하다.

③ 건축가는 책상을 깨끗하게 청소해야 한다.

④ 주변 사람들과 좋은 관계를 만들어야 한다.

※   **[21~22] 다음을 듣고 물음에 답하십시오. (각 2점)**

21. 여자의 중심 생각으로 가장 알맞은 것을 고르십시오.
① 사 온 음식으로 제사를 지내면 안 좋다.
② 조상에 대한 정성을 표현하는 게 중요하다.
③ 제사는 친척들과 다 함께 모여서 지내야 한다.
④ 음식은 남지 않게 필요한 만큼만 하는 게 좋다.

22. 들은 내용과 같은 것을 고르십시오.
① 남자는 명절 음식을 좋아하지 않는다.
② 여자는 친척들 때문에 스트레스를 받고 있다.
③ 남자와 여자는 둘이서만 제사를 지내기로 했다.
④ 여자는 남자가 사 온 음식이 마음에 들지 않는다.

※   **[23~24] 다음을 듣고 물음에 답하십시오. (각 2점)**

23. 여자가 무엇을 하고 있는지 고르십시오.
① 택배를 신청하고 있다.
② 배송 상황을 문의하고 있다.
③ 반품 방법을 안내하고 있다.
④ 주문한 물건을 취소하고 있다.

24. 들은 내용과 같은 것을 고르십시오.
① 이미 주문한 물건은 취소할 수 없다.
② 택배 회사에는 배송할 물건이 밀려있다.
③ 오늘 주문한 물건은 2주 뒤에 받을 수 있다.
④ 배송과 관련한 문의는 구입한 곳에 직접 해야 한다.

25. 여자의 중심 생각으로 가장 알맞은 것을 고르십시오.
① 화면 해설 방송에 대한 관련 법을 만들어야 한다.
② 화면 해설 작가를 교육하기 위한 교육 기관이 필요하다.
③ 시각 장애인도 텔레비전을 볼 수 있는 기술을 개발해야 한다.
④ 법으로 정해 두는 화면 해설 방송의 비율이 더 높아져야 한다.

26. 들은 내용과 같은 것을 고르십시오.
① 우리나라에는 아직 화면 해설 방송이 없다.
② 소리만으로 텔레비전 내용을 충분히 이해할 수 있다.
③ 온라인 방송은 화면 해설 방송을 만들지 않아도 된다.
④ 화면 해설 작가는 TV 프로그램의 줄거리를 요약한다.

27. 여자가 말하는 의도로 알맞은 것을 고르십시오.
① 취업난의 심각성을 알리기 위해
② 조원들의 의견을 전달하기 위해
③ 과제의 진행 상황을 확인하기 위해
④ 조원에 대한 문제를 제기하기 위해

28. 들은 내용과 같은 것을 고르십시오.
① 여자는 선배의 상황을 모르고 있다.
② 남자는 선배와 함께 과제를 하고 싶어 한다.
③ 선배는 취업 준비 때문에 학교에 오지 못한다.
④ 남자는 여자의 의견을 듣고 다른 방법을 제시했다.

29. 여자는 누구인지 맞는 것을 고르십시오.

① 보약을 만드는 사람

② 수면 시간을 분석하는 사람

③ 요가와 명상을 가르치는 사람

④ 잠을 잘 자는 방법을 연구하는 사람

30. 들은 내용과 같은 것을 고르십시오.

① 보약은 불면증에 도움이 된다.

② 사람마다 불면증의 원인은 동일하다.

③ 요가와 명상은 불면증에 도움이 된다.

④ 아침에 카페인을 섭취하면 밤잠을 못 잔다.

31. 남자의 중심 생각으로 가장 알맞은 것을 고르십시오.

① 고령 운전자는 신체 능력을 높여야 한다.

② 칠십 세 이상은 고령 운전자로 지정해야 한다.

③ 고령자 운전으로 인한 교통사고를 줄여야 한다.

④ 고령자 운전 제한에 대한 다른 방법이 필요하다.

32. 남자의 태도로 가장 알맞은 것을 고르십시오.

① 상황을 분석하면서 미래를 예측하고 있다.

② 사례를 들어 상대방의 주장에 동의하고 있다.

③ 상대방의 의견에 대해 회의적으로 생각하고 있다.

④ 상대방의 의견을 인정하면서 같은 주장을 하고 있다.

※   [33~34] 다음을 듣고 물음에 답하십시오. (각 2점)

33. 무엇에 대한 내용인지 맞는 것을 고르십시오.
① 전기차의 작동 원리
② 전기차의 운전 방법
③ 전기차 엔진의 특징
④ 전기차 배터리의 종류

34. 들은 내용과 같은 것을 고르십시오.
① 전기차는 화석 연료를 사용한다.
② 전기차 배터리는 부피가 커야 한다.
③ 전기차 배터리의 발열은 높아야 좋다.
④ 전기차는 엔진 대신 배터리로 움직인다.

※   [35~36] 다음을 듣고 물음에 답하십시오. (각 2점)

35. 여자가 무엇을 하고 있는지 고르십시오.
① 회사를 홍보하고 있다.
② 회사의 업적을 자랑하고 있다.
③ 회사의 역사를 설명하고 있다.
④ 회사 발전을 위해 당부하고 있다.

36. 들은 내용과 같은 것을 고르십시오.
① 회사는 5년 전에 처음 세워졌다.
② 작년은 호황이어서 회사가 크게 성장했다.
③ 여자는 다른 사람에게 회사를 물려주었다.
④ 여자는 직원들에게 새해 인사를 하고 있다.

※　[37~38] 다음을 듣고 물음에 답하십시오. (각 2점)

37. 남자의 중심 생각으로 가장 알맞은 것을 고르십시오.

① 우울증 치료에 달리기는 필수적이다.

② 체중 감소를 위해 달리기를 해야 한다.

③ 건강을 위해 꾸준하게 달리기를 하는 것이 좋다.

④ 달리기를 하면서 긍정적인 기분을 느끼는 것이 중요하다.

38. 들은 내용과 같은 것을 고르십시오.

① 달리기를 하면 엔도르핀이 나온다.

② 매일 달리기를 해야 수명을 늘릴 수 있다.

③ 달리기는 우울증 환자에게 도움이 되지 않는다.

④ 빠른 속도로 50분씩 달리기를 하면 건강에 좋다.

※　[39~40] 다음을 듣고 물음에 답하십시오. (각 2점)

39. 이 대화 전의 내용으로 가장 알맞은 것을 고르십시오.

① 베이비 박스 아기들의 고통

② 베이비 박스 관련 법적 문제

③ 우리나라의 베이비 박스 현황

④ 베이비 박스에 대한 반대 의견

40. 들은 내용과 같은 것을 고르십시오.

① 베이비 박스 관련 법이 제정되었다.

② 아기가 입양될 때 친부모의 동의가 필요하다.

③ 버려진 아기의 신상 정보는 법적으로 보호된다.

④ 여러 문제로 인해 베이비 박스 운영이 중단되었다.

41. 이 강연의 중심 내용으로 가장 알맞은 것을 고르십시오.

① 하이힐을 신으면 다리가 더 길어 보인다.

② 다리 건강을 위해 하이힐을 안 신는 것이 좋다.

③ 다리가 쉽게 붓는 사람은 하이힐을 신으면 안 된다.

④ 하이힐이 혈액 순환에 미치는 연구가 진행되고 있다.

42. 들은 내용과 같은 것을 고르십시오.

① 굽이 낮은 신발을 신으면 발관절의 기능이 바뀐다.

② 하이힐 때문에 병원에서 치료를 받는 사람들이 많다.

③ 하이힐을 오래 신고 걸으면 다리에 염증이 잘 생긴다.

④ 하이힐은 무릎에 부담을 줘서 바로 무릎 관절 퇴행성이 온다.

43. 무엇에 대한 내용인지 알맞은 것을 고르십시오.

① 잠자리가 오랜 기간 생존한 이유

② 잠자리가 몸무게를 유지하는 방법

③ 잠자리가 날개를 접지 못하는 이유

④ 잠자리가 다른 곤충과 투쟁하는 방법

44. 잠자리의 사냥 성공률이 높은 이유로 맞는 것을 고르십시오.

① 집중력이 좋아서

② 빨리 죽지 않아서

③ 몸무게가 가벼워서

④ 날개가 함께 움직여서

※ **[45~46] 다음을 듣고 물음에 답하십시오. (각 2점)**

45. 들은 내용과 같은 것을 고르십시오.
① 북부 지방은 집 안에서 가축을 키웠다.
② 남부 지방은 방들이 가까이 붙어 있었다.
③ 중부 지방은 '1'자 모양으로 집을 지었다.
④ 남부 지방은 더위를 피하기 위해 창문이 적었다.

46. 여자가 말하는 방식으로 알맞은 것을 고르십시오.
① 대상의 개념을 정의하고 있다.
② 대상의 공통점을 제시하고 있다.
③ 대상을 유형에 따라 분류하고 있다.
④ 대상의 변화 과정을 설명하고 있다.

※ **[47~48] 다음을 듣고 물음에 답하십시오. (각 2점)**

47. 들은 내용과 같은 것을 고르십시오.
① 잊힐 권리보다 알 권리가 더 중요하다.
② 잊힐 권리는 온라인과 오프라인을 모두 포함한다.
③ 사람들의 바람에 따라 디지털 장의사가 생길 예정이다.
④ 권력자는 잊힐 권리를 자신에게 유리하게 사용할 수도 있다.

48. 남자의 태도로 알맞은 것을 고르십시오.
① 알 권리의 중요성에 동의하고 있다.
② 잊힐 권리의 법제화에 회의적인 태도를 보이고 있다.
③ 잊힐 권리와 알 권리 중 무엇이 더 중요한지 갈등하고 있다.
④ 잊힐 권리의 법제화 전에 사회적 합의의 필요성을 강조하고 있다.

49. 들은 내용과 같은 것을 고르십시오.

① 이 지도는 조선 시대 이전에 제작되었다.

② 이 지도는 당시의 국토 상황을 보여 준다.

③ 이 지도는 옛 지명을 간단하게 표시하였다.

④ 이 지도는 크고 무거워서 들고 다닐 수 없다.

50. 남자의 태도로 알맞은 것을 고르십시오.

① 대동여지도의 보존을 촉구하고 있다.

② 대동여지도의 가치를 높이 평가하고 있다.

③ 대동여지도에 대한 맹신을 경계하고 있다.

④ 대동여지도의 활용 방안을 강구하고 있다.

※ **[51~52] 다음 글의 ㉠과 ㉡에 알맞은 말을 각각 쓰시오. (각 10점)**

51.

보낸 사람	jh@daam.com
받는 사람	korea@hotel.com
제목	분실물 문의

안녕하세요?

저는 어제 이 호텔을 이용한 사람입니다.

제가 304호에 지갑을 (㉠   ). 이 지갑은 저한테 소중한 물건이라서 꼭 찾고

싶습니다. 혹시 제 지갑을 찾으면 (㉡   )?

제 연락처는 010-1234-9876입니다. 그럼 연락 기다리겠습니다.

감사합니다.

㉠

㉡

52.

    새로 지어진 집에 이사를 가면 새집 증후군을 겪을 수 있다. 왜냐하면 새집에는 여러
가지 화학 물질이 남아 있어 건강에 (㉠   ). 새집 증후군은 두통, 비염, 피부병 등
을 유발할 수 있으므로 조심해야 한다. 전문가들에 의하면 식물이 실내 공기 중 안 좋은
물질을 없애 주므로 새집에서 식물을 키우는 것이 (㉡   ).

㉠

㉡

53. 다음은 '온라인 저작권 침해 현황'에 대한 자료이다. 이 내용을 200~300자의 글로 쓰시오. 단, 글의 제목을 쓰지 마시오. (30점)

※ 조사 기관: 저작권보호원

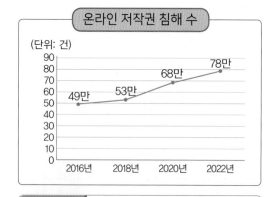

온라인 저작권 침해 수

(단위: 건)

- 2016년: 49만
- 2018년: 53만
- 2020년: 68만
- 2022년: 78만

순위	저작권 피해 분야
1위	영화
2위	음악
3위	게임

원인
- 디지털 콘텐츠 이용 시간 ⇧
- 저작권 보호 의식 X

과제
- 저작권 인식 교육 강화
- 저작권 보호 제도 구축

54. 다음을 참고하여 600~700자로 글을 쓰시오. 단, 문제를 그대로 옮겨 쓰지 마시오. (50점)

> 현대 사회는 빠르게 세계화가 되면서 시간과 공간의 제약 없이 여러 나라 사람들을 만나고 이야기할 수 있게 되었다. 그러면서 많은 사람들이 외국어를 하나 이상 배우고 있다. 아래의 내용을 중심으로 '외국어 교육의 중요성과 효과적인 외국어 교육'에 대한 자신의 생각을 쓰라.
>
> - 외국어 교육이 중요한 이유는 무엇인가?
> - 외국어를 잘할 때 얻을 수 있는 성과는 무엇인가?
> - 효과적인 외국어 교육 방법은 무엇인가?

* 원고지 쓰기의 예

	새	로		지	어	진		집	에		이	사	를		가	면		새	집
증	후	군	을		격	을		수		있	다	.	왜	냐	하	면		새	

제1교시 듣기, 쓰기 시험이 끝났습니다. 제2교시는 읽기 시험입니다.

제4회
실전 모의고사

TOPIK II

2교시	읽기 (Reading)

수험번호 (Registration No.)		
이름 (Name)	한국어 (Korean)	
	영 어 (English)	

유 의 사 항
Information

1. 시험 시작 지시가 있을 때까지 문제를 풀지 마십시오.
   Do not open the booklet until you are allowed to start.

2. 수험번호와 이름을 정확하게 적어 주십시오.
   Write your name and registration number on the answer sheet.

3. 답안지를 구기거나 훼손하지 마십시오.
   Do not fold the answer sheet; keep it clean.

4. 답안지의 이름, 수험번호 및 정답의 기입은 배부된 펜을 사용하여 주십시오.
   Use the given pen only.

5. 정답은 답안지에 정확하게 표시하여 주십시오.
   Mark your answer accurately and clearly on the answer sheet.

   marking example ① ● ③ ④

6. 문제를 읽을 때에는 소리가 나지 않도록 하십시오.
   Keep quiet while answering the questions.

7. 질문이 있을 때에는 손을 들고 감독관이 올 때까지 기다려 주십시오.
   When you have any questions, please raise your hand.

※ [1~2] (   )에 들어갈 말로 가장 알맞은 것을 고르십시오. (각 2점)

1. 말하기 시험을 (   ) 신분증을 가지고 사무실에 가야 한다.

① 신청하더니   ② 신청하려면

③ 신청하도록   ④ 신청하면서

2. 민성 씨가 아직 안 온 걸 보니 차가 많이 (   ).

① 막히거든요   ② 막히잖아요

③ 막히나 봐요   ④ 막힐 리가 없어요

※ [3~4] 밑줄 친 부분과 의미가 가장 비슷한 것을 고르십시오. (각 2점)

3. 아무리 화가 <u>날지라도</u> 폭력을 사용하는 것은 안 된다.

① 난 이상   ② 나거나

③ 나더라도   ④ 나는 대신에

4. 어려움을 극복하는 것은 <u>마음먹기에 달려 있다</u>.

① 마음먹는 척한다   ② 마음먹기 나름이다

③ 마음먹기 십상이다   ④ 마음먹으려면 멀었다

5.

우리 아기에게 유기농 재료로 만든 건강한 한 끼를!
엄마의 마음으로 매일 정성껏 만듭니다.

① 인형　　　　② 비누　　　　③ 이유식　　　　④ 장난감

6.

선착순 동·호수 지정
유럽식 생활과 편의 시설을 누리며 살 수 있는 곳

① 호텔　　　　② 여행사　　　　③ 백화점　　　　④ 아파트

7.

사뿐사뿐, 조용히!
우리 집 바닥은 아랫집 천장입니다.

① 공사 안내　　　　② 건강 관리　　　　③ 생활 예절　　　　④ 가족 사랑

8.

- 무인 대출 기계로 책을 빌릴 수 있습니다.
- 별책 부록 및 CD가 있을 때는 데스크에 문의해 주세요.

① 대출 방법　　　　② 상품 정보　　　　③ 주의 사항　　　　④ 카드 발급

9.

'자연의 신비' 특별 전시 안내

- 전시 기간: 3월 1일 ~ 3월 30일
- 전시 장소: 가온 미술관 3 관람실
- 예매 방법: 가온 미술관 홈페이지(www.gaon-misul.com)에서 예약
  ※ 당일 예약 불가
- 이용 요금: 무료 (오디오 해설 이용 1,000원 별도)

① 이 전시회는 한 달 동안 개최된다.

② 전시회를 보려면 천 원을 내야 한다.

③ 예약은 이용 당일 홈페이지에서 하면 된다.

④ 이 전시회는 자연을 주제로 야외에서 진행된다.

10.

스마트폰 하루 평균 사용 시간

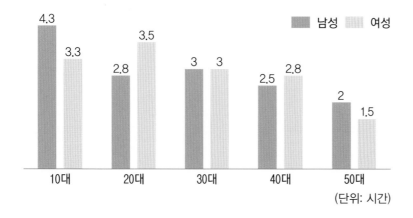

(단위: 시간)

① 20대는 여성보다 남성의 스마트폰 사용 시간이 더 길다.

② 40대 여성은 50대 여성보다 스마트폰 사용 시간이 짧다.

③ 10대 여성의 하루 평균 스마트폰 사용 시간이 가장 길다.

④ 30대 남성과 여성은 하루 평균 3시간 동안 스마트폰을 사용한다.

11.

　　갑작스러운 폭설에 갇힌 운전자들을 1시간 넘게 도운 시민들이 화제가 되고 있다. 지난달 5일 저녁에 가온시 시내에 많은 눈이 쌓여 도로에 차들이 갇혔다. 이때 지나가던 시민들이 다가와 앞바퀴 쪽의 눈을 제거하고 뒤에서는 차를 밀면서 눈에 빠진 차들을 함께 빼냈다. 덕분에 이날 아무 사고 없이 모든 운전자들이 무사히 귀가할 수 있었다.

① 시민들은 눈에 빠진 차를 들어서 옮겼다.

② 운전자들은 눈을 치우기 위해서 차에서 내렸다.

③ 갑자기 내린 눈으로 교통사고가 많이 발생했다.

④ 눈 때문에 시내에 있는 차들이 움직이지 못했다.

12.

　　부모의 양육 부담을 낮추고 출산을 장려하기 위하여 부모급여 제도가 도입된다. 지금까지는 영아수당을 지급하여 아이 양육의 경제적 부담을 줄여주었다. 그러나 이제는 영아수당의 금액을 확대하고 개편하여 부모급여로 매달 70만 원씩 지급된다. 부모급여는 출산 후 60일 이내에 주민 센터에 방문하거나 인터넷에서 신청할 수 있다.

① 부모급여로 육아용품을 지원해 준다.

② 부모급여에서 영아수당으로 이름이 바뀌었다.

③ 부모급여는 아이를 낳은 후에 신청할 수 있다.

④ 부모급여는 주민 센터에서만 신청이 가능하다.

13.

> (가) 하지만 무작정 굶는 것은 잘못된 방법이다.
> (나) 이 방법은 몸무게를 줄일 수 있지만 뼈 건강에는 해롭기 때문이다.
> (다) 짧은 시간에 살을 빼기 위해 무조건 굶는 사람이 있다.
> (라) 따라서 충분한 음식을 골고루 먹으면서 운동으로 살을 빼야 한다.

① (다)-(가)-(나)-(라) ② (다)-(가)-(라)-(나)
③ (라)-(가)-(나)-(다) ④ (라)-(다)-(나)-(가)

14.

> (가) 그런데 걸을 때마다 뒤에서 이상한 소리가 들렸다.
> (나) 밤늦게 아르바이트를 끝내고 집에 돌아가는 길이었다.
> (다) 누가 따라오는 것 같아 무서운 마음에 더 빨리 뛰었다.
> (라) 알고 보니 내 가방의 인형이 부딪치는 소리였다.

① (나)-(가)-(다)-(라) ② (나)-(다)-(라)-(가)
③ (다)-(가)-(라)-(나) ④ (다)-(나)-(가)-(라)

15.

> (가) 고양이의 관절염은 걸음걸이로 알 수 있다.
> (나) 고양이도 사람처럼 관절염에 걸린다.
> (다) 특히 휴식 후에도 걸음걸이가 이상하면 관절염을 의심해야 한다.
> (라) 이처럼 이상한 걸음걸이가 계속되면 동물 병원에 가 보는 게 좋다.

① (가)-(나)-(다)-(라) ② (가)-(나)-(라)-(다)
③ (나)-(가)-(다)-(라) ④ (나)-(다)-(가)-(라)

16.

　지폐를 종이로 만든다고 생각하는 사람이 많다. 하지만 지폐는 종이가 아니라 면섬유로 만들어진다. 종이는 잘 찢어지고 물에도 잘 젖기 때문에 다시 사용하기 힘들다. 그러나 면섬유는 잘 찢어지지 않고 물에 젖어도 말리면 (　　　　　) 이 재료로 지폐를 만든다. 그리고 면섬유로 지폐를 만들면 인쇄가 쉽고 많은 사람의 손을 거쳐도 쉽게 훼손되지 않는다.

① 버릴 수 없어서　　　　　　② 만들기 어려워서
③ 사용이 가능해서　　　　　　④ 가격이 저렴해져서

17.

　세 가지 색깔의 털을 가진 삼색 고양이는 99%가 암컷이다. 아주 드물게 수컷 삼색 고양이가 태어나기도 하는데, 수컷 삼색 고양이가 태어날 확률은 약 3만 분의 1정도이다. 이처럼 수컷 삼색 고양이는 매우 (　　　　　) 때문에 이 고양이가 복을 불러온다고 믿는 나라도 있다.

① 개체 수가 많기　　　　　　② 털의 색깔이 많기
③ 귀하고 보기 힘들기　　　　④ 예쁘고 가격이 비싸기

18.

　음식을 만들다가 화상을 입었다면 차가운 물로 화상 부위의 온도를 낮추는 것이 중요하다. 그 후 빨갛게 부으면 화상 연고를 바르는 것이 좋다. 만약 물집이 생기고 진물이 나면 (　　　　　) 손으로 만지지 말고 의사의 진료를 받는 것이 좋다. 손으로 상처 부위를 만지면 세균이 들어와 여러 합병증으로 이어질 수 있기 때문이다.

① 상처가 생기므로　　　　　　② 만졌을 때 아프므로
③ 감염의 우려가 있으므로　　　④ 연고를 바르지 못하므로

　　사람은 혼자서 살아갈 수 없는 사회적 동물이다. 태어나는 순간부터 부모와 주변 사람들의 도움을 받아야 성장할 수 있다. 그리고 사람은 학교, 회사, 사회에서 한 구성원으로 자신의 역할을 수행해야 한다. 따라서 다른 사람과 조화롭게 살기 위해서는 다른 사람들의 말을 경청하고, 서로 배려하면서 의견을 조율하는 태도가 중요하다. (　　　) 책임감 있게 자신의 일을 수행해야 한다.

19. (　　　　　)에 들어갈 말로 가장 알맞은 것을 고르십시오.

① 또한

② 반면

③ 그러면

④ 차라리

20. 윗글의 주제로 가장 알맞은 것을 고르십시오.

① 다른 사람의 의견을 따라야 한다.

② 어려운 사람들을 보면 도와주어야 한다.

③ 사람은 다른 사람들과 조화롭게 살아가야 한다.

④ 회사에서 책임감 있게 자신의 일을 끝내야 한다.

한국에 미니스커트가 처음 들어온 것은 1960년대 중반이다. 당시 전 세계적으로 유행한 히피 문화의 영향으로 젊은이들 사이에서 장발과 미니스커트는 자유의 상징으로 받아들여졌다. 그런데 이 시기에는 개인의 자유에 대한 정부의 규제가 매우 심했다. 그래서 경찰이 (   ) 남자의 장발과 여자의 미니스커트를 단속했다.

21. (   )에 들어갈 알맞은 것을 고르십시오.

① 고개를 돌리고

② 눈에 불을 켜고

③ 손에 땀을 쥐고

④ 양다리를 걸치고

22. 윗글의 내용과 같은 것을 고르십시오.

① 미니스커트는 규제의 상징이다.

② 장발은 히피 문화에 영향을 끼쳤다.

③ 1960년대 정부는 개인의 자유를 존중했다.

④ 1960년대 이전에 한국은 미니스커트가 없었다.

　　나는 입양아다. 내가 입양이라는 뜻을 제대로 알기 전부터 부모님은 나에게 내가 입양된 아이라고 이야기해 주셨다. 그래서 입양의 의미를 알게 되었을 때에도 크게 충격을 받지 않았다. 내가 입양되었다는 사실은 내가 한 씨 성을 가진 남자이고, 우리 집 둘째 아들인 것처럼 너무나 당연한 일이었다. 우리 동네에서도, 내가 다닌 학교에서도 내가 입양아란 사실을 모두 알 정도였으니까. 내가 입양되었다고 해서 가족들에게 미움을 받거나 동정을 받은 것도 아니다. 나는 보통의 아이들과 같이 부모님에게 사랑 받았고 때로는 혼나기도 하며 어린 시절을 보냈다. 부모님께서는 혹시 나를 낳아준 부모가 궁금하면 언제라도 찾게 도와주겠다고 하셨지만 나는 그러지 않았다. <u>나는 그저 한 씨성을 가진 우리 집 둘째 아들로 충분하기 때문이다.</u>

23. 밑줄 친 부분에 나타난 '나'의 심정으로 가장 알맞은 것을 고르십시오.

① 외롭고 쓸쓸하다

② 떨리고 부끄럽다

③ 행복하고 만족스럽다

④ 비통하고 후회스럽다

24. 윗글의 내용과 같은 것을 고르십시오.

① 나는 입양아여서 차별을 받으며 자랐다.

② 나는 친부모를 찾기 위해 노력하고 있다.

③ 나의 입양 사실을 주변 사람들도 알았다.

④ 부모님은 나의 입양 사실을 숨기려고 했다.

25.

환경 오염 몸살 앓던 쓰레기 소각장, 친환경 체험관으로 탈바꿈

① 환경 오염으로 인해 쓰레기 소각장이 곧 없어질 것이다.
② 친환경 체험관을 만들어 환경 보호의 중요성을 홍보한다.
③ 환경 오염이 심했던 쓰레기 소각장이 친환경 체험관으로 바뀐다.
④ 환경 오염을 유발하지 않는 친환경 쓰레기 소각장이 새로 생긴다.

26.

취업난, 구직 경쟁 속 방치되는 청년 건강

① 취업을 하기 전에 건강 검진을 받는 청년이 늘고 있다.
② 취업을 준비하느라 청년들이 다른 것을 할 시간이 없다.
③ 취업이 갈수록 어려워지면서 경쟁률이 점점 높아지고 있다.
④ 어려운 취업 환경 속에서 청년들이 건강 관리를 소홀히 하고 있다.

27.

인터넷 은행, 잇단 오류에 고객 신뢰 '흔들'

① 인터넷 은행이 여러 가지 오류를 고쳐 고객과 약속을 지켰다.
② 인터넷 은행의 오류가 계속되면서 고객들의 믿음을 잃고 있다.
③ 인터넷 은행이 고객에게 신뢰를 주고자 다양한 홍보를 하고 있다.
④ 인터넷 은행이 오류를 개선하기 위하여 고객들에게 동의를 받는다.

28.

여행지에 도착한 첫날, 몸은 피곤한데 잠이 쉽게 오지 않았던 경험이 있을 것이다. 그 이유는 여행지가 낯선 곳이어서 우리의 뇌가 (   ) 곳이라고 인식하기 때문이다. 뇌는 생존에 위협되는 상황에 대비하여 언제든 반응할 수 있도록 최대한 깨어 있으려고 한다. 그래서 여행지처럼 낯선 곳에 가면 깊게 잠이 들지 못하는 것이다.

① 일찍 일어나야 하는

② 여행을 즐기고 싶은

③ 특별한 삶에 필요한

④ 생존에 유리하지 않은

29.

순수한 우정은 어린 시절에만 존재한다고 말한다. 그러나 어린 시절의 우정은 (   ) 관계라고 할 수 있다. 그래서 취미가 같지 않거나 서로에게 흥미가 떨어지면 금방 멀어지게 된다. 진정한 의미의 우정은 어른이 된 후에 맺어진다. 생활의 어려움 속에서 함께 견디고 서로를 배려하면서 우정이 싹트게 되는 것이다.

① 재미로 맺어지는

② 서로를 배려하는

③ 어려움을 함께 겪는

④ 진정한 우정을 공유하는

30.

　　교통사고가 발생한 것도 아닌데 도로가 꽉 막힐 때가 있다. 이렇게 특별한 원인 없이 교통 체증이 일어나는 현상을 유령 체증이라고 한다. 유령 체증의 원인은 차선 변경으로 인해 자동차들의 속도가 바뀌기 때문이다. 예를 들어 한 운전자가 갑자기 차선을 바꾸게 되면 뒤에 있던 차가 속도를 줄이게 된다. 그러면 그 뒤에 있는 운전자는 앞차가 줄인 속도보다 더 줄이게 되고 (　　　　　) 현상이 발생하면서 교통 체증이 생기는 것이다.

① 차선을 지키지 않는

② 앞차보다 뒤차가 빠른

③ 연속적으로 속도가 감소되는

④ 운전자마다 다른 속도로 가는

31.

　　바다에 사는 말미잘은 무척추동물로 부드러운 몸과 긴 촉수를 가지고 있다. 촉수에는 독성이 있는 가시들이 있는데 이 가시들은 일단 자극을 받으면 상대방을 찌르고 독을 분비해 마비시킨다. 그런데 흰동가리 물고기는 말미잘의 촉수를 무서워하지 않는다. 흰동가리 물고기는 말미잘에게 먹이를 제공해주고 말미잘은 흰동가리 물고기를 보호해 주면서 (　　　　　) 이루기 때문이다.

① 자극을 주고받는 관계를

② 서로에게 필요한 관계를

③ 상대방을 찌르려는 목적을

④ 서로를 마비시키려는 목적을

32.

소비자가 빈 병을 반환하면 일정 금액을 되돌려 받는 빈 용기 보조금 제도 때문에 소매점 상인들의 불만이 높아지고 있다. 소매점에서는 빈 병을 받을 때 병 안의 이물질을 확인해야 하고, 수거된 병을 일정 시간 동안 보관해야 하는 번거로움이 크기 때문이다. 따라서 제조사는 이러한 문제점을 해결하기 위해 시스템을 개선해야 한다. 또한 소비자가 언제 어디서든 편하게 빈 병을 반환할 수 있도록 기계를 설치하는 것도 도움이 될 것이다.

① 소매점마다 빈 병 반환 기계가 설치되어 있다.
② 소비자가 빈 병을 반환하면 돈을 받을 수 있다.
③ 소매점 상인들은 이 제도를 긍정적으로 평가한다.
④ 제조사는 소매점에 보관된 빈 병을 매일 수거한다.

33.

공원 속의 평범한 벤치들과는 달리 자연 친화적인 모습으로 디자인한 벤치가 있다. 나무 대신 잔디와 비슷한 소재로 벤치를 만들었고, 벤치의 모양은 산의 굴곡진 형태와 비슷하다. 이 벤치에 누워 있으면 마치 산에 누워 있는 듯한 기분을 느낄 수 있다. 또한 인체공학적인 디자인으로 설계되어 사람들에게 편안한 느낌도 준다. 이러한 디자인은 그 도시의 정체성을 보여준다는 점에서도 의의를 가진다.

① 자연을 보호하기 위해 친환경적인 벤치를 만들었다.
② 모든 도시에서 똑같은 형태의 디자인을 볼 수 있다.
③ 나무로 벤치를 만들면 산에 누워 있는 느낌을 줄 수 있다.
④ 사람의 신체 구조를 잘 파악해 만든 벤치는 편안함을 준다.

34.

　　홍합은 파도가 거센 바다의 바위에서도 떨어지지 않고 잘 붙어 있다. 바로 홍합의 '족사'라는 부분에 접착 단백질이 있기 때문이다. 이 단백질은 무독성이고 감염의 우려가 없어서 천연 접착제로도 사용할 수 있다. 홍합에서 이 단백질을 추출하여 접착력을 더 강하게 만든다면 의료용 접착제로도 활용할 수 있다. 이처럼 생명체가 가지고 있는 물질, 기능 등을 연구해 모방하는 기술은 다양한 분야에서 활용되고 있다.

① 생명체는 인간이 가진 기능을 모방하며 생존한다.

② 홍합의 접착 단백질은 감염력은 약하지만 독성이 있다.

③ 생명체의 특성을 모방하는 기술이 인류의 생활에 적용되고 있다.

④ 홍합의 접착 단백질은 가공 과정 없이 의료용 접착제로 쓸 수 있다.

※ [35~38] 다음을 읽고 글의 주제로 가장 알맞은 것을 고르십시오. (각 2점)

35.

　　한국에서는 다리를 떨면 복이 나간다고 하여 다리를 떠는 사람을 보는 시선이 곱지 않다. 그러나 최근 연구에 따르면 다리 떨기는 집중력 향상과 긴장 완화에 도움이 되는 것으로 나타났다. 또한 다리 떨기는 다리와 허벅지의 근육 이완과 혈액 순환 개선에도 도움이 된다고 한다. 앉아 있을 때 다리를 떨면 그렇지 않은 사람보다 더 많은 칼로리를 소모한다는 연구 결과도 있다.

① 복이 나가지 않게 다리를 떨면 안 된다.

② 다리 떨기의 효과에 대한 연구가 필요하다.

③ 다리 떠는 사람에게 편견을 가지면 안 된다.

④ 다리 떨기는 정신과 신체에 여러 도움이 된다.

36.

시야 확보가 어려운 밤은 낮보다 교통사고 발생 비율이 높다. 이러한 문제를 해결하기 위해 최근 호주에서는 야광 차선을 도입했다. 이 야광 차선은 가로등이 없어도 밤이 되면 빛이 나서 운전자들이 차선을 쉽게 확인할 수 있다. 이 기술은 현재 시범 사업 단계에 있으나 안정화 단계에 들어 상용화된다면, 야간 교통사고 방지에 큰 도움이 될 것이다.

① 야광 차선 기술을 활용한 사업이 중요하다.
② 어두운 밤에는 운전을 하지 않는 것이 좋다.
③ 운전자들을 위해 가로등을 설치가 필요하다.
④ 야광 차선은 야간 교통사고를 줄이는 데 효과적이다.

37.

웰다잉은 좁게는 무의미한 연명 의료를 중단하는 것을 의미하고, 넓게는 일상에서 죽음에 대해 성찰하고 준비하는 것을 의미한다. 웰다잉은 스스로 죽음을 준비함으로써 현재를 더 소중히 살 수 있다는 점에서 의미가 있다. 웰다잉의 방법으로는 정신적인 측면에서 인간관계를 정리하고 죽음을 준비하는 것이 있으며, 행동적인 측면에서 의식이 있을 때 죽음을 생각하며 생애 말기 계획을 직접 세우는 것 등이 있다.

① 무의미한 연명 의료는 중단하는 것이 좋다.
② 죽음을 준비하면 현재를 더 잘 살 수 있다.
③ 웰다잉을 통해 다른 사람의 죽음을 준비해야 한다.
④ 누구나 생애 말에 죽음에 대한 계획을 세워야 한다.

38.

시계가 없었을 때 사람들은 해가 뜨면 일어나서 일을 하고 해가 지면 잠을 잤다. 그러나 1340년대 말 오늘날과 같은 형태의 시계가 발명된 후에 사람들은 시계를 보고 정확한 시간을 알 수 있게 되었다. 그 덕분에 사람들은 약속 시간이나 업무 시간을 효율적으로 관리할 수 있었다. 하지만 현대인들은 시계가 가리키는 시간에 맞춰 일어나고 밤 늦게까지 일을 하게 되었다. 그리고 정해진 시간에 맞추어 휴식을 취하기 때문에 예전만큼 여유롭게 생활하기 힘들어졌다.

① 시계가 발명되면서 업무 시간이 늘었다.

② 시계의 발명이 좋은 점만 가져오는 것은 아니다.

③ 과학자들의 노력으로 사람들의 생활이 좋아졌다.

④ 시계 덕분에 업무 시간을 잘 지킬 수 있게 되었다.

※ **[39~41] 주어진 문장이 들어갈 곳으로 가장 알맞은 것을 고르십시오. (각 2점)**

39.

그리고 넘어져서 상처가 난 경우에는 깨끗한 물로 상처 부위를 씻어서 말려야 한다.

여러 상황에서 부상을 입었을 때 간단하게 조치할 수 있는 대처 방안이 있다. (㉠) 먼저 뜨거운 물에 데어 화상을 입은 경우에는 차가운 물수건을 화상 부위에 올려두어야 한다. (㉡) 이러한 안전 수칙을 잘 기억하면 간단한 부상에 대처할 수 있다. (㉢) 그러나 혹시라도 큰 부상으로 이어지게 될 경우에는 즉시 병원을 방문해야 한다. (㉣)

① ㉠   ② ㉡   ③ ㉢   ④ ㉣

40.

> 그렇게 되면 간에 과당이 쌓이게 되고 결국 지방간이 생기게 된다.

설탕은 포도당과 과당으로 이루어져 있다. 포도당은 우리 몸에 흡수가 되지만 과당은 흡수되지 않고 바로 간으로 이동한다. (㉠) 따라서 설탕을 많이 섭취하면 간이 모든 과당을 처리하지 못하게 된다. (㉡) 지방간은 대부분 비만, 당뇨병 등과 함께 발생하기 때문에 위험하다. (㉢) 그러므로 지방간을 예방하기 위하여 설탕을 적당량만 섭취하는 것이 좋다. (㉣)

① ㉠   ② ㉡   ③ ㉢   ④ ㉣

41.

> 우리는 풍속화를 통해서 조선 시대의 경제나 문화를 파악할 수 있고 소중한 가치도 발견할 수 있다.

조선 시대의 풍속화는 그 가치가 낮은 것으로 인식되었다. (㉠) 풍속화 대신에 자연 풍경을 그리는 산수화를 높게 평가하는 사람이 많았다. (㉡) 그리고 격식을 따지는 사대부들은 품격을 중요하게 생각하여 사람들의 삶의 모습을 그리는 풍속화를 천하게 여기기도 하였다. (㉢) 그러나 풍속화는 당대 사람들의 모습이 담겨 있어서 역사적으로 가치가 있다. (㉣)

① ㉠   ② ㉡   ③ ㉢   ④ ㉣

　　그는 또 어항을 들여다본다. 그는 음악가가 될 수도 있었다. 그는 뛰어난 학자가 될 수도 있었다. 그는 국경을 변화시키는 외교가가 될 수도 있었다…. 그렇지만 진실을 말하면 그는 그 어느 것도 애호하지 않으며 그 어느 것도 진지하게 되고 싶지 않다. 그것들은 애호하기에는, 욕구하기에는 너무 거추장스럽다. 어떤 종류의 가상적인 삶도 그를 위로해 주지 않는다. 어떤 종류의 삶도 그의 자장가가 되어 주지 않는다. 그는 오랫동안 어항 옆에 앉아 있다.

　　주말이 되고 그는 누이의 식구들과 고기 뷔페에 가서 외식을 한다. 그의 매부는 고학력의 처남 앞에서 세태 얘기를, 정치 얘기를 해야 한다고 생각한다. 전날이나 전전날쯤 하루 종일 점포에서 들은 라디오 프로, 저녁나절 텔레비전 뉴스에서 들은 것을 반복하며 질문을 던지고 아나운서만큼 흥분하며, 아나운서만큼 실망하며, 아나운서만큼 감격한다. 조카는 졸고 누이는 고기를 뒤집느라 여념이 없고 <u>그는 고기를 씹으며 아스라한 원시 시대의 소식을 듣듯이 매부의 얘기를 듣는다.</u>

42. 밑줄 친 부분에 나타난 '나'의 심정으로 가장 알맞은 것을 고르십시오.

① 궁금하다

② 우울하다

③ 흥미롭다

④ 무관심하다

43. 윗글의 내용으로 알 수 있는 것을 고르십시오.

① 누나 부부는 아직 아이가 없다.

② 매부는 라디오 프로그램의 아나운서다.

③ 그는 고학력으로 여러 직업을 가지고 있다.

④ 그는 특별히 좋아하거나 하고 싶은 일이 없다.

　　우리는 일상생활에서 중요한 일을 앞두고 스스로 불리한 조건을 만드는 경우를 볼 수 있다. 심리학에서는 이것을 스스로 핸디캡을 준다는 의미로 '자기 불구화'라고 부른다. 자기불구화는 자신이 평가 대상이 되거나 거기에서 좋은 평가를 받을 수 없을 때 자신에게 불리한 조건을 만들어 내어 다른 사람에게 주장하는 것을 말한다. 예를 들어 중요한 시험 전날 공부를 했음에도 불구하고 주변 사람들에게 아팠다거나 드라마를 봤다는 등의 핑계를 대서 자신을 방어하는 것이다. 사람들은 자기 불구화를 사용하여 일을 잘 못 해내도 자신에게 유리한 평가를 이끌어 낸다. 반대로 (　　　　　) 운이 좋게 일을 잘 해내면 뛰어난 능력으로 성공한 사람으로 평가받을 수 있기 때문에 자기불구화를 사용한다. 그러나 연구 결과를 보면 자기 불구화를 사용하는 사람은 다른 사람들에게 핑계를 대는 사람으로 낙인찍힐 수 있기 때문에 지양하는 것이 좋다.

44. (　　　　　)에 들어갈 말로 가장 알맞은 것을 고르십시오.

① 핑계를 대지 않아도

② 낙인을 피하기 위해서

③ 불리한 조건에도 불구하고

④ 다른 사람들의 관심을 받으며

45. 윗글의 주제로 알맞은 것을 고르십시오.

① 성공한 사람일수록 자신의 핸디캡을 극복할 수 있다.

② 자신이 평가 대상이 되는 것은 가능한 한 피하는 것이 좋다.

③ 자신에게 불리한 조건을 만들면 유리한 평가를 이끌 수 있다.

④ 자기 불구화를 하는 사람은 다른 사람에게 부정적으로 인식될 수 있다.

> 조미료는 우리 일상생활에서 없어서는 안 될 향신료이다. 예전에는 조미료가 무조건 건강에 좋지 않다는 인식이 강했지만 사실 이런 견해에는 과학적인 근거가 없다. 세계 각국의 식품 연구 부서에서 식품 첨가제로서의 조미료의 안정성을 연구한 결과, 조미료를 구성하는 글루타민산과 나트륨은 식품 첨가제로 안전하다는 것이 밝혀졌다. 글루타민산은 몸에 들어가면 단백질을 만드는 원료가 되고 남은 것은 에너지원으로 쓰인다. 그리고 나트륨은 소금에 포함된 나트륨양의 약 3분의 1수준밖에 되지 않기 때문에 오히려 소금보다 조미료를 사용하면 나트륨 섭취를 줄일 수 있다. 또한 적은 양으로도 음식의 감칠맛을 살릴 수 있기 때문에 조미료는 요리에서 중요한 역할을 담당하고 있다.

46. 윗글에 나타난 필자의 태도로 가장 알맞은 것을 고르십시오.

① 조미료가 건강에 미치는 부정적인 영향을 우려하고 있다.

② 요리할 때 조미료를 과다 사용하는 것에 대해 경계하고 있다.

③ 조미료와 관련한 연구가 더 많이 이루어질 것을 촉구하고 있다.

④ 조미료가 인체에 무해하다는 것을 연구 결과를 통해 강조하고 있다.

47. 윗글의 내용과 같은 것을 고르십시오.

① 조미료에는 글루타민산과 나트륨 성분이 포함된다.

② 음식에 감칠맛을 내기 위해서는 조미료를 많이 넣어야 한다.

③ 조미료보다 소금을 사용하면 나트륨 섭취 양을 줄일 수 있다.

④ 나트륨은 단백질을 만드는 원료이기 때문에 식품첨가제로 안전하다.

미국의 한 교수가 사람들이 가짜 뉴스를 믿는 이유는 사회적 폭포 효과와 집단 극단화 현상 때문이라고 하였다. 사회적 폭포 효과란 앞선 사람이 하는 말이나 행동을 보고 따라 하는 것이고, 집단 극단화는 같은 생각을 하는 사람들끼리 정보 교류를 통해 더욱 극단적인 견해를 갖는 것을 의미한다. 가짜 뉴스는 이런 방식으로 (   ) 데에 사용된다. 그래서 사람들은 집단 속에 동화되기 위하여 자신이 믿는 것과 반대되는 정보들에 대해서는 굳이 찾으려고 노력하지 않고 받아들이려고 하지 않는다. 이러한 이유로 가짜 뉴스를 믿는 사람들이 많아지면서 사회에 미치는 악영향도 커지고 있다. 가짜 뉴스를 제작한 사람 또는 배포한 사람에 대한 처벌이 논의되기도 하였으나 어떤 기준으로 가짜 뉴스를 결정할 것인지, 이러한 결정이 표현의 자유를 침해하지 않는지 등에 대한 문제점으로 처벌이 시행되지 못하고 있다. 따라서 우리는 여러 뉴스를 접하며 진짜 정보가 무엇인지 판별하는 능력을 길러야 하며, 미디어 기업들이 정보의 출처를 정확하게 밝히고 가짜 뉴스가 확산되지 않도록 노력해야 할 것이다.

48. 윗글을 쓴 목적으로 가장 알맞은 것을 고르십시오.
① 사회적 폭포 효과에 대해 설명하기 위해
② 가짜 뉴스가 확산되지 않도록 당부하기 위해
③ 가짜 뉴스를 구별하는 방법을 알려 주기 위해
④ 가짜 뉴스 배포자에 대한 처벌을 요구하기 위해

49. (   )에 들어갈 말로 가장 알맞은 것을 고르십시오.
① 사회적 문제를 해결하는　　　　② 새로운 정보를 알려 주는
③ 집단 동질성을 강화하는　　　　④ 사람들의 생각을 살펴보는

50. 윗글의 내용과 같은 것을 고르십시오.
① 앞선 사람의 행동을 따라하는 것을 집단 극단화라고 한다.
② 현재 가짜 뉴스를 만든 사람들에 대해 처벌이 이루어지지 않는다.
③ 정보의 출처를 밝히지 않은 기업이 많아 가짜 뉴스가 확산되었다.
④ 가짜 뉴스를 믿는 사람들은 자신의 정보와 반대되는 것을 찾아본다.

제5회
실전 모의고사

TOPIK II

| 1교시 | 듣기, 쓰기 (Listening, Writing) |

수험번호 (Registration No.)		
이름 (Name)	한국어 (Korean)	
	영어 (English)	

유 의 사 항
Information

1. 시험 시작 지시가 있을 때까지 문제를 풀지 마십시오.
   Do not open the booklet until you are allowed to start.

2. 수험번호와 이름을 정확하게 적어 주십시오.
   Write your name and registration number on the answer sheet.

3. 답안지를 구기거나 훼손하지 마십시오.
   Do not fold the answer sheet; keep it clean.

4. 답안지의 이름, 수험번호 및 정답의 기입은 배부된 펜을 사용하여 주십시오.
   Use the given pen only.

5. 정답은 답안지에 정확하게 표시하여 주십시오.
   Mark your answer accurately and clearly on the answer sheet.

6. 문제를 읽을 때에는 소리가 나지 않도록 하십시오.
   Keep quiet while answering the questions.

7. 질문이 있을 때에는 손을 들고 감독관이 올 때까지 기다려 주십시오.
   When you have any questions, please raise your hand.

TOPIK Ⅱ 듣기 (1번~ 50번)

※ [1~3] 다음을 듣고 가장 알맞은 그림 또는 그래프를 고르십시오. (각 2점)

1.

①

②

③

④

2.

①

②

③

④

3.

①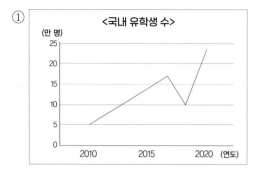

②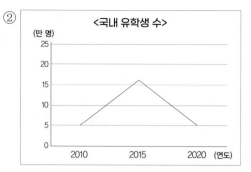

③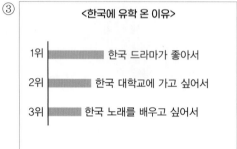

④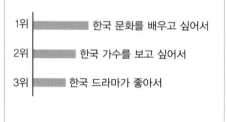

※ **[4~8] 다음을 듣고 이어질 수 있는 말로 가장 알맞은 것을 고르십시오. (각 2점)**

4. ① 나도 농구를 잘해.
② 농구가 건강에 좋지.
③ 오늘 꼭 병원에 가 봐.
④ 꾸준히 운동을 할 거야.

5. ① 조심하시면 괜찮습니다.
② 2층으로 오시면 됩니다.
③ 지금은 들어가실 수 없습니다.
④ 여기 음료 보관함에 두시면 됩니다.

6. ① 바이러스는 전산실에 문의해 보세요.

② 디자이너에게 직접 이메일을 보내세요.

③ 지금 다시 보낼 테니까 확인해 보세요.

④ 이메일 주소가 정확한지 확인해 주세요.

7. ① 마음에 드는 스타일이 없네요.

② 밝은 색깔의 꽃들로 만들어 주세요.

③ 꽃바구니보다 꽃다발을 더 좋아해요.

④ 꽃바구니는 무거워서 들고 가기 힘들어요.

8. ① 질문이 너무 많네요.

② 설문 조사를 다시 해 보세요.

③ 내일 발표할 때 긴장하지 마세요.

④ 그래프를 좀 더 단순하게 바꿔 보세요.

[9~12] 다음을 듣고 남자가 이어서 할 행동으로 가장 알맞은 것을 고르십시오. (각 2점)

9. ① 자전거를 산다.

② 자전거를 탄다.

③ 자전거를 비교한다.

④ 자전거를 빌려준다.

10. ① 선배와 회의를 한다.

② 노트북을 빌리러 간다.

③ 컴퓨터 수리를 신청한다.

④ 옆 부서에 가서 컴퓨터를 한다.

11. ① 소화제를 사서 먹는다.

② 약국에 처방전을 준다.

③ 약국에 앉아서 기다린다.

④ 병원에 가서 진료를 받는다.

12. ① 케이크 주문을 취소한다.

② 케이크 디자인 회의를 한다.

③ 케이크를 찾으러 가게에 간다.

④ 원하는 케이크 사진을 찾아본다.

13. ① 여자는 동아리 활동 때문에 바쁘다.

② 여자는 동아리 활동을 그만둘 것이다.

③ 여자와 남자는 같은 동아리 회원이다.

④ 남자는 이번 시험에서 성적을 잘 받았다.

14. ① 이틀 동안 지하 주차장을 공사한다.

② 지하 주차장 공사는 월요일에 시작한다.

③ 주말에는 지하 주차장을 이용할 수 없다.

④ 공사하는 동안 아파트 근처에 주차할 수 없다.

15. ① 지역 주민만 관람할 수 있다.

② 행사는 지난 16일에 개최되었다.

③ 한국에서 유명한 오케스트라가 공연한다.

④ 해마다 주왕산에서 가을밤 음악회를 개최했다.

16. ① 클렌징에 시간을 많이 들일수록 피부에 좋다.

② 클렌징을 과하게 하면 피부에 부담이 될 수 있다.

③ 피부가 예민한 사람들은 여러 번 세안을 해야 한다.

④ 건조한 피부를 가진 사람은 클렌징을 하면 안 된다.

17. ① 결혼기념일에는 여행을 꼭 가야 한다.

② 여행을 가서 예쁜 사진을 찍어야 한다.

③ 여행갈 때 필요한 옷만 가져가는 게 좋다.

④ 무거운 짐은 미리 비행기로 보내는 게 좋다.

18. ① 회사보다는 가족과의 시간이 중요하다.

② 사적인 일과 공적인 일은 구분해야 한다.

③ 회사 생활에서는 다른 사람을 고려해야 한다.

④ 회사에서 내 권리를 주장하는 것은 당연하다.

19. ① 메뉴 설명을 잘 읽고 주문해야 한다.

② 손님에게 정확한 정보를 제공해야 한다.

③ 가게에 개인적인 화풀이를 하면 안 된다.

④ 잘못 주문했을 때 후기를 남기면 안 된다.

20. ① 대규모 축제에 설치되는 무대는 커야 한다.

② 대규모 축제에서는 안전 상태를 잘 점검해야 한다.

③ 축제의 규모가 커질수록 사람들을 많이 모아야 한다.

④ 축제의 분위기를 위해 비가 오는 날씨는 피해야 한다.

※ **[21~22] 다음을 듣고 물음에 답하십시오. (각 2점)**

21. 여자의 중심 생각으로 가장 알맞은 것을 고르십시오.

① 회사에서는 직원의 봉사활동을 장려해야 한다.

② 회사 직원들은 수해 지역을 위해 기부해야 한다.

③ 수해 지역에 직접 가지 않아도 도움을 줄 수 있다.

④ 수해로 피해를 본 집은 직원들과 함께 고칠 수 있다.

22. 들은 내용과 같은 것을 고르십시오.

① 여자는 자선 음악회에 참석하여 기부했다.

② 남자는 수해 지역에 직접 가서 급식 봉사를 했다.

③ 지난주에 이 회사가 있는 지역에 홍수 피해가 있었다.

④ 이 회사는 직원들이 함께 가서 무너진 집을 수리할 것이다.

※ **[23~24] 다음을 듣고 물음에 답하십시오. (각 2점)**

23. 여자가 무엇을 하고 있는지 고르십시오.

① 문화 체험 활동을 계획하고 있다.

② 문화 체험 활동에 대해 문의하고 있다.

③ 문화 체험 활동의 문제점을 제시하고 있다.

④ 문화 체험 활동에 대한 반응을 조사하고 있다.

24. 들은 내용과 같은 것을 고르십시오.

① 외국어 안내 자료는 따로 구입해야 한다.

② 한국어를 몰라도 사물놀이를 배울 수 있다.

③ 이 체험관에는 한국 학생을 위한 프로그램만 있다.

④ 학생들은 이 체험관에서 한국 전통 노래를 배운다.

25. 남자의 중심 생각으로 가장 알맞은 것을 고르십시오.
① 재난 영화에 무서운 장면을 넣어야 한다.
② 재난 영화가 성공하려면 입소문이 나야 한다.
③ 재난 영화에서는 새로운 장르를 시도할 수 없다.
④ 재난 영화도 코미디를 결합하여 재미있게 만들 수 있다.

26. 들은 내용과 같은 것을 고르십시오.
① 이 영화는 한 달 전에 개봉했다.
② 이 영화는 대사가 나오지 않는다.
③ 이 영화는 기존 영화의 내용과 비슷하다.
④ 이 영화에는 재미있는 캐릭터가 등장한다.

27. 남자가 말하는 의도로 알맞은 것을 고르십시오.
① 재택근무의 사례를 확인하기 위해
② 재택근무의 장점을 알려 주기 위해
③ 재택근무의 시행 원인을 파악하기 위해
④ 재택근무로 인한 문제점을 제기하기 위해

28. 들은 내용과 같은 것을 고르십시오.
① 재택근무와 업무 효율은 상관이 없다.
② 재택근무를 하면 일에 집중하기 힘들다.
③ 여자의 팀에는 재택근무 신청자가 있다.
④ 회사에서는 재택근무를 선호하지 않는다.

29. 남자가 누구인지 고르십시오.

① 축구 경기의 관중

② 축구 경기의 해설자

③ 축구 대표팀의 선수

④ 축구 대표팀의 감독

30. 들은 내용과 같은 것을 고르십시오.

① 우리 팀은 경기에서 한 골도 넣지 못했다.

② 상대 팀은 우리 팀보다 FIFA 순위가 낮았다.

③ 김현민 선수가 이번 경기에서 큰 부상을 당했다.

④ 우리 팀은 공격에만 집중해서 두 골을 허용했다.

31. 여자의 중심 생각으로 가장 알맞은 것을 고르십시오.

① 한옥 마을의 개발을 금지해야 한다.

② 한옥 마을을 지정하면 전통을 지킬 수 있다.

③ 공공의 이익을 위해 한옥 마을을 지정해야 한다.

④ 한옥 마을 지정은 개인의 권리를 침해할 수 있다.

32. 남자의 태도로 가장 알맞은 것을 고르십시오.

① 상대방의 의견과 다른 주장을 하고 있다.

② 상대방의 의견을 부분적으로 인정하고 있다.

③ 사례를 들어 상대방의 주장을 반박하고 있다.

④ 상황을 분석하면서 발생할 문제를 염려하고 있다.

33. 무엇에 대한 내용인지 알맞은 것을 고르십시오.
① 사투리의 의의
② '거시기'의 어원
③ 전라도 지역의 장점
④ 드라마 주인공의 특징

34. 들은 내용과 같은 것을 고르십시오.
① 사투리의 가장 큰 장점은 재미이다.
② 사투리는 드라마에서 감초 역할들만 사용한다.
③ '거시기'는 전라도 지역에서 여러 의미로 사용된다.
④ 사투리는 표준어의 의미를 정확하게 전달하지 못한다.

35. 남자가 무엇을 하고 있는지 고르십시오.
① 아버지에게 사과하고 있다.
② 자신의 어린 시절을 추억하고 있다.
③ 아버지의 칠십 번째 생신을 축하하고 있다.
④ 잔치에 참여한 손님들의 건강을 기원하고 있다.

36. 들은 내용과 같은 것을 고르십시오.
① 아버지는 지금 편찮으시다.
② 아버지는 어렸을 때 효자셨다.
③ 아버지는 엄하셨지만 자식을 사랑하셨다.
④ 남자는 10살 때 어머니가 세상을 떠났다.

37. 남자의 중심 생각으로 가장 알맞은 것을 고르십시오.

① 커피를 마시면 운동을 잘할 수 있다.

② 건강을 위해 커피를 매일 꾸준하게 마셔야 한다.

③ 건강 상태에 따라 커피 마시는 것을 결정해야 한다.

④ 운동보다 커피를 마시는 것이 다이어트에 효과가 좋다.

38. 들은 내용과 같은 것을 고르십시오.

① 커피는 당뇨병 환자에게 도움이 된다.

② 카페인에 민감한 사람은 커피를 피해야 한다.

③ 카페인이 없는 커피는 건강에 도움이 되지 않는다.

④ 운동 후 30분 이내에 커피를 마시면 다이어트에 좋다.

※ [39~40] 다음을 듣고 물음에 답하십시오. (각 2점)

39. 이 대화 전의 내용으로 가장 알맞은 것을 고르십시오.

① 역사 드라마가 많이 상영되고 있다.

② 역사 왜곡에 대한 문제점이 드러나고 있다.

③ 역사 왜곡의 드라마는 인기를 얻지 못한다.

④ 역사 드라마를 제작하는 데 비용이 많이 든다.

40. 들은 내용과 같은 것을 고르십시오.

① 현재 역사 왜곡의 정확한 기준이 마련되어 있다.

② 역사 왜곡 드라마는 역사적 기록을 근거로 한다.

③ 특정 국가에 대한 극단적 시각은 역사 왜곡이 아니다.

④ 역사 왜곡 드라마는 시청자들에게 잘못된 편견을 줄 수 있다.

41. 이 강연의 중심 내용으로 가장 알맞은 것을 고르십시오.

① 국민들의 문맹률 감소를 위해 힘써야 한다.

② 변화된 독서 환경을 고려한 정책이 필요하다.

③ 문맹률과 문해력의 관계를 규명하는 것이 중요하다.

④ 우리나라와 다른 나라의 독서율을 비교하면 안 된다.

42. 들은 내용과 같은 것을 고르십시오.

① 우리나라는 문맹률이 낮아서 문해력도 낮다.

② 문해력 향상을 위해 종이책을 많이 읽어야 한다.

③ 전문가들의 노력으로 국민 독서율이 상승하고 있다.

④ 글을 읽어도 내용을 정확히 파악하지 못하는 사람이 있다.

43. 무엇에 대한 내용인지 알맞은 것을 고르십시오.

① 국가에서 관리하는 도시 현황

② 노벨과학상 수상을 위한 전략

③ 새로운 국가를 만드는 아이디어

④ 태양열을 이용한 전기 생산 방식

44. 시스테딩에서 경쟁력 있는 국가만 살아남는 이유로 맞는 것을 고르십시오.

① 자원에 대한 걱정이 없기 때문에

② 기상 변화의 영향을 받지 않기 때문에

③ 사람들이 국가를 선택할 수 있기 때문에

④ 국가마다 생산하는 전기가 다르기 때문에

45. 들은 내용과 같은 것을 고르십시오.

① 최근에는 안구건조증 환자가 줄었다.

② 안구건조증과 두통은 큰 상관이 없다.

③ 성인이 되어 안구건조증이 걸리면 치료하기 힘들다.

④ 청소년기에 안구건조증이 심해지면 나중에 실명할 수도 있다.

46. 여자가 말하는 방식으로 알맞은 것을 고르십시오.

① 스마트폰의 과도한 사용을 비판하고 있다.

② 안구건조증의 위험성과 예방법을 설명하고 있다.

③ 안구건조증과 스마트폰의 관련성을 증명하고 있다.

④ 성인과 청소년의 안구건조증 비율을 비교하고 있다.

47. 들은 내용과 같은 것을 고르십시오.

① 야근과 연장 근무는 각자 기준을 세워서 하면 된다.

② 이 제도의 도입을 위해 구성원들의 합의가 중요하다.

③ 업무가 활발히 이루어지는 시간에는 분산 출근해야 한다.

④ 이 제도는 공평성을 위해 모든 회사에 동일하게 적용된다.

48. 남자의 태도로 알맞은 것을 고르십시오.

① 문제점을 통해 현재 제도를 비난하고 있다.

② 구체적인 예를 통해 여러 방안을 제시하고 있다.

③ 자신의 경험을 토대로 현재 문제를 분석하고 있다.

④ 조사 결과를 근거로 여자의 의견에 반박하고 있다.

49. 들은 내용과 같은 것을 고르십시오.

① 로봇세가 도입되면 실직자를 지원할 수 있다.

② 로봇세 부과는 기업의 기술 개발 의지를 높인다.

③ 로봇세를 적용하면 다른 나라보다 경쟁력을 가질 수 있다.

④ 로봇세는 로봇을 이용하는 기업에게 세금을 감면해 주는 것이다.

50. 여자의 태도로 알맞은 것을 고르십시오.

① 로봇세 도입의 문제점을 우려하고 있다.

② 로봇세 도입의 효용성을 검증하고 있다.

③ 로봇세 도입의 필요성을 설득하고 있다.

④ 로봇세 도입의 찬반 입장을 비교하고 있다.

※ [51~52]다음 글의 ㉠과 ㉡에 알맞은 말을 각각 쓰시오. (각 10점)

51.

> 안녕하세요?
> 제가 어제 병원 예약을 했는데,
> 예약 날짜를 (㉠) 연락 드렸습니다.

한국병원

> 네, 고객님
> 원하는 날짜를 (㉡)
> 그 날짜로 바꿔 드리겠습니다.

㉠

㉡

52.

　철새들은 먼 거리를 이동할 때 수십 마리씩 무리를 지어 V자 형태로 날아간다. V자에서 가장 앞에 있는 새는 공기의 저항을 많이 받지만 뒤에 있는 새는 (㉠) 쉽게 날 수 있기 때문이다. 그리고 앞에 있는 새가 체력이 떨어지면 뒤에 있는 새와 자리를 바꾼다. 이렇게 철새들은 서로 도와가며 이동을 하기 때문에 (㉡).

㉠

㉡

53. 다음은 '전동 킥보드 사고 현황'에 대한 자료이다. 이 내용을 200~300자의 글로 쓰시오. 단, 글의 제목을 쓰지 마시오. (30점)

※ 조사 기관: 교통 연구소

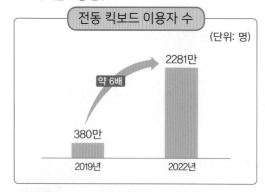

| 원인 | • 전동 킥보드 관련 법률 X
• 전동 킥보드 이용자 안전 교육 X |

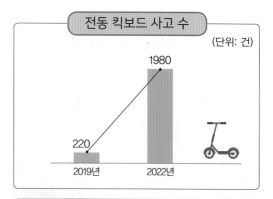

| 과제 | • 전동 킥보드 속도 제한
• 전동 킥보드 면허 도입 |

54. 다음을 참고하여 600~700자로 글을 쓰시오. 단, 문제를 그대로 옮겨 쓰지 마시오. (50점)

오늘날 해체되는 가족들이 늘어나면서 가족 간의 소통은 더욱 중요해졌다. 아래의 내용을 중심으로 '가족 간 소통의 중요성과 이를 실천할 수 있는 방법'에 대한 자신의 생각을 쓰라.

• 가족 간의 소통이 중요한 이유는 무엇인가?
• 가족 간의 소통이 활발할 때 얻을 수 있는 효과는 무엇인가?
• 가족 간의 소통을 실천할 수 있는 방법은 무엇인가?

＊ 원고지 쓰기의 예

	철	새	들	은		먼		거	리	를		이	동	할		때		수	십
마	리	씩		무	리	를		지	어		V	자		형	태	로		날	아

제1교시 듣기, 쓰기 시험이 끝났습니다. 제2교시는 읽기 시험입니다.

제5회
실전 모의고사

TOPIK II

| 2교시 | 읽기 (Reading) |

수험번호 (Registration No.)		
이름 (Name)	한국어 (Korean)	
	영 어 (English)	

유 의 사 항
Information

1. 시험 시작 지시가 있을 때까지 문제를 풀지 마십시오.
   Do not open the booklet until you are allowed to start.

2. 수험번호와 이름을 정확하게 적어 주십시오.
   Write your name and registration number on the answer sheet.

3. 답안지를 구기거나 훼손하지 마십시오.
   Do not fold the answer sheet; keep it clean.

4. 답안지의 이름, 수험번호 및 정답의 기입은 배부된 펜을 사용하여 주십시오.
   Use the given pen only.

5. 정답은 답안지에 정확하게 표시하여 주십시오.
   Mark your answer accurately and clearly on the answer sheet.

   marking example   ① ● ③ ④

6. 문제를 읽을 때에는 소리가 나지 않도록 하십시오.
   Keep quiet while answering the questions.

7. 질문이 있을 때에는 손을 들고 감독관이 올 때까지 기다려 주십시오.
   When you have any questions, please raise your hand.

※ **[1~2] (   )에 들어갈 말로 가장 알맞은 것을 고르십시오. (각 2점)**

1. 아기가 (   ) 텔레비전을 껐다.

① 깨다가   ② 깰 만큼

③ 깨느라고   ④ 깰까 봐

2. 길이 막혀서 하마터면 비행기를 (   )

① 놓칠 뻔했다.   ② 놓치기로 했다.

③ 놓칠 리가 없다.   ④ 놓친 적이 있다.

※ **[3~4] 밑줄 친 부분과 의미가 가장 비슷한 것을 고르십시오. (각 2점)**

3. 그 친구는 <u>물어보나 마나</u> 참석한다고 할 것이다.

① 물어봐야   ② 물어보는 대로

③ 물어보는 동안   ④ 물어볼 것도 없이

4. 공부를 하지 않으면 시험 성적이 <u>떨어지기 마련이다.</u>

① 떨어져 버렸다   ② 떨어진 편이다

③ 떨어지기 어렵다   ④ 떨어지기 십상이다

※ [5~8] 다음은 무엇에 대한 글인지 고르십시오. (각 2점)

5.

바삭바삭~ 자꾸 먹고 싶은 간식
아이들이 좋아해요!

① 우유   ② 의자   ③ 과자   ④ 구두

6.

겨울 설경을 따라 만드는 추억 한 장
당일치기 코스로 떠나 보세요!

① 사진관   ② 여행사   ③ 대사관   ④ 백화점

7.

안 쓰는 컴퓨터는 꺼 주세요.
작은 실천으로 지구를 살릴 수 있습니다.

① 공공 예절   ② 화재 예방   ③ 전기 절약   ④ 교통 안전

8.

• 피부에 상처가 있는 경우에는 사용하지 마십시오.
• 사용 후 알레르기가 나타나면 즉시 사용을 중지하십시오.

① 주의 사항   ② 상품 안내   ③ 진료 문의   ④ 사용 순서

9.

〈행복 마트 주차장 이용 요금〉

구매 금액 1만 원 이상	2시간 무료
구매 금액 3만 원 이상	3시간 무료
구매 금액 5만 원 이상	5시간 무료 (5시간 초과 시 별도 요금 부과)

※ 사전 정산 시 빠르게 출차하실 수 있습니다.
※ 마트 고객만 이용 가능하며 최초 30분은 무료입니다.

① 20분 주차 시 주차 요금을 내야 한다.
② 주차장을 나가기 전에 주차 요금을 낼 수 있다.
③ 행복 마트 주차장은 누구나 무료로 이용할 수 있다.
④ 5만 원 이상 구매한 사람은 하루 종일 주차할 수 있다.

10.

명절 선물 구매 품목의 변화

2018년		2022년
건강 기능 식품	1위	상품권
상품권	2위	건강 기능 식품
과일	3위	정육
정육	4위	가공식품

① 정육의 순위가 떨어졌다.
② 건강 기능 식품의 순위가 올랐다.
③ 과일이 새롭게 순위 안에 들었다.
④ 1위 순위의 명절 선물이 바뀌었다.

11.

　　지난 11일 가온시에서 '제 3회 환경 사랑 사진 공모전' 시상식이 개최됐다. 일반 시민들이 참여한 공모전에서는 총 380점의 작품 중 54점이 선정되었고 이들에게 상장과 상금을 수여했다. 이번 시상식은 대면으로 진행하여 비대면으로 진행되었던 작년 시상식의 아쉬움을 달래는 자리가 되었다. 선정된 작품은 25일부터 소망 시청 3층 대강당에서 전시될 예정이다.

① 380명 모두 상과 상금을 받았다.

② 올해 시상식은 대면으로 진행되었다.

③ 전문 사진작가들이 공모전에 참여했다.

④ 시상식 개최 전에 작품들이 전시되었다.

12.

　　겨울철에 즐겨 마시는 모과차는 비타민 C가 풍부해 감기에 걸렸을 때 마시면 도움이 된다. 잘 익은 모과는 생김새가 참외와 비슷하고 향이 좋다. 하지만 덜 익은 모과는 신맛과 떫은맛이 강해 먹기 힘들다. 모과는 근육을 이완시켜주며 소염과 진통에 효과가 있다. 하지만 모과의 신맛 때문에 너무 많은 양을 먹게 되면 치아가 상하는 부작용이 생길 수도 있다.

① 모과차는 감기에 안 좋다.

② 모과를 먹으면 염증에 도움이 된다.

③ 잘 익은 모과는 신맛이 있지만 향이 좋다.

④ 모과의 떫은맛 때문에 치아가 상할 수 있다.

13.

> (가) 인간의 희노애락을 귀여운 낙서로 그리기 때문이다.
> (나) 이를 통해 낙서도 사람들에게 감동을 준다는 것을 알 수 있다.
> (다) 오늘날 낙서는 하나의 예술로 자리 잡고 있다.
> (라) 특히 한 미술가는 벽에 독특한 낙서를 남겨 많은 주목을 받고 있다.

① (나)-(라)-(다)-(가)   ② (나)-(다)-(가)-(라)
③ (다)-(라)-(가)-(나)   ④ (다)-(가)-(나)-(라)

14.

> (가) 하지만 이 서비스로 인해 개인정보가 유출될 수 있다.
> (나) 최근 고속도로 휴게소에서 무료 와이파이 서비스를 제공하고 있다.
> (다) 또한 개인정보를 이용한 금전적인 피해도 당할 수 있다.
> (라) 따라서 이 서비스를 이용한 후 개인 정보를 바꾸는 것이 좋다.

① (나)-(가)-(다)-(라)   ② (나)-(다)-(가)-(라)
③ (다)-(라)-(가)-(나)   ④ (다)-(가)-(나)-(라)

15.

> (가) 아픈 아이를 데리고 급히 병원을 가는 길에 신호 위반을 했다.
> (나) 경찰관에게 사정을 설명하자 빨리 병원에 가라고 했다.
> (다) 신호 위반을 목격한 경찰관이 차를 세우라고 했다.
> (라) 경찰관의 배려 덕분에 나와 아픈 아이는 병원에 무사히 도착했다.

① (가)-(다)-(나)-(라)   ② (가)-(다)-(라)-(나)
③ (다)-(가)-(나)-(라)   ④ (다)-(나)-(가)-(라)

16.

최근 즐겁게 건강 관리를 하려는 사람들이 늘어나면서 가공식품에도 큰 변화가 있다. 기름기를 뺀 라면, 설탕을 넣지 않은 술과 같이 칼로리를 낮추고 당을 줄인 가공식품들이 늘어나고 있다. 이는 (   ) 먹는 즐거움을 즐기면서 건강도 생각하겠다는 소비자들의 마음을 공략한 마케팅으로 볼 수 있다.

① 안 먹기보다는   ② 살을 빼기보다는
③ 운동을 하기보다는   ④ 싼 음식을 먹기보다는

17.

발가락 양말은 미국의 한 의사가 발가락 사이에 땀이 생기는 것을 막기 위해 발명하였다. 한국에서는 이 양말이 무좀 환자들에게 큰 인기를 얻고 있다. 발가락 무좀을 치료하기 위해서는 습한 환경을 피하는 것이 중요한데 발가락 양말은 (   ) 무좀을 예방할 수 있기 때문이다. 그리고 발에서 나는 냄새를 억제하는 기능도 있어 구두를 많이 신는 직장인들에게 인기가 좋다.

① 치료비용이 비싸지 않아서   ② 발가락을 예쁘게 만들어줘서
③ 직접 병원에 가지 않아도 돼서   ④ 발가락 사이에 바람이 잘 통해서

18.

우리는 문화재로 과거 조상들의 생활 모습과 삶의 지혜를 엿볼 수 있다. 또한 문화재를 통해 (   ). 중국의 만리장성이나 이집트의 피라미드를 보기 위해 해마다 수많은 관광객이 해당 지역을 찾는다. 이렇듯 한 나라의 대표적인 문화재로 인해 관광객 유치가 가능하고 관광객을 대상으로 하는 여러 산업이 발달할 수 있다.

① 역사를 지킬 수 있다   ② 사람들을 만날 수 있다
③ 민족의 뿌리를 알 수 있다   ④ 경제적 이익을 창출할 수 있다

최근 지구 주위를 맴도는 우주 쓰레기 문제가 심각해졌다. 우주 쓰레기는 아무리 작은 크기라도 총알보다 10배 빠른 속도로 날아다니기 때문에 위성이나 우주인이 부딪쳤을 때 큰 문제가 발생할 수 있다. (   ) 10㎝ 이상의 우주 쓰레기는 레이더로 감시가 가능하다. 하지만 작은 우주 쓰레기는 추적이 힘들어 더욱 위험하다. 현재 우주 쓰레기를 청소할 수 있는 여러 방법이 제안되고 있으나 획기적인 기술은 아직 개발되지 않았다.

19. (   )에 들어갈 말로 가장 알맞은 것을 고르십시오.

① 게다가

② 그런데

③ 다행히

④ 따라서

20. 윗글의 주제로 가장 알맞은 것을 고르십시오.

① 10cm 이상의 우주 쓰레기를 추적해야 한다.

② 작은 우주 쓰레기의 위험성에 대해 알아야 한다.

③ 우주 쓰레기가 위성에 미치는 영향을 연구해야 한다.

④ 우주 쓰레기를 청소할 수 있는 기술을 개발해야 한다.

가온시가 10년 만에 대중교통 요금을 인상하는 계획을 내 놓았다. 그동안 가온시는 대중교통 요금을 1,500원으로 유지해 왔지만, 기름값의 상승, 버스와 지하철 기사의 인건비 상승으로 인해 대중교통 요금을 올릴 수밖에 없다는 입장이다. 그러나 시민들은 각종 공과금 인상과 더불어 대중교통 요금 인상까지 이어지자 불만을 호소하고 있다. 가온시는 대중교통 요금 인상안을 어떻게 해결해야 할지 시민들의 (   ).

21. (   )에 들어갈 알맞은 것을 고르십시오.

① 발을 끊고 있다

② 발을 뺐고 있다

③ 눈치를 보고 있다

④ 한눈을 팔고 있다

22. 윗글의 내용과 같은 것을 고르십시오.

① 현재 가온시의 대중교통 요금은 1,500원이다.

② 버스를 탈 때 기사에게 요금을 더 내야 한다.

③ 시민들은 공과금이 오르지 않아 안도하고 있다.

④ 가온시는 다른 도시보다 기름값이 비싼 편이다.

고등학교 입학식 날, 아버지께서 나에게 강아지 한 마리를 선물로 주셨다. 나는 동물을 별로 좋아하지 않았기 때문에 처음에는 큰 관심이 없었다. 중학교 때 정들었던 친구들과 모두 헤어지고 나 홀로 고등학교 생활을 잘할 수 있을까하는 생각이 머릿속에 가득했다. 그리고 새로운 교실에서 의자에 앉아 있자니 <u>마음 한편이 뚫린 것 같았다.</u> 그럴 때 내게 힘을 준 것은 집에 있는 강아지였다. 내가 늦은 밤까지 공부를 하다가 집으로 돌아갈 때마다 항상 강아지는 나를 반겨주었다. 그러던 어느 날 옆자리에 앉은 친구도 강아지를 좋아한다는 것을 알게 되었다. 그때부터 우리는 친한 친구가 되었고 나는 고등학교 생활도 잘 적응할 수 있었다.

23. 밑줄 친 부분에 나타난 '나'의 심정으로 가장 알맞은 것을 고르십시오.

① 반갑고 감격스럽다

② 외롭고 걱정스럽다

③ 아쉽고 당황스럽다

④ 재미없고 불만스럽다

24. 윗글의 내용과 같은 것을 고르십시오.

① 나는 친구에게 강아지를 선물로 주었다.

② 나는 고등학교에서 친구를 사귀지 못했다.

③ 나는 공부 때문에 집에 늦게 들어가곤 했다.

④ 나는 중학교 친구들과 함께 고등학교로 진학했다.

25.

> 가계저축률 21년 만에 급등, 소비 시장 침체

① 저축하는 사람이 많아져 소비 시장이 축소되었다.
② 저축하는 사람이 줄고 소비하는 사람들이 늘었다.
③ 저축하는 사람이 늘어서 소비 시장이 활성화되었다.
④ 저축하는 사람이 21년 동안 꾸준히 증가해 소비가 많아졌다.

26.

> 출근 대란, 제설 늑장 대응에 시민들 뿔나

① 눈이 쌓여서 출근 시간에 미끄러지는 시민들이 많았다.
② 눈 때문에 가게들이 늦게 문을 열어 시민들이 화가 났다.
③ 눈 때문에 길을 통제해 출근 시간 시민들이 불편함을 겪었다.
④ 쌓인 눈을 제때 치우지 않아 출근 시간에 시민들이 화가 났다.

27.

> 불경기에 소비자 지갑 얇아져, 재고 속출

① 사람들이 물건을 많이 사서 경제가 어려워지고 있다.
② 품질이 좋지 않은 지갑을 산 사람들이 반품을 많이 했다.
③ 불경기에 물건이 많이 남아서 사람들이 소비를 많이 했다.
④ 불경기에 사람들이 물건을 사지 않아서 물건이 많이 남았다.

28.

여름에 비가 그친 후에 우리는 종종 나무 아래에서 달팽이를 볼 수 있다. 달팽이는 연체동물로 나선형 모양의 딱딱한 껍질을 가지고 있는데 안에 있는 몸은 매우 부드럽다. 껍질이 (   ) 되어 있어서 외부로부터 위험에 노출되면 달팽이의 몸은 바로 껍질 속으로 움츠려 들어간다.

① 나무와 비슷한 색깔로
② 몸을 보호하는 형태로
③ 다른 벌레의 모양으로
④ 비를 맞지 않는 구조로

29.

나팔꽃은 화석 연료에서 나오는 물질에 민감한 반응을 보인다. 화석 연료란 석탄, 석유 등 대기 오염의 주원인이 되는 것을 말한다. 화석 연료에 노출된 나팔꽃의 잎 표면에는 붉은 반점이 생기지만, 공기가 맑은 곳에서 자란 나팔꽃의 잎 색깔은 매우 선명하다. 그래서 나팔꽃은 (   ) 지표 식물로 사용되고 있다.

① 공기를 맑게 만들어 줄 수 있는
② 대기 오염의 상태를 파악할 수 있는
③ 화석 연료의 물질을 분석할 수 있는
④ 색깔에 따라 날씨를 측정할 수 있는

30.

강강술래는 한가위에 풍작과 풍요를 기원하는 풍속 중 하나이다. 밝은 보름달이 뜬 밤에 수십 명의 마을 처녀들이 모여서 서로 손을 맞잡고 원을 만들어 돌며 강강술래를 즐긴다. 한 사람이 강강술래의 앞부분을 부르면 여러 사람이 뒷부분을 이어받아 비슷한 부분을 반복해서 부른다. 이러한 놀이는 밤새도록 춤을 추며 계속된다. 강강술래는 (   ) 때문에 배우기 쉬운 것이 특징이다.

① 예로부터 악보가 전해지기

② 한가위에 가족들과 함께 하기

③ 조상들이 가르쳐 온 풍습이었기

④ 단순한 동작과 노래로 만들어졌기

31.

우리는 햇빛에 노출되면 비타민 D가 활성화되고 뼈에 좋은 칼슘을 얻을 수 있다. 그러나 불빛 노출은 인체에 부정적인 영향을 미친다. 불빛은 (   ) 본질적으로 햇빛과 차이가 있다. 따라서 장시간 불빛 아래에서 일을 하면 눈이 쉽게 피로해질 뿐만 아니라 칼슘 흡수도 떨어진다. 심할 경우 당뇨병이나 정서 장애, 유방암과 같은 병에 걸릴 수도 있다.

① 눈을 자극시키지 않기 때문에

② 인공적으로 만든 빛이기 때문에

③ 노출되는 시간이 다르기 때문에

④ 칼슘을 더 많이 제공하기 때문에

32.

바코드는 미국의 한 발명가가 해안가에서 모래를 긁다가 아이디어를 얻어 만들어진 것이다. 검은색과 흰색의 막대로 이루어져 있는 바코드에는 상품의 여러 가지 정보가 담겨 있다. 먼저 바코드 스캐너로 바코드에 강한 빛을 비추면, 흰색 막대의 빛이 반사된다. 이때 흰색 막대의 굵기에 따라 스캐너에 읽히는 빛의 양이 달라진다. 바코드는 2진법을 사용해 빛의 양을 0 또는 1로 해석한다. 이 신호를 해석해 상품 정보를 알 수 있다.

① 바코드의 막대 굵기는 일정하다.
② 바코드는 두 개의 숫자만 인식한다.
③ 처음에 바코드는 모래를 이용해 만들었다.
④ 바코드 스캐너는 검은 막대가 반사한 빛을 흡수한다.

33.

파킨슨병은 흔한 뇌질환이다. 운동에 꼭 필요한 도파민이라는 뇌 신경전달물질을 분비하는 신경세포가 원인도 알 수 없이 서서히 없어지는 병인데 아직 정확한 발병 원인은 밝혀지지 않았다. 파킨슨 환자는 행동이 느려지거나 근육이 굳어 불안정한 자세를 보인다. 주로 노년층에서 발생하며 연령이 높아질수록 발병 위험이 커진다. 파킨슨병을 치료하기 위해서는 1차적으로 약물 요법이 필요하고, 지속적인 재활 운동도 병행하는 게 좋다.

① 파킨슨병에 걸리면 행동이 둔해진다.
② 파킨슨병은 노인들이 앓는 희귀한 질병이다.
③ 재활 운동만으로 파킨스병을 치료할 수 있다.
④ 파킨슨병은 도파민이 줄어드는 가족력이 원인이다.

34.

　'용문'이라는 골짜기는 물살이 세고 거칠기로 유명해 주변의 잉어들이 물살에 휩쓸리기 일쑤였다. 잉어가 상류의 급류로 거슬러 용문폭포를 넘으면 용이 된다는 전설이 있었다. 이를 가리켜 '등용문'이라는 말이 생겨났고 등용문은 성공을 위해 힘든 관문을 통과하는 것을 말한다. 조선 시대에는 과거 급제가 성공의 관문이었다. 그래서 선비들은 잉어를 새긴 벼루나 잉어가 뛰어오르는 그림을 공부방에 걸어 놓으며 과거 급제를 꿈꿨다.

① 용문폭포는 전설 속에 등장한다.

② 용문폭포는 물살이 잔잔해서 잉어가 많았다.

③ 조선 시대에는 성공하기 위해 과거 시험을 봤다.

④ 잉어 그림을 걸어 놓으면 과거에 급제할 수 있었다.

※ [35~38] 다음을 읽고 글의 주제로 가장 알맞은 것을 고르십시오. (각 2점)

35.

　오염된 손으로 입이나 코를 만지면 바이러스가 들어올 수 있다. 그래서 평소에 손을 자주 씻는 습관이 중요하다. 하지만 제대로 된 방법으로 손을 씻지 않으면 손 씻기의 효과가 줄어든다. 손은 흐르는 물에 20초 이상 씻고 비누를 사용해야 세균을 효과적으로 제거할 수 있다. 또한 손가락과 손바닥도 모두 씻어야 한다.

① 정확한 방법으로 손을 씻어야 한다.

② 비누를 사용해서 손을 자주 씻어야 한다.

③ 더러운 손으로 입이나 코를 만지면 안 된다.

④ 평소에 손을 자주 씻는 습관을 길러야 한다.

36.

　　사람은 낮에 활동하고 밤에 잠드는 생체 리듬을 가질 수 있게 몸 안에 생체 시계가 존재한다. 생체 시계는 하루 동안의 수면, 호르몬, 체온 등과 같이 반복적인 패턴으로 나타나는 생체 리듬을 조절한다. 생체 시계가 고장 나면 사람은 생체 리듬이 깨지게 되고 건강이 나빠질 수 있다. 그러므로 낮에는 충분한 햇볕을 쬐면서 활동하고 밤에는 잠을 자며 규칙적인 생체 리듬을 잘 유지하는 것이 좋다.

① 건강을 유지하기 위해 일정한 생체 리듬을 가져야 한다.
② 밤에 숙면을 취하기 위해 고장 난 생체 시계를 고쳐야 한다.
③ 생체 리듬을 유지하기 위해 낮과 밤의 생활이 바뀌는 게 좋다.
④ 생체 리듬이 반복적으로 나타나기 위해 호르몬 치료가 필요하다.

37.

　　첫인상이 별로 좋지 않았던 사람도 몇 번 만나다 보면 뜻밖의 장점을 발견할 수 있다. 따라서 첫인상으로 상대방에 대한 편견을 가지지 않아야 한다. 그러나 처음 만났을 때의 인상은 쉽게 없어지지 않기 때문에 상대방을 평가할 때 영향을 미치게 된다. 예를 들어 첫인상이 좋았던 사람이 실수를 하면 '실수할 수도 있지'라고 생각하지만, 첫인상이 좋지 않았던 사람이 실수를 하면 '그럴 줄 알았어'라고 생각하게 된다. 이처럼 사람들은 첫인상을 쉽게 잊어버리지 않기 때문에 처음 만나는 사람들에게 좋은 인상을 줄 필요가 있다.

① 첫인상으로 사람을 판단하면 안 된다.
② 사람은 계속 만나봐야 성격을 알 수 있다.
③ 상대방에게 좋은 첫인상을 남기는 게 중요하다.
④ 상대방이 실수를 하면 이해해줄 수 있어야 한다.

38.

모국어 외에 다른 언어를 사용하는 것은 뇌의 노화를 늦출 수 있다. 한 연구 결과에 따르면 모국어로 된 단어나 문장을 들을 때는 집중도가 떨어지지만 외국어를 들을 때는 뇌가 활발하게 반응한다고 한다. 그리고 외국어를 사용하는 사람일수록 다양한 외부 자극에 대한 반응이 강화되어 뇌 신경이 더욱 활발하게 움직인다고 한다. 뇌 신경이 활발해지면 기억력 감퇴를 막을 수 있기 때문에 뇌를 건강하게 유지할 수 있다.

① 모국어보다 외국어를 배울 때 기억력이 훨씬 좋아진다.

② 외국어를 사용하면 뇌 신경이 활발해져서 뇌 노화를 늦춘다.

③ 외국어를 말할 때 외부 반응이 강화되어 집중력이 향상된다.

④ 모국어로 된 단어를 들을 때는 뇌가 활발하게 움직이지 않는다.

※ **[39~41] 주어진 문장이 들어갈 곳으로 가장 알맞은 것을 고르십시오. (각 2점)**

39.

이러한 문제를 해결하기 위해 2007년부터 선플 운동이 시작되었다.

악성 댓글인 악플로 고통받는 사람들의 이야기는 어제오늘의 일이 아니다. (㉠) 많은 사람들이 악플로 인한 고통을 호소하고 있지만 악플은 여전히 해결하지 못한 숙제로 남아있다. (㉡) 선플 운동은 악플로 고통받는 사람들에게 용기와 희망을 주는 댓글인 선플을 달아주는 운동이다. (㉢) 악플로 인해 당사자들이 겪는 고통과 피해를 알리고 아름다운 인터넷 문화를 가꾸어 나가자는 것이 이 운동의 의미다. (㉣)

① ㉠   ② ㉡   ③ ㉢   ④ ㉣

40.

> 상황이나 사용에 따라 발전하는 영역이 달라질 수 있기 때문이다.

다중지능이론은 지능이 단일하지 않고 다양한 영역으로 구성되어 있다고 보는 이론이다. (㉠) 기존의 이론에서는 지능이 높은 아동이 모든 영역에서 우수하다고 보았다. (㉡) 그러나 다중지능이론은 지능의 영역은 독립적이기 때문에 한 분야에서 뛰어난 것이 다른 모든 영역에서도 뛰어남을 뜻하는 것은 아니라고 본다. (㉢) 또한 지능은 고정적인 것이 아니라 가변적인 것으로 보았다. (㉣)

① ㉠　　　　　② ㉡　　　　　③ ㉢　　　　　④ ㉣

41.

> 하지만 매슬로우는 죽기 전에 욕구 피라미드가 뒤집어지는 것이 마땅하다고 주장했다.

매슬로우는 인간의 욕구를 5단계로 나누어 피라미드 모양으로 제시했다. (㉠) 피라미드의 가장 아랫부분은 먹고 자고 숨 쉬는 것과 같이 생존에 관련된 기본적이고 생리적인 욕구이다. (㉡) 피라미드의 가장 윗부분은 자기 발전을 이루고 자신의 잠재력을 이끌어 내는 자아실현의 이 욕구가 있다. (㉢) 자아실현 욕구가 인간의 가장 기본적인 욕구라고 인정한 것이다. (㉣)

① ㉠　　　　　② ㉡　　　　　③ ㉢　　　　　④ ㉣

갑자기 서울에 갈 일이 생겼는데 주말이라 차표를 구할 수 없었다. 몇 번을 망설이다가 나는 초보 주제에 식구들을 태우고 서울로 가는 고속도로로 접어들었다. 긴장을 해서인지 무사히 서울에 도착해서 일을 보고 다음 날 밤에 광주로 내려올 수는 있었다. 그런데 밤에 고속 도로를 달리다 보니 차창에 무언가 타닥타닥 부딪히는 소리가 났다. 처음엔 그저 속도 때문에 모래 알갱이 같은 게 튀는 소리려니 했다.

다음 날 아침 출근을 하려는데 유리창은 물론이고 앞 범퍼에 푸르죽죽한 것들이 잔뜩 엉겨 있었다. 그것은 흙먼지가 아니라 수많은 풀벌레들이 달리는 차체에 부딪혀 죽은 잔해였다. 마치 거대한 모터 주위에 두텁게 쌓여 있는 먼지 뭉치처럼 말이다. 그것을 닦아 내려다 나는 지난밤 엄청난 범죄라도 저지른 사람처럼 손발이 후들후들 떨려 도망치듯 세차장으로 갔다. 그러나 엉겨 붙은 풀벌레들의 흔적은 세차 기계의 물살에도 완전히 지워지지 않았다. <u>운전대를 잡을 때마다 풀 비린내는 몸서리쳐지는 기억으로 남았고, 나는 손을 씻고 또 씻었다.</u>

42. 밑줄 친 부분에 나타난 '나'의 심정으로 가장 알맞은 것을 고르십시오.

① 억울하다

② 죄스럽다

③ 서운하다

④ 실망스럽다

43. 윗글의 내용으로 알 수 있는 것을 고르십시오.

① 나는 오래전부터 능숙하게 운전을 했다.

② 나는 당일치기로 서울과 광주를 다녀왔다.

③ 고속도로 운전 중 모래가 유리창에 튀었다.

④ 나는 죽은 풀벌레를 보자마자 세차장에 갔다.

가온시가 반려동물 사전 의무 교육을 이수한 사람만 반려동물을 키울 수 있는 정책을 발표하였다. 최근 반려동물을 키우는 가구가 급격히 늘면서 국내에서는 이미 네 가구 중 한 가구가 반려동물을 키우고 있는 상황이다. 그러나 반려인들은 (   ) 반려동물을 집으로 데려와 키울 수 있다. 그렇기 때문에 책임감이 없는 반려인들은 동물들을 유기하거나 학대하기도 한다. 가온시에서는 이와 같은 문제점을 해결하기 위해 반려동물 사전 의무 교육을 필수화하는 정책을 내 놓았다. 이 교육에서는 반려동물의 기본적인 건강 상태를 점검하는 방법, 반려인이 지켜야 할 에티켓과 반려인의 조건 등을 알려 준다. 그리고 이 교육에 참가한 반려인들은 가온시가 발급하는 반려동물 이름표도 발급받을 수 있다. 이에 대해 반려동물의 유기와 학대로 골머리를 앓고 있는 다른 시에서도 가온시의 반려동물 사전 의무 교육 정책에 주목하고 있다.

44. (   )에 들어갈 말로 가장 알맞은 것을 고르십시오.

① 집이 좁고 오래되어도

② 키워본 경험과 상관없이

③ 경제적 능력과 무관하게

④ 별다른 자격이나 지식이 없어도

45. 윗글의 주제로 알맞은 것을 고르십시오.

① 반려동물 관련 문제는 각 시에서 해결해야 한다.

② 반려동물 유기와 학대를 개선할 수 있는 정책이 제안되었다.

③ 반려동물 유기와 학대는 짧은 시간에 해결하기 어려운 문제다.

④ 반려동물을 건강하게 키우기 위해서는 반려인이 노력해야 한다.

장애인 의무고용제도는 장애인 고용을 촉진하기 위해 일정 규모 이상의 공공기관 및 기업에서 정해진 비율 이상의 장애인을 의무적으로 고용하도록 하는 것이다. 이를 이행하지 않으면 부담금을 내야 한다. 하지만 이 제도의 시행이 장애인들의 취업에 실제적인 도움이 되지 않아 무용지물이라는 목소리가 크다. 많은 기업들이 장애인을 고용하지 않고 부담금을 내거나, 눈 가리고 아웅하는 식으로 장애인을 단기적으로 고용하고 있기 때문이다. 한편 이 제도가 공공기관 및 기업에게 이중 부담을 주는 불공평한 역차별 제도라는 논란도 계속되고 있다. 이들을 고용하면 장애인이 가진 역량이 회사에 도움이 되지 않는 경우가 많고, 고용하지 않으면 부담감을 내야 하기 때문이다. 따라서 제도의 실효성을 높이기 위해서는 여러 가지 개선점이 필요하다. 고용 의무가 없는 곳에서도 장애인을 채용할 경우 인센티브를 주거나 장애인들에게 기업이 필요로 하는 역량을 갖출 수 있도록 교육을 진행할 필요가 있다. 또한 편법으로 이 제도를 악용하지 않기 위해 장애인을 정규직으로 채용하여 장기간 고용할 경우 추가 인센티브를 제공하는 것도 현실적인 방안이 될 수 있을 것이다.

46. 윗글에 나타난 필자의 태도로 가장 알맞은 것을 고르십시오.

① 장애인들의 취업률이 낮아서 분노하고 있다.

② 제도의 실효성이 낮다는 점을 우려하고 있다.

③ 제도가 장애인들에게 도움이 될 것을 기대하고 있다.

④ 장애인들이 제도를 신뢰하지 않을 것을 예상하고 있다.

47. 윗글의 내용과 같은 것을 고르십시오.

① 이 제도는 장애인들의 취업에 실제적인 도움을 준다.

② 기업에서 요구하는 역량을 갖추지 못한 장애인이 많다.

③ 일정 규모 이상의 기업은 장애인을 정규직으로만 고용할 수 있다.

④ 일정 규모 이상의 기업에서는 선택적으로 장애인을 채용할 수 있다.

피의자 신상 공개 제도는 법에서 제시하는 기준 충족 시 피의자의 신상을 공개하는 제도이다. 그러나 신상 공개 결정은 절대적인 힘을 가지고 있지 않으며 그 기준도 명확하지 않다. 또한 피의자가 자신의 얼굴을 머리카락이나 마스크 등으로 가릴 시 (　　　　　) 권한이 없다. 실제 한 범죄자의 경우 신상 공개가 확정되었으나 머리카락으로 자신의 얼굴을 완전히 가린 채 나왔기 때문에 뉴스나 신문에서는 범죄자의 과거 모습만 공개되었다. 흉악 범죄의 피해자는 평생을 고통 속에 살거나 목숨을 잃기도 한다. 따라서 흉악 범죄자의 현재 얼굴과 신상을 제대로 공개하는 제도가 필요하다는 의견이 제시되고 있다. 범죄자의 정확한 신상 공개를 통해 재범을 예방하고 국민들 스스로 안전을 지킬 수 있게 도와야 한다. 물론 범죄자의 인권 역시 국가가 지켜야 할 중요한 요소이지만 공공의 안전과 피해자에 대한 구제보다 범죄자의 인권이 앞설 수는 없을 것이다.

48. 윗글을 쓴 목적으로 가장 알맞은 것을 고르십시오.
① 제도의 개선을 촉구하기 위해
② 제도로 인한 피해를 분석하기 위해
③ 제도의 실현 가능성을 조사하기 위해
④ 제도와 관련된 논쟁을 소개하기 위해

49. (　　　　　)에 들어갈 말로 가장 알맞은 것을 고르십시오.
① 법을 제정할　　　　　　　　② 강제로 공개할
③ 적극적으로 도울　　　　　　④ 피의자를 보호할

50. 윗글의 내용과 같은 것을 고르십시오.
① 범죄자의 인권이 공공의 안전보다 중요하다.
② 피의자 신상 공개 제도를 악용한 사례가 있다.
③ 신상 공개가 결정된 사람은 현재 얼굴이 공개된다.
④ 피의자 신상 공개 제도는 피의자의 인권을 중요시한다.

부록

1. 질문에 대답하기

> 친한 친구가 있어요? 친한 친구와 무엇을 해요? 친한 친구에 대해 이야기하세요.

2. 그림 보고 역할 수행하기

> 감기에 걸려서 병원에 왔습니다. 의사에게 자신의 증상을 이야기하세요.

3. 그림 보고 역할 수행하기

석진 씨가 영화관에 갔습니다. 석진 씨에게 무슨 일이 있었는지 이야기하세요.

4. 대화 완성하기

두 사람이 유명인들의 공개 기부 활동에 대해 이야기하고 있습니다. 여자의 마지막 말을 듣고 남자가 할 말로 반대 의견을 말하십시오.

5. 자료 해석하기

> 뉴스를 듣고 자료에 제시된 사회 현상을 설명하십시오. 그리고 그 현상의 이유와 전망에 대해 말하십시오.

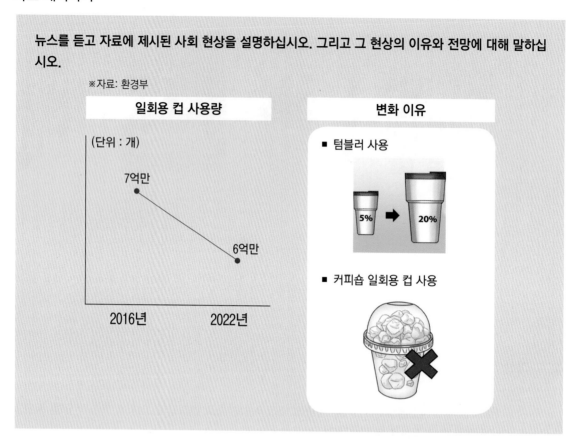

※자료: 환경부

일회용 컵 사용량

(단위 : 개)

7억만

6억만

2016년 2022년

변화 이유

■ 텀블러 사용

5% → 20%

■ 커피숍 일회용 컵 사용

6. 의견 제시하기

> 우리는 다양한 특성을 가진 사람들이 함께 살아가며 '차이'와 '차별'을 경험합니다. '차이'와 '차별'은 어떻게 다릅니까? '차별'이 없는 세상은 왜 중요하며, '차별'을 막기 위한 대책은 무엇인지 자신의 생각을 말하십시오.

1. 질문에 대답하기

> 제일 좋아하는 한국 음식이 뭐예요? 왜 좋아해요? 좋아하는 한국 음식에 대해 이야기하세요.

2. 그림 보고 역할 수행하기

> 소포를 보내기 위해서 우체국에 왔습니다. 직원과 이야기해 보세요.

3. 그림 보고 역할 수행하기

다현 씨가 버스를 기다리고 있습니다. 다현 씨에게 무슨 일이 있었는지 이야기하세요.

4. 대화 완성하기

두 사람이 교환 학생 지원에 대해 이야기하고 있습니다. 남자의 마지막 말을 듣고 여자가 할 말로 적절한 조언을 말하십시오.

교환 학생 지원서 제출

5. 자료 해석하기

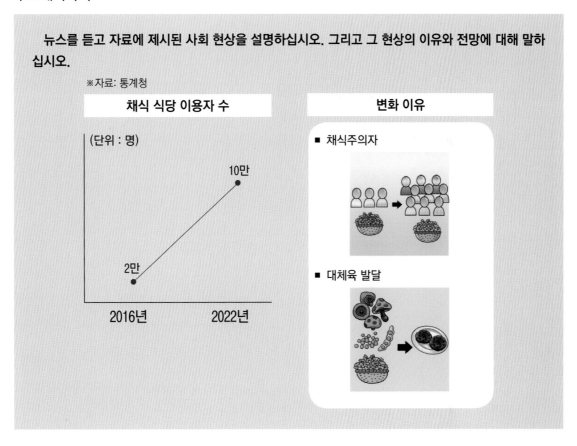

뉴스를 듣고 자료에 제시된 사회 현상을 설명하십시오. 그리고 그 현상의 이유와 전망에 대해 말하십시오.

※자료: 통계청

채식 식당 이용자 수

(단위 : 명)

10만

2만

2016년　　　　2022년

변화 이유

■ 채식주의자

■ 대체육 발달

6. 의견 제시하기

'사극'은 역사를 주제로 한 드라마입니다. 요즘 사극에 상상과 허구를 접목시킨 새로운 사극이 보편화되었습니다. 새로운 사극에 대한 여러분의 생각은 어떻습니까? 새로운 사극에 대한 여러분의 생각을 말하십시오.

한국어능력시험
TOPIK II
1 교시 (듣기)

성 명
(Name)

한국어 (Korean)

영어 (English)

수 험 번 호

문제지 유형 (Type)

홀수형 (Odd number type) ○
짝수형 (Even number type) ○

결시자의 영어 성명 및
수험번호 기재 후 표기 ○

※ 결시 확인란

※ 위 사항을 지키지 않아 발생하는 불이익은 응시자에게 있습니다.

감독관 본인 및 수험번호 표기가
확 인 정확한지 확인 (인)

번호	답 란
1	① ② ③ ④
2	① ② ③ ④
3	① ② ③ ④
4	① ② ③ ④
5	① ② ③ ④
6	① ② ③ ④
7	① ② ③ ④
8	① ② ③ ④
9	① ② ③ ④
10	① ② ③ ④
11	① ② ③ ④
12	① ② ③ ④
13	① ② ③ ④
14	① ② ③ ④
15	① ② ③ ④
16	① ② ③ ④
17	① ② ③ ④
18	① ② ③ ④
19	① ② ③ ④
20	① ② ③ ④

번호	답 란
21	① ② ③ ④
22	① ② ③ ④
23	① ② ③ ④
24	① ② ③ ④
25	① ② ③ ④
26	① ② ③ ④
27	① ② ③ ④
28	① ② ③ ④
29	① ② ③ ④
30	① ② ③ ④
31	① ② ③ ④
32	① ② ③ ④
33	① ② ③ ④
34	① ② ③ ④
35	① ② ③ ④
36	① ② ③ ④
37	① ② ③ ④
38	① ② ③ ④
39	① ② ③ ④
40	① ② ③ ④

번호	답 란
41	① ② ③ ④
42	① ② ③ ④
43	① ② ③ ④
44	① ② ③ ④
45	① ② ③ ④
46	① ② ③ ④
47	① ② ③ ④
48	① ② ③ ④
49	① ② ③ ④
50	① ② ③ ④

한국어능력시험
TOPIK Ⅱ

1 교시 (쓰기)

성 명	한국어 (Korean)	
(Name)	영 어 (English)	

수 험 번 호

8											
⓪	⓪	⓪	⓪	⓪	⓪		⓪	⓪	⓪	⓪	⓪
①	①	①	①	①	①		①	①	①	①	①
②	②	②	②	②	②		②	②	②	②	②
③	③	③	③	③	③		③	③	③	③	③
④	④	④	④	④	④		④	④	④	④	④
⑤	⑤	⑤	⑤	⑤	⑤		⑤	⑤	⑤	⑤	⑤
⑥	⑥	⑥	⑥	⑥	⑥		⑥	⑥	⑥	⑥	⑥
⑦	⑦	⑦	⑦	⑦	⑦		⑦	⑦	⑦	⑦	⑦
⑧	⑧	⑧	⑧	⑧	⑧	■	⑧	⑧	⑧	⑧	⑧
⑨	⑨	⑨	⑨	⑨	⑨		⑨	⑨	⑨	⑨	⑨

문제지 유형 (Type)

홀수형 (Odd number type) ○
짝수형 (Even number type) ○

※ 결시 결시자의 영어 성명 및
확인란 수험번호 기재 후 표기 ○

※ 감독관 본인 및 수험번호 표기가 (인)
확인 정확한지 확인

주관식 답안은 정해진 답란을 벗어나거나 답란을 바꿔서 쓸 경우 점수를 받을 수 없습니다.
(Answers written outside the box or in the wrong box will not be graded.)

51	㉠	
	㉡	

52	㉠	
	㉡	

53 아래 빈칸에 200자에서 300자 이내로 작문하십시오 (띄어쓰기 포함).
(Please write your answer below; your answer must be between 200 and 300 letters including spaces.)

												50
												100
												150
												200
												250
												300

※ 54번은 뒷면에 작성하십시오. (Please write your answer for question number 54 at the back.)

주 관 식 답 란　(Answer sheet for composition)

아래 빈칸에 600자에서 700자 이내로 작문하십시오 (띄어쓰기 포함).
(Please write your answer below; your answer must be between 600 and 700 letters including spaces.)

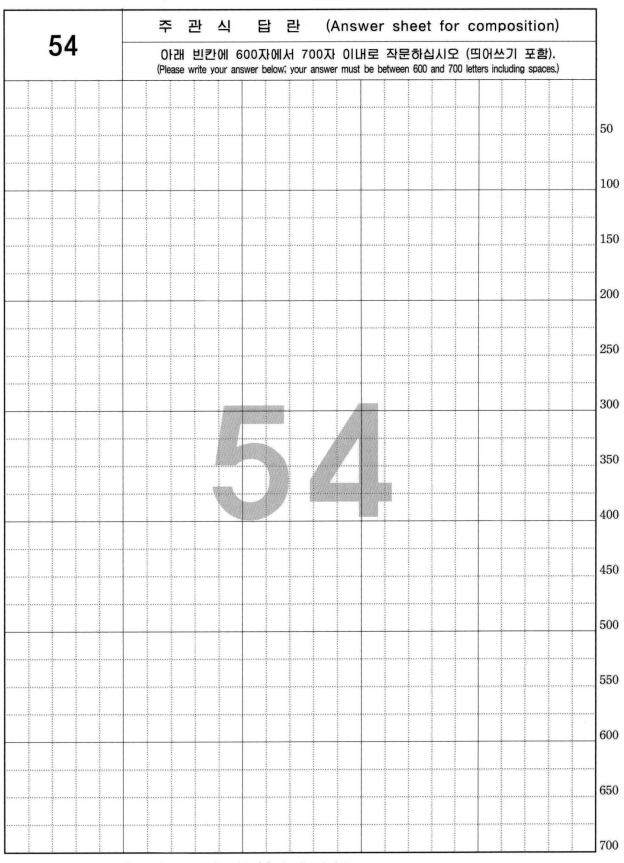

50
100
150
200
250
300
350
400
450
500
550
600
650
700

※ 주어진 답란의 방향을 바꿔서 답안을 쓰면 '0'점 처리됩니다.
(Please do not turn the answer sheet horizontally. No points will be given.)

한국어능력시험
TOPIK II
2 교시 (읽기)

성 명 (Name)	한 국 어 (Korean)	
	영 어 (English)	

수 험 번 호

	8										

문제지 유형 (Type)

홀수형 (Odd number type) ◯
짝수형 (Even number type) ◯

※ 결시 결시자의 영어 성명 및
   확인란 수험번호 기재 후 표기 ◯

※ 감독관 본인 및 수험번호 표기가
   확 인 정확한지 확인 (인)

번호	답		란	
1	①	②	③	④
2	①	②	③	④
3	①	②	③	④
4	①	②	③	④
5	①	②	③	④
6	①	②	③	④
7	①	②	③	④
8	①	②	③	④
9	①	②	③	④
10	①	②	③	④
11	①	②	③	④
12	①	②	③	④
13	①	②	③	④
14	①	②	③	④
15	①	②	③	④
16	①	②	③	④
17	①	②	③	④
18	①	②	③	④
19	①	②	③	④
20	①	②	③	④

번호	답		란	
21	①	②	③	④
22	①	②	③	④
23	①	②	③	④
24	①	②	③	④
25	①	②	③	④
26	①	②	③	④
27	①	②	③	④
28	①	②	③	④
29	①	②	③	④
30	①	②	③	④
31	①	②	③	④
32	①	②	③	④
33	①	②	③	④
34	①	②	③	④
35	①	②	③	④
36	①	②	③	④
37	①	②	③	④
38	①	②	③	④
39	①	②	③	④
40	①	②	③	④

번호	답		란	
41	①	②	③	④
42	①	②	③	④
43	①	②	③	④
44	①	②	③	④
45	①	②	③	④
46	①	②	③	④
47	①	②	③	④
48	①	②	③	④
49	①	②	③	④
50	①	②	③	④

COOL TOPIK II

-실전 모의고사-

정답 및 해설

한글파크

한국어능력시험

COOL TOPIK II

실전 모의고사

정답 및 해설

한글파크

정답 및 해설

실전 모의고사 1회

📖 1교시 (듣기)

p.85

1	2	3	4	5	6	7	8	9	10
①	④	③	④	①	①	③	②	①	①
11	12	13	14	15	16	17	18	19	20
②	②	③	②	④	④	②	③	④	④
21	22	23	24	25	26	27	28	29	30
③	①	①	①	②	④	①	③	①	②
31	32	33	34	35	36	37	38	39	40
③	④	④	②	④	①	①	③	④	③
41	42	43	44	45	46	47	48	49	50
④	③	④	①	④	②	①	③	①	④

1. ①

> 여자: 지금 뭐 보고 있어요?
> 남자: 주말에 캠핑을 가려고 텐트를 좀 보고 있어요.
> 여자: 그래요? 요즘은 온라인 쇼핑몰에도 텐트 종류가 정말 다양하네요.

▶ 남자와 여자가 온라인 쇼핑몰로 텐트를 구경하고 있는 상황이므로, ①번이 정답이다.

2. ④

> 남자: 이 그림 여기에 걸까?
> 여자: 조금만 더 왼쪽에 걸면 좋겠네.
> 남자: 응. 그럼 이쪽에 걸게.

▶ 남자와 여자가 그림을 걸 위치를 정하고 있는 상황이므로, ④번이 정답이다.

3. ③

> 남자: 2019년 이후 스마트폰을 이용한 배달 주문이 계속해서 증가하고 있습니다. 배달 주문이 증가한 이유로는 '주문과 결제가 편리해서'가 가장 많았고, '쿠폰과 가격 할인이 있어서', '나에게 맞는 음식을 추천해 줘서'가 그 뒤를 이었습니다.

▶ 배달 주문이 증가한 이유로 1위 '주문과 결제가 편리해서', 2위 '쿠폰과 가격 할인이 있어서', 3위 '나에게 맞는 음식을 추천해 줘서'에 해당하는 그래프는 ③번이다.

4. ④

> 여자: 저는 이번 주 유진 씨 집들이에 못 갈 것 같아요.
> 남자: 왜요? 무슨 일이 있어요?
> 여자: 고향에서 부모님이 오셔서요.

▶ 남자는 내일 유진 씨의 집들이에 갈 수 없다고 이야기하고 있다. 이에 대해 여자는 갈 수 없는 이유를 물어보는 상황이다. 이때 남자는 집들이에 갈 수 없는 이유를 말하는 것이 자연스러우므로, ④번이 정답이다.

5. ①

> 여자: 영화표를 알아봤는데 수요일 오후 표는 매진이야.
> 남자: 그럼 목요일 오후는 어때?
> 여자: 표가 있는지 한번 볼게.

▶ 남자는 목요일 오후에 영화를 보자고 하는 상황이다. 이때 여자는 영화표가 있는지 확인해 보는 대답이 자연스러우므로, ①번이 정답이다.

6. ①

> 여자: 왜 이렇게 전화를 안 받아? 걱정돼서 왔잖아.
> 남자: 아, 미안해. 휴대폰이 고장 나서 수리를 맡겼어.
> 여자: 그럼 미리 말을 해 줬어야지.

▶ 여자는 남자에게 전화를 했지만, 남자가 전화를 받지 않아 찾아 왔다. 남자는 휴대폰이 고장 나서 수리를 맡기는 바람에 전화를 받을 수 없었다고 말한다. 이때 여자는 상황을 미리 알려줬어야 한다고 말하는 것이 가장 자연스러우므로, ①번이 정답이다.

7. ③

> 남자: 이번 축제 때는 어떤 한국 음식을 만들어서 팔까?
> 여자: 작년에는 파전과 막걸리가 인기 있었어.
> 남자: 이번에도 메뉴에 넣는 게 좋겠네.

▶ 남자는 축제 때 어떤 한국 음식을 만들어 파는 게 좋을지 여자에게 물어보고 있다. 여자는 작년 축제에서 파전과 막걸리가 인기 있었다고 대답하고 있다. 따라서 파전과 막걸리를 이번에도 메뉴에 넣는 게 좋겠다고 말하는 ③번이 정답이다.

8. ②

> 남자: 못 보던 옷인데 새로 샀어요?
> 여자: 아니요. 주말에 옷장 정리를 했는데 사 놓고 잊어버린 옷들이 있더라고요.
> 남자: 그래서 정리가 중요한 것 같아요.

▶ 여자는 옷장 정리를 통해 잊어버린 옷을 발견하였다. 따라서 정리의 중요성에 대해 이야기하는 ②번이 정답이다.

정답 및 해설

9. ①

> 여자: 김 교수님 수업 과제는 어떻게 해야 점수를 잘 받을 수 있지?
> 남자: 인터넷이나 도서관에서 자료를 검색해 보면 어때?
> 여자: 이미 찾아봤는데 어떤 게 도움이 될지 모르겠어.
> 남자: 그럼 먼저 수업을 들었던 선배들에게 물어보자.

▶ 과제 점수를 잘 받기 위한 방법을 이야기하는 상황에서 남자가 "먼저 수업을 들었던 선배들에게 물어보자."고 이야기하였으므로 ①번이 정답이다.

10. ①

> 남자: 지은아, 왜 이렇게 피곤해 보여?
> 여자: 오늘 중요한 시험이 있어서 어제부터 한숨도 못 잤어.
> 남자: 지금이라도 조금 자. 내가 시험 보기 한 시간 전에 깨워 줄게.
> 여자: 고마워. 그럼 눈 좀 붙일게.

▶ 여자는 피곤한 상황이고, "눈 좀 붙일게."라고 말했으므로, ①번이 정답이다.

11. ②

> 여자: 어제 여기에서 바지를 샀는데요. 좀 작아서 그런데 큰 걸로 바꿀 수 있나요?
> 남자: 네. 영수증 좀 보여 주시겠어요?
> 여자: 아, 영수증은 없는데 어떡하죠?
> 남자: 그럼 이번에는 그냥 교환해 드리겠습니다. 다음부터는 영수증을 챙겨와 주세요.

▶ 여자는 바지를 교환하려고 하는데 영수증이 없다. 이에 남자는 "그냥 교환해 드리겠습니다."라고 말했으므로, ②번이 정답이다.

12. ②

> 남자: 어서 오세요. 몇 분이시죠?
> 여자: 어른 2명하고 아이 2명요.
> 남자: 초등학생은 유료고 유치원생은 무료예요. 유치원생은 증빙 자료가 있어야 하는데 저 옆에 있는 기계에서 발급 받으실 수 있습니다.
> 여자: 네. 바로 가지고 올게요. 감사합니다.

▶ 아이의 요금을 할인 받기 위해서는 증빙 자료가 필요하다. 여자는 "네. 바로 가지고 올게요."라고 대답했으므로, 남자가 알려준 기계에서 증명서를 발급 받을 것이다. 따라서 ②번이 정답이다.

13. ③

> 남자: ⓒ얼마 전에 개업했다면서?
> 여자: ⓒ응. Ⓐ개업 선물로 화분을 몇 개 받았는데 내가 화분을 잘 못 키워서 걱정이야.
> 남자: 식물마다 키우는 방법이 달라. 식물 이름을 알면 Ⓓ인터넷으로 식물 키우는 방법을 찾아보는 것도 도움이 될 거야.
> 여자: 그래. Ⓓ그렇게 해 봐야겠어. Ⓑ이번에는 잘 키워 보고 싶어.

▶ ① 남자는 꽃을 선물로 받았다.
　　→ 여자가 개업 선물로 화분을 받았다. Ⓐ
② 남자는 식물을 키우려고 한다.
　　→ 여자는 화분을 키우려고 한다. Ⓑ
③ 여자는 얼마 전에 가게를 열었다. ⓒ
④ 여자는 남자의 도움을 받아 식물을 키웠다.
　　→ 여자는 인터넷으로 식물을 키우는 방법을 찾아볼 것이다. Ⓓ

14. ②

> 남자: 제 98회 가온시 어린이날 축제에는 Ⓓ가온시에 살고 있는 어린이뿐만 아니라 청소년, 가족 모두 축제에 참여하실 수 있습니다. Ⓐ이번 축제는 토요일 오전 10시부터 오후 5시까지 민주공원에서 열립니다. 축제 날에는 가족들이 함께 참여할 수 있는 다양한 프로그램이 진행될 예정이며 Ⓑ직업 체험, 공예 활동, e-스포츠 등을 직접 경험할 수 있는 체험 마당도 준비되어 있습니다. 또한 ⓒ실종 예방을 위해 경찰서에 어린이의 지문 등록도 가능한데요. 지문 등록을 위해서는 신분증과 가족관계증명서를 지참하셔야 합니다.

▶ ① 이 축제는 주말 동안 공원에서 열린다.
　　→ 토요일에 열린다. Ⓐ
② 축제에서 직업 관련 체험을 할 수 있다. Ⓑ
③ 지문을 등록해야 축제에 참여할 수 있다.
　　→ 축제에서 지문 등록도 할 수 있다. ⓒ
④ 가온시의 어린이만을 대상으로 한 축제이다.
　　→ 어린이뿐만 아니라 청소년, 가족 모두 참여할 수 있다. Ⓓ

15. ④

> 여자: 최근 연일 지속되고 있는 Ⓑ한파에 자동차 사고가 급증하고 있습니다. 빙판길에서는 핸들을 급하게 돌리거나 Ⓐ급제동할 경우 차량이 미끄러지는 사고가 발생할 수 있는 만큼 유의해야 합니다. 또한 ⓒ,Ⓓ스노 체인 설치 시 시속 30Km 이상 주행하면 체인이 손상될 수 있으니 안전 속도를 잘 유지하셔야겠습니다.

▶ ① 빙판길은 급제동하여 지나가야 한다.

→ 급제동하면 미끄러지는 사고가 발생할 수 있다. Ⓐ

② 무더위로 인해 자동차 사고가 급증했다.

　　→ 한파로 자동차 사고가 급증하고 있다. Ⓑ

③ 핸들을 급하게 돌리면 스노 체인이 손상된다.

　　→ 시속 30km 이상 주행하면 체인이 손상될 수 있다. Ⓒ

④ 스노 체인을 설치하면 30km 이하로 운전해야 한다. Ⓓ

16. ④

남자: Ⓐ국내에 조향사라는 직업을 가지신 분이 몇 분 안 계신 걸로 압니다. 구체적으로 조향사는 어떤 일을 하나요?

여자: 우리가 평소에 사용하는 화장품, 세제에서는 어떤 냄새가 나나요? 아마 기분 좋은 향기가 날 겁니다. 조향사라고 하면 향수에 들어가는 향만 만든다고 생각하는 사람들이 많은데요. 사실 Ⓑ치약, 화장품, 비누, 세제 등 우리가 일상생활에서 사용하고 있는 여러 제품들에 들어가는 향을 만드는 일을 합니다. Ⓓ조향사는 제품의 이미지와 잘 어울리는 향을 만들기 위해서 Ⓒ여러 가지 향을 섞어 새로운 향을 개발하는 일도 합니다.

▶ ① 조향사는 국내에 많은 편이다.

　　→ 국내에 조향사 직업을 가진 사람이 몇 명 없다. Ⓐ

② 조향사는 화장품을 만드는 일을 한다.

　　→ 조향사는 화장품 안에 들어가는 향을 만드는 일을 한다. Ⓑ

③ 조향사는 향을 만들 때 향을 섞지 않는다.

　　→ 조향사는 향을 만들 때 여러 가지 향을 섞어서 만든다. Ⓒ

④ 조향사는 제품의 이미지에 맞는 향을 개발한다. Ⓓ

17. ②

남자: 어? 갑자기 비가 오네. 오늘 테니스 연습은 취소해야겠다.

여자: 그래도 다음 주 시합을 위해서 몸을 조금 풀어야 하지 않을까?

남자: 그렇지만 오늘은 시합도 아니고 우리는 프로 선수도 아니니까 일부러 빗속에서 연습할 필요는 없을 것 같아.

▶ 남자는 여자에게 "일부러 빗속에서 연습할 필요는 없을 것 같아."라고 말하고 있다. 따라서 정답은 ②번이다.

18. ③

남자: 수미야, 너 그 영화 또 보러 가? 지난주에 보고 왔잖아.

여자: 아, 나는 사실 또 보기 싫은데 지은이가 같이 보자고 하는 바람에….

남자: 상대방의 부탁을 다 들어 줄 필요는 없어. 솔직하게 네 상황을 말하고 필요할 때는 싫다고 말할 수 있어야 해.

▶ 남자는 여자에게 "상대방의 부탁을 다 들어 줄 필요는 없어."라고 말하고 있다. 따라서 정답은 ③번이다.

19. ④

여자: 여보, 밖에 나가서 좀 걷고 올게요.

남자: 허리 아프다고 하지 않았어요? 허리가 아픈데 걸으러 나간다니요.

여자: 인터넷에서 찾아보니까 허리가 아플 때는 걷는 게 좋다고 해서요.

남자: 어제 병원에서 약을 먹으면서 안정을 취하는 게 좋다고 했잖아요. 인터넷의 정보가 도움이 될 때도 있지만, 아플 때는 병원에서 상담 받은 걸 따를 필요가 있어요.

▶ 남자는 여자에게 "아플 때는 병원에서 상담 받은 걸 따를 필요가 있어요."라고 자신의 생각을 말하고 있다. 따라서 정답은 ④번이다.

20. ④

여자: 매년 장학금 수여 행사를 진행하고 계신데요. 학교가 아닌 회사에서 사원들에게 장학금을 주는 특별한 이유가 있을까요?

남자: 저는 회사에 입사하기 전까지 열심히 공부하던 직원들이 입사한 후부터는 공부를 전혀 하지 않는 것이 안타까웠습니다. 그래서 이러한 제도를 만들었고 직원들의 반응도 좋습니다. 직업과 직접 관련이 있는 것이 아니더라도 배움을 통해 스스로 발전할 수 있고 또 그러한 긍정적인 에너지로 회사 일도 더 잘하게 되니까요.

▶ 남자는 "배움을 통해 스스로 발전할 수 있고 또 그러한 긍정적인 에너지로 회사 일도 더 잘하게 되니까요."라고 하였다. 결국 배움은 회사에도 도움이 되는 것으로 보고 있으므로 정답은 ④번이다.

21-22

남자: 내일도 6시에 여기서 만나는 거죠?

여자: Ⓑ글쎄요. 내일은 조깅 모임에 갈까 말까 고민하고 있어요. 다음 주에 회사에서 보고서 발표가 있어서 며칠 야근을 할 것 같아요.

남자: Ⓒ보고서는 이미 다 만들었다고 하지 않았어요? 일을 열심히 하는 것도 좋지만 건강을 생각해야지요. 몸이 건강해야 무슨 일이든 더 잘할 수 있잖아요.

여자: 그렇기는 하지만 Ⓓ다음 주 발표는 저한테 정말 중요해요. Ⓐ다음 승진 심사에도 반영이 많이 될 것 같고…. Ⓓ전 아무래도 한동안은 모임에 못 가겠어요.

21. ③

▶ 남자가 "몸이 건강해야 무슨 일이든 더 잘할 수 있잖아요."라고 말한 것으로 보아 남자는 ③번처럼 생각하는 것을 알 수 있다.

정답 및 해설

22. ①

▶ ① 이번 발표를 잘하면 승진에 도움이 된다. Ⓐ

② 남자와 여자는 내일 6시에 만나기로 했다.

→ 여자는 내일 조깅 모임에 가지 않는다. Ⓑ

③ 여자는 보고서 작성 때문에 야근을 해야 한다.

→ 보고서는 이미 만들었다. Ⓒ

④ 여자는 건강 문제로 조깅 모임을 쉬기로 했다.

→ 발표 때문에 조깅 모임을 쉬기로 했다. Ⓓ

23-24

여자: 여보세요? 도자기 체험관이죠? 다음 주 금요일에 도자기 만들기 체험을 예약하고 싶은데요. 외국인 유학생 20명에 선생님 2명해서 단체 할인이 되는지 여쭤보고 싶어요.

남자: 그럼 총 22명이네요. 저희가 Ⓒ단체 할인은 30명 이상부터 가능하기 때문에 단체 할인을 못 받으시고요. 대신에 Ⓐ외국인들은 여권을 보여주면 10% 할인된 금액으로 체험을 하실 수 있습니다.

여자: 네. 알겠습니다. 그런데 도자기 만든 후에 바로 가지고 올 수 있나요?

남자: 도자기를 만들고 나면 도자기를 구워야 하는데요. 도자기를 굽는 데 시간이 일주일 정도 걸립니다. 그래서 Ⓑ저희가 따로 구운 후에 택배로 보내 드립니다.

23. ①

▶ 여자는 도자기 체험의 요금에 대해 "여쭤보고 싶어요."라고 말하고 있다. 그리고 도자기를 만든 후에 가지고 올 수 있냐고 질문하고 있다. 따라서 정답은 ①번이다.

24. ①

▶ ① 외국인들은 할인된 요금으로 체험이 가능하다. Ⓐ

② 체험 날 만든 도자기는 바로 가지고 갈 수 있다.

→ 도자기 체험관에서 도자기를 구운 후에 택배로 보내준다. Ⓑ

③ 스무 명 이상 체험 시 10% 할인을 받을 수 있다.

→ 단체 할인은 서른 명(30명) 이상 가능하다. Ⓒ

④ 학생과 같이 오는 선생님은 요금을 내지 않아도 된다.

→ (내용에서 확인할 수 없다.)

25-26

남자: 오늘은 Ⓓ휴대용 점자 입력 장치로 최고의 발명상을 받은 대학생을 만나러 왔습니다. 어떻게 이런 물건을 발명하게 되셨습니까?

여자: 과학과 기술이 발달하면서 소외되는 사람들도 생기기 마련입니다. 저는 그중에서 Ⓒ시각장애인들의 휴대폰 사용에 관심을 가지게 되었는데요. 그래서 Ⓑ시각장애인이 쉽게 점자를 읽을 수 있도록 휴대용 점자 입력 장치를 발명하게 되었습니다. 그렇지만 휴대용 점자 입력 장치는 시각장애인들만을 위한 것은 아니고요. ⒷⒶ비시각장애인들도 점자를 쉽게 활용할 수 있어서 이 장치로 시각장애인들을 도울 수 있게 만들었습니다. 이 발명품을 통해서 비장애인들도 점자에 관심을 갖고 사용할 수 있는 계기가 되었으면 좋겠습니다.

25. ②

▶ 여자는 '휴대용 점자 입력 장치'를 통해서 "비장애인들도 점자에 관심을 갖고 사용할 수 있는 계기가 되었으면 좋겠습니다."라고 말하고 있다. 따라서 정답은 ②번이다.

26. ④

▶ ① 이 발명품은 시각장애인들만 사용할 수 있다.

→ 비시각장애인들도 사용할 수 있다. Ⓐ

② 이 발명품은 기술에 소외된 대학생을 위해 만들어졌다.

→ 시각장애인과 비시각장애인을 위해 만들어졌다. Ⓑ

③ 여자는 점자를 읽는 게 어려워서 이 물건을 발명하였다.

→ 시각장애인들의 휴대폰 사용에 관심을 가지고 발명하였다. Ⓒ

④ 여자는 휴대용 점자 입력 장치를 발명하여 상을 받았다. Ⓓ

27-28

남자: 지금 가면 안 돼. 멈춰. 횡단보도 신호등이 초록 불이잖아.

여자: 아니야. 사람이 없을 때는 우회전해서 가도 되잖아.

남자: 이번에 새로 바뀐 법을 못 들었구나. Ⓑ보행자들의 안전을 위해서 새로운 교통법이 생겼어. 사람이 있든 없든 Ⓐ횡단보도 신호등이 초록 불이면 일단 잠시 멈춰야 해. 만약에 보행자가 있으면 Ⓒ그 사람이 다 지나갈 때까지 기다린 뒤에 통과해야 돼. 만약에 위반하면 Ⓓ범칙금 6만 원과 벌점 10점이 부과된대.

여자: 그렇구나. 그래. 차보다는 사람이 우선이지.

27. ①

▶ 남자는 두 번째 대화에서 새로운 교통법이 만들어진 목적, 방법, 위반 시 부과되는 범칙금과 벌금의 내용을 설명하고 있다. 따라서 정답은 ①번이다.

28. ③

▶ ① 횡단보도 신호등이 빨간 불일 때 차가 멈춰야 한다.

→ 횡단보도 신호등이 초록 불일 때 멈춰야 한다. Ⓐ

② 새로운 교통법은 운전자의 안전을 위해 만들어졌다.
  → 새로운 교통법은 보행자의 안전을 위해 만들어졌다. ⑧
③ 차는 보행자가 횡단보도를 끝까지 지나간 뒤에 갈 수 있다.
  ⓒ
④ 새로운 교통법을 위반하면 벌점과 벌금 ~~10만 원~~이 부과된다.
  → 범칙금 6만 원과 벌점 10점이 부과된다. ⑩

29-30

여자: ⓐ이번 전시회에서 선보인 작품들은 예전 전시회의 작
품하고 다른 것 같습니다. 이번 전시회 내용을 설명해
주실 수 있나요?
남자: 기존 작품들은 인물 중심의 것이 많았습니다. 그런데 이
번 전시에서는 '하늘에서 바라본 우리'라는 주제로 도
시나 농촌, 자연 풍경을 작품에 담으려고 노력했습니다.
관람객 분들께 우리가 사는 아름다운 세상과 풍경을 보
여드리고 싶었거든요.
여자: 정말 한 폭의 그림 같은 작품들이 많은데요. 그럼 이런
작품들은 비행기를 타고 하늘 위에서 찍는 건가요?
남자: 예전에는 직접 ⓒ산에 올라가거나 비행기를 타고 올라
가야만 멋진 풍경을 사진으로 담을 수 있었는데요.
요즘은 그렇지 않습니다. 최근에 기술이 발전해서 드론
을 이용해 하늘에서 사진을 찍는 게 가능해졌거든요.
⑧저도 3년 전부터 드론을 배웠고 자격증도 취득해서
드론을 운전할 수 있게 되었습니다. 그래서 지금 보시는
이 작품들도 드론을 사용해서 찍은 것들입니다.

29. ①

▶ 남자는 드론으로 풍경 사진을 찍은 것으로 전시회를 열고 있다.
따라서 남자는 '사진을 찍는 사람'이다. 따라서 정답은 ①번이다.

30. ②

▶ ① 남자는 이번 전시회가 ~~처음이다.~~
  → 예전에도 전시회를 한 적이 있다. ⓐ
② 남자는 드론 자격증을 가지고 있다. ⑧
③ 산에 올라가면 자연 풍경을 ~~잘 그릴 수 있다.~~
  → 예전에는 산에 올라가서 자연 풍경 사진을 찍을 수 있었
  다. ⓒ
④ 인물 사진보다 풍경 사진을 찍는 게 더 어렵다.
  → (내용에서 확인할 수 없다.)

31-32

남자: 과도한 교육열은 우리 사회가 직면하고 있는 많은 문제
의 원인이 되기도 합니다.
여자: 물론 과도한 교육열로 인해 여러 문제가 생기는 것은 사
실입니다. 그러나 교육열이 높다는 것은 그만큼 사회가

아이들의 교육 문제에 신경을 쓰고 있다는 뜻이기도 하
지요.
남자: 하지만 교육을 받는 학생들이 경쟁과 스트레스에 시달
린다면 그것이 의미가 있을까요?
여자: 학생들은 경쟁을 통해 더 나은 성과를 발휘하기도 합니
다. 게다가 높은 교육열로 인해 우수한 인력이 증가하는
것은 결국 국가의 경쟁력이 높아진다는 뜻입니다. 그렇다
면 이러한 교육열은 나라에 도움이 되는 것이 아닐까요?

31. ③

▶ 여자는 교육열에 대해 긍정적으로 바라보고 있다. 그리고 높은
교육열로 인해 우수한 인력이 증가하여, 국가의 경쟁력을 높일
수 있다고 보았다. 따라서 정답은 ③번이다.

32. ④

▶ 여자는 과도한 교육열로 인해 문제가 생긴다는 것을 일부 수긍
하지만, "물론 과도한 교육열로 인해 여러 문제가 생기는 것은
사실입니다. 그러나~" 뒤에 오는 내용을 통해 반대 의견을 펼치
고 있다. 따라서 정답은 ④번이다.

33-34

남자: 조선 시대 의원인 허준이 쓴 〈동의보감〉 다들 아시죠?
그런데 이 〈동의보감〉이 어떻게 완성되었는지 아는 사람
은 그리 많지 않을 것입니다. 허준은 뛰어난 의술로 당
시 왕인 선조의 총애를 받았습니다. ⓒ선조는 허준에
게 ⑧전쟁과 질병으로 고통 받는 백성을 위해 의학 서
적인 〈동의보감〉을 만들도록 지시했습니다. 〈동의보감〉
을 만드는 모든 과정이 순조롭지만은 않았습니다. 특히
⑩선조가 죽자 허준을 질투한 다른 신하들이 허준을 멀
리 쫓아내 버리기도 했죠. 그러나 허준은 멀리 유배지에
서도 묵묵히 책을 썼고, 시간이 흘러 ⓐ허준이 다시 궁
궐에 돌아왔을 때 마침내 〈동의보감〉이 완성되었습니다.
⑧질병이나 부상으로 고통 받는 백성을 위한 치료법을
널리 알려야 한다는 선조와 허준의 사명감으로 〈동의보
감〉이 완성된 것입니다.

33. ④

▶ "동의보감이 어떻게 완성되었는지 아는 사람은 그리 많지 않을
것입니다.", "〈동의보감〉이 완성된 것입니다."를 통해 동의보감이
만들어진 과정에 대해 이야기하고 있음을 알 수 있다. 따라서
정답은 ④번이다.

34. ②

▶ ① 허준은 유배지에서 동의보감을 완성하였다.
  → 허준이 다시 궁궐로 돌아왔을 때 동의보감이 완성되었다.
  ⓐ

정답 및 해설

② 동의보감은 백성의 건강을 위해 만들어진 책이다. ⑧
③ 모든 신하들이 동의보감을 만드는 데 참여하였다.
　　→ 선조가 허준에게 지시하였다. ©
④ 허준은 뛰어난 의술로 다른 신하들의 존경을 받았다.
　　→ 다른 신하들은 허준을 질투했다. ⑩

35-36

남자: 사랑하는 졸업생 여러분! 졸업을 축하합니다. 또한 여러분의 오늘이 있기까지 지도해 주신 교수님과 직원 여러분, 그리고 학부모님들께도 깊은 감사의 말씀을 전합니다. 우리 대학은 지난 50여 년간 ⑧학업과 실습의 병행을 통해서 훌륭한 인재를 양성하면서 꾸준히 발전해 왔습니다. 그 결과 작년에 우리 대학은 ©국내 대학에서 최초로 과학 기술 분야에서 세계 10위권 안에 진입하는 쾌거를 이루었습니다. 저는 이 자리에서 여러분에게 딱 한 가지 당부의 말씀을 드리고 싶습니다. 도전하십시오. 이것은 Ⓐ우리 학교 졸업생인 한국 그룹 김병진 회장의 좌우명이기도 합니다. 여러분의 미래에 좋은 일만 가득하면 좋겠지만 ⑩때로는 수많은 어려움에 부딪힐 수도 있습니다. 그럴 때마다 포기하지 말고 다시 일어나 도전하십시오. 넘어져도 다시 일어나는 정신, 이것만 마음에 새긴다면 여러분은 성공적인 미래를 맞이할 수 있을 것입니다.

35. ④
▶ 남자는 졸업식에서 도전 정신의 중요성을 당부하고 있다. 따라서 정답은 ④번이다.

36. ①
▶ ① 이 학교를 졸업한 사람 중에 회장이 된 사람이 있다. Ⓐ
② 이 학교는 그동안 학업보다는 실습 위주로 교육해 왔다.
　　→ 학업과 실습을 병행하면서 교육해왔다. ⑧
③ 이 학교는 작년에 세계 최초로 과학 전문 대학이 되었다.
　　→ 국내 대학에서 최초로 과학 기술 분야에서 세계 10위권의 대학이 되었다. ©
④ 이 학교의 학생들은 졸업하기 전에 어려운 일을 많이 겪었다.
　　→ 졸업 후에 어려운 일이 있을 수도 있다. ⑩

37-38

남자: 채소는 보통 조리하지 않고 그냥 먹어야 좋다고 생각했는데요. 그렇지 않은 경우도 있네요.
여자: 네. 사람들은 채소를 익히면 채소 안에 들어있는 영양소가 파괴된다고 생각합니다. 물론 ⑩©양배추나 브로콜리 같은 채소는 열에 약하기 때문에 익히거나 데치지 않고 그냥 먹는 게 좋습니다. 그렇지만 모든 채소가 그런

건 아니고요. ⑧당근이나 호박, 시금치 같은 채소는 익혀서 먹는 것이 그냥 먹는 것보다 영양소를 훨씬 더 효과적으로 섭취할 수 있습니다. 특히 Ⓐ시금치는 뜨거운 물에 살짝 데치게 되면 베타카로틴이라는 성분이 잘 빠져 나와 영양소가 더 풍부해지죠. 채소마다 가지고 있는 고유한 특성이 있기 때문에 이에 맞게 요리하여 섭취하는 게 좋겠습니다.

37. ①
▶ 여자는 "채소마다 가지고 있는 고유한 특성이 있기 때문에 이에 맞게 요리하여~"라고 말하고 있으므로 정답은 ①번이다.

38. ③
▶ ① 시금치는 많이 데칠수록 영양소가 풍부해진다.
　　→ 살짝 데치게 되면 영양소가 풍부해진다. Ⓐ
② 당근은 그냥 먹으면 영양소를 많이 섭취할 수 있다.
　　→ 당근은 그냥 먹는 것보다 익혀서 먹는 것이 좋다. ⑧
③ 양배추는 데쳐서 먹는 것보다 그냥 먹는 것이 좋다. ©
④ 브로콜리는 열에 강하기 때문에 익혀 먹는 것이 좋다.
　　→ 브로콜리는 열에 약하기 때문에 그냥 먹는 것이 좋다. ⑩

39-40

남자: 보여 주신 인터뷰들을 보니 해시태그 챌린지를 부정적으로 바라보는 견해들이 많네요.
여자: ⒶSNS가 발달하면서 여러 가지 해시태그 챌린지가 진행되었는데 ⑧이 챌린지는 사람들에게 사회 문제를 돌아볼 수 있는 계기를 제공합니다. 챌린지를 통해 사람들은 사회에 자신의 목소리를 내고, 어떤 행동에 동참하려는 의지를 가지게 됩니다. 플라스틱 사용하지 않기 챌린지에 동참함으로써 일회용 컵 대신 다회용 컵을 사용하는 행동을 하는 것을 예로 들 수 있습니다. 하지만 앞서 말씀드린 것처럼 이런 해시태그 챌린지의 성격이 부정적으로 변했다는 우려의 목소리도 계속 나오고 있습니다. ⑩이런 문제점을 해결하기 위해서는 챌린지 목표가 공익적인 성격을 지녀야 합니다. 또한 본질적인 목적은 잊은 채 ©SNS에서 자기를 과시하기 위해 참여하려는 것보다 행동으로 나아갈 수 있는 태도가 필요할 것입니다.

39. ④
▶ 여자의 말을 들은 후 남자는 "보여 주신 인터뷰들을 보니 해시태그 챌린지를 부정적으로 바라보는 견해들이 많네요."라고 응답하고 있다. 또한 여자는 "앞서 말씀드린 것처럼 이런 해시태그 챌린지의 성격이 부정적으로 변했다는 우려의 목소리"가 있다 재언급하고 있다. 따라서 이 담화의 앞에는 해시태그 챌린지를 부정적으로 바라보는 입장들에 대한 내용이 자연스러우므로 정답은 ④번이다.

40. ③
▶ ① 해시태그 챌린지 덕분에 SNS가 발달했다.
  → SNS의 발달로 챌린지가 진행되었다. Ⓐ
② 해시태그 챌린지는 자신을 되돌아보게 한다.
  → 사회의 문제를 되돌아보게 한다. Ⓑ
③ 해시태그 챌린지를 자기 과시용으로 이용하면 안 된다. Ⓒ
④ 기업은 해시태그 챌린지를 활용하여 홍보하는 것이 좋다.
  → 해시태그 챌린지는 공익을 위해 활용되어야 한다. Ⓓ

41-42

남자: 종이는 105년에 중국에서 처음으로 발명되었습니다. Ⓑ 중국의 채륜이라는 사람이 Ⓒ최초로 식물의 섬유질을 체로 거른 후 말려서 종이를 만들고 보급했다고 알려져 있는데요. 종이 제조법은 계속 발전하였고 이와 더불어 인쇄술도 눈부신 발전을 이루게 되었습니다. Ⓓ유럽에서는 종이를 대량 생산할 수 있는 기계가 만들어지면서 많은 사회 문화적 변화가 일어났습니다. 이중 가장 큰 변화는 지식과 정보를 널리 전파할 수 있게 되었다는 점입니다. Ⓐ종이의 발명 전에는 비싼 양피지에 책의 내용을 직접 베껴 써야 했기 때문에 높은 계층의 사람들만 책을 가질 수 있었습니다. 그래서 지식은 일부 계층의 사람들에게만 국한되어 있었습니다. 하지만 종이의 대량 생산이 가능해지며 책이 널리 보급되었고 일반인들도 지식과 정보를 공유할 수 있게 되었습니다. 오늘날 소중한 문화유산들도 종이의 발명이 없었다면 전해지지 못했을 겁니다.

41. ④
▶ "유럽에서는 종이를 대량 생산할 수 있는 기계가 만들어지면서 많은 사회 문화적 변화가 일어났습니다."를 통해 정답은 ④번임을 알 수 있다.

42. ③
▶ ① 종이 발명 이전에는 책이 없었다.
  → 종이 발명 이전에는 양피지로 만든 책이 있었다. Ⓐ
② 종이는 유럽에서 처음으로 만들어졌다.
  → 최초의 종이는 중국에서 만들어졌다. Ⓑ
③ 최초의 종이는 식물의 섬유질을 활용했다. Ⓒ
④ 중국에서 종이를 대량 생산하는 기계를 만들었다.
  → 유럽에서 종이를 대량 생산하는 기계를 만들었다. Ⓓ

43-44

여자: 현재 지구상에 남아있는 원시 부족 중 대부분은 생존에 꼭 필요한 문명을 어느 정도 받아들이며 살아가고 있다. 하지만 아직도 외부 세계와의 접촉을 거부하는 비접촉 원시 부족이 있다. 바로 인도의 자라와족이다. 이들은 외부 세계에 그들의 언어나 문화는 거의 알려지지 않았다. 그런데 1970년대 인도 정부가 이들이 사는 곳 섬 한가운데 도로를 내면서 외부인들의 통행이 잦아졌고, 이후에는 관광객들이 버스를 타고 이들 부족의 구역에 들어가 자라와족을 구경하는 일이 생기면서 이들이 바깥 세상에 알려졌다. 하지만 이런 부족에게는 현대의 질병에 대한 면역력이 없어 감기조차 치명적인 위험이 될 수 있다. 그래서 지금 이들은 생명에 위협을 느끼고 있다. 원시 부족을 위협에 처하게 하는 것은 다름 아닌 우리가 아닐까?

43. ④
▶ 비접촉 원시 부족인 자라와족이 사는 곳에 외부인들의 통행이 잦아지면서 자라와족이 위험에 처하게 되었다. 그리고 "지금 이들은 생명에 위협을 느끼고 있다."는 말을 통해서 이 담화의 내용은 '위험에 처한 원시 부족'에 대한 것임을 알 수 있다. 따라서 정답은 ④번이다.

44. ①
▶ "1970년대 인도 정부가 이들이 사는 곳 섬 한가운데 도로를 내면서 외부인들의 통행이 잦아졌고, 이후에는 관광객들이 버스를 타고 이들 부족의 구역에 들어가 자라와족을 구경하는 일이 생기면서 이들이 바깥세상에 알려졌다."는 말을 통해서 정답은 ①번임을 알 수 있다.

45-46

여자: Ⓒ사람마다 필요한 수면 시간은 차이가 있습니다. 그러나 우리나라 성인들의 수면 시간은 하루 7시간 41분으로 OECD 국가 중 가장 짧습니다. 잠이 부족하면 단순히 졸리고 피곤한 것에서 끝나는 것이 아니라 우리 몸에 여러 악영향을 미칠 수 있습니다. 수면은 우리 몸에 필요한 에너지를 회복하고 에너지를 보존할 뿐만 아니라 면역력이나 기억력에도 영향을 미칩니다. 또한 Ⓓ잠이 부족할 경우 감정 기복이 심해지고 Ⓐ식욕이 증가하여 체중이 증가하기도 합니다. 실제로 Ⓑ24시간 이상 잠을 자지 않게 되면 우리 몸은 혈중알코올농도 0.1%의 상태와 비슷해진다는 연구 결과도 있습니다. 따라서 아침에 잠을 자고 일어났을 때 피곤하지 않고 낮 동안 활기차게 생활할 수 있는 개인의 수면 시간을 잘 파악하는 것이 필요합니다.

정답 및 해설

45. ④

▶ ① 수면 시간이 부족하면 살이 빠진다.
  → 식욕이 증가하여 체중이 증가한다. Ⓐ
② 잠을 안 자면 혈중알코올농도가 증가한다.
  → 24시간 동안 잠을 자지 않을 시 혈중알코올농도 0.1%의 상태와 비슷해진다. Ⓑ
③ 성인은 하루 7시간 41분 이하로 자야 한다.
  → 사람마다 필요한 수면 시간은 다르다. Ⓒ
④ 잠은 신체뿐만 아니라 감정에도 영향을 미친다. Ⓓ

46. ②

▶ "잠이 부족하면 단순히 졸리고 피곤한 것에서 끝나는 것이 아니라 우리 몸에 여러 악영향을 미칠 수 있습니다."라고 말한 이후에 잠이 중요한 이유와 잠이 부족할 때 생길 수 있는 문제에 대해 설명하고 있으므로 정답은 ②번이다.

47-48

여자: 소프트 파워라…. 최근 국제 관계를 이야기할 때 사용되는 개념이라고요?
남자: 네. Ⓒ기존의 국제 관계를 살펴보면 군사력으로 인한 전쟁으로 한 나라가 다른 나라를 지배하는 구조였습니다. 아니면 어떠한 Ⓓ경제 제약으로 다른 나라에게 경제적으로 영향력을 행사하기도 했었지요. 그런데 요즘은 이러한 강제성이나 명령보다는 원하는 결과를 얻기 위해 상대방에게 영향을 끼치는 소프트 파워가 국제 관계에 중요한 개념으로 떠오르고 있습니다. Ⓑ소프트 파워란, 앞서 말했듯이 강제적인 힘이 아니라 매력이나 자발성을 이용해서 얻는 힘입니다. 예를 들어 문화나 예술, 기술 등으로 다른 나라와 관계를 맺는 방법이라고 할 수 있습니다. 이러한 Ⓐ소프트 파워는 국제 관계와 정치 분야에서 우호적인 협력을 이끌어 내고 있다는 데 의미가 있습니다.

47. ①

▶ ① 소프트 파워는 정치에도 영향을 미친다. Ⓐ
② 문화나 예술, 기술 교류는 강제성을 가진다.
  → 문화나 예술, 기술 교류는 자발성을 이용해서 얻는 힘이다. Ⓑ
③ 최근에는 군사력을 통해 국제 관계를 맺고 있다.
  → 옛날에는 군사력을 통해 한 나라가 다른 나라를 지배하였다. Ⓒ
④ 소프트 파워는 다른 나라에게 경제적으로 도움을 준다.
  → 옛날에는 경제적으로 다른 나라에게 영향력을 행사했다. Ⓓ

48. ③

▶ 소프트 파워에 대해 "의미가 있습니다."라고 이야기하고 있으므로 정답은 ③번이다.

49-50

남자: 이곳은 2014년 2월 12일에 설립된 남극의 장보고 과학기지입니다. Ⓐ장보고 과학기지는 세종 과학기지를 지은 지 26년 만에 설립된 두 번째 남극기지인데요. 세종 과학기지는 남극권의 섬에 위치해 있는 반면에 장보고 과학기지는 남극 대륙에 위치해 있어 Ⓑ남극 대륙에 세워진 최초의 기지라고도 합니다. 이곳은 주변 생물과 공존하기 위하여 태양과 Ⓒ풍력 에너지 등을 사용하여 친환경적으로 설계가 되었습니다. 장보고 과학기지는 인류와 미래를 위한 연구를 진행하며 과학적 가치를 인정받고 있는데요. 이곳에서는 주로 지구온난화와 관련하여 기후 분석 등에 사용되는 빙하나 해양 자원을 연구하고 주위의 Ⓓ운석을 수집하여 우주와 관련된 연구를 하기도 합니다.

49. ①

▶ ① 이곳은 세종 과학기지 다음으로 지어졌다. Ⓐ
② 이곳은 남극 대륙에 세워진 두 번째 기지이다.
  → 남극 대륙에서는 최초로 지어진 기지이다. Ⓑ
③ 이곳에서는 풍력 에너지와 관련한 연구를 진행한다.
  → 이곳은 풍력 에너지를 사용하여 설계되었다. Ⓒ
④ 이곳에서는 운석을 수집하여 해양 자원을 연구한다.
  → 운석으로 우주와 관련된 연구를 한다. Ⓓ

50. ④

▶ 남자는 '장보고 과학기지'에서 진행되는 연구에 대해 "인류와 미래를 위한 연구를 진행하며 과학적 가치를 인정받고 있는데요."라고 말하고 있다. 따라서 정답은 ④번이 자연스럽다.

 1교시 (쓰기) p.99

51.

㉠: 합격한 사람입니다
㉡: 면접처럼/면접과 같이 연습하려고/준비하려고 합니다
    연습할/준비할 예정입니다

52.

㉠: 거리가 (너무) 가깝거나
㉡: 적절한/적당한 거리가 필요하다

53.

　한류 콘텐츠 협회에서 조사한 '한류 콘텐츠 수출 현황'에 따르면, 2016년 60억 원이던 전체 한류 콘텐츠 수출액은 2022년에 약 2배 증가하여 123억 원으로 나타났다. 2022년 분야별 수출 비율을 보면, 영화가 46%로 가장 많았고 드라마가 28%, 게임이 20%, 기타가 6%로 그 뒤를 이었다. 한류 콘텐츠 수출액이 증가한 이유는 다양한 플랫폼이 늘어났고 한류 콘텐츠 접근이 쉬워졌기 때문이다. 이러한 원인으로 향후에도 한류 콘텐츠 수출이 계속해서 증가할 것으로 보인다.

한	류		콘	텐	츠		협	회	에	서		조	사	한		'	한	류
콘	텐	츠		수	출		현	황	'	에		따	르	면	,		20	16	년
60	억		원	이	던		전	체		한	류		콘	텐	츠		수	출	액
은		20	22	년	에		약		2	배		증	가	하	여		12	3	억
원	으	로		나	타	났	다	.		20	22	년		분	야	별		수	출
비	율	을		보	면	,		영	화	가		46	%	로		가	장		많	았
고		드	라	마	가		28	%	,		게	임	이		20	%	,		기	타	가
6	%	로		그		뒤	를		이	었	다	.		한	류		콘	텐	츠
수	출	액	이		증	가	한		이	유	는		다	양	한		플	랫	폼
이		늘	어	났	고		한	류		콘	텐	츠		접	근	이		쉬	워
졌	기		때	문	이	다	.		이	러	한		원	인	으	로		향	후	에
도		한	류		콘	텐	츠		수	출	이		계	속	해	서		증	가
할		것	으	로		보	인	다	.										

54.

　인공 지능이란, 미래 사회의 핵심 기술로 의료 시설, 자율 주행, 챗봇, 키오스크 등에 이르기까지 현시대에 모든 측면에서 이용되고 있는 것이다. 이처럼 인공 지능은 우리 삶에 다양한 영향을 끼치고 있다. 인공 지능은 사람들이 하기 힘든 복잡한 일을 간단하게 처리할 수 있다는 점에서 긍정적인 측면도 있지만, 이로 인해서 여러 가지 문제도 야기되고 있다.

　인공 지능을 활용하여 개발된 청소 로봇이나 자율 주행 자동차는 사람들의 삶을 편리하게 해 준다. 그러나 기존에 사람들이 하던 일을 대신하기 때문에 사람들은 일자리를 잃을 수 있다. 그리고 인공 지능의 오작동으로 발생한 문제의 책임자가 명확하지 않아서 문제가 야기될 수 있다. 예를 들어 자율 주행 자동차가 사고가 나면 이 책임은 누구에게 있을지 윤리적, 법적 측면에서 논란이 생길 것이다.

　앞으로 인공 지능을 바람직한 방향으로 발전시키기 위해서는 먼저 일자리 감소 우려에 대한 대비가 필요하다. 인공 지능은 많은 직업을 도태시킬 테지만 그만큼 인공 지능과 관련된 일자리를 창출할 수 있도록 사회 부처에서는 지원을 해 줘야 한다. 그리고 인공 지능의 책임 소재 문제를 법적으로 명확히 할 필요가 있다. 그러면 인공 지능을 바람직한 방향으로 발전시킬 수 있을 것이다.

인	공		지	능	이	란	,		미	래		사	회	의		핵	심		기
술	로		의	료		시	설	,		자	율		주	행	,		챗	봇	,		키
오	스	크		등	에		이	르	기	까	지		현	시	대	에		모	든
측	면	에	서		이	용	되	고		있	는		것	이	다	.		이	처	럼
인	공		지	능	은		우	리		삶	에		다	양	한		영	향	을
끼	치	고		있	다	.		인	공		지	능	은		사	람	들	이		하
기		힘	든		복	잡	한		일	을		간	단	하	게		처	리	할
수		있	다	는		점	에	서		긍	정	적	인		측	면	도		있
지	만	,		이	로		인	해	서		여	러		가	지		문	제	도
야	기	되	고		있	다	.												
	인	공		지	능	을		활	용	하	여		개	발	된		청	소
로	봇	이	나		자	율		주	행		자	동	차	는		사	람	들	의
삶	을		편	리	하	게		해		준	다	.		그	러	나		기	존	에
사	람	들	이		하	던		일	을		대	신	하	기		때	문	에
사	람	들	은		일	자	리	를		잃	을		수		있	다	.		그	리
고		인	공		지	능	의		오	작	동	으	로		발	생	한		문
제	의		책	임	자	가		명	확	하	지		않	아	서		문	제	가
야	기	될		수		있	다	.		예	를		들	어		자	율		주	행
자	동	차	가		사	고	가		나	면		이		책	임	은		누	구
에	게		있	을	지		윤	리	적	,		법	적		측	면	에	서		논
란	이		생	길		것	이	다	.										
	앞	으	로		인	공		지	능	을		바	람	직	한		방	향	으
로		발	전	시	키	기		위	해	서	는		먼	저		일	자	리
감	소		우	려	에		대	한		대	비	가		필	요	하	다	.		인
공		지	능	은		많	은		직	업	을		도	태	시	킬		테	지
만		그	만	큼		인	공		지	능	과		관	련	된		일	자	리
를		창	출	할		수		있	도	록		사	회		부	처	에	서	는
지	원	을		해		줘	야		한	다	.		그	리	고		인	공		지
능	의		책	임		소	재		문	제	를		법	적	으	로		명	확
히		할		필	요	가		있	다	.		그	러	면		인	공		지	능
을		바	람	직	한		방	향	으	로		발	전	시	킬		수		있
을		것	이	다	.														

정답 및 해설

2교시 (읽기)

p.103

1	2	3	4	5	6	7	8	9	10
④	③	③	④	①	④	③	①	①	②
11	12	13	14	15	16	17	18	19	20
①	②	③	②	④	③	④	④	④	②
21	22	23	24	25	26	27	28	29	30
②	①	①	④	③	④	③	②	①	③
31	32	33	34	35	36	37	38	39	40
①	④	①	④	③	③	④	①	④	③
41	42	43	44	45	46	47	48	49	50
①	③	①	③	③	④	③	②	②	④

1. ④
▶ 동생은 졸업을 하다 → 취직하다
'동생은 졸업을 하다' 그 후에 '취직하다'의 〈시간 순서〉이다. 이에 호응하는 문법은 '-자마자'이다. 따라서 정답은 ④번이다.

2. ③
▶ 하늘이 흐린 것을 보니까 → 비가 오다
'하늘이 흐린 것을 보니까'는 뒤의 내용을 〈추측〉하기 위한 근거로, 이에 호응하는 문법은 '-(으)ㄹ 모양이다'이다. 따라서 정답은 ③번이다.

3. ③
▶ '-는 대로'는 앞에 오는 말과 같다는 것을 나타내는 문법이다. 생각하는 것과 같이 모두 잘 되었으면 좋겠다는 의미이다. 이와 유사한 문법은 '-는 것처럼'이다. 따라서 정답은 ③번이다.

4. ④
▶ '-(으)ㄹ 수밖에 없다'는 그것 말고는 다른 방법이나 가능성이 없는 것을 나타내는 문법이다. 매일 야근을 하면 피곤한 것 말고는 다른 것이 없다는 의미이다. 이와 유사한 문법은 '-(으)ㄴ 게 당연하다'이다. 따라서 정답은 ④번이다.

5. ①

> **멀리서도 가까이에서도**
> **뚜렷하고 선명하게 잘 보이는 세상을 만나세요.**

▶ 답의 근거: 멀리, 가까이, 뚜렷하다, 선명하다, 잘 보이다.

6. ④

> **칼로리를 활활 태우세요!**
> **움직일수록 매일 더 가벼워집니다.**

▶ 답의 근거: 칼로리, 태우다, 움직이다, 가벼워지다.

7. ③

> **물 자주 마시기, 하루 10분 운동하기**
> **이제 실천하세요!**

▶ 답의 근거: 물을 자주 마시다, 하루 10분 운동하다.

8. ①

> • 1월 10일부터 3월 10일까지 화장실 공사를 실시합니다.
> • 공사 중에는 다른 화장실을 이용해 주십시오.
> • 화장실 이용에 불편을 드려서 죄송합니다.

▶ 답의 근거: 화장실 공사를 실시하니 다른 화장실을 이용해 달라는 내용이다.

9. ①

행복 유원지 선착장

운항 안내	• 문의: 055-123-4567 • 승선 정원: 90명 • ⑧최소 승선 인원: 4명
Ⓐ운항 시간	1회- 10:00　　2회- 11:00　　3회- 13:30 4회- 14:30　　5회- 15:30　　6회- 16:30

※ 신분증 필수 지참
※ ⓒ매주 월요일 휴무

▶ ① 배를 타려면 신분증이 필요하다. Ⓐ
② 90명이 모여야 운항이 가능하다.
　→ 최소 4명이 모이면 운항이 가능하다. ⑧
③ 매달 첫째 주 주말에는 배를 탈 수 없다.
　→ 매주 월요일은 운항하지 않는다. ⓒ
④ 운항 가능 시간은 오후보다 오전이 더 많다.
　→ 오전에는 2회, 오후에는 4회 운항한다. Ⓓ

10. ②

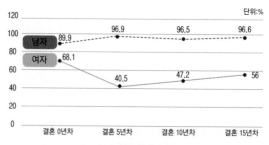

기혼 남성과 여성의 고용률

▶ ① 기혼 여성의 고용률은 지속적으로 감소했다.
　→ 결혼 5년차에서 결혼 10년차 사이는 증가했다.
② 결혼 기간에 따른 기혼 남성의 고용률은 큰 변화가 없다.
③ 결혼 기간에 따른 고용률 변화는 여성이 남성에 비해 작다.
　→ 남성의 고용률 보다 여성의 고용률 변화가 크다.
④ 기혼 남성과 여성의 고용률 차이는 결혼 10년 차에 가장 크다.
　→ 결혼 15년 차에 가장 차이가 크다.

11. ①

가온시에서는 정월 대보름을 맞아 ⓓ시민 공원에서 오는 2월 3일 ⓐ월요일부터 5일간 정월 대보름 행사를 개최한다. ⓒ올해로 다섯 번째를 맞이하는 이 행사는 정월 대보름의 즐거움을 느낄 수 있어 많은 시민들에게 사랑을 받아 왔다. ⓑ낮에는 연날리기, 윷놀이 등을 체험할 수 있고 밤에는 쥐불놀이, 강강술래 행사가 열린다. ⓓ다만 눈이나 비가 오는 날은 행사가 취소된다.

▶ ① 정월 대보름 행사는 평일에만 진행된다. ⓐ
② 밤에 연날리기와 윷놀이를 체험할 수 있다.
　→ 연날리기와 윷놀이는 낮에만 체험할 수 있다. ⓑ
③ 올해 처음으로 개최해 시민들의 사랑을 받고 있다.
　→ 올해는 다섯 번째로 개최된 행사다. ⓒ
④ 실내에서 진행하기 때문에 날씨에 영향을 받지 않는다.
　→ 공원에서 진행하는 행사이므로 날씨의 영향을 받는다. ⓓ

12. ②

우유는 영양가가 높아 대표적인 건강식품으로 인정받고 있다. 하지만 우유를 마시기만 하면 설사를 하는 사람들이 있다. ⓓ이 증상을 유당불내증이라고 한다. 이것은 장이 안 좋아서 생기는 현상이라기보다는 ⓑ우유의 당을 소화시키는 락타아제라는 효소가 없어서 일어나는 일이다. ⓒ락타아제는 유아기에 가장 활발하게 생성되고 이후 점차 감소한다. 따라서 성인이 되면 이 증상은 더욱 심하게 나타날 수 있지만 ⓐ얼마든지 개선될 수도 있다.

▶ ① 유당불내증은 한번 생기면 치료하기 힘들다.
　→ 성인이 된 뒤에 개선될 수 있다. ⓐ
② 락타아제는 우유의 당을 소화시키는 역할을 한다. ⓑ
③ 어른들은 유아에 비해 우유를 잘 소화시킬 수 있다.
　→ 유아들이 어른에 비해 우유를 더 잘 소화시킬 수 있다. ⓒ
④ 장이 안 좋은 사람이 우유를 마시면 유당불내증이 나타난다.
　→ 락타아제가 없으면 유당불내증이 나타난다. ⓓ

13. ③

▶ (가)와 (다) 중 첫 번째 문장을 찾아야 한다. 하지만 (가)와 (다) 모두 첫 번째 문장으로 사용할 수 있기 때문에 보기를 살펴보며 자연스러운 연결을 찾아야 한다. ①번과 ②번에서는 (라)→(다)의 연결이 자연스럽지 않다. (라)에서 가시의 장점에 대해서 설명한 후에 (다)에서 가시가 있다는 것을 설명할 수 없다. 그리고 ④번에서 (다)→(나)의 연결도 자연스럽지 않다. 따라서 '(다) 장미꽃을 자세히 살펴보면 줄기에 가시가 있다. → (라) 이 가시는 장미에 해를 끼치는 벌레가 올라오는 것을 막는다. → (나) 그리고 (이 가시는) 주변 동물로부터 장미꽃을 보호하기도 한다. → (가) 가시 덕분에 장미는 예쁜 모습과 향을 유지할 수 있다.'로 내용을 구성하고 있는 ③번이 정답이다.

14. ②

▶ (가)와 (다) 중 첫 번째 문장을 찾아야 한다. (다)는 '운이 좋은 하루였다'라는 내용이 있기 때문에 왜 운이 좋았는지에 대한 설명이 없어 첫 번째 문장으로 올 수 없으므로, (가)가 첫 번째 문장이다. 따라서 '(가) 퇴근한 후에 장을 보러 마트에 갔다. → (나) 그런데 마트에 들어가니 직원들이 갑자기 나를 향해 박수를 쳤다. → (라) 알고 보니 내가 그날 마트를 방문한 천 번째 고객이었다. → (다) 마트 상품권도 선물로 받고 운이 좋은 하루였다.'로 내용을 구성해야 한다. 따라서 정답은 ②번이다.

15. ④

▶ (가)와 (라) 중 첫 번째 문장을 찾아야 한다. (가)는 '두 악기 모두'라고 쓰여 있는데 '두 악기'가 무엇인지 알 수 없다. 따라서 (가)는 첫 번째 문장이 될 수 없으므로, (라)가 첫 번째 문장이다. '(라) 가야금과 거문고는 모양이 매우 비슷한 악기다. → (가) 두 악기 모두 한국의 전통 현악기로 나무로 만들어진다. → (나) 그렇지만 가야금은 12개의 줄로 되어 있고 맨손을 사용한다. → (다) 반면에 거문고는 막대를 이용해 6개 줄을 연주한다.'로 내용을 구성해야 한다. 따라서 정답은 ④번이다.

16. ③

술을 마신 다음 날 숙취에 시달리는 사람이라면 술을 마실 때 먹는 음식을 바꿔볼 필요가 있다. ⓐ간이 알코올을 해독할 때 주로 단백질을 사용하므로 (단백질이 많이 포함된) 음식을 안주로 먹는 게 좋다. 이렇게 먹으면 간에서 알코올 해독 효소가 생기기 때문이다. ⓑ대표적인 안주로는 치즈, 고기, 두부 등이 있다.

▶ ⓐ간이 알코올을 해독할 때 주로 단백질을 사용하므로 단백질이 많이 포함된 ⓑ대표적인 안주로 치즈, 고기, 두부 등을 안주로 먹으면 알코올 해독에 도움이 된다. 따라서 정답은 ③번이다.

17. ④

ⓐ삶이 얼마 남지 않은 환자에게 얼마나 더 살 수 있는가에 대해 (솔직하게 이야기하는) 것이 좋은가에 대한 논란이 있다. 이러한 의사의 설명은 환자에게 ⓑ심리적으로 부정적인 영향을 미쳐 오히려 치료에 도움이 되지 않는 경우가 있다. 반면에 의사의 설명 덕분에 자신에게 남은 시간을 정확히 알고, 삶을 정리하는 사람들도 있다.

▶ ⓐ삶이 얼마 남지 않은 환자에게 얼마나 더 살 수 있는가에 대해 어떤 식으로 이야기하면 ⓑ치료에 도움이 되지 않는 경우도 있고, 자신에게 남은 시간을 정확히 알고 삶을 정리하는 경우도 있다. 이러한 것은 환자가 자신의 남은 삶에 대해 정확하게 알게 되었을 때 가능하다. 따라서 정답은 ④번이다.

정답 및 해설

18. ④

> 우리는 보통 하늘의 색으로 파란색을 떠올린다. 그런데 한
> 국어에는 '하늘이 노랗다'라는 말이 있다. 이 말은 진짜 하늘
> 이 노란 것이 아니라 (힘들어서 기력이 없다)는 뜻이다. ⒜우
> 리가 스트레스를 받거나 매우 피곤할 때 눈앞에 보이는 모든
> 것이 노랗게 보인다. 심하면 쓰러지기도 하는데 그런 상황에
> 서 사용할 수 있는 말이 바로 '하늘이 노랗다'이다.

▶ '하늘이 노랗다'라는 뜻을 설명하는 글이다. ⒜우리가 스트레스
를 받거나 매우 피곤할 때 눈앞에 보이는 모든 것이 노랗게 보이기
기 때문에 '하늘이 노랗다'라는 말은 힘들어서 기력이 없다는 뜻
이다. 따라서 정답은 ④번이다.

19-20

> 최근 한 연구 결과에서는 병원균이 미세플라스틱에 잘 붙
> 어 광범위하게 확산될 수 있다고 밝혔다. 미세플라스틱이 환
> 경오염뿐만 아니라 동물과 인간에게도 치명적인 영향을 미친
> 다. (다시 말해) 물티슈, 티백, 종이컵 등과 같이 인간의 편리
> 함을 위해 선택한 물건들이 결국 인간을 병들게 만드는 것이
> 다. 따라서 당장의 편리함을 선택하는 대신 불편함과 번거로
> 움을 감수하더라도 플라스틱을 덜 쓰기 위해 노력해야 한다.

19. ④

▶ 빈칸 앞 문장은 미세플라스틱이 동물과 인간에게 치명적인 영
향을 미쳤다는 내용이다. 빈칸 뒷 문장에서는 앞 문장의 내용을
다시 언급하고 있으므로 정답은 ④번이다.

20. ②

▶ '미세플라스틱이 환경오염뿐만 아니라 동물과 인간에게도 치명
적인 영향을 미친다.' 따라서 '플라스틱을 덜 쓰기 위해 노력해
야 한다.'라고 말하고 있으므로 정답은 ②번이다.

21-22

> 장애인들의 소외와 간병 문제를 해결해야 하는 지자체의
> (어깨가 무겁다). 이에 가온시에서는 ⒟장애인 공유 주택을
> 활용한 돌봄 모델을 제시하였다. 이는 일방적인 지원을 받지
> 않고 비장애인과 같이 평범하게 살고 싶다는 장애인들의 의사
> 를 반영한 것이다. ⒜ⓒ이곳에 사는 장애인들은 서로를 돌보
> 며 함께 살아간다. 물론 ⒝모든 장애인이 공유 주택에서 함께
> 살 수 있는 것은 아니지만 이러한 시도를 통해 새로운 돌봄 모
> 델의 가능성을 볼 수 있다.

21. ②

▶ 지자체는 장애인의 소외와 간병 문제를 해결해야 한다. 이러한

문제는 쉽게 해결되지 않으며 많은 노력이 필요하다. 빈칸의 '어
깨가 무겁다'는 '무거운 책임을 져서 부담스럽다'의 의미를 나타
내므로 정답은 ②번이다.

22. ①

▶ ① 장애인들은 공유 주택에서 서로를 돌볼 수 있다. ⒜
　② 모든 장애인은 장애인 공유 주택에서 살 수 있다.
　　→ 모든 장애인이 공유 주택에서 살 수 있는 것은 아니다. ⒝
　③ 장애인 공유 주택에서는 비장애인과 장애인이 함께 산다.
　　→ 장애인들이 함께 산다. ⓒ
　④ 장애인 공유 주택으로 인해 장애인 간병 문제가 심각해졌다.
　　→ 간병 문제에 대한 새로운 돌봄 모델로 제시되었다. ⒟

23-24

> 오늘은 할머니 생신이어서 ⓒ나는 어머니와 같이 빵집에 들
> 러 케이크를 샀다. 그리고 아버지가 퇴근하신 후 저녁에 할머
> 니 댁으로 갔다. 친척들은 점심 때 미리 왔다 갔기 때문에 저
> 녁에는 우리 가족뿐이었다. 나는 할머니 댁에서 케이크를 열
> 어 긴 초 여덟 개, 짧은 초 한 개를 꽂았다. 문득 케이크 위에
> 꽂은 초를 보니 눈시울이 붉어졌다. '⒜벌써 할머니께서 여든
> 한 살이시라니' 믿기지가 않았다. 어렸을 때부터 ⒝바쁜 부모
> 님을 대신하여 나를 키워주셨던 할머니셨는데 작년에 나도 대
> 학교에 입학하고 정신이 없어 자주 찾아뵙지 못하였다. 그동
> 안 할머니는 주름도 많이 생기시고 허리도 더 굽으신 것 같았
> 다. 나는 할머니께 "할머니, 오래오래 우리랑 같이 사셔야 해
> 요."라고 말했더니 할머니께서는 "아이구, 우리 손자! 이 케이
> 크에 긴 초가 열 개 꽂힐 때까지 행복하게 살게."라고 하셨다.
> 우리는 할머니께 생신 축하 노래를 불러드리고 ⒟내가 직접
> 만든 팔찌를 드렸다. 팔찌를 보시며 활짝 웃는 할머니의 모습
> 은 마치 10대 소녀 같았다.

23. ①

▶ - 나는 할머니 댁에서 케이크를 열어 긴 초 여덟 개, 짧은 초 한
개를 위에 꽂았다.
　- '벌써 할머니께서 여든 한 살이시라니' 믿기지가 않았다.
　- 그동안 할머니는 주름도 많이 생기시고 허리도 더 굽으신 것
같았다
나는 할머니의 생신을 축하하러 갔지만, 나이 드신 할머니를 보
면서 슬프고 안타까움을 느끼는 것이 가장 자연스럽다. 따라서
정답은 ①번이다.

24. ④

▶ ① 할머니는 올해 82살이 되었다.
　　→ 할머니는 올해 여든 한 살(81살)이 되었다. ⒜
　② 할머니는 바빠서 나를 키워주지 못했다.
　　→ 할머니는 바쁜 부모님을 대신하여 나를 키워주셨다. ⒝
　③ 나는 부모님과 함께 케이크를 만들었다.

→ 나는 어머니와 같이 빵집에서 케이크를 샀다. ©
④ 나는 할머니 생신 선물로 팔찌를 드렸다. ⑩

25. ③

> 고금리 직격탄, 중고차 시장 '한파주의보'

▶ '고금리'는 '금리가 높다'는 뜻이다. '한파'는 원래 '몹시 추운 겨
울 날씨'를 말한다. 이를 경제 상황에 비유하면 치명적인 손해
를 보고 있다는 뜻이다. 따라서 정답은 ③번이다.

26. ④

> 해외로 진출한 면세점, 내수 부진 극복하고 새 물꼬 트다

▶ '내수'는 '국내의 수요'라는 뜻이고, '부진'은 '앞으로 나아가지 못
하다'를 말한다. 또한 '물꼬(를) 트다'는 '새로운 일 또는 사업을
시작하다'라는 뜻이다. 따라서 신문 제목은 '면세점이 국내의 문
제점을 극복하고 해외로 진출해 국내의 새로운 일을 시작하다'
는 뜻이므로 정답은 ④번이다.

27. ③

> 물거품이 된 대형 마트 의무휴업일 폐지

▶ '물거품이 되다'는 '노력이 헛되이 되다'는 뜻이다. '의무휴업일'은
'의무적으로 정해진 날에 일을 못하는 것'을 말한다. '폐지'는 '실
시하던 제도, 규칙 등을 없애다'는 뜻이다. 따라서 정답은 ③번
이다.

28. ②

> 체감 온도란 사람이 덥거나 춥다고 느끼는 주관적인 온도
다. 이를 느낌 온도라 부르기도 한다. 체감 온도는 습도, 바람,
햇볕의 양뿐만 아니라 심리 상태 등에 따라서도 달라질 수 있
다. 따라서 (객관적인 지수로) 표시하기 어렵다. 체감 온도는
말 그대로 몸의 어떤 감각으로 느끼는 추상적인 온도이기 때
문이다.

▶ 빈칸의 내용은 표시하기 어려운 것에 대한 것이다. 이 글에서는
체감 온도가 여러 요인에 이해 달라지고 추상적인 온도라고 말
하고 있다. 따라서 정답은 ②번이다.

29. ①

> 몸에 이상이 있거나 아플 때 민간요법을 사용하는 경우가
있다. 특히 나이 든 사람들은 병원에 가는 것보다 민간요법을
선호하는 경우가 많다. 물론 어느 정도 의학적인 근거가 있는
민간요법도 있지만 전혀 근거가 없는 민간요법도 있다. 따라서
민간요법에 대한 정확한 지식이 없다면 (따라하지 않는 것이
) 낫다. 오히려 부작용으로 고생할 수도 있기 때문이다.

▶ 빈칸의 내용은 민간요법에 대한 정확한 지식이 없을 때 하면 더
나은 행동에 관한 것이다. 이 글에서는 의학적으로 전혀 근거가
없는 민간요법도 있고 민간요법 사용 시 부작용으로 고생할 수
있다고 하였다. 따라서 정답은 ①번이다.

30. ③

> 흔히 많은 사람들은 다른 사람의 성공한 삶을 부러워하지만
그 사람들이 성공에 이르기까지의 과정은 잘 알지 못한다. 진
정한 성공 뒤에는 사람들이 알지 못하는 수많은 (고통의 시
간이) 있다. 성공한 사람들은 어떤 시련이나 어려움이 있더라
도 절망하고 포기하는 대신 목표를 향해 앞으로 나아간다. 힘
든 과정 속에서도 그 일에 모든 열정을 쏟고 최선을 다하여
마침내 꿈을 이룬 것이다.

▶ 빈칸의 내용은 성공한 사람 뒤에 있는 사람들이 알지 못하는 것
에 대한 것이다. 이 글에서는 성공한 사람들이 어떤 시련이나 어
려움이 있더라도 절망하고 포기하는 대신 목표를 향에 앞으로
나아간다고 하였다. 또한 힘든 과정 속에서도 최선을 다하였다
고 하였다. 시련이나 어려움, 힘든 과정 등을 통해 고통의 시간
을 추측할 수 있다. 따라서 정답은 ③번이다.

31. ①

> 한국의 높은 대학 진학률이 때로는 청년 실업 문제를 더욱
부추기기도 한다. 대부분의 사람들이 대학만 나오면 번듯한
일자리를 가질 수 있다는 환상을 가지고 자신의 적성은 고려
하지 않은 채 좋은 일자리만을 찾기 때문이다. 이러한 문제를
해결하기 위해 입시 위주의 교육 정책이 아닌 (개인의 적성을
키울 수) 있는 교육 정책이 절실히 필요한 시점이다.

▶ 빈칸의 내용은 현재 문제를 해결하기 위한 교육 정책에 대한 것
이다. 이 글에서는 많은 사람들이 대학만 나오면 일자리를 가
질 수 있다는 생각으로 자신의 적성은 고려하지 않은 채 좋은
일자리만 찾기 때문에 청년 실업 문제가 더욱 심각해진다고 하
였다. 따라서 정답은 ①번이다.

32. ④

> ©한국에서는 자동차가 중앙선을 기준으로 오른쪽으로 통
행하기 때문에 한국 자동차들의 핸들은 왼쪽에 달려 있다. ⑧
보행자 역시 자동차와 마찬가지로 인도에서 우측통행을 하기
때문에 ⑩차량과 마주 보면서 걷는다. 그렇게 하면 위험 상황
을 대비할 수 있고 교통사고의 위험을 줄일 수 있기 때문이다.
그리고 ⑧우측통행을 하면 짐이나 가방을 든 오른손이 다른
사람과 부딪힐 확률이 낮아져 걷는 속도가 빨라지는 효과도
있다.

▶ ① 보행자는 인도에서 좌측으로 통행하는 것이 좋다.
→ 보행자는 인도에서 우측(오른쪽)으로 통행하는 것이 좋
다. ⑧

정답 및 해설

② 오른손에 든 가방이 부딪힐 때 <s>왼손으로 바꿔야 한다.</s>
  → 우측통행을 하면 가방을 든 오른손끼리 부딪힐 확률이 낮아질 뿐, 왼손으로 바꿔야 한다는 이야기는 없다. ⑧
③ 한국은 중앙선을 기준으로 자동차가 <s>왼쪽으로</s> 통행한다.
  → 한국에서는 자동차가 중앙선을 기준으로 오른쪽으로 통행한다. ⓒ
④ 보행자는 자동차와 마주보며 걸으면 교통사고를 예방할 수 있다. ⓓ

33. ①

> 두 종류를 함께 먹으면 영양소가 더 좋아지는 음식을 보고 음식 궁합이 좋다고 하고, 함께 먹었을 때 상극이 되는 경우는 음식 궁합이 나쁘다고 한다. 예를 들어 ⑧김치는 유산균이 풍부하지만 나트륨이 많다. 따라서 김치를 고구마와 함께 먹으면 ⓓⓑ고구마에 있는 칼륨 성분이 김치의 나트륨을 배출시켜 영양을 고루 갖출 수 있다. 반면에 ④토마토와 설탕은 함께 먹으면 ⓒ토마토의 비타민이 몸에 흡수되지 않고 설탕을 분해하는 데 사용되기 때문에 건강에 좋은 효과가 떨어진다.

▶ ① 토마토와 설탕은 음식 궁합이 좋지 않다. ④
  ② 고구마는 유산균이 많지만 칼륨 성분은 적다.
    → 김치에는 유산균이 많고, 고구마에는 칼륨 성분이 있다. ⑧
  ③ 설탕은 토마토의 비타민을 분해하는 역할을 한다.
    → 토마토의 비타민이 설탕을 분해하는 데 사용된다. ⓒ
  ④ 김치는 고구마가 가진 나트륨을 흡수시키는 것을 돕는다.
    → 고구마에 있는 칼륨 성분은 김치의 나트륨을 배출시킨다. ⓓ

34. ④

> 사람에게는 아무 소리도 들리지 않는데 개나 고양이가 반응하는 경우가 있다. 사람과 동물들은 각 종마다 들을 수 있는 소리의 진동수 영역이 다르기 때문에 사람에게 들리지 않아도 다른 동물들에게는 들릴 수 있는 것이다. ⓒ일반적으로 사람은 진동수가 20Hz에서 ⑧20,000Hz의 영역만 들을 수 있으며, 그 이상은 초음파 영역이어서 들을 수 없다. 하지만 ④개는 40,000Hz, 고양이는 60,000Hz 영역까지의 초음파를 들을 수 있고, 돌고래는 150,000Hz 초음파를 들을 수 있다. 그래서 ⓓ돌고래는 초음파의 특징을 통해서 물체의 위치와 성질도 알아낼 수 있는 것이다.

▶ ① 개와 고양이는 들을 수 있는 초음파 영역이 <s>같다.</s>
    → 개는 40,000Hz, 고양이는 60,000Hz 영역의 초음파를 들을 수 있다. ④
  ② 초음파는 <s>20Hz에서</s> 150,000Hz를 포함하는 진동수이다.
    → 초음파는 20,000Hz 이상의 영역을 말한다. ⑧
  ③ 사람이 소리를 들으려면 진동수가 <s>20,000Hz</s> 이상이어야 한다.

→ 사람은 진동수가 20Hz에서 20,000Hz의 영역만 들을 수 있다. ⓒ
④ 돌고래는 높은 초음파의 특징을 사용해 물체를 인지할 수 있다. ⓓ

35. ③

> 겨울철 난방비를 줄이기 위해 외출 시 보일러를 끄는 경우가 있다. 하지만 난방비를 아끼기 위해서는 외출할 때 보일러를 끄면 안 된다. 왜냐하면 차가워진 집의 바닥과 실내 온도를 다시 올리는 데 더 많은 연료가 소모되기 때문이다. 따라서 외출을 할 때는 보일러를 아예 꺼 놓는 것보다 설정 온도를 2도에서 3도 정도 낮춰 놓는 게 도움이 된다. 하지만 출장과 여행과 같이 긴 시간 집을 비울 때에는 외출 모드를 설정해 놓는 게 좋다. 외출 모드를 설정하면 한겨울에도 보일러가 동파되는 것을 방지해 준다.

▶ 이 글은 난방비 절약 방법에 대해 말하고 있다. '난방비를 아끼기 위해서는 외출할 때 보일러를 끄면 안 된다.'라는 내용과 '외출을 할 때는 보일러를 아예 꺼 놓는 것보다 설정 온도를 2도에서 3도 정도 낮춰 놓는 게 도움이 된다.'를 통해 보일러를 아예 꺼 놓지 않는 게 난방비를 절약할 수 있는 방법임을 알 수 있다. 따라서 정답은 ③번이다.

36. ③

> 착오 행위는 의식하지 못한 상태에서 자신의 의도와 다른 행위를 하는 현상을 말한다. 예를 들면 매일 사용하는 물건을 어디에 뒀는지 잊어버리는 일, 생각하는 단어를 다른 글자로 쓰는 것 등이 있다. 대부분의 사람들은 이를 단순한 실수로 여겼지만, 심리학자인 프로이트는 사소한 실수처럼 보이는 이 행동들도 동기와 의미를 가지고 있다고 생각해 계속 연구를 이어갔다. 그 결과 착오 행위는 인간의 무의식과 관련 있다는 것을 밝혀냈다. 아무 의미 없어 보이는 행동도 무시하지 않고 진지하게 탐구해 인간의 무의식이라는 새로운 지평을 열게 된 것이다.

▶ 이 글은 착오 행위에 대해 말하고 있다. 착오 행위를 '대부분의 사람들은 이를 단순한 실수로 여겼지만' 프로이트가 연구한 결과 '착오 행위는 인간의 무의식과 관련 있다는 것을 밝혀냈다.'는 것을 알 수 있다. 따라서 정답은 ③번이다.

37. ④

> 전기차는 주행 중에 매연을 발생하지 않기 때문에 친환경 자동차로 인식되고 있다. 하지만 전기차에 사용되는 배터리를 만드는 과정, 전기를 생산하는 과정에서는 이산화탄소가 배출된다. 특히 전기차의 배터리를 제조할 때 사용되는 광물들을 채굴할 때 많은 양의 지하수가 소모되고 가공 과정에서는 대기오염 물질이 배출되기도 한다. 더 큰 문제는 다 쓴 배터리는

유독 물질을 포함하고 있어 토양 오염을 유발할 수 있다는 것
이다. 따라서 전기차가 실제로 친환경 자동차로 성장하기 위
해서는 환경오염을 유발할 수 있는 문제에 대한 대책이 필요
하다.

▶ 이 글은 전기차가 환경오염을 유발할 수 있다는 사실에 대해 말
하고 있다. 사람들의 인식과 달리 전기차는 여러 가지 환경오염
을 유발하고 있다. '따라서 전기차가 실제로 친환경 자동차로 성
장하기 위해서는 환경오염을 유발할 수 있는 문제에 대한 대책
이 필요하다.'를 통해 친환경 전기차가 되기 위한 근본적인 대책
이 필요함을 알 수 있다. 따라서 정답은 ④번이다.

38. ①

초창기의 영화는 소리가 없는 무성 영화였다. 그 후 소리가
들어가는 영화가 등장했지만, 일부 영화감독들은 유성 영화
를 부정적인 시각으로 바라보았다. 영화의 소리가 시각적인
예술 효과와 관객의 상상력을 빼앗을 것이라고 생각했기 때문
이다. 하지만 영화에 소리가 없다면 영화의 내용, 분위기를 효
과적으로 전달할 수 없을 것이다. 그리고 필요한 장면에 적절
한 음악을 삽입할 경우 더 깊은 감동을 줄 수도 있다. 그래서
오늘날에는 영화에서만 사용되는 음악을 따로 녹음해 오리지
널 사운드트랙을 발매하기도 한다.

▶ 이 글은 영화의 음악에 대해 말하고 있다. '하지만 영화에 소리
가 없다면 영화의 내용, 분위기를 효과적으로 전달할 수 없을
것이다.'를 통해 영화 속에 삽입된 음악이 여러 가지 긍정적인
역할을 할 수 있다는 것을 알 수 있다. 따라서 답은 ①번이다.

39. ④

칼집을 낸 부분의 껍질이 저절로 벗겨지면 토마토를 건져
올려 맛있게 먹을 수 있다.

건강에 좋은 토마토를 맛있게 익힐 수 있는 방법이 있다.
(㉠) 냄비에 토마토가 잠길 만큼의 물을 채우고 소금을
조금 넣은 다음 불을 켠다. (㉡) 그리고 물에서 작은 공기
방울들이 올라올 때까지 기다린다. (㉢) 물이 충분히 끓
으면 토마토의 꼭지 부분을 십(十) 자로 칼집을 내고 냄비에
넣는다. (㉣)

▶ ㉣ 앞의 문장에서 십(十) 자로 칼집을 내고 냄비에 넣는다는 내
용이 나온다. 주어진 문장은 칼집을 낸 부분의 껍질이 벗겨지면
토마토를 건져 올려 맛있게 먹을 수 있다는 내용이므로 순서상
마지막에 와야 한다. 따라서 정답은 ④번이다.

40. ③

반면에 고양이는 쓴맛과 신맛에는 무척이나 예민하게 반응
한다.

고양이는 단맛을 느끼지 못한다고 한다. (㉠) 왜냐하면
고양이는 혀에서 이 맛을 느끼는 미각 세포가 없기 때문이다.
(㉡) 그래서 고양이에게 초콜릿을 줘도 고양이는 달콤함
을 느끼지 못한다. (㉢) 이 맛은 음식이 부패했는지 아닌
지를 판단할 수 있게 도와줘 고양이의 생존에 중요한 역할을
하기 때문이다. (㉣)

▶ ㉢앞의 문장에서는 고양이가 단맛을 느끼지 못한다는 내용이
나온다. 주어진 문장에는 '반면에'라는 접속사가 있으므로 단맛
을 느끼지 못하는 것과 반대되는 내용이 나올 것임을 알 수 있
다. ㉢뒤의 문장에는 '이 맛'은 음식이 부패했는지 아닌지를 판
단할 수 있게 도와주고 고양이의 생존에 중요한 역할을 한다고
하였는데, 이때 '이 맛'은 '쓴맛과 신맛'이 되는 것이 자연스럽다.
따라서 정답은 ③번이다.

41. ①

그런데 움직이는 대상을 그린 그림에서도 이와 비슷한 운동
감을 느낄 수 있다.

우리는 어린아이가 빠르게 뛰는 모습을 포착한 사진을 통해
운동감을 연상할 수 있다. (㉠) 선과 도형만으로 운동감
을 표현한 몬드리안의 작품이 대표적인 예이다. (㉡) 이런
그림에서 운동감을 느끼는 이유는 감상하는 사람의 눈이 대
상들을 따라 이동하며 움직임을 떠올리기 때문이다. (㉢)
균형적으로 배열된 패턴보다 불균형적인 패턴에서 운동감을
더 잘 느낄 수 있다. (㉣)

▶ ㉠앞에서는 사진을 통해 운동감을 느끼는 것에 대한 내용이다.
주어진 문장은 사진뿐만 아니라 그림에서도 이와 같은 운동감
을 느낄 수 있다는 내용이다. 그리고 ㉠뒤에는 그림과 관련된
선, 도형이 나온다. 따라서 정답은 ①번이다.

42-43

집에 돌아오자마자, 뜨거운 물로 샤워를 하고 실내복으로
갈아입었다. ⒶⒷ목요일, ⒶⒷ심신 장애인 시설에서 자원봉사자
로 일하는 날은 몸이 젖은 솜처럼 무겁고 피곤하다. 그래도 뇌
성마비나 선천적 기능 장애로 사지가 뒤틀리고 정신마저 온전
치 못한 아이들을 씻기고 함께 놀이를 하고 Ⓓ휠체어를 밀어
산책을 시키는 등 시중을 들다 보면, 나를 요구하는 곳에서 시
간과 힘을 내어 일한다는 뿌듯함이 있다. Ⓒ고등학생인 두 아
들은 아침에 도시락을 두 개씩 싸 들고 갔으니 밤 11시나 되어

정답 및 해설

야 올 것이고, 남편은 3박 4일의 출장 중이니 날이 저물어도 서두를 일이 없다. 더욱이 나는 한나절 심신이 지치게 일을 한 뒤라 당당히 휴식을 즐길 권리가 있다. 아이들이 돌아올 때까지의 서너 시간은 오로지 내 시간인 것이다. 아이들은 머리가 커져 치마폭에 감기거나 귀찮게 치대는 일이 없이 "다녀왔습니다." 한 마디로 문 닫고 제 방에 들어가기 마련이지만, 가족들이 집에 있을 때에는 아무리 거실이나 방에 혼자 있어도 혼자 있다는 기분을 갖기 어려웠다. 사방 문 열린 방에서 두 손 모아 쥐고 전전긍긍 24시간 대기하고 있는 형국이었다.

42. ③

▶ - 더욱이 나는 한나절 심신이 지치게 일을 한 뒤라 당당히 휴식을 즐길 권리가 있다.
  - 사방 문 열린 방에서 두 손 모아 쥐고 전전긍긍 24시간 대기하고 있는 형국이었다.
  나는 쉬고 싶은데 가족들과 함께 있는 집에서는 혼자 있어도 혼자 있다는 기분을 갖기 어렵다고 생각하기 때문에 성가신 심정이 가장 자연스럽다. 따라서 정답은 ③번이다.

43. ①

▶ ① 나는 목요일에 봉사활동을 한다. Ⓐ
  ② 나는 음식을 만들어서 돈을 번다.
    → 나는 장애인 시설에서 자원봉사자로 일한다. Ⓑ
  ③ 나는 고등학생 아들이 한 명 있다.
    → 고등학생인 아들이 두 명 있다. Ⓒ
  ④ 나는 다리를 다쳐 휠체어를 타고 있다.
    → 나는 장애인들을 위해 휠체어를 밀며 시중을 든다. Ⓓ

44-45

노모포비아는 스마트폰을 (가지고 있지 않으면) 불안을 느끼는 스마트폰 과의존 증상을 말한다. 강제로 스마트폰 사용을 제지당했을 때는 폭력성을 보이기도 한다. 스마트폰이 똑똑해질수록 편리함과 신속함에 길들어진 현대인들이 겪는 문제점들도 많아지고 있다. 대표적으로 시력 저하, 거북목 증후군 등 신체적인 기능이 떨어지는 것 외에 대인관계의 단절, 우울증과 같은 정신적인 어려움도 가져올 수 있다. 노모포비아를 예방하기 위해서는 스마트폰 과의존의 위험성을 인지해야 한다. 또는 스마트폰 과의존을 막아 주는 앱을 설치해 스마트폰 기능을 잠시 멈추거나, 앱 사용 시간을 조절하는 것도 도움이 된다. 그리고 자주 스마트폰 알람이 뜨는 것을 차단해 스마트폰을 보는 시간을 줄이는 것도 도움이 된다.

44. ③

▶ 스마트폰 과의존 증상은 스마트폰에 지나치게 의존하는 것을 말한다. 강제로 스마트폰 사용을 제지당했을 때 폭력성을 나타내는 것은 스마트폰을 가지고 있지 않을 때 폭력성을 보이는 것이다. 따라서 정답은 ③번이다.

45. ③

▶ 이 글은 '스마트폰이 똑똑해질수록 편리함과 신속함에 길들어진 현대인들이 겪는 문제점들도 많아지고 있다.'를 통해 노모포비아의 문제점을 말하며 '노모포비아를 예방하기 위해서' 실천할 수 있는 방법에 대해 말하고 있다. 따라서 정답은 ③번이다.

46-47

미국의 한 대학에서 사람들에게 두 팀의 농구공 패스 장면을 보여주며 한쪽 팀의 패스 횟수를 세게 하였다. 그리고 경기 중에 고릴라 분장을 한 사람을 지나가게 하였지만 실험 참가자의 절반이 고릴라를 보지 못했다고 답했다. Ⓑ이러한 현상을 '무주의 맹시'라고 한다. Ⓐ무주의 맹시는 시각이 손상되어 물체를 보지 못하는 것과는 달리 보면서도 인지하지 못하는 경우를 말한다. Ⓓ사람들은 이러한 현상을 생각보다 자주 경험을 한다. 사고 싶은 물건이 있으면 길에서 유난히 그 물건이 자주 보이고, 드라마나 영화 속에서 엉망이 된 옷을 입고 있던 주인공이 다음 장면에서 멀쩡한 옷을 입고 나와도 잘 알아차리지 못한다. 즉 Ⓒ우리는 본 것을 그대로 인지하는 것이 아니라 인지한 대로 보는 것이다. 따라서 우리가 본 것이 모두 사실은 아닐 수 있으며 본 것을 모두 사실로 믿는 일은 없어야 할 것이다.

46. ④

▶ 이 글에서는 무주의 맹시에 대해 설명하며 '우리가 본 것이 모두 사실은 아닐 수 있으며 본 것을 모두 사실로 믿는 일은 없어야 할 것이다.'를 통해 본 것을 모두 사실로 믿어서는 안 된다고 말하고 있다. 따라서 정답은 ④번이다.

47. ③

▶ ① 무주의 맹시는 시력과 관련이 있다.
    → 보면서도 인지하지 못하는 것을 말한다. Ⓐ
  ② 사람들이 고릴라를 못 본 것은 시력 때문이다.
    → 무주의 맹시 때문이다. Ⓑ
  ③ 인지하는 것에 따라 같은 것도 다르게 볼 수 있다. Ⓒ
  ④ 일상생활에서 사람들은 무주의 맹시를 경험하기 어렵다.
    → 무주의 맹시를 자주 경험한다. Ⓓ

48-50

어떻게 살아야 하는가에 대한 물음에 대해 칸트는 두 가지 사랑을 비교해서 말했다. ⓓ이성 간의 사랑처럼 인간의 자연스러운 감정이 중요시되는 사랑은 감성적 차원의 사랑이며, ⓓ타인에 대한 의무를 가지고 행동하는 사랑은 실천적 사랑이다. 도덕성을 중요하게 생각했던 ⓓ칸트는 감성적 차원의 사랑보다 실천적 사랑에 더 많은 가치를 두었다. ⓐ남녀 간의 사랑과 같은 감성적 차원의 사랑은 자연적으로 생겨나는 감정이기 때문에 명령을 통해 강제성을 부여할 수 없다. 하지만 타인에 대한 의무를 가진 실천적 사랑은 도덕법칙을 중요하게 여기기 때문에 (강제성을 가질 수 있다고) 보았다. 만약 돈이 없어서 굶고 있는 친구가 있다면 주저하지 않고 돈을 빌려줘야 한다. 또는 ⓒ이 친구에게 돈을 빌려주라고 타인에게 명령하는 행동은 실천적 사랑이다. ⓑ친구에게 돈을 빌려준 뒤 친구가 나에게 고마워하겠지, 나에게 빌려 간 돈보다 더 많은 돈을 주겠지라는 기대는 하지 않아야 한다. 친구에게 친절한 행동을 한 나의 도덕적인 모습에 스스로 행복을 느껴야 한다. 다시 말해 모든 인간은 보편적인 도덕법칙을 중요하게 생각하고 행동하며 살아야 한다는 것을 알 수 있다.

48. ②

▶ 이 글의 목적은 '어떻게 살아야 하는가에 대한 물음에 대해' '모든 인간은 보편적인 도덕법칙을 중요하게 생각하고 행동하며 살아야 한다.'는 삶의 자세와 태도를 설득하기 위해서이다. 따라서 정답은 ②번이다.

49. ②

▶ '남녀 간의 사랑과 같은 감성적 차원의 사랑은 자연적으로 생겨나는 감정이기 때문에 명령을 통해 강제성을 부여할 수 없다'는 문장 뒤에 '하지만'이라는 접속어가 나타나므로 반대되는 내용이 온다는 것을 알 수 있다. 따라서 정답은 ②번이다.

50. ④

▶ ① 남녀 간의 사랑은 강제성을 가질 수 있다.
　　→ 남녀 간의 사랑은 강제성을 가질 수 없다. ⓐ
② 실천적 사랑을 한 후 보상을 기대하는 게 좋다.
　　→ 실천적 사랑 후 보상을 다른 사람의 보상을 기대하지 않아야 한다. ⓑ
③ 타인에게 명령을 하는 것은 도덕성을 저해하는 행동이다.
　　→ 실천적 사랑은 강제성을 가지고, 명령을 할 수 있다. ⓒ
④ 칸트는 자연스러운 감정보다 도덕성을 중요하게 생각했다.
　　ⓓ

실전 모의고사 2회

 1교시 (듣기)　　　　　p.127

1	2	3	4	5	6	7	8	9	10
②	①	④	①	②	③	①	③	③	④
11	12	13	14	15	16	17	18	19	20
③	③	②	②	③	④	③	③	③	③
21	22	23	24	25	26	27	28	29	30
①	④	①	①	②	④	④	①	③	③
31	32	33	34	35	36	37	38	39	40
④	①	①	②	①	①	③	②	④	③
41	42	43	44	45	46	47	48	49	50
①	②	③	①	④	④	④	④	①	②

1. ②

> 남자: 주문하시겠어요?
> 여자: 커피 한 잔 주세요.
> 남자: 네. 앞쪽으로 천천히 차량을 이동해 주세요.

▶ 여자가 차 안에서 커피를 주문하고 있는 상황이므로 정답은 ②번이다.

2. ①

> 남자: 자, 오른쪽 다리를 접어서 왼쪽 무릎에 붙이세요.
> 여자: 이렇게요? 넘어질 것 같아요.
> 남자: 괜찮아요. 두 손을 가슴 앞에 모으고 천천히 숨을 쉬세요.

▶ 남자가 여자에게 자세를 가르쳐 주고 여자가 자세를 취하고 있는 상황이다. 이때 여자의 자세는 한 다리로만 서 있는 자세이므로 정답은 ①번이다.

3. ④

> 남자: 최근 몇 년 사이에 먹는 방송을 뜻하는 먹방의 수가 폭발적으로 늘어났습니다. 사람들이 '먹방'을 시청하는 이유로는 '혼자 밥을 먹기 때문에'라는 응답이 가장 많았으며 '직접 먹지는 못하더라도 대리 만족을 할 수 있기 때문에'와 '맛집을 소개해 주기 때문에'가 그 뒤를 이었습니다.

▶ 먹방을 보는 이유는 혼자 밥을 먹어서가 1위, 대리 만족할 수 있어서가 2위, 맛집을 소개해 줘서가 3위이므로 정답은 ④번이다.

정답 및 해설

4. ①

> 여자: 오늘 면접을 보고 왔는데 생각보다 잘한 것 같아.
> 남자: 다행이다. 결과는 언제 나와?
> 여자: 내일 이메일로 알려준대.

▶ 남자는 여자에게 면접 결과가 언제 나오는지 물어보는 상황이다. 이때 여자는 결과가 나오는 날짜와 방법을 말하는 것이 자연스러우므로 정답은 ①번이다.

5. ②

> 남자: 수미야, 너희 집에는 무슨 세탁기 써? 추천 좀 해 줘.
> 여자: 왜? 세탁기에 무슨 문제 있어?
> 남자: 낡아서 새것으로 바꾸고 싶어.

▶ 남자는 여자에게 세탁기를 추천해 달라고 이야기하고 있다. 이에 대해 여자는 세탁기에 문제가 있냐고 물어보는 상황이다. 이때 남자는 세탁기를 추천해 달라고 말한 이유를 말하는 것이 자연스러우므로 정답은 ②번이다.

6. ③

> 남자: 원피스 새로 샀어?
> 여자: 응. 인터넷으로 샀는데 나한테 별로 안 어울리네. 세일 상품이라 반품도 안 되고.
> 남자: 요즘 많이 하는 중고 장터에 올려 봐.

▶ 자신에게 어울리지 않는 원피스를 산 여자에게 원피스의 처리 방법에 대한 조언을 하는 상황으로, 정답은 ③번이다.

7. ①

> 여자: 목요일에 도서관에서 하는 취업 특강 같이 들을래?
> 남자: 좋아. 그런데 그거 선착순 100명까지만 들을 수 있대.
> 여자: 늦지 않게 지금 신청하자.

▶ 남자와 여자는 취업 특강을 같이 듣기로 하였다. 그런데 그 취업 특강은 100명까지만 들을 수 있다. 따라서 취업 특강을 빨리 신청하자고 대답해야 하므로 정답은 ①번이다.

8. ③

> 남자: 말하기 대회에 참가하고 싶은 사람은 신청서를 써서 저한테 주세요.
> 여자: 선생님, 언제까지 신청하면 될까요?
> 남자: 모레까지 접수를 받고 있어요.

▶ 여자는 말하기 신청 기간에 대해 물어보고 있는 상황이다. 이때 남자는 신청 접수 날짜를 알려주는 것이 자연스러우므로 정답은 ③번이다.

9. ③

> 여자: 오랜만에 가는 캠핑이라 너무 기대된다!
> 남자: 어? 그런데 수미가 아직 안 왔네. 수미는 어디쯤이래?
> 여자: 어디쯤 왔는지 내가 전화해 볼게.
> 남자: 그래. 난 텐트를 차에 싣고 있을게.

▶ 여자와 남자는 수미와 함께 캠핑을 가려고 한다. 아직 수미가 오지 않아서 여자가 "어디쯤 왔는지 내가 전화해 볼게"라고 이야기하는 상황이다. 따라서 정답은 ③번이다.

10. ④

> 여자: 집을 고쳤어요? 거실이 훨씬 넓어졌네요.
> 남자: 네. 이번에 집을 좀 수리했어요.
> 여자: 혹시 인테리어 회사를 소개해 줄 수 있어요? 저희 집도 좀 고치고 싶어서요.
> 남자: 여기 명함이 있네요. 한번 전화해서 물어보세요.

▶ 남자는 집을 수리했다. 여자는 자신의 집도 수리하고 싶어서 인테리어 회사를 소개해 달라고 했다. 이에 대해 남자는 명함을 주며 "한번 전화해서 물어보세요."라고 했으므로 정답은 ④번이다.

11. ③

> 남자: 요즘 무슨 고민이 있어요? 얼굴이 안 좋아 보여요.
> 여자: 네. 한국어가 어려워서 수업 시간에 이해를 잘 못하겠어요. 곧 시험인데 정말 걱정돼요.
> 남자: 그럼 혼자 고민하지 말고 교수님을 찾아가서 상담을 받는 게 어때요?
> 여자: 네. 그래야 되겠어요.

▶ 여자는 시험을 앞두고 한국어 수업 내용을 잘 이해하지 못해서 힘들어 하고 있다. 이에 대해 남자는 "교수님을 찾아가서 상담을 받는 게 어때요?"라고 제안했다. 따라서 정답은 ③번이다.

12. ③

> 남자: 여기가 유명한 맛집이라더니 줄이 정말 기네요.
> 여자: 밥 먹으려면 30분은 기다려야 할 것 같아요.
> 남자: 배 많이 고프면 근처에 다른 식당으로 갈까요?
> 여자: 그래도 이왕 왔으니까 조금 더 기다려요. 제가 핸드폰으로 근처 카페도 찾아볼게요.

▶ 여자는 식당에서 줄을 서서 기다리는 동안 핸드폰으로 근처 카페를 찾아본다고 하였으므로 정답은 ③번이다.

13. ②

남자: ⓐ수미 선배, 작년에 어떤 수업 들으셨어요?
여자: ⓐ난 1학년 때 ⓒ경영학 개론하고 ⓓ마케팅 수업 들었는데?
남자: ⓑ저 이제 수강 신청해야 하는데 그 수업들 어땠어요?
여자: 둘 다 수업 내용이 그렇게 어렵진 않았어.

▶ ① 여자는 1학년 학생이다.
　　→ 남자가 1학년 학생이다. ⓐ
② 남자는 곧 수강 신청 기간이다. ⓑ
③ 남자는 경영학 개론 수업을 들었다.
　　→ 여자는 경영학 개론 수업을 들었다. ⓒ
④ 남자는 여자와 함께 마케팅 수업을 들을 것이다.
　　→ 여자는 이미 마케팅 수업을 들었다. ⓓ

14. ②

여자: 최근 우리 아파트에 ⓐ실내 흡연으로 인한 민원이 계속 증가하고 있습니다. 집 안에서의 흡연으로 인한 담배 냄새는 ⓓ위층뿐만이 아니라 같은 층이나 아래층으로도 퍼집니다. ⓒ베란다나 화장실에서 흡연 시 환풍 시설을 통해 위층과 아래층으로 연기가 들어갑니다. 또한 계단과 아파트 복도에서의 흡연도 현관문의 틈새를 통해 ⓑ이웃집에 피해를 줄 수 있습니다. 서로의 건강과 쾌적한 아파트 환경을 위하여 아파트 실내에서는 금연해 주실 것을 다시 한번 부탁드립니다.

▶ ① 현관문 불량으로 인한 민원이 증가하였다.
　　→ 실내 흡연으로 인한 민원이 증가하였다. ⓐ
② 아파트 실내 흡연은 다수에게 피해를 준다. ⓑ, ⓒ, ⓓ
③ 화장실에서 담배를 피울 때는 환풍기를 켜야 한다.
　　→ 화장실에서 담배를 피우면 환풍 시설을 통해 위층과 아래층으로 연기가 간다. ⓒ
④ 집 안에서 담배를 피우면 위층으로만 냄새가 퍼진다.
　　→ 위층뿐만 아니라 같은 층이나 아래층으로도 냄새가 퍼진다. ⓓ

15. ③

여자: 어제 저녁 7시경 가온 초등학교 앞 도로에서 초등학생이 차에 치이는 사고가 발생했습니다. 이곳은 가온 초등학교와 함께 가온 중학교도 붙어 있어서 학생들이 많이 오고 가는 곳입니다. ⓒ등하교 시간에는 학부모들이 돌아가면서 학교 앞 교통을 정리하지만 늦은 시간에는 교통을 정리해 주는 사람이 없습니다. 경찰 조사에서 ⓑ운전자는 도로가 너무 어두워서 아이가 보이지 않았다고 말했는데요. 이 사고로 학교 앞 도로에는 ⓐ가로등을 의무적으로 설치하는 방안이 검토되고 있습니다.

▶ ① 저녁에는 교통사고가 더 많이 발생한다.

→ (내용에서 확인할 수 없다.)
② 학교 앞 도로에는 가로등이 설치되었다.
　　→ 가로등을 설치하는 방안이 검토되고 있다. ⓐ
③ 운전자는 도로에 아이가 있는지 몰랐다. ⓑ
④ 평소에 경찰들이 학교 앞 교통을 정리한다.
　　→ 학부모들이 교통을 정리한다. ⓒ

16. ④

남자: 비싼 값을 주고 자동차를 구매했는데 반복적으로 고장이 난다면 참으로 답답하겠지요? 이럴 때 자동차를 교환하거나 환불받을 수 있는 법이 있다면서요?
여자: 네, 바로 레몬법입니다. ⓒ자동차나 전자 제품을 구입한 소비자를 불량품으로부터 보호하기 위해 제정된 소비자 보호법입니다. 달콤한 오렌지인 줄 알고 샀는데 오렌지를 닮은 신 레몬이었다는 비유에서 유래된 레몬법은 ⓐ이미 미국과 유럽에서는 오랜 역사를 가진 법입니다. 우리나라에서도 2019년부터 레몬법이 시행되고 있는데요. 물론 ⓑ아직 모든 자동차 회사가 계약서에 이러한 조항을 넣은 것은 아닙니다. 하지만 ⓓ이전과 달리 소비자 보호의 길이 점점 넓어지고 있는 것은 분명합니다.

▶ ① 이 법은 우리나라에서 최초로 시작되었다.
　　→ 우리나라에서는 2019년부터 시행되었다. ⓐ
② 이 법은 현재 모든 자동차 회사에 적용되었다.
　　→ 아직 모든 자동차 회사에 적용된 것은 아니다. ⓑ
③ 이 법은 농산물의 교환과 환불에 관한 법이다.
　　→ 자동차나 전자제품에 관한 법이다. ⓒ
④ 이 법은 변화된 소비자 보호의 방법을 보여준다. ⓓ

17. ③

남자: 도서관에서 책을 빌려서 공부하면 좀 불편할 것 같아.
여자: 책 사는 게 부담스러우면 도서관에서 빌려서 볼 수도 있지 않아?
남자: 공부할 때 중요한 부분에 밑줄도 긋고 메모도 해야 하는데 도서관에서 빌린 책은 그럴 수가 없잖아. 그래서 나는 공부를 할 때 필요한 책은 사서 보는 편이야.

▶ 남자는 여자에게 "나는 공부를 할 때 필요한 책은 사서 보는 편이야."라고 말하고 있다. 따라서 정답은 ③번이다.

18. ③

남자: 요즘 영어 말하기를 연습할 수 있는 동영상들이 많더라. 그런데 그게 도움이 될까?
여자: 동영상에서 말하기에 필요한 다양한 표현을 알려 주니까 괜찮은 것 같던데?
남자: 영어 말하기는 외국인과 만나서 직접 대화를 주고받아야 실력이 좋아지는 것 같아. 상황에 따라 내가 틀린 표현을 듣고 상대방이 바로 고쳐줄 수도 있잖아.

▶ 남자는 여자에게 "영어 말하기는 외국인과 만나서 직접 대화를 주고받아야 실력이 좋아지는 것 같아."라고 말하고 있다. 따라서 정답은 ③번이다.

19. ③

> 여자: 요즘 시험 기간이라서 그런지 도서관에 자리가 없네.
> 남자: 이것 봐. 책상에 그냥 책만 두고 자리만 잡아 놓은 사람들이 많아.
> 여자: 잠깐 화장실에 가거나 급한 일이 있어서 자리를 비운 게 아닐까?
> 남자: 글쎄, 내가 30분 전부터 와서 기다렸는데 한 명도 돌아오지 않았는걸. 자리를 비울 때는 다른 사람을 위해서 자리 반납을 했으면 좋겠어.

▶ 남자는 여자에게 "자리를 비울 때는 다른 사람을 위해서 자리 반납을 했으면 좋겠어."라고 말하고 있다. 따라서 정답은 ③번이다.

20. ③

> 여자: 이번에 새로 맡으신 라디오 프로그램이 인기를 끄는 이유는 뭐라고 생각하십니까?
> 남자: 제가 이번에 맡은 라디오가 아침 10시부터 11시까지 진행하는 건데요. 이 시간대에는 보통 주부님들이 라디오를 많이 들으십니다. 그래서 저는 주부님들이 좋아할 만한 생활 속의 정보를 알려 드리고요. 보내주시는 육아 고민 사연도 읽고 조언을 해 드리면서 공감대를 만듭니다.

▶ 남자는 여자에게 "보통 주부님들이 라디오를 많이 들으십니다. ~ 공감대를 만듭니다."라고 말하고 있다. 따라서 정답은 ③번이다.

21-22

> 여자: 사장님, 이번에 채용 공고를 낼 때 필수 조건으로 어떤 부분을 중점적으로 쓸까요?
> 남자: ⒜이번에는 블라인드 테스트로 진행해 보면 좋겠습니다.
> 여자: 그럼 지원자들의 조건을 안 보고 뽑으신다는 말씀이세요? 괜찮을까요?
> 남자: ⒞학력, 자격증, 외국어 실력 모두 중요한 조건이지만 ⒟그것들이 오히려 선입견으로 작용해서 정말 실력이 있는 지원자들을 놓칠 때가 있었어요. 그래서 ⒞이번에는 이런 조건들을 모두 보지 않고 그 ⒝사람의 인성과 업무와 관련된 실력만을 중점적으로 보고 채용하고 싶네요.

21. ①

▶ 남자는 여자에게 "사람의 인성과 업무와 관련된 실력만을 중점

적으로 보고 채용하고 싶네요."라고 말하고 있다. 따라서 정답은 ①번이다.

22. ④

▶ ① 이 회사는 블라인드 테스트로 채용한 적이 있다.
　→ 이 회사는 이번에 처음으로 블라인드 테스트를 한다. ⒜
② 여자는 인성과 업무 능력을 가장 중요하게 생각한다.
　→ 남자는 인성과 업무 능력을 가장 중요하게 생각한다. ⒝
③ 학력이 높고 자격증이 있으면 이 회사의 채용에 유리하다.
　→ 남자는 학력과 자격증을 보지 않고 채용하고자 한다. ⒞
④ 남자는 선입견 때문에 실력 있는 사람을 놓친 경우가 있다. ⒟

23-24

> 여자: 여보세요, 취업 지원 좀 여쭤보려고 하는데요. 어떻게 신청하면 되나요?
> 남자: 먼저 ⒟인터넷에서 회원 가입을 해 주셔야 합니다. 그리고 가까운 센터에 가셔서 카드 신청서를 작성하시면 됩니다.
> 여자: ⒝혹시 가온시에 있는 센터 주소를 문자 메시지로 받을 수 있을까요?
> 남자: ⒝네. 제가 전화를 끊고 난 뒤에 문자 메시지로 보내 드리도록 하겠습니다. 그리고 ⒞신청을 한다고 모두 지원을 받으실 수 있는 건 아닙니다. 일주일 정도 심사 후에 ⒜선정된 사람들에게는 따로 개별적으로 전화를 드릴 예정입니다.

23. ①

▶ 여자는 "취업 지원 좀 여쭤보려고 하는데요. 어떻게 신청하면 되나요?"라고 말하며 취업 지원 신청 방법을 물어보고 있다. 따라서 정답은 ①번이다.

24. ①

▶ ① 전화 통화로 심사 결과를 알 수 있다. ⒜
② 센터 주소는 인터넷으로만 확인할 수 있다.
　→ 문자 메시지로도 받을 수 있다. ⒝
③ 신청한 사람은 누구나 지원을 받을 수 있다.
　→ 신청한 사람 중 심사를 통해 선정된 사람만 받을 수 있다. ⒞
④ 가까운 센터에 직접 와서 회원 가입을 해야 한다.
　→ 인터넷에서 회원 가입을 해야 한다. ⒟

25-26

> 여자: 독립 유공자 후손을 위한 집짓기 사업은 누구를 위해 정확히 어떤 일을 하는 건가요?

남자: ⓓ일제 강점기에 우리 민족의 독립을 위하여 민족 운동을 하셨던 ⓐ독립운동가분들의 후손을 찾고 그분들을 위해 집을 지어드리는 것입니다. 안타깝게도 독립운동가의 후손들 중에는 경제적으로 어렵게 살고 계신 분이 많습니다. 이러한 분들에게 지금이라도 감사의 마음을 전하기 위해 이러한 사업을 시작하게 되었습니다. ⓑ집을 짓는 비용은 여러 단체와 저와 같은 생각을 가진 많은 사람들의 ⓒ기부를 통해 마련합니다. 독립운동을 하셨던 분들이 없었더라면 지금의 저희도 존재하지 않았겠죠. 앞으로도 이러한 관심이 지속되었으면 좋겠습니다.

25. ②
▶ 남자는 독립운동을 하셨던 분들이 없었더라면 지금의 저희도 존재하지 않았고, 지금이라도 감사의 마음을 전하기 위해 이러한 사업을 시작하였다고 말하였으므로 정답은 ②번이다.

26. ④
▶ ① 독립운동가의 후손을 찾는 것은 불가능하다.
　　→ 독립운동가의 후손을 찾아서 집을 지어드린다. ⓐ
　② 이 사업은 현재 사람들에게 외면당하고 있다.
　　→ 여러 단체와 남자와 같은 생각을 가진 사람이 많다. ⓑ
　③ 집을 짓는 비용은 큰 사업을 통해 마련하였다.
　　→ 기부를 통해 마련한다. ⓒ
　④ 우리나라의 독립을 위해 활동한 사람들이 있었다. ⓓ

27-28

남자: 미안한데 내일 출장 좀 대신 가 줄 수 있어요?
여자: 네? 당장 내일 출장요? ⓒ이번 출장은 다른 지역으로 가는 거잖아요. 이렇게 갑자기는 좀 곤란한데요.
남자: 저도 이런 부탁해서 정말 미안해요. 그런데 ⓓ저랑 제일 친한 친구의 아버지가 갑자기 사고로 돌아가셨는데 ⓑ출장을 다녀오면 장례식이 끝나거든요.
여자: 그런 일이 있었군요. ⓐ그럼 걱정 말고 선배는 장례식에 다녀오세요.

27. ④
▶ 남자는 여자에게 내일 출장을 대신 가 줄 것을 부탁하고 있으므로 정답은 ④번이다.

28. ①
▶ ① 여자는 남자 대신 출장을 가기로 했다. ⓐ
　② 여자는 장례식이 끝나기 전에 돌아온다.
　　→ 출장을 갔다오면 장례식이 끝난다. ⓑ
　③ 남자는 다른 지역에 있는 장례식에 간다.
　　→ 출장은 다른 지역으로 간다. 장례식의 지역은 알 수 없다. ⓒ

④ 남자의 아버지가 갑자기 사고로 돌아가셨다.
　→ 남자 친구의 아버지가 돌아가셨다. ⓓ

29-30

남자: ⓐ여기 오면 특이한 그림들이 많이 걸려 있을 줄 알았는데 그렇진 않네요. 선생님은 여기에서 어떤 일을 하시나요?
여자: 저는 미술 활동을 통해서 ⓑ사회적, 심리적, 정서적으로 문제를 가지고 있는 사람들의 문제를 파악하고 분석해서 치료에 도움을 주고 있습니다.
남자: ⓓ그럼 이런 일을 하는 사람들은 모두 미술을 전공한 사람들이겠죠?
여자: ⓓ꼭 그렇지는 않아요. 저와 같은 일을 하는 사람들의 전공은 미술, 심리, 교육, 재활 등 다양해요. 다만 미술과 치료에 대한 지식을 갖추어야 하죠. ⓒ먼저 미술 활동과 대화를 통해서 내담자의 심리적인 문제를 진단하고 진단 결과를 토대로 내담자를 위한 치료 프로그램을 결정해요. 프로그램이 결정되면 미술 활동을 통해서 내담자 스스로 자신을 들여다보고 고통과 아픔을 극복할 수 있게 도움을 드리고 있어요.

29. ③
▶ 여자는 미술을 통해 사회적, 심리적, 정서적 문제를 가지고 있는 사람들을 치료하는 일을 하고 있으므로 정답은 ③번이다.

30. ③
▶ ① 이곳에는 특이한 그림들이 많이 있다.
　　→ 그렇지 않다. ⓐ
　② 이곳에서는 신체적인 질병을 치료한다.
　　→ 사회적, 심리적, 정서적 문제를 가진 사람들을 치료한다. ⓑ
　③ 여자는 미술 활동과 대화로 상대방의 문제를 파악한다. ⓒ
　④ 여자와 같은 직업을 가지기 위해서 미술을 전공해야 한다.
　　→ 미술을 전공하지 않아도 된다. ⓓ

31-32

여자: 농촌이 가지는 장점을 최대한 살려서 홍보하고 귀농하는 사람들에게 다양한 혜택을 제공하면 농촌 인구 증가에 도움이 될 것입니다.
남자: 글쎄요…. 그것만으로 농촌 인구 감소를 막을 수 있을까요? 실제 통계를 보면 3년 전 일시적으로 농촌 인구가 증가했지만 이후에는 계속 하락세를 유지하고 있어요.
여자: 그럼 농촌 인구 감소를 막기 위한 실제적인 방안에는 무엇이 있을까요?
남자: 귀농을 유치하는 것도 중요하지만 귀농 후 여러 이유로

다시 도시로 돌아가는 '역귀농' 현상을 막을 대책이 필요하다고 생각합니다. 지역에 따라 차이는 있지만 역귀농 인구는 30~50%에 달하기 때문에 이러한 현상의 원인을 파악하고 귀농인들이 안정적으로 정착할 수 있도록 지원을 해야 할 것입니다.

31. ④

▶ 남자는 귀농인들이 안정적으로 정착할 수 있도록 지원을 해야 한다고 말하고 있으므로 정답은 ④번이다.

32. ①

▶ 남자는 농촌 인구 감소를 막기 위한 실제적인 방안으로 역귀농 현상을 막을 대책을 제시하고 있으므로 정답은 ①번이다.

33-34

여자: ⑧영재들은 남들보다 재능이 뛰어난 사람으로서 타고난 잠재력을 계발하기 위해 특별한 교육이 필요한 사람을 말합니다. 영재 교육 전문가에 의하면, 영재들에게는 세 가지 공통적인 요소가 나타난다고 합니다. 그 세 가지는 '평균 이상의 지적 능력, 높은 창의성, ⑧높은 과제 집착력'이었습니다. 영재들은 이 세 가지를 모두 갖추고 있어야 하지만 반드시 이 세 가지가 모두 뛰어날 필요는 없습니다. 여기서 우리가 주목해야 할 부분은 '평균 이상의 지적 능력'입니다. 이 말은 ⑩평균 이상의 지적 능력만으로도 충분히 성공적인 성취를 할 수 있다는 것을 의미합니다. ⑥달리 말하면 공부를 잘한다고 반드시 영재는 아니라는 것입니다. 여러분도 잘 아시다시피, 에디슨은 학교 성적이 좋지 않았음에도 불구하고 위대한 발명으로 세상을 놀라게 했습니다.

33. ①

▶ 여자는 "영재 교육 전문가에 의하면, 영재들에게는 세 가지 공통적인 요소가 나타난다고 합니다."라며 영재 판별 기준으로 '평균 이상의 지적 능력, 높은 창의성, 높은 과제 집착력'을 설명하고 있다. 따라서 정답은 ①번이다.

34. ②

▶ ① 과제 집착력이 없는 영재도 있다.
　　→ 영재들은 과제 집착력을 갖추고 있어야 한다. ⓐ
② 영재들은 특별한 교육이 필요하다. ⑧
③ 공부를 잘하면 영재가 될 수 있다.
　　→ '평균 이상의 지적 능력', '높은 창의성', '높은 과제 집착력'을 모두 가지고 있어야 영재가 될 수 있다. 공부를 잘해야만 반드시 영재는 아니다. ⓒ
④ 지능에 따라 영재를 구분할 수 있다.
　　→ 영재는 평균 이상의 지적 능력만 갖추어도 된다. ⑩

35-36

여자: 안녕하세요? 김로아입니다. 먼저 이렇게 큰 상을 주셔서 감사합니다. ⑧제가 데뷔하고 처음 받는 상이라 너무 떨리네요. 이 상을 받는 것은 다 제 노래를 사랑해 주시는 팬분들 덕분이라고 생각합니다. ⑩이번 노래는 영어, 일본어 버전으로도 만들어져서 미국하고 일본에서도 많은 사랑을 주셨는데요. 사실 저는 외교관이신 아버지를 따라 ⓒ어렸을 때부터 여러 나라를 다니며 영어, 일본어를 배웠습니다. 그때는 어린 마음에 친구들과 헤어져야 하는 상황이 정말 싫었는데 지금은 그 경험이 있었기 때문에 지금의 이 노래가 탄생했고 이 자리까지 오게 된 것 같습니다. 사랑하는 우리 아버지, 어머니, 늘 감사드리고요. ⓐ제가 쓴 가사에 멋진 멜로디를 만들어주신 이창석 작곡가님께 감사드립니다. 앞으로도 좋은 노래로 여러분의 기쁨과 슬픔을 함께 하는 가수가 되겠습니다.

35. ①

▶ 여자는 가수로, 상을 받은 소감을 말하고 있다. 따라서 정답은 ①번이다.

36. ①

▶ ① 이 사람은 노래 가사를 직접 썼다. ⓐ
② 이 사람은 예전에 상을 받은 적이 있다.
　　→ 데뷔하고 처음 받는 상이다. ⑧
③ 이 사람은 어렸을 때 친구들과 자주 다퉜다.
　　→ 어렸을 때 이사를 자주해야 하는 상황이 싫었다. ⓒ
④ 이 사람의 노래는 국내에서만 들을 수 있다.
　　→ 미국, 일본에서도 사랑을 받았다. ⑩

37-38

여자: 선생님 책에서 박인범 선수의 수영복에 상어 피부가 숨어있다는 말은 무슨 뜻인가요?
남자: 2000년 올림픽에서 우리나라에 금메달을 안겨 준 박인범 선수의 수영복을 기억하십니까? 수영 선수들의 전신 수영복에는 상어 피부의 과학이 숨겨져 있습니다. 상어는 큰 덩치와 달리 바닷속에서 수십 km의 속도로 빠르게 헤엄을 치는데요. ⑩상어가 이렇게 빠른 속도를 낼 수 있는 것은 상어의 피부에 있는 작은 돌기 때문입니다. 이 돌기는 물의 저항을 줄여 주어 상어가 더욱 빠르게 헤엄칠 수 있게 도와줍니다. ⓐ전신 수영복도 상어의 피부처럼 돌기를 만들어 ⑧물의 저항을 줄여 줍니다. 이러한 ⓒ생체 모방 기술은 인간이 자연에게서 얻을 수 있는 귀중한 선물입니다. 생체 모방 기술은 과학 전 분야에서 다루어야 할 유망 기술임에 틀림없습니다.

37. ③

▶ 남자는 생체 모방 기술을 과학 전 분야에서 다루어야 할 유망 기술이라고 생각하고 있으므로 정답은 ③번이다.

38. ②

▶ ① 전신 수영복은 상어의 피부로 만들었다.
   → 상어의 피부처럼 돌기를 만들었다. Ⓐ

② 수영복의 돌기는 물의 저항을 줄여 준다. Ⓑ

③ 생체 모방 기술은 인간의 신체를 연구하는 것이다.
   → 자연에서 아이디어를 얻는 것이다. ©

④ 상어는 큰 덩치 때문에 물속에서 빠르게 이동할 수 있다.
   → 상어의 피부에 있는 작은 돌기 때문에 빠르게 이동할 수 있다. Ⓓ

39-40

남자: 카카오 콩의 생산량을 늘리기 위해 이렇게 어린아이들까지 하루 종일 농장에서 일을 해야 했네요. 그런데 Ⓓ정작 이 아이들은 초콜릿이 비싸서 한 번도 먹어 보지 못했군요.

여자: 이런 문제를 해결하기 위해 '공정 무역'이 도입되었습니다. Ⓑ공정 무역은 가난한 나라의 생산자가 만든 상품을 공정한 가격으로 구입해서 이들이 가난을 극복할 수 있도록 도움을 주는 데 목적이 있습니다. 즉 Ⓐ직거래를 통해서 거래 단계를 축소해 농민들이 카카오 콩을 생산하는 데 들어간 비용과 노동에 정당한 가격을 지불하는 것이죠. 이렇게 농민들에게 더 많은 수익이 돌아간다면 노동 시간도 줄어들어 어린아이들이 학교에서 교육을 받을 수 있습니다. 공정 무역을 하는 카카오 농장에서는 ©15세 이하의 아이들의 경우 학교에 다녀와야만 농장에서 일을 할 수 있기 때문입니다. 앞으로 물건을 살 때 가격과 디자인 외에 내가 구매하는 물건이 미칠 수 있는 선한 영향력도 생각해 봐 주시길 바랍니다.

39. ④

▶ "카카오 콩의 생산량을 늘리기 위해 이렇게 어린 아이들까지 하루 종일 농장에서 일을 해야 했네요."를 통해 앞에서는 카카오 농장의 근로 환경에 대해 설명했음을 유추해 볼 수 있다. 따라서 정답은 ④번이다.

40. ③

▶ ① 공정 무역은 여러 거래 단계를 거쳐 비용이 올라간다.
   → 직거래를 통해 생산자가 정당한 요금을 받을 수 있다. Ⓐ

② 공정 무역은 부유한 나라와 소비자를 돕기 위한 것이다.
   → 공정 무역은 가난한 나라의 생산자와 지역 공동체를 돕기 위한 것이다. Ⓑ

③ 15세 이하는 공정 무역 농장에서 일하려면 학교를 가야 한다. ©

④ 카카오 농장에서 일하는 아이들은 초콜릿을 자주 먹을 수 있었다.
   → 초콜릿 가격이 비싸 초콜릿을 한 번도 먹어 보지 못했다. Ⓓ

41-42

여자: 우리는 왜 직업을 가지고 일을 할까요? Ⓐ많은 사람들에게 왜 일을 하느냐고 물어보면 돈을 벌기 위해 일을 한다고 대답을 합니다. 하지만 일과 직업의 목적이 단순히 돈 때문이라면 일을 할 때마다 힘들게만 느껴질 것입니다. 우리가 직업에서 얻을 수 있는 것은 물론 경제적인 여유도 있지만 다른 가치도 있습니다. 개인적인 측면에서 보면 자신의 꿈을 실현할 수 있고 ©다른 사람들에게 자신의 능력을 인정받을 수 있습니다. 그리고 Ⓑ직업 생활을 통해서 자신이 어떤 집단에 속해있음을 느낄 수 있지요. 또 사회적 측면에서는 국가와 사회의 발전을 위해 기여할 수 있고요. 직업을 가짐으로써 사회적인 역할을 수행할 수도 있습니다.

41. ①

▶ 직업을 통해 경제적인 여유와 개인적인 측면, 사회적인 측면에서 여러 가치를 얻을 수 있다고 설명하고 있으므로 정답은 ①번이다.

42. ②

▶ ① 많은 사람들은 국가의 발전을 위해 일을 한다.
   → 돈을 벌기 위해 일을 한다. Ⓐ

② 직업을 통해서 개인은 어떤 집단에 포함될 수 있다. Ⓑ

③ 일을 할 때 자신의 능력을 인정받지 못하면 힘들다.
   → 일을 하면서 자신의 능력을 인정받을 수 있다. ©

④ 사회의 발전을 위해 기여하는 직업은 돈을 벌기 어렵다.
   → (내용에서 확인할 수 없다.)

43-44

남자: 바다의 카멜레온으로 불리는 갑오징어, 바위 옆에 붙어서 바위와 비슷한 색깔로 자신의 피부 색깔을 바꾼다. 그런데 갑오징어는 어떻게 자신의 피부색을 변화시키는 걸까? 갑오징어의 피부 밑에는 특수한 세포인 색소포가 있다. 갑오징어는 이 색소포를 사용하여 색을 바꾸는데, 이렇게 색깔을 자유롭게 바꾸면서 적을 피하기도 하고, 몰래 먹잇감에 접근하기도 한다. 물론 암컷에게 구애를 하거나 의사소통을 할 때도 이 색소포를 사용한다. 최근에는 갑오징어는 피부 색깔뿐만 아니라 피부의 질감

정답 및 해설

도 변화시킬 수 있다는 사실이 밝혀지기도 했다. 갑오징어는 한번 바꾼 색깔과 질감은 특별한 에너지를 들이지 않고 한 시간 넘게 유지할 수 있다고 한다.

43. ③

▶ 갑오징어의 피부 색깔과 피부 질감의 특징 대해서 이야기하고 있다. 따라서 정답은 ③번이다.

44. ①

▶ "갑오징어는 이 색소포를 사용하여 색을 바꾸는데~"라는 말을 통해서 정답은 ①번임을 알 수 있다.

45-46

남자: 전체 인구에서 만 65세 이상의 비율이 14%를 넘긴 사회를 고령 사회라고 합니다. 우리나라는 2017년 고령사회에 들어섰습니다. Ⓐ통계청은 2026년 우리나라가 초고령 사회가 될 것으로 예상했습니다. 이러한 상황에서 Ⓑ가장 문제가 되는 것은 바로 노인 빈곤 문제입니다. ©노인들을 위한 최고의 복지 정책은 바로 노인 일자리 및 사회 활동 지원 사업입니다. 즉 Ⓓ노인들에게 일할 수 있는 기회를 제공하여 소득을 보장하고 사회 활동을 통해 건강한 생활을 유지할 수 있게 하는 것인데요. 이를 위해 노인에게 적합한 일자리를 제공하고 직업 재교육의 기회를 확대해야 합니다. 또한 이를 전문적이고 체계적으로 지원할 수 있는 수행 기관을 운영해야 할 것입니다.

45. ④

▶ ① 우리나라는 아마 초고령 사회에 접어들었다.
　　→ 2026년 초고령 사회에 접어들 것이다. Ⓐ
　② 고령 사회의 가장 큰 문제는 노인 차별이다.
　　→ 가장 큰 문제는 노인 빈곤이다. Ⓑ
　③ 노인 빈곤 문제 해결을 위해 연금을 지급해야 한다.
　　→ 연금이 아닌 노인 일자리와 사회 활동을 지원해야 한다. ©
　④ 노인들에게 일할 수 있는 기회를 주는 것이 중요하다. Ⓓ

46. ④

▶ 고령 사회의 문제점을 제시하고 이러한 문제점을 해결할 수 있는 방안으로 노인 일자리와 사회 지원 사업을 제시하였다. 따라서 정답은 ④번이다.

47-48

여자: Ⓐ최근 많은 지역 자치 단체에서 지역 화폐를 발행하고 있는데요. 이 지역 화폐 도입이 낙후된 지역 경제를 살릴 수 있고 Ⓑ소상공인들의 매출을 증가시킬 수 있다는 긍정적인 의견들이 있었습니다.

남자: 지역 화폐가 경제에 긍정적인 영향을 미친 것은 사실입니다. 그런데 지역 화폐 도입은 동전의 양면성처럼 부정적인 면도 나타나고 있습니다. 사실상 지역 화폐를 사용할 수 있는 점포는 제한적입니다. ©지역 화폐는 전통 시장과 몇몇의 소형 상점에서만 사용할 수 있기 때문에 Ⓓ소비자들의 선택에 제약이 있습니다. 이러한 불편함 때문에 불만의 목소리도 나오고 있습니다. 따라서 소상공인의 이익 창출과 소비자들의 불편을 개선할 수 있는 근본적인 대책 마련이 시급하다고 생각합니다.

47. ④

▶ ① 지역 화폐 발행은 오래전부터 시행되었다.
　　→ 최근에 지역 화폐가 발행되었다. Ⓐ
　② 지역 화폐는 소상공인들의 매출을 감소시킨다.
　　→ 지역 화폐가 도입되어서 소상공인들의 매출이 증가했다. Ⓑ
　③ 지역 화폐 도입은 대형 상점에서도 사용할 수 있다.
　　→ 몇몇의 소형 상점에서만 사용할 수 있다. ©
　④ 소비자들은 지역 화폐 사용에 불편함을 느끼고 있다. Ⓓ

48. ④

▶ "소상공인의 이익 창출과 소비자들의 불편을 개선할 수 있는 근본적인 대책 마련이 시급하다고 생각합니다."를 통해서 지역 화폐 사용으로 인해 발생할 수 있는 문제의 해결 방안을 촉구하고 있음을 알 수 있다. 따라서 정답은 ④번이다.

49-50

남자: 국제 생태발자국 네트워크가 7월 29일인 오늘이 올해의 '지구 생태용량 초과의 날'이라고 발표했습니다. 지구 생태용량 초과의 날이란 ©물, 식량, 공기, 태양과 같은 자원에 대한 인류의 수요가 지구의 자정 능력을 초과하게 되는 시점을 가리키는 말입니다. 올해 인류는 365일 동안 써야 할 자원을 210일 만에 다 써버렸습니다. 생태용량 초과의 날은 1986년부터 선정되었으며 Ⓓ1987년에는 12월 19일, 2000년에는 11월 11일, 2010년에는 8월 21일이 생태용량 초과의 날이 되어 Ⓐ매년 그 시점이 앞당겨지고 있는 것을 알 수 있습니다. 현재 인류가 사용하고 있는 자원은 지구가 1.7개 있어야 감당할 수 있는 규모이며 Ⓑ2030년이 되면 인류는 지구 2개에 해당하는 자원을 소비하게 될 것으로 보입니다.

49. ①

▶ ① 인류는 매년 더 빨리 더 많은 자원을 소비하고 있다. Ⓐ

② 올해 인류는 지구 2개에 해당하는 자원을 사용하였다.
→ 2030년이 되면 인류는 지구 2개에 해당하는 자원을 사용할 것이다. Ⓑ

③ 지구 생태용량 초과의 날은 생태계가 가장 많이 파괴된 날이다.
→ 자원에 대한 인류의 수요가 지구의 자정 능력을 초과하게 되는 시점이다. Ⓒ

④ 지구 생태용량 초과의 날은 처음부터 지금까지 변한 적이 없다.
→ 1987년에는 12월 19일, 2000년에는 11월 11일, 2010년에는 8월 21일이 생태용량 초과의 날이 되었다. Ⓓ

50. ②

▶ 지구 생태용량 초과의 날이 점점 빨라지고 있는 현황을 이야기하고 "현재 인류가 사용하고 있는 자원은 지구가 1.7개 있어야 감당할 수 있는 규모이며 2030년이 되면 인류는 지구 2개에 해당하는 자원을 소비하게 될 것으로 보입니다."를 통해 인류가 사용하고 있는 자원에 대한 우려를 나타냈으므로 정답은 ②번이다.

1교시 (쓰기) p.141

51.
㉠: 일이 생겨서/약속이 생겨서/사정이 생겨서
㉡: 드리겠습니다/드리려고 합니다

52.
㉠: 밥과 관련된/밥이 들어간 표현이/말이 많다
㉡: 도구로/수단으로/표현으로 사용된다

53.

국내 반려동물 관련 시장 현황에 대해 살펴보면 2018년 2,000억 원이던 반려동물 관련 시장 규모가 2023년 4,600억으로 크게 상승하였다. 반려동물 관련 시장의 종류는 동물병원이 30%로 가장 많았고 사료가 28%, 미용 24%, 호텔 12%, 기타 6%의 순서로 나타났다. 반려동물 관련 시장 규모가 확대된 원인은 저출산과 인구 고령화로 인해 반려동물에 대한 관심이 증가하였고, 반려동물의 건강에 대한 관심이 고조되었기 때문이다. 이러한 원인으로 인해 앞으로 반려동물 관련 시장은 더욱 다양해질 것을 예상할 수 있다.

국	내		반	려	동	물		관	련		시	장		현	황	에		대	
해		살	펴	보	면		20	18	년		20	00	억		원	이	던		반
려	동	물		관	련		시	장		규	모	가		20	23	년		46	00
억	으	로		크	게		상	승	하	였	다	.	반	려	동	물		관	련
시	장	의		종	류	는		동	물	병	원	이		30	%	로		가	장
많	았	고		사	료	가		28	%	,		미	용		24	%	,	호	텔
12	%	,	기	타		6	%	의		순	서	로		나	타	났	다	.	반
려	동	물		관	련		시	장		규	모	가		확	대	된		원	인
은		저	출	산	과		인	구		고	령	화	로		인	해		반	려
동	물	에		대	한		관	심	이		증	가	하	였	고	,	반	려	동
물	의		건	강	에		대	한		관	심	이		고	조	되	었	기	
때	문	이	다	.		이	러	한		원	인	으	로		인	해	앞	으	로
반	려	동	물		관	련		시	장	은		더	욱		다	양	해	질	
것	을		예	상	할		수		있	다	.								

(우측 표 눈금: 100 / 200 / 300)

54.

오늘날 사람들은 성공을 위해 끊임없이 노력하며 살아간다. 그 과정에서 어떻게 하면 실패를 하지 않을 것인가를 고민하며 실패를 피하려고 한다. 하지만 실패는 우리 삶에서 중요하다. 왜냐하면 실패를 통해서 많은 것을 배울 수 있기 때문이다.

먼저 실패를 통해 교훈과 깨달음을 얻을 수 있다. 단지 실패에서 끝나지 않고, 왜 실패를 했는지를 되돌아보면서 깨달음을 얻을 수 있다. 그리고 실패의 원인을 파악하고, 실패를 통해 배운 깨달음으로 자신의 부족한 점을 극복하며 성장할 수 있다. 이뿐만 아니라 실패를 통해 다른 사람을 공감할 수 있는 태도도 배울 수 있다. 성공만 경험한 사람은 실패를 하는 사람을 이해할 수 없다. 그래서 성공만 하는 사람들은 실패하는 사람들을 비판하거나 무시하기 쉽다. 하지만 실패를 경험하며 성공한 사람들은 실패한 사람들을 공감할 수 있고, 겸손한 태도도 갖출 수 있다.

이처럼 실패는 우리의 성장을 위해 꼭 필요하다. 따라서 실패를 했을 때 좌절하지 않는 용기가 필요하다. '성공은 실패의 어머니'라는 말처럼 실패를 통해 교훈과 깨달음, 겸손한 태도를 얻을 수 있다고 생각하는 자세를 가져야 한다. 실패를 극복하고, 한 걸음 더 나아간다면 더욱 가치 있는 결과를 얻을 수 있을 것이다.

오	늘	날		사	람	들	은		성	공	을		위	해		끊	임	없	
이		노	력	하	며		살	아	간	다	.		그	과	정	에	서		어
떻	게		하	면		실	패	를		하	지		않	을		것	인	가	를
고	민	하	며		실	패	를		피	하	려	고		한	다	.	하	지	만
실	패	는		우	리		삶	에	서		중	요	하	다	.	왜	냐	하	면
실	패	를		통	해	서		많	은		것	을		배	울		수		있
기		때	문	이	다	.													
	먼	저		실	패	를		통	해		교	훈	과		깨	달	음	을	
얻	을		수		있	다	.		단	지		실	패	에	서		끝	나	지
않	고	,		왜		실	패	를		했	는	지	를	되	돌	아	보	면	서

(우측 표 눈금: 100 / 200)

정답 및 해설

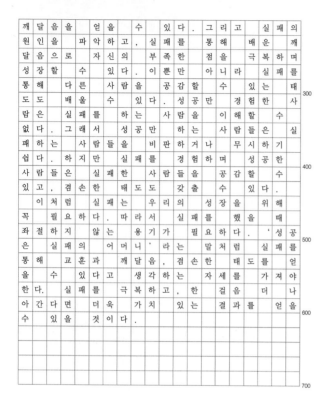

깨	달	음	을		얻	을		수		있	다	.		그	리	고		실	패	의

(writing answer manuscript grid)

깨달음을 얻을 수 있다. 그리고 실패의 원인을 파악하고, 실패를 통해 배운 깨달음으로 자신의 부족한 점을 극복하며 성장할 수 있다. 이뿐만 아니라 실패를 통해 다른 사람을 공감할 수 있는 태도도 배울 수 있다. 성공만 경험한 사람은 실패를 하는 사람을 이해할 수 없다. 그래서 성공만 하는 사람들은 실패하는 사람들을 비판하거나 무시하기 쉽다. 하지만 실패를 경험하며 성공한 사람들은 실패한 사람들을 공감할 수 있고, 겸손한 태도도 갖출 수 있다.

이처럼 실패는 우리의 성장을 위해 꼭 필요하다. 따라서 실패를 했을 때 좌절하지 않는 용기가 필요하다. '성공은 실패의 어머니'라는 말처럼 실패를 통해 교훈과 깨달음, 겸손한 태도를 얻을 수 있다고 생각하는 자세를 가져야 한다. 실패를 극복하고, 한 걸음 더 나아간다면 더욱 가치 있는 결과를 얻을 수 있을 것이다.

 2교시 (읽기) p.145

1	2	3	4	5	6	7	8	9	10
④	①	①	④	④	①	①	③	②	④
11	12	13	14	15	16	17	18	19	20
②	③	②	①	④	②	②	④	②	④
21	22	23	24	25	26	27	28	29	30
②	①	①	④	④	②	④	④	③	①
31	32	33	34	35	36	37	38	39	40
④	④	③	④	④	④	②	③	②	②
41	42	43	44	45	46	47	48	49	50
③	④	③	④	④	③	③	②	④	④

1. ④
▶ 내가 음식을 하다 → 너는 쓰레기를 버려 주다
'내가 음식을 하다'는 '너는 쓰레기를 버려 주다'의 〈조건〉이다. 또한 '내'의 〈의지〉를 강조하고 있다. 이에 호응하는 문법은 '-(으)ㄹ 테니까'이다. 따라서 정답은 ④번이다.

2. ①
▶ 출근 시간에 차가 막히다 → 자주 지하철을 타다
'자주 지하철을 타다'는 출근 시간에 차가 막힐 때 하는 〈반복〉적인 일이다. 따라서 정답은 ①번이다.

3. ①
▶ '-(으)ㄹ 따름이다'는 다른 선택의 가능성이 없음을 나타내는 문법이다. 고마운 마음 이외에 다른 마음이 없다는 의미이다. 이와 유사한 문법은 '-(으)ㄹ 뿐이다'이다. 따라서 정답은 ①번이다.

4. ④
▶ '-(으)ㄴ 탓에'는 부정적인 결과의 원인을 나타내는 문법이다. 회사에 지각하다는 부정적인 결과이다. 그 결과의 원인은 늦잠을 잤기 때문이다. 이와 유사한 문법은 '-는 바람에'이다. 따라서 정답은 ④번이다.

5. ④

> 인생을 펴는 한 페이지~
> 마음의 부자가 되어 보세요.

▶ 답의 근거: 한 페이지, 마음

6. ①

> 24시간 언제 어디에서나
> 생활용품부터 택배 서비스까지 이용 가능!

▶ 답의 근거: 24시간, 언제 어디에서나, 생활용품, 택배 서비스

7. ①

> 소화기는 눈에 띄게!
> 작은 불씨 하나에 모든 것이 무너집니다.

▶ 답의 근거: 소화기, 불씨

8. ③

> **이 노트북을 추천합니다!**
> • 가격 대비 성능이 아주 좋습니다.
> • 무겁지 않아서 휴대용으로 잘 사용하고 있습니다.

▶ 답의 근거: 추천하다, 아주 좋다, 잘 사용하고 있다

9. ②

> **도전 퀴즈 타임**
> 매주 금요일 '도전 퀴즈 타임'의 참가자를 모집합니다.
>
> ■ 대상: ⑧대한민국에 사는 누구나 신청 가능
> ■ 신청: ⓒ매주 월요일 홈페이지를 통해 신청
> ■ 혜택: ⑩1등에게 상금 100만 원과 상품 수여
> Ⓐ※ 탈락한 사람도 도전 단계에 따라 상품을 드립니다.

▶ ① 우승한 사람에게게만 상품을 준다.
　→ 탈락한 사람도 상품을 준다. Ⓐ
② 한국에 사는 외국인도 퀴즈에 참가할 수 있다. ⑧
③ 매주 금요일 홈페이지에서 참가 신청을 받는다.
　→ 월요일에 참가 신청을 받는다. ⓒ
④ 퀴즈에 참가한 사람들에게 100만 원을 나눠준다.
　→ 1등에게 100만 원과 상품을 준다. ⑩

10. ④

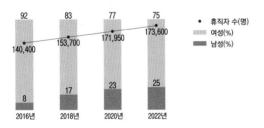

육아휴직자 수 및 비율

▶ ① 전체 육아휴직자 수는 변함이 없다.
　→ 계속 증가했다.
② 남성보다 여성 육아휴직자 비율이 낮다.
　→ 여성 육아휴직자 비율이 높다.
③ 남성 육아휴직자의 비율은 점차 감소하고 있다.
　→ 증가하고 있다.
④ 전체 휴직자 중에서 여성이 절반 이상을 차지한다.

11. ②

> 가온시에서 주최하는 취업 박람회에 ⓒ하루 평균 천 명 이상의 사람들이 방문하고 있다. 이번 박람회에서는 구직자의 특성에 맞는 취업 정보를 제공할 뿐만 아니라 ⑩취업 관련 프로그램도 운영하고 있다. ⑧지금까지 이 박람회를 통해 구직에 성공한 사람은 3만 명이 넘었다. 이번 박람회는 오는 5일까지 Ⓐ일주일간 개최될 예정이다.

▶ ① 박람회는 평일 동안만 개최된다.
　→ 평일, 주말을 모두 포함한 일주일간 개최된다. Ⓐ
② 박람회를 통해 취업한 사람들이 있다. ⑧
③ 이번 박람회에 3만 명이 참여할 예정이다.
　→ 하루 평균 1,000명 이상이 방문하고 있다. ⓒ
④ 박람회의 취업 관련 프로그램에 참가해야 한다.
　→ 취업 관련 프로그램을 운영하고 있다. ⑩

12. ③

> 최근 경북의 한 지역에서 빈집을 재활용하는 사업을 진행하고 있다. ⑧ⓒ빈집을 주민들을 위한 마을 공동 공간으로 만들거나 ⓒ게스트 하우스로 바꿔 운영하기도 한다. 또한 새로운 주거공간으로 탈바꿈시켜 ⑩귀농하는 사람들을 위해 저렴한 가격에 대여하고 있다. Ⓐ이러한 사업은 다른 지역으로 확대되어 빈집이 지역민을 위한 문화 예술 공간으로도 활용되고 있다.

▶ ① 이 사업은 경북에서만 진행되고 있다.
　→ 다른 지역으로 확대되었다. Ⓐ
② 빈집을 수리해 주민들에게 나누어 준다.
　→ 주민들을 위한 마을 공동 공간으로 만들었다. ⑧
③ 빈집은 다양한 용도로 재활용되고 있다. ⓒ
④ 빈집을 귀농하는 사람들에게 팔고 있다.
　→ 저렴하게 대여하고 있다. ⑩

13. ②

▶ (나)와 (라) 중 첫 번째 문장을 찾아야 한다. (라)는 '(무엇이) 한 번 옷에 붙으면 쉽게 떨어지지 않고~'라는 내용이 와야 하므로, (무엇이)가 필요하다. 따라서 (라)는 첫 번째 문장이 될 수 없으므로, (나)가 첫 번째 문장이다.
'(나) 고기를 구울 때 여러 가지 화학 물질이 발생하게 된다. → (다) 이 물질은 크기가 커서 옷의 섬유에 잘 들러붙는다. → (라) (이 물질이) 한 번 옷에 붙으면 쉽게 떨어지지 않고 오랫동안 냄새가 난다. → (가) 그래서 고기를 구울 때 옷에 냄새가 많이 배는 것이다.'로 내용을 구성해야 한다. 따라서 정답은 ②번이다.

14. ①

▶ (나)와 (다) 중 첫 번째 문장을 찾아야 한다. (가)는 '이'라는 표현이 있기 때문에 첫 번째 문장으로 올 수 없다. 따라서 (나)가 첫 번째 문장이다.
'(나) 최근 중장년층 여성들에게 각광을 받는 운동이 있다. →

(가) 이 운동은 라틴댄스와 에어로빅을 결합한 유산소 운동이다. → (다) 신나는 음악과 함께 라틴댄스에서 사용하는 스텝으로 운동을 한다. → (라) 또한 유산소 운동으로 많은 에너지를 소모해 다이어트에도 좋다.로 내용을 구성해야 한다. 따라서 정답은 ①번이다.

15. ④

▶ (가)와 (다) 중 첫 번째 문장을 찾아야 한다. (가)는 '그 노인'이라는 표현이 있기 때문에 첫 번째 문장으로 올 수 없다. 따라서 (다)가 첫 번째 문장이다.
'(다) 한 청년이 면접을 보러 가던 중 거리에 쓰러진 노인을 발견했다. → (라) 그 청년은 바로 119를 불러 노인과 함께 병원에 갔다. → (가) 청년의 도움으로 그 노인은 위기를 넘기고 목숨을 구했다. → (나) 결국 그 청년은 회사 면접에 못 갔지만 한 생명을 구해서 기뻤다.'로 내용을 구성해야 한다. 따라서 정답은 ④번이다.

16. ②

이제 마트나 편의점에서 일회용 비닐봉지를 무료로 제공하지 않는다. 대신에 소비자는 종이봉투를 구매해야 한다. ⒜종이봉투를 구매하기 싫은 사람은 (장바구니를 들고 다니면) 된다. 이렇게 하면 ⒝소비자가 장을 볼 때마다 장바구니를 챙기는 습관을 기를 수 있고 플라스틱도 줄일 수 있어 환경오염 방지에 도움이 된다.

▶ 일회용 비닐봉지를 무료로 제공하지 않기 때문에 ⒜종이봉투를 구매하기 싫은 사람은 (장바구니를 들고 다니면) 된다. 그러면 ⒝소비자가 장을 볼 때마다 장바구니를 챙기는 습관을 기를 수 있다. 따라서 정답은 ②번이다.

17. ②

액션 연기를 할 때 대역을 쓰지 않고 직접 연기를 선보이는 ⒜60대 배우가 화제다. 이 배우는 18살에 드라마로 데뷔하여 ⒝65세가 된 지금까지 드라마와 영화에 출연하고 있다. 특히 이번 영화에서는 위험한 장면이 많았음에도 불구하고 모든 장면을 성공적으로 연기했다. 이 배우는 한 인터뷰에 나와 (나이는 숫자에 불과하기) 때문에 열정만 있으면 어떤 일이든 해낼 수 있다고 말했다.

▶ ⒜60대 배우가 화제이며, ⒝65세가 된 지금까지 드라마와 영화에 출연하고 있다는 내용이다. 이 배우는 인터뷰에 나와 나이가 많아도 배우 역할을 하고 있고, 열정만 있으면 어떤 일이든 할 수 있다고 말하고 있다. 따라서 정답은 ②번이다.

18. ④

직업병이란 특정한 직업 환경이 원인이 되어 건강을 해치는 경우를 말한다. 예를 들면 ⒜공사 현장의 소음으로 난청이 발생하거나 업무 환경에서 발생하는 유해 물질로 바이러스에 감염되는 것이다. 따라서 직업병에 걸리지 않기 위해서 (보호 장비를 착용하는 게) 중요하다. ⒝청력을 보호하는 귀마개나 유해 물질을 차단하는 안경을 써야 한다.

▶ 직업병은 ⒜공사 현장의 소음으로 난청이 발생하거나 업무 환경에서 발생하는 유해 물질로 바이러스에 감염되는 것이다. 직업병에 걸리지 않기 위해서는 ⒝청력을 보호하는 귀마개나 유해 물질을 차단하는 안경을 써야 한다. 따라서 빈칸의 내용은 보호 장비를 착용하는 것이 중요하다는 내용이 들어와야 한다. 따라서 정답은 ④번이다.

19-20

여러 지자체를 중심으로 로컬푸드 운동이 확산되고 있다. 로컬푸드 운동은 안전한 먹거리를 확보하기 위해 농수산물이 생산된 지역에서 직거래로 소비되도록 장려하고 있는 운동이다. 먹거리가 생산자의 손에서 떠나 식탁에 오르기까지의 거리가 멀수록 농약과 방부제 처리를 많이 해야 하므로 식품의 안정성이 떨어지기 때문이다. (이처럼) 로컬푸드 운동은 건강에 해로운 것을 최소화하고 신선한 식품을 먹을 수 있다는 점에서 더 많은 관심을 기울여야 한다.

19. ②

▶ 빈칸 앞에서는 로컬푸드가 안전한 먹거리라는 것을 말하고 있다. 빈칸 뒤에서는 앞에 나온 설명을 정리하고 요약하고 있다. 따라서 앞의 문장을 정리, 요약할 때 사용하는 '이처럼'이 자연스러우므로 정답은 ②번이다.

20. ④

▶ '(이처럼) 로컬푸드 운동은 건강에 해로운 것을 최소화하고 신선한 식품을 먹을 수 있다는 점에서 더 많은 관심을 기울여야 한다.'라고 말하고 있으므로 정답은 ④번이다.

21-22

석빙고는 조상들이 얼음을 저장하던 창고이다. 겨울에는 석빙고를 냉각시켜 얼음을 보관하고, 여름에는 얼음을 꺼내 사용했다. 석빙고는 (기가 막힐) 만큼 과학적인 구조를 가지고 있다. ⒞햇빛이 들어오지 않게 설계해 내부가 어둡고, 얼음 저장 공간에는 바닥이나 ⒝벽의 열을 차단하기 위해 단열재를 사용했다. 게다가 ⒜반원형의 지붕은 ⒟세 개의 환기통이 있어서 더운 공기는 위로 빠져나가고, 차가운 공기는 아래로 내려오게 해 한여름에도 얼음이 녹지 않게 했다.

21. ②

▶ 석빙고는 깜짝 놀라 말할 수 없을 정도로 과학적인 구조를 가지고 있다. '기가 막히다'는 '말할 수 없을 정도로 감탄하거나 놀라다'는 의미다. 따라서 정답은 ②번이다.

22. ③

▶ ① 석빙고의 지붕은 평평하다.
　　→ 반원형의 지붕이다. Ⓐ
② 석빙고의 벽은 열을 흡수한다.
　　→ 단열재를 사용해 벽의 열을 차단했다. Ⓑ
③ 석빙고는 내부는 햇빛이 없어서 깜깜하다. Ⓒ
④ 석빙고 내부의 차가운 공기는 밖으로 빠져 나간다.
　　→ 더운 공기는 빠져 나가지만 차가운 공기는 석빙고 아래로 내려온다. Ⓓ

23-24

Ⓓ지난 명절 때 오랜만에 부모님 댁에 갔다. Ⓒ평소 일이 바빠서 부모님께 안부 전화만 드리다가 얼굴을 뵌 것은 오랜만이었다. 전화 통화를 할 때는 항상 밝은 목소리만 들려주셔서 별일이 없는 줄 알았는데, 거칠거칠하고 퉁퉁 부은 어머니 손을 보니 눈물이 핑 돌았다. Ⓒ안 그래도 시골에서 농사일을 하시느라 항상 고단하신데, Ⓐ세탁기가 고장 나서 추운 겨울에 찬물에 손을 담가 빨래를 하고 계셨던 것이다. Ⓓ"세탁기가 고장 났으면 진작에 말씀을 해 주시지. 왜 고생을 하고 계세요." 하고 타박하는 내게 어머니는 Ⓐ"옛날에는 다 이렇게 살았어. 이게 무슨 고생이라고." 라며 멋쩍게 대답하셨다. 나는 그날 오후 어머니를 모시고 시내에 가서 Ⓑ당장 배송이 가능한 최신식 세탁기를 사 드렸다. 그 어느 때보다 마음이 따뜻한 명절이었다.

23. ①

▶ - 어머니가 늘 밝은 목소리로 전화를 받으셔서 별일이 없다고 생각했다.
- 오랜만에 만난 어머니는 손이 퉁퉁 붓고 거칠었다.
- 세탁기가 고장이 나서 찬물에 손을 담가 빨래를 하셨다.
어머니가 고생하는 것을 모르고 있었던 나는 어머니의 손을 보고 슬프고 속상함을 느끼는 것이 가장 자연스럽다. 따라서 정답은 ①번이다.

24. ①

▶ ① 옛날에는 손빨래를 하는 사람들이 있었다. Ⓐ
② 부모님께 사 드린 세탁기는 다음 날 도착했다.
　　→ 바로 배송이 가능한 세탁기를 사 드렸다. Ⓑ
③ 나는 농사일이 바빠서 부모님을 자주 뵙지 못한다.
　　→ 부모님이 시골에서 농사일을 하신다. Ⓒ
④ 나는 부모님의 세탁기를 사 드리러 가기 위해 고향에 갔다.
　　→ 나는 세탁기가 고장난 것을 모른 채, 명절이라 고향에 갔다. Ⓓ

25. ④

전기료 인상에 자영업자 속앓이… 가격 인상 초읽기

▶ '속앓이'는 '겉으로 드러내지 못하고 마음속으로 걱정하고 괴로워하다'는 뜻이다. '인상'은 '가격이 오르는 것'을 말한다. 또한 '초읽기'는 '어떤 일이 급박한 상태'를 말하므로 이 문장은 전기료가 인상되면서 자영업자들이 가격을 인상하는 걸 고민하고 있다는 뜻이다. 따라서 정답은 ④번이다.

26. ③

보험 계약 시 무심코 "네, 네" 했다간 낭패

▶ '낭패'는 계획한 일이 실패로 돌아가거나 기대에 어긋나 결과가 좋지 않다는 뜻이고 "네, 네"는 잘 따져 보지 않고 그대로 수긍한다는 것을 비유한 것이다. 따라서 정답은 ③번이다.

27. ②

중소기업, 인력난 대체재로 자동 로봇 급부상

▶ '인력난'은 '노동력이 부족하여 겪는 어려움'이라는 뜻이다. '대체재'는 '다른 것으로 대체하여 쓸 수 있는 것'을 말한다. 또한 '급부상'은 '빠른 속도로 새롭게 떠오르다'는 뜻이다. 중소기업에서 겪는 인력의 어려움을 해결하기 위해 자동 로봇이 떠오르고 있다는 뜻이다. 따라서 정답은 ②번이다.

28. ④

마음먹은 계획이 생각만큼 길게 지속되지 않고 흐지부지될 때 작심삼일이라는 말을 한다. 작심삼일의 위기를 극복하려면 목표한 행동을 (계속 반복해 습관으로) 만드는 것이 중요하다. 하루에 30분 동안 책 읽기를 목표로 잡았다면 처음 사흘은 30분 동안 책을 읽고, 그다음에는 40분 동안 사흘을 읽는 식이다. 점차 시간을 늘려가면서 세 달 정도 실행하다 보면 습관처럼 몸에 익게 되어 목표했던 계획을 꾸준히 할 수 있다.

▶ 빈칸의 내용은 목표한 행동을 이루는 방법에 대한 것이다. 이 글에서는 목표를 이루기 위해 점차 시간을 늘려가면서 같은 행동을 반복해 습관처럼 만들라고 말하고 있다. 따라서 정답은 ④번이다.

29. ③

얼굴 인식을 통해 현관문을 여는 방법이 우리 생활 속에 도입되고 있다. 코, 입, 눈썹 등 얼굴의 특징적인 점 50개를 통해 특정 인물의 얼굴 윤곽 정보를 수치로 저장하고 등록한다. 또한 그 인물의 얼굴 움직임을 감지해 집주인과 외부인을 구별한다. 만약 등록된 사람의 사진을 현관문 카메라에 비춘다면 어떻게 될까? 사진은 살아 있는 사람처럼 (눈을 깜빡이지 않기) 때문에 현관문이 열리지 않는다고 한다.

정답 및 해설

▶ 빈칸의 내용은 현관문을 여는 방법에 대한 것이다. 이 글에서는 얼굴 윤곽 정보를 수치화하고 얼굴 움직임을 감지해 현관문을 연다고 말하고 있다. 사진은 눈의 깜빡임과 같은 얼굴의 움직임이 없기 때문에 현관문이 열리지 않는다는 내용이 와야 한다. 따라서 정답은 ③번이다.

30. ①

> 한국은 예로부터 농경 국가로 달의 모양을 통해 절기와 계절을 예측했다. 추석 때는 한 해의 농사를 잘 지을 수 있도록 도와준 하늘과 조상께 감사의 마음을 담아 송편을 빚었다. 송편 반죽은 소를 넣기 전에는 동그란 보름달 모양이며, 소를 넣어 반으로 접은 후에는 반달처럼 생겼다. 송편 하나에 (달의 변화 모습이) 모두 있는 것이다. 보름달은 다시 작아지지만 반달은 점차 풍요로운 보름달로 변하기 때문에 반달 모양의 송편을 만든 것이다.

▶ 빈칸의 내용은 송편이 무엇을 포함하고 있는가에 대한 것이다. 송편 반죽의 소를 넣기 전에는 보름달, 소를 넣어 반으로 접은 후에는 반달 모양이 된다는 내용을 통해 송편 하나에 달이 변화하는 모양이 모두 포함되어 있다는 내용이 와야 한다. 따라서 정답은 ①번이다.

31. ④

> 딥러닝은 인공 지능 컴퓨터가 사람처럼 생각하고 학습할 수 있도록 하는 기계 학습 중 하나로 복잡하게 얽힌 사람의 뇌 신경망 구조를 모방했다. 딥러닝은 (인간이 계속 가르쳐 주지 않아도) 컴퓨터가 스스로 학습하고 미래 상황을 예측할 수 있다. 예를 들어 개발자가 컴퓨터에게 다양한 사과 사진을 보여주면서 사과를 알려주면, 그 후에는 컴퓨터가 알아서 사과 사진을 찾아보고 학습한 후 사과와 사과 아닌 것을 구분할 줄 알게 되는 것이다.

▶ 빈칸의 내용은 어떤 상황에서 컴퓨터가 학습하는가에 대한 것이다. 딥러닝은 컴퓨터가 알아서 스스로 학습하는 것이다. 따라서 빈칸에는 인간의 가르침이 없다는 내용이 와야 한다. 따라서 정답은 ④번이다.

32. ④

> ©음성 인식 기술은 컴퓨터가 마이크와 같은 소리 센서를 통해 얻은 ④음향학적 신호를 단어나 문장으로 변환시키는 기술을 말한다. 음성 인식 기술을 바탕으로 ©휴대폰에서는 음성 명령을 내릴 수 있고 외국어 통역 서비스도 편하게 이용할 수 있다. 그러나 ©음성 인식 기술은 많은 양의 텍스트 자료로 학습하는 것에 의존하고 있다. 그래서 ⑤현재 몇 개의 언어에서만 음성 인식 기술이 가능하다.

▶ ① 음성 인식 기술은 단어를 듣고 문장으로 바꾸는 것이다.
> → 음향학적 신호를 단어나 문장으로 변환시키는 기술이다. ④

② 음성 인식 기술을 사용하여 모든 언어를 통역할 수 있다.
> → 몇 개의 언어에서만 음성 인식 기술이 가능하다. ⑤

③ 음성 명령을 내리기 위해서는 컴퓨터와 마이크가 필요하다.
> → 컴퓨터가 마이크와 같은 소리 센서를 통해 얻는 것은 음성 인식 기술이고, 이것을 바탕으로 휴대폰에서 음성 명령을 내릴 수 있다. ©

④ 음성 인식 기술은 다량의 텍스트 자료로 학습하여 실행된다. ©

33. ③

> 한국의 선거일은 공휴일이며 수요일로 정해져 있다. 수요일에 선거를 하는 이유는 투표율을 높이기 위해서다. ④주말에 가까운 요일일수록 선거일까지 휴가로 이용해 투표를 하지 않는 경우가 생길 수 있다. 그리고 ©화요일이나 목요일 역시 월요일이나 금요일 중 하루만 휴가를 내면 며칠 동안 연휴를 즐길 수 있어서 투표율에 영향을 미칠 수 있다. 따라서 ⑥선거 투표에만 집중할 수 있는 수요일이 한국의 선거일로 지정되었다.

▶ ① 선거일이 주말에 가까울수록 투표율이 높다.
> → 주말에 가까울수록 투표를 하지 않는 경우가 생길 수 있다. ④

② 월요일은 선거 투표에 집중할 수 있는 요일이다.
> → 수요일이 선거 투표에만 집중할 수 있는 요일이다. ⑥

③ 화요일을 선거일로 하면 투표율이 떨어질 수 있다. ©

④ 연휴를 즐기기 위해 한국의 선거일은 공휴일로 정해졌다.
> → (내용에서 확인할 수 없다.)

34. ④

> 흔히 자동차나 건물처럼 눈으로 확인할 수 있는 것을 재산이라고 한다. 그러나 ④사람이 지식 활동으로 만드는 ⑧교육, 연구, 정보, 기술 등도 무형의 재산이 될 수 있다. 이것을 지식 재산이라고 하는데 이를 보호하는 권리를 지식 재산권이라고 부른다. 따라서 ©지식 재산으로 등록된 발명 아이디어를 훔쳐서 물건을 만든 사람은 처벌을 받게 된다. ©발명 아이디어도 등록된 지식 재산으로 인정받아 지식 재산권을 사용할 수 있기 때문이다.

▶ ① 지식 재산권은 눈으로 확인하는 물건에 사용된다.
> → 지식 재산권은 무형의 재산을 보호하는 권리이다. ④

② 자동차나 건물은 무형의 재산으로 분류할 수 있다.
> → 교육, 연구, 정보, 기술 등이 무형의 재산에 포함된다. ⑧

③ 다른 사람의 발명 아이디어를 훔치면 모두 처벌받는다.
> → 지식 재산으로 등록된 발명 아이디어를 훔치면 처벌을 받는다. ©

④ 지식 재산은 교육뿐만 아니라 발명 아이디어도 포함된다. ©

35. ④

책을 읽으면 좋다는 말을 모르는 사람은 없다. 책을 많이 읽을수록 다양한 경험을 간접적으로 체험할 수 있고 공감 능력도 향상된다. 그러나 무조건 책을 많이 읽는다고 해서 좋은 것은 아니다. 특정 분야의 책만 읽었을 때는 생각의 폭이 좁아질 수 있고 편향된 사고방식을 가질 수 있으므로 다양한 장르의 책을 골고루 읽는 것이 중요하다.

▶ 이 글은 책을 읽는 방법에 대해 말하고 있다. '그러나 무조건 책을 많이 읽는다고 해서 좋은 것이 아니다.'라는 내용과 '다양한 장르의 책을 골고루 읽는 것이 중요하다.'를 통해 다양한 책을 읽어야 한다는 것을 알 수 있다. 따라서 정답은 ④번이다.

36. ④

비즈쿨은 비즈니스와 스쿨을 합친 말로 청소년들에게 창업 정신을 키워주기 위해 만들어진 프로그램이다. 초·중·고등학생을 대상으로 기업가 정신, 창업 마인드 등을 가르치고 모의 창업, 창업동아리 운영을 통해 자신감과 모험심을 길러 주고 있다. 이 프로그램은 정형화된 학교 교육에서 벗어나 자신의 꿈과 잠재력을 찾을 수 있는 좋은 경험이 될 수 있다. 따라서 더욱 활발한 홍보를 통해 학생들의 참여 기회를 확대해야 할 것이다.

▶ 이 글은 비즈쿨에 대해 말하고 있다. '이 프로그램은 정형화된 학교 교육에서 벗어나 자신의 꿈과 잠재력을 찾을 수 있는 좋은 경험이 될 수 있다.', '더욱 활발한 홍보를 통해 학생들의 참여 기회를 확대해야 할 것이다.'라고 말하고 있다. 따라서 정답은 ④번이다.

37. ②

번아웃 증후군은 어떤 일에 지나치게 몰두하다가 갑자기 극도의 피로감을 느끼며 무기력해지는 증상을 말한다. 이 증상을 겪는 사람은 업무 효율이 떨어지며 다른 사람과 원만한 관계를 유지하는 데도 어려움을 겪는다. 번아웃 증후군을 겪는 사람은 자신의 신체 건강과 내면을 잘 돌봐야 한다. 또한 주변 사람들은 이들의 어려움을 이해해주고, 이 증상을 극복할 수 있도록 공정하게 업무를 배분하고 시스템을 바꾸려는 노력을 해야 한다.

▶ 이 글은 번아웃 증후군에 대해 말하고 있다. '번아웃 증후군을 겪는 사람은 자신의 신체 건강과 내면을 잘 돌봐야 한다. 또한 주변 사람들은 이들의 어려움을 이해해주고, 이 증상을 극복할 수 있도록 공정하게 업무를 배분하고 시스템을 바꾸려는 노력을 해야 한다.' 따라서 정답은 ②번이다.

38. ③

인간의 뇌에는 공간 구조를 기억할 수 있도록 해 주는 해마라는 기관이 있다. 해마는 인간의 경험에 따라 크기가 달라진다. 한 연구 결과에 따르면 버스 기사와 택시 기사는 똑같이 운전을 하는 직업이지만 버스 기사보다 택시 기사의 해마가 더 컸다고 한다. 왜냐하면 버스 기사는 정해진 길을 반복적으로 다니지만, 택시 기사는 손님의 목적지에 따라 매번 새로운 길을 찾아서 가기 때문이다.

▶ 이 글은 해마의 기능에 대해 말하고 있다. '해마는 인간의 경험에 따라 크기가 달라진다.'를 버스 운전 기사와 택시 기사를 예로 들어 설명하고 있다. '버스 기사는 정해진 길을 반복적으로 다니지만, 택시 기사는 손님의 목적지에 따라 매번 새로운 길을 찾아서 가기 때문'에 버스 기사의 공간 지각 경험이 더 많다. 따라서 정답은 ③번이다.

39. ②

따라서 벌에 쏘이지 않기 위해서는 무엇보다 예방이 중요하다.

가을철에는 산에서 벌에 쏘이는 사고가 많이 발생한다. (㉠) 벌에 쏘이면 피부가 붓게 되고 심하면 호흡 곤란까지 올 수 있다. (㉡) 먼저 산에 갈 때 강한 향이 나는 향수나 화장품 사용은 자제해야 한다. (㉢) 그리고 음료수나 과일 등 단 음식은 벌이 냄새를 맡지 못하도록 주의해서 보관해야 한다. (㉣) 혹시 벌에 쏘였을 때는 당황하지 말고 바로 119에 신고해야 한다.

▶ ㉡ 앞의 문장에서는 벌에 쏘였을 때 일어날 수 있는 위험 상황을 말하고 있으며, ㉡ 뒤의 문장에서는 벌에 쏘이지 않기 위해 예방할 수 있는 방법을 말하고 있다. 따라서 정답은 ②번이다.

40. ②

이때 사람은 호흡량과 호흡의 횟수를 증가시켜 부족한 산소를 보충하게 된다.

보통 2,400m 이상의 높은 산에 올라가면 공기 중 산소 농도가 낮아진다. (㉠) 그리고 사람이 호흡할 수 있는 산소 농도도 낮아져 저산소증이 발생하게 된다. (㉡) 그런데 산소를 얻는 과정에서 호흡 곤란이나 두통, 현기증 등의 증상이 생길 수 있다. (㉢) 심각한 경우에는 죽을 수도 있기 때문에 이런 증상이 나타나면 바로 하산하는 것이 좋다. (㉣)

▶ ㉡ 앞의 문장에서는 2,400m 이상의 높은 산에 올라갔을 때 발생하는 저산소증에 대해 이야기하고 있다. 그리고 ㉡ 뒤의 문장에서는 산소를 얻는 과정에서 생길 수 있는 부작용에 대해 이야기하고 있다. 주어진 문장에서 '부족한 산소를 보충한다.'를 통

정답 및 해설

해 해당 문장이 들어가기 자연스러운 곳은 ⓒ임을 알 수 있다. 부족한 산소를 보충하는 과정에서 호흡 곤란이나 두통, 현기증이 나타날 수 있기 때문이다. 따라서 정답은 ②번이다.

41. ③

> 이후 수도가 생겼지만 물장수의 역할은 사라지지 않았다.

> 수도가 없던 시절에 사람들은 우물을 사용해서 물을 길러 사용했다. (㉠) 그러나 우물의 분포가 불균등하고 수질도 나빠서 식수로 마실 수가 없었다. (㉡) 그래서 당시에는 한강이나 계곡물을 길러서 파는 물장수라는 직업이 있었다. (㉢) 집집마다 수도관을 설치하기 힘들었기 때문에 물장수가 수도에서 물을 받아 새벽부터 각 가정에 물을 배달하는 일을 했다. (㉣) 그러다가 수도 시설이 널리 보급되어 집에서도 깨끗한 물을 사용할 수 있게 되면서 물장수 직업은 사라지게 되었다.

▶ ㉢ 앞의 문장에는 한강이나 계곡물을 길러서 파는 물장수 직업에 대해 설명하고 있다. 그리고 ㉢ 뒤의 문장에서는 수도가 생긴 후에도 수도관을 설치하기 힘들어 물장수가 계속 일을 했다는 내용이 나와 있다. 주어진 문장에서 '이후 수도가 생겼지만'을 통해 해당 문장이 들어가기 자연스러운 곳이 ㉢임을 알 수 있다. 따라서 정답은 ③번이다.

42-43

> 쓰레기라도 깔끔하게 보이고 싶다는 내 허영심을 비웃듯이 수거차가 오기 전에 우리 Ⓐ쓰레기봉투가 무참하게 파헤쳐지는 일이 빈번하다는 것을 알게 되었다. 생선이나 닭고기를 먹고 난 후는 영락없이 그런 일을 당했다. Ⓐ고양이들의 소행이었다. Ⓑ개는 안 기르는 집이 거의 없다시피 하지만 고양이 기르는 집은 거의 없는 것 같은데도 동네에는 고양이들이 많다. 이렇게 도둑고양이들이 많기 때문에 쥐가 거의 없다는 게 동네 사람들의 설명이었다.
> 아무리 그렇다고 해도 수거차가 지나간 후에도 문 앞이 깨끗하지 않고 닭 뼈나 생선 뼈가 어지럽게 널려 있다는 건 여간 속상한 일이 아니었다. 터져서 냄새나는 내용물이 꾸역꾸역 쏟아지는 쓰레기봉투를 들어 올렸을 미화원 아저씨에게는 또 얼마나 미안한 노릇인가. 그래서 생각해 낸 게 고양이가 좋아할 만한 먹이가 생기면 봉투 속에 넣지 않고 접시에 따로 담아 Ⓒ고양이가 잘 다니는 통로에다 놓아두는 거였다. 그것은 좋은 생각이었다. 적중했으니까. Ⓓ그 후부터 쓰레기봉투가 훼손당하는 일은 안 생겼고, 나도 고양이를 챙기는 일에 재미를 붙이게 되었다. 비린 것을 탐하는 고양이의 식성은 측은했지만 생선 뼈를, 머리칼처럼 가느다란 가시까지도 깨끗이 발라내는 솜씨는 가히 예술이라 부를 만했다. 그 대신 우리 식구들은 고양이 생각을 한답시고 닭고기나 생선을 먹을 때 점점 더 살을 많이 붙여서 남기게 되었다.

42. ④

▶ - 나는 고양이가 다니는 통로에 고양이 먹이를 두며 고양이를 챙긴다.
 - 고양이가 생선 뼈를 깨끗이 발라먹는 것을 보고 예술이라고 생각한다.
 고양이가 생선 뼈를 살점 하나 없이 깨끗하게 발라 먹는 것을 보고 예술이라고 생각하며 감탄하는 게 가장 자연스럽다. 따라서 정답은 ④번이다.

43. ③

▶ ① 쥐가 동네의 쓰레기봉투를 파헤친다.
 → 고양이들이 쓰레기봉투를 파헤쳤다. Ⓐ
② 동네에는 개보다 고양이를 기르는 사람이 많다.
 → 동네에는 개를 안 기르는 집이 거의 없다. 따라서 고양이보다 개가 더 많다. Ⓑ
③ 나는 고양이가 잘 다니는 통로를 잘 알고 있다. Ⓒ
④ 고양이 먹이를 챙겨도 여전히 쓰레기봉투가 훼손되었다.
 → 고양이가 다니는 길에 먹이 접시를 놔둔 이후 쓰레기봉투가 훼손되지 않았다. Ⓓ

44-45

> 면역은 우리 몸에 침투하는 바이러스를 막아 주는 방패 역할을 한다. 따라서 많은 사람들이 면역력이 높은 것을 건강의 지표로 여긴다. 그러나 과도한 면역력은 오히려 독이 될 수 있다. 그러나 과도한 면역력은 오히려 독이 될 수 있다. 내 몸을 지켜줘야 할 면역 세포들이 정상적인 세포를 공격하고 파괴할 수도 있기 때문이다. 그리고 면역 세포가 몸의 어느 부분을 공격하느냐에 따라 증상과 질병이 다양하게 나타나는데 대표적인 증상이 알레르기나 자가 면역 질환이다. 이와 반대로 온실을 벗어나면 금방 시들어 버리는 온실 속 화초처럼 면역 상태가 약한 온실 면역 상태도 주의해야 한다. 온실 면역 상태가 되면 일반인보다 바이러스나 세균 등에 (감염 위험이 높아지기) 때문이다. 따라서 항상 자신의 몸 상태를 살펴보면서, 건강한 생활 습관으로 면역력을 조절하는 것이 중요하다.

44. ②

▶ 온실 면역 상태는 온실 속 화초처럼 면역 상태가 약한 것을 말한다. 면역력이 약한 온실 면역 상태가 되면 일반인보다 면역력이 낮기 때문에 바이러스나 세균 등에 감염 위험이 높아진다. 따라서 정답은 ②번이다.

45. ④

▶ 이 글은 면역력에 대해 말하고 있다. '따라서 항상 자신의 몸 상태를 살펴보면서, 건강한 생활 습관으로 면역력을 조절하는 것이 중요하다.'가 이 글의 주제이다. 따라서 정답은 ④번이다.

도시의 규모가 작을 때에는 관청, 상점, 주택, 학교, 공장 등이 도시 중심에 섞여 있어 지역 분화가 뚜렷하게 나타나지 않는다. 그러나 ⑩도시의 규모가 커지고 그 기능이 다양해지면서 비슷한 기능끼리는 모이고 서로 다른 기능끼리는 분리되는 경향이 나타난다. 이로 인해 하나의 도시 안에는 업무 지역, 상업 지역, 주거 지역, 공업 지역 등 여러 종류의 기능 지역으로 나누어진다. 이처럼 도시가 분리되는 가장 중요한 이유는 접근성과 땅값 때문이다. ⓐ도시 중심부에 자리 잡은 도심은 교통이 발달해 어디로든 접근할 수 있어서 ⑧고층 건물이 많고 땅값이 비싸다. 이러한 이유로 ⓐ비싼 땅값을 낼 수 있는 대기업이나 전문적인 상가만 남게 된다. 한편 ⓒ비싼 땅값을 감당할 수 없는 공장이나 주택들은 접근성이 다소 떨어지더라도 도시 외곽에 많이 생기게 된다. 그래서 ⓒ도시 외곽에는 주거 지역과 공업 지역이 많은 것이다.

46. ③

▶ 이 글은 도시가 분리되는 이유에 대해 '도시의 규모가 커지고 그 기능이 다양해지면서 비슷한 기능끼리는 모이고 서로 다른 기능끼리는 분리되는 경향이 나타난다. 이로 인해 하나의 도시 안에는 업무 지역, 상업 지역, 주거 지역, 공업 지역 등 여러 종류의 기능 지역으로 나누어진다.'고 설명하고 있다. 따라서 정답은 ③번이다.

47. ③

▶ ① 전문적인 상가는 교통보다 땅값이 더 중요하다.
    → 전문적인 상가는 교통이 발달한 도시 중심부에 위치한다. ⓐ
② 고층 건물은 도심보다 도시 외곽에 많이 생긴다.
    → 고층 건물은 도심에 많다. ⑧
③ 도심은 땅값이 비싸기 때문에 공업 시설이 많지 않다. ⓒ
④ 도시의 기능이 비슷할수록 지역 분화가 활발하게 이루어진다.
    → 도시의 규모가 커지고 기능이 다양해지면서 지역 분화가 일어난다. ⑩

각 지역 자치단체에서는 주민 참여 예산 제도를 운영하고 있다. ⑧이 제도를 통해 주민들은 자신이 사는 지역에 필요한 사업을 제안하거나 사업에 참여할 수 있다. 주민들은 직접 지역의 (예산 과정에 참여함으로써) 지역 재정과 예산에 대해 관심을 가질 수 있으며 지역 경제의 투명성을 보장할 수 있다는 점에서 의미가 있다. 또한 주민 참여 예산 제도는 해당 지역에 사는 주민이면 누구나 참여할 수 있으며 참여하는 방법도 간단하다. 먼저 ⓐ주민들이 사업을 제안한 후에 주민 투표

와 전문가 검토 등을 거쳐서 사업이 선정된다. 그리고 ⓒ지역 자치 단체에서는 주민들의 의견을 모아 해당 사업에 대한 예산을 계획하고 지원한다. 이 제도는 단순히 하나의 예산 제도라기보다는 ⑩지역의 역량을 강화하고 이를 통해 주민 자치를 실현하는 중요한 장치라고 할 수 있다. 따라서 앞으로도 지역 자치 단체에서는 주민들의 더 많은 참여를 위해 홍보하고 운영 역량을 강화해야 할 것이다.

48. ②

▶ 이 글의 목적은 '주민 참여 예산 제도를 통해 주민들은 자신이 사는 지역에 필요한 사업을 제안하거나 사업에 참여할 수 있고, 이 제도는 단순히 하나의 예산 제도라기보다는 지역의 역량을 강화하고 이를 통해 주민 자치를 실현하는 중요한 장치'임을 설명하기 위해서이다. 따라서 이 제도의 특징과 의의를 설명하기 위해 쓴 글이므로 정답은 ②번이다.

49. ④

▶ 이 제도를 통해 '지역 재정과 예산에 대해 관심을 가질 수 있으며 지역 경제의 투명성을 보장할 수 있다는 점에서 의미가 있다.', '해당 지역에 사는 주민이면 누구나 참여할 수 있고', '주민들이 사업을 제안한 후에' 사업이 진행된다. 이 내용을 통해 주민들은 직접 지역의 예산 과정에 참여한다는 것을 알 수 있다. 따라서 정답은 ④번이다.

50. ④

▶ ① 이 제도는 ~~사업이 선정된 이후에 주민 투표를 거친다.~~
    → 주민들이 사업이 제안한 후 주민 투표를 거치고 사업이 선정된다. ⓐ
② 이 제도를 통해 주민들은 ~~지역 사업에 투자할 수 있다.~~
    → 지역에 필요한 사업을 제안하거나 사업에 참여할 수 있다. ⑧
③ 이 제도는 ~~지역 자치 단체에서 사업을 제안하는 것이다.~~
    → 지역 자치 단체는 주민들의 의견을 모아 사업에 대한 예산을 계획하고 지원한다. ⓒ
④ 이 제도를 통해 지역 발전과 주민 자치를 실현할 수 있다. ⑩

정답 및 해설

실전 모의고사 3회

1교시 (듣기)
p.169

1	2	3	4	5	6	7	8	9	10
③	④	③	④	②	①	②	②	①	④
11	12	13	14	15	16	17	18	19	20
①	②	①	③	③	②	③	②	②	①
21	22	23	24	25	26	27	28	29	30
④	②	①	④	①	③	①	②	②	①
31	32	33	34	35	36	37	38	39	40
③	①	①	②	②	①	③	②	④	③
41	42	43	44	45	46	47	48	49	50
④	①	③	①	③	③	②	④	④	①

1. ③

> 여자: 김 대리님, 오늘도 야근하세요?
> 남자: 저는 오늘 일이 많아서 어쩔 수 없이 야근이네요.
> 여자: 고생하세요. 저 먼저 가 보겠습니다.

▶ 여자는 퇴근을 하고 남자는 남아서 야근을 해야 하는 상황이므로 정답은 ③번이다.

2. ④

> 남자: 물건을 받으신 후에는 환불이 안 됩니다. 이 점 확인하셨으면 여기에 사인을 해 주세요.
> 여자: 네. 그럼 식탁은 언제 배송 받을 수 있나요?
> 남자: 아마 일주일 후에는 받으실 수 있을 거예요.

▶ 여자는 남자에게 가구에 대한 안내를 받고 있는 상황이다. 식탁이 배송되기 전이므로 정답은 ④번이다.

3. ③

> 남자: 20대 성인 남녀의 독서 인식에 대해 조사한 결과, 본인의 독서량이 '부족하다'는 응답이 50%로 응답자의 절반을 차지했습니다. 또한 '매우 부족하다'는 24%로 그 뒤를 이었습니다. 반면 '적당하다'는 21%로 나타났으며, '매우 적당하다'는 5%에 불과했습니다. 독서가 부족한 가장 큰 이유로는 책 읽는 습관이 만들어지지 않아서였습니다. 시간이 부족해서는 2위, 흥미로운 책이 없어서는 3위로 나타났습니다.

▶ 독서가 부족한 이유로 1위 '책 읽는 습관이 없어서', 2위 '시간이 부족해서', 3위 '흥미로운 책이 없어서'를 설명하는 그래프는 ③번이다.

4. ④

> 여자: 무슨 이야기를 하고 있었어요?
> 남자: 오늘 신입 사원 환영회를 한다는데요. 같이 갈 거죠?
> 여자: 저는 배탈이 나서 참석 못 할 것 같아요.

▶ 남자가 여자에게 신입 사원 환영회 참석 여부를 묻고 있으므로 ④번이 자연스럽다.

5. ②

> 여자: 낮에는 분명히 더웠는데 밤이 되니까 왜 이렇게 쌀쌀하지요?
> 남자: 요즘 환절기잖아요. 이럴 때는 겉옷을 가지고 다니는 게 좋아요.
> 여자: 내일부터는 가방에 넣고 다녀야겠어요.

▶ 남자는 환절기에 겉옷을 가지고 다니라는 조언을 하고 있다. 이에 대한 대답은 앞으로 어떤 행동을 하겠다고 다짐하는 ②번이 자연스럽다.

6. ①

> 여자: 아무래도 집을 옮겨야 할 것 같아.
> 남자: 이사하려고? 지금 집이 월세도 싸고 좋다고 했잖아.
> 여자: 집이 좁아서 너무 불편해.

▶ 여자는 남자에게 이사를 하겠다고 이야기하고 있다. 이에 대해 남자는 이사하는 이유를 물어보는 상황이다. 이때 여자는 이사하는 이유를 말하는 것이 자연스러우므로 정답은 ①번이다.

7. ②

> 남자: 요즘 편하게 옷을 입고 출근하는 회사가 많아졌대요.
> 여자: 그래도 저는 회사원이라면 정장처럼 깔끔한 옷차림이 좋을 것 같은데요.
> 남자: 편한 옷차림이면 일이 더 잘 될 거예요.

▶ 남자는 여자에게 편한 옷차림으로 출근하는 회사가 많아졌다고 이야기하고 있다. 이에 대해 여자는 정장 차림이 좋다고 말하는 상황이다. 이때 남자는 편한 옷차림이 더 좋다고 말하는 것이 자연스러우므로 정답은 ②번이다.

8. ②

> 남자: 아껴 쓰는 것 같은데 왜 항상 생활비가 모자라지?
> 여자: 돈을 어디에 제일 많이 써?
> 남자: 지금 사는 집 방값이 좀 비싸.

▶ 남자는 어디에 돈을 제일 많이 쓰는지 대답해야 하므로 ②번이 자연스럽다.

9. ①

> 여자: 이번 주 일요일 일기 예보 확인했어요?
> 남자: 일요일에 비가 오고 좀 춥다고 해요.
> 여자: 저는 날씨가 맑은 줄 알고, 선글라스랑 모자만 챙겼네요.
> 남자: 아직 시간이 있으니까 필요한 물건들을 다시 챙겨 보세요.

▶ 남자와 여자는 일기 예보에 대해 말하고 있다. 남자는 일요일에 비가 오고 춥다고 말하며 "필요한 물건들을 다시 챙겨 보세요."라고 말한다. 따라서 정답은 ①번이다.

10. ④

> 여자: 혹시 지난주에 교수님께서 나눠 주신 자료 좀 빌려줄 수 있어?
> 남자: 왜? 잃어버렸어?
> 여자: 아무리 찾아봐도 없어. 다음 주가 시험인데 걱정이야.
> 남자: 교수님께서 인터넷 강의실에 올려놓으신다고 하셨어. 한번 찾아봐.

▶ 여자는 교수님이 나눠 주신 시험 준비 자료를 잃어버려서 걱정하고 있다. 이에 대해 남자는 "교수님께서 인터넷 강의실에 올려놓으신다고 하셨어."라고 자료를 볼 수 있는 방법을 말해 주고 있다. 따라서 정답은 ④번이다.

11. ①

> 여자: 점심에 과식했는지 속이 더부룩하네요. 콜라라도 마셔야겠어요.
> 남자: 콜라요? 콜라는 소화에 도움이 안 되는데요.
> 여자: 콜라를 마시고 나면 시원한 느낌이 들잖아요. 트림도 나오고.
> 남자: 탄산음료를 너무 많이 마시면 오히려 위장 장애가 생길 수 있어요. 그것보다는 가볍게 걷거나 움직여 보세요.

▶ 소화를 위해 콜라를 마신다는 여자에게 남자가 콜라는 소화에 도움이 되지 않으니 "가볍게 걷거나 움직여 보세요."라고 조언을 하였다. 따라서 ①번이 정답이다.

12. ②

> 여자: 김 대리, 내일 신입 사원들을 위한 설명회, 준비 다 됐어요?
> 남자: 지금 회의실 확인하고 설명회 자료도 복사하려고 합니다.
> 여자: 그럼 자료를 복사하기 전에 다음 달에 나올 신제품 사진도 자료 안에 같이 넣어줄래요?
> 남자: 네. 제품 사진 주시면 같이 넣어서 복사하겠습니다.

▶ 여자는 남자에게 자료를 복사하기 전에 사진을 넣어서 복사하라고 말하는 상황이다. 이에 남자는 "제품 사진을 주시면 같이 넣어서 복사하겠습니다."라고 대답하였으므로 정답은 ②번이 자연스럽다.

13. ①

> 여자: ⒟다음 주 월요일이 공휴일이라서 3일 동안 쉬는 거 알지?
> 남자: 특별한 계획이라도 있어? ⒜난 집에서 맛있는 거 먹으면서 쉴까 생각 중인데.
> 여자: 난 벌써 주말에 캠핑 갈 준비도 다 해놨고 ⒝월요일에 영화표도 예매해 놨어.
> 남자: 나도 그럼 ⒞집에서 그동안 못 본 영화도 봐야겠다.

▶ ① 남자는 연휴에 집에서 쉴 계획이다 ⒜
> ② 다음 주 월요일은 영화관 휴무일이다.
>   → 휴무일이 아니다. ⒝
> ③ 여자는 남자와 영화를 보기로 약속했다.
>   → 여자는 영화관에서, 남자는 집에서 영화를 볼 계획이다. ⒞
> ④ 여자는 캠핑을 가기 위해 3일 동안 휴가를 냈다.
>   → 다음 주 월요일이 공휴일이라서 3일 동안 연휴이다. ⒟

14. ③

> 남자: 안내 말씀드립니다. ⒜오전 10시에 서울역에서 출발 예정인 부산행 기차는 현재 ⒞다른 기차의 사고로 출발이 늦어지고 있습니다. 부산까지 급하게 가셔야 하는 승객분들께서는 ⒟버스나 비행기 등 다른 대중교통을 이용해 주시기 바랍니다. ⒝자세한 내용은 안내소로 오셔서 안내를 받으시기 바랍니다. 불편을 드려 대단히 죄송합니다. 사고가 정리되는대로 ⒞출발 시간을 다시 안내하겠습니다. 감사합니다.

▶ ① 부산행 기차는 열 시에 도착했다.
>   → 부산행 기차는 열 시에 출발하려고 했다. ⒜
> ② 안내소에서 사고를 정리하고 있다.
>   → 안내소에서 안내를 받을 수 있다. ⒝
> ③ 기차 사고 때문에 출발 시간이 바뀌었다. ⒞
> ④ 부산까지 가는 비행기를 이용할 수 없다.
>   → 부산까지 버스나 비행기를 이용할 수 있다. ⒟

15. ③

> 여자: ⒟이번 폭우는 예상보다 강력하였고 그만큼 피해도 컸습니다. 오늘 새벽 5시경부터 내리기 시작한 폭우로 인해 오늘 ⒞아침 8시부터 한 시간 동안 기차 운행이 중단되기도 했고요. 고속도로에는 ⒝버스가 빗물에 미끄러지는 사고가 발생하여 승객 10명이 크게 다치기도 했습니다. ⒜내일까지 강한 바람과 함께 폭우가 계속될 예정이니 피해가 없도록 잘 대비하셔야겠습니다.

▶ ① 오늘 저녁에는 ~~비가 그칠 것이다.~~
→ 내일까지 폭우가 계속될 예정이다. Ⓐ
② 고속도로에서 ~~오토바이~~ 사고가 있었다.
→ 고속도로에서 버스 사고가 있었다. Ⓑ
③ 오늘 오전 8시에는 기차가 운행하지 않았다. Ⓒ
④ ~~생각한 것과 달리 폭우의 피해는 심하지 않았다.~~
→ 폭우가 예상보다 강력하였고 피해도 컸다. Ⓓ

16. ②

> 여자: Ⓐ오랫동안 청소년들을 대상으로 상담을 해 오셨는데
> 요. 청소년들은 주로 어떤 것으로 상담을 받으러 오나
> 요?
> 남자: 보통 공부나 시험 성적 때문에 상담을 많이 받으러 올
> 거라고 생각하시는데요. 의외로 청소년들 중에서 이런
> 스트레스로 상담을 받으러 오는 학생들은 거의 없습니
> 다. 대신 친구와 어떻게 하면 사이좋게 지낼 수 있는지,
> 학교에서 따돌림을 당했을 때 어떻게 해결할 수 있는지
> 와 같은 Ⓑ관계적인 부분에서 상담을 많이 요청합니다.

▶ ① 여자는 학교에서 따돌림을 당한 적이 있다.
→ (내용에서 확인할 수 없다.)
② 남자는 청소년 상담을 시작한 지 오래됐다. Ⓐ
③ 청소년들은 친구와 놀면서 스트레스를 풀 수 있다.
→ (내용에서 확인할 수 없다.)
④ 청소년들은 ~~시험 성적~~ 때문에 상담을 많이 받는다.
→ 청소년들은 관계적인 부분에서 상담을 많이 받는다. Ⓑ

17. ③

> 남자: 지금 방을 정리하려던 거 아니었어?
> 여자: 아, 맞다. 지금 방을 정리하려고 들어 왔는데 내가 뭘 해
> 야 할지 몰라서 가만히 서 있었네. 요즘 이렇게 깜빡깜
> 빡할 때가 많아서 큰일이야.
> 남자: 동시에 여러 가지 생각을 하지 말고, 내가 하는 일에만
> 집중을 해 봐.

▶ 남자는 여자에게 "내가 하는 일에만 집중을 해 봐."라고 말하고
있다. 따라서 정답은 ③번이다.

18. ②

> 남자: 이번에 소개 받은 사람은 굉장히 좋은 사람이었는데 저
> 랑은 아닌 것 같네요.
> 여자: 그렇게 괜찮은 사람이면 몇 번 더 만나 봐야죠. 어떻게
> 한 번 보고 그 사람을 다 알 수 있겠어요?
> 남자: 그렇긴 한데, 전 남녀 사이는 다르다고 생각해요. 정말
> 괜찮은 사람인데 통하는 게 없다고 해야 하나? 그래서
> 서로 시간 낭비 안 하려고요.

▶ 남자는 통하는 게 없어서 소개팅으로 만난 사람을 다시 만나지

않겠다고 말했다. 따라서 남자가 중요하게 생각하는 것은 ②번
이다.

19. ②

> 남자: 앞으로 공유 킥보드를 탄 후에 아무데나 주차하면 이용
> 을 못 할 수도 있대요.
> 여자: 네? 공유 킥보드의 장점이 아무데나 탈 수 있고 내릴
> 수 있는 거 아니에요? 주차장을 지정하면 공유 킥보드
> 의 장점이 사라질 것 같은데요.
> 남자: 그래도 길 한가운데 주차를 해서 보행자들에게 불편을
> 주면 안 되지요. 공유 킥보드도 자동차처럼 지정된 곳
> 에서만 주차를 할 수 있게 해야 해요.

▶ 남자는 여자에게 "공유 킥보드도 자동차처럼 지정된 곳에서만
주차를 할 수 있게 해야 해요."라고 말하고 있다. 이것과 관련되
는 내용은 ②번이다.

20. ①

> 여자: 사장님, 건물 1층에 무료로 이용할 수 있는 북카페를 운
> 영하신다고 들었습니다. 쉽지 않은 결정인데 특별한 계
> 기가 있으셨나요?
> 남자: 어릴 때 저는 가정 형편이 좋지 않았습니다. 시골에서
> 자란 탓에 책을 읽을 수 있는 도서관도 잘 없었고 혼자
> 조용히 시간을 보낼 공간도 없었습니다. 지금도 우리 주
> 변을 보면 돈이 있어야 책을 사 보고 커피를 마실 수 있
> 는 공간에 갈 수 있습니다. 돈이 없으면 책을 사 보거나
> 커피를 한 잔 마시는 것도 어려울 수 있죠. 제가 북카페
> 를 만든 이유는 이런 경제적인 조건 때문에 추억도 차별
> 받으면 안 된다는 생각 때문입니다. 그래서 누구나 무료
> 로 이용할 수 있는 북카페를 만들게 되었습니다.

▶ 남자는 여자에게 "이런 경제적인 조건 때문에 추억도 차별받으
면 안 된다는 생각 때문입니다."라고 말하고 있다. 경제적인 조
건에 상관없이 누구나 추억을 만들 수 있어야 한다는 것이다.
따라서 정답은 ①번이다.

21-22

> 여자: 과장님, 이번 직업 체험으로 우리 회사에 방문하는 학
> 생들에게 어떤 기념품을 주면 좋을까요? Ⓓ지난번처럼
> 회사 이름이 들어간 탁상시계로 할까요?
> 남자: 글쎄요. 요즘은 휴대폰으로 다 시간을 확인하니 시계를
> 사용하는 학생들이 별로 없을 것 같아요. Ⓐ이번에는 텀
> 블러를 준비하면 어떨까요? 요즘 환경에 관심이 있는
> 학생들은 텀블러를 가지고 다닌다고 하니까 텀블러를
> 기념품으로 주면 학생들이 좋아할 것 같은데요. 환경 보
> 호에서도 좋고요. 또 텀블러에 우리 회사 이름을 새기면

학생들이 가지고 다니면서 자연스럽게 회사 홍보도 될
것 같네요.
여자: ⓒ좋은 생각인 것 같습니다. 그러면 ⓑ무슨 색깔 텀블러
로 준비할까요?
남자: 그건 ⓑ다음 주 회의에서 팀원들과 같이 의논해 봅시다.

21. ④

▶ 남자는 "환경 보호에서도 좋고요. 또, 텀블러에 우리 회사 이름
을 새기면 학생들이 가지고 다니면서 자연스럽게 회사 홍보도
될 것 같네요."라고 말하고 있다. 이것과 관련되는 내용은 ④번
이다.

22. ②

▶ ① 여자는 남자에게 텀블러를 보여 줬다.
　　→ 남자가 텀블러를 처음 제안했다. Ⓐ
② 기념품의 색깔은 아직 정하지 않았다.
　　→ 기념품(텀블러) 색깔은 다음 주 회의에서 의논할 것이다.
　　　Ⓑ
③ 기념품으로 탁상시계를 준비할 예정이다.
　　→ 기념품으로 텀블러를 준비할 예정이다. ⓒ
④ 이번에 처음으로 회사에서 직업 체험을 한다.
　　→ 지난번에도 회사에서 직업 체험을 했다. Ⓓ

23-24

여자: 여보세요. ⓑ여권을 잃어버려서 다시 발급 받으려고 하
는데요. 어떻게 하면 될까요?
남자: 네, ⓒ본인이 직접 와서 재발급 신청을 하시면 됩니다.
여자: 방문할 때 어떤 서류를 준비해 가야 하나요?
남자: 먼저 Ⓐ여권 발급 신청서가 필요하고요. Ⓓ6개월 이내
에 촬영한 여권용 사진도 한 장 필요합니다. 여권용 사
진의 규격과 주의 사항은 인터넷에서도 확인하실 수 있
습니다. 참, Ⓐ신분증도 반드시 가지고 오셔야 합니다.

23. ①

▶ 여자는 남자에게 "여권을 잃어버려서 다시 발급 받으려고 하는
데요. 어떻게 하면 될까요?"라고 말하고 있다. 여권 재발급 신청
방법을 문의하고 있는 ①번이 정답이다.

24. ④

▶ ① 신분증 대신 신청서가 필요하다.
　　→ 신청서와 신분증 모두 필요하다. Ⓐ
② 여자는 여권 사용 기간이 지났다.
　　→ 여자는 여권을 잃어버렸다. Ⓑ
③ 인터넷에서 여권 재발급을 신청할 수 있다.
　　→ 본인이 직접 와서 재발급 신청을 해야 한다. ⓒ
④ 1년 전 사진은 여권 사진으로 사용할 수 없다. Ⓓ

25-26

여자: 오늘은 폐플라스틱으로 옷을 만드는 한 기업을 방문했
습니다. 버려진 플라스틱으로 어떻게 옷을 만들게 되셨
습니까?
남자: 한 해에 버려지는 플라스틱 페트병 양은 1,000만 톤 이
상으로 상상을 초월할 정도입니다. ⓑ플라스틱은 500년
이 지나도 썩지 않아서 해양 생태계를 파괴하고 바다를
오염시키고 있습니다. 저희는 이렇게 ⓒ버려진 페트병을
수거해 일정한 크기의 칩으로 만듭니다. 그 칩을 녹여서
실을 뽑아내 옷을 만들고 있습니다. 이렇게 만든 옷은
Ⓐ소재도 튼튼하고 가벼워서 기능성 의류를 만들 때도
유용하게 쓰이고 있습니다. Ⓓ친환경 제품을 선호하는
소비자들이 늘어나면서 지구와 환경을 생각하는 기업들
도 많아졌으면 좋겠습니다.

25. ①

▶ 남자는 "지구와 환경을 생각하는 기업들도 많아졌으면 좋겠습
니다."라며 자신의 생각을 드러내고 있다. 따라서 정답은 ①번이
다.

26. ③

▶ ① 플라스틱으로 만든 옷은 가볍지만 약하다.
　　→ 플라스틱으로 만든 옷은 가볍고 튼튼하다. Ⓐ
② 버려진 플라스틱은 금방 썩어서 없어진다.
　　→ 플라스틱은 500년이 넘어도 썩지 않는다. Ⓑ
③ 버려진 페트병을 활용하여 옷을 만들 수 있다. ⓒ
④ 친환경 제품에 관심을 가지는 사람들이 줄었다.
　　→ 친환경 제품에 관심을 가지는 사람들이 늘어나고 있다.
　　　Ⓓ

27-28

남자: 우리 집 앞에도 무인 가게가 생겼더라. 봤어?
여자: ⓑ요즘은 아이스크림 가게뿐만 아니라 문구점, 편의점
도 무인 가게가 있더라고. 가게를 운영하는 사람 입장에
서는 인건비를 절약해서 좋고, 또 소비자들은 24시간 편
하게 이용할 수 있어서 좋은 것 같아.
남자: 꼭 좋은 점만 있는 건 아니야. 관리하는 사람이 없으니
까 Ⓐ재고 관리가 안 되는 단점이 있지. 또 계산하는 기
계가 사람이 하는 일을 대신하니까 Ⓓ사람들의 일자리
가 없어지는 문제점도 있어. ⓒ무엇보다 가장 우려되는
일은 지켜보는 사람이 없으니까 물건이 파손되거나 없
어질 수도 있다는 거야.
여자: 그래. 네 말을 듣고 보니 장점과 단점이 모두 있네.

정답 및 해설

27. ①

▶ 남자는 무인 가게로 인해 발생할 수 있는 문제점(재고 관리가 안 되는 것, 사람들의 일자리가 줄어드는 것, 도난이나 파손 문제)에 대해서 말하고 있다. 따라서 정답은 ①번이다.

28. ②

▶ ① 무인 가게는 재고 관리가 잘된다.
   → 무인 가게는 재고 관리가 잘 안 된다는 문제점이 있다. Ⓐ
② 다양한 종류의 무인 가게들이 생겨나고 있다. Ⓑ
③ 무인 가게는 도난이나 파손 문제가 거의 없다.
   → 지켜보는 사람이 없으므로 도난이나 파손 문제가 발생할 수 있다. Ⓒ
④ 무인 가게 덕분에 새로운 일자리들이 많아졌다.
   → 무인 가게 때문에 일자리를 잃는 사람들이 생겨났다. Ⓓ

29-30

여자: 사장님께서 만든 Ⓐ온라인 취미 서비스의 회원 수가 나날이 증가하고 있다고 들었습니다. 인기 비결이 무엇인가요?

남자: 짧은 시간 내에 다양한 취미 생활을 배워볼 수 있다는 점이겠지요. 우선 Ⓑ매달 이용료만 내면 언어부터 운동, 노래 등 다양한 취미를 배울 수 있고요. 여러 가지를 체험하면서 내게 맞는 취미를 찾을 수 있어요. 그리고 Ⓒ 모든 수업을 온라인으로 진행하기 때문에 장소나 시간의 제한도 없습니다.

여자: 최근에는 부동산과 창업 등을 가르쳐주는 서비스도 추가하셨다고요.

남자: 맞습니다. 회원들이 더 다양한 취미를 찾을 수 있도록 Ⓓ경제 분야의 동영상을 개발하고 있고요. 꼭 취미 생활이 아니더라도 생활에 도움이 되는 정보들도 서비스로 제공하고 있습니다.

29. ②

▶ 여자는 "사장님께서 만든 온라인 취미 서비스"라고 이야기하고 있기 때문에 남자는 '온라인 취미 서비스를 개발한 사람'이다.

30. ①

▶ ① 이 서비스를 찾는 회원이 늘고 있다. Ⓐ
② 이 서비스는 무료로 이용이 가능하다.
   → 매달 이용료를 내야 한다. Ⓑ
③ 이 서비스는 직접 만나서 진행하기도 한다.
   → 모든 수업은 온라인으로 진행한다. Ⓒ
④ 이 서비스는 운동 관련 동영상을 개발할 예정이다.
   → 경제 분야 동영상을 개발할 예정이다. Ⓓ

31-32

남자: 디지털 기술들이 발달하면서 사람들의 기억력은 점차 쇠퇴하는 것 같습니다. 휴대 전화가 나오기 전에는 사람들이 수십 명의 전화번호를 외우는 경우가 흔했습니다. 하지만 지금은 단축 번호나 검색을 통해 전화번호를 찾으니까 가까운 사람의 전화번호도 외우지 못할 때가 많습니다.

여자: 전화번호를 외우지 못하는 걸 기억력 쇠퇴로 볼 수 있을까요?

남자: 사람의 뇌는 계속 바뀝니다. 검색을 하는 데에 필요한 뇌 기능을 자주 사용하다 보니, 우리 두뇌의 기억 용량이 줄어들게 되는 거죠. 특히 해마라는 곳에서 사람의 기억을 담당하는데 기억하려는 노력을 하지 않으면 이 해마가 줄어든다고 하니 상당히 걱정스러운 부분이죠.

여자: 글쎄요. 디지털 기술의 발달이 사람의 기억력을 쇠퇴시켰다고 보는 것은 너무 성급한 판단 같습니다.

31. ③

▶ 남자는 전화번호를 외우지 못하는 것을 예로 들어 디지털 기술의 발달로 사람들의 기억력이 쇠퇴한다고 말하고 있다. 따라서 정답은 ③번이다.

32. ①

▶ "기억하려는 노력을 하지 않으면 이 해마가 줄어든다고 하니 상당히 걱정스러운 부분이죠."를 통해 디지털 기기로 인해 사람들이 기억하려는 노력을 하지 않는 상황을 걱정하고 있음을 알 수 있다. 따라서 정답은 ①번이다.

33-34

여자: 스트레스는 만병의 근원이라는 말이 있습니다. 이처럼 사람들은 흔히 스트레스가 건강에 나쁘다고만 생각을 하는데요, 그런데 스트레스가 꼭 건강에 나쁘기만 할까요? 오랜 기간 많은 스트레스를 받을 경우엔 정신적으로나 신체적으로 문제가 생길 수 있지만, Ⓑ적당한 스트레스는 오히려 건강에 도움이 될 수도 있습니다. 우선 우리는 Ⓒ스트레스를 받으면 긴장을 하게 되는데 이 긴장감으로 인해 집중력이 향상되고요. 적당한 스트레스는 뇌를 자극하기 때문에 업무 효율을 높이는 데도 효과적입니다. 또 Ⓐ스트레스에 노출되면 몸 안에 코티솔이라는 호르몬이 분비가 되는데요. Ⓓ이 호르몬은 우리 몸에서 염증을 막아주면서 Ⓑ면역력을 높이는 역할을 합니다. 이처럼 적당히 받는 스트레스는 우리에게 좋은 영향을 줄 수 있는 겁니다.

33. ①

▶ 여자는 "적당한 스트레스는 오히려 건강에 도움이 될 수도 있습니다.", "적당히 받는 스트레스는 우리에게 좋은 영향을 줄 수 있는 겁니다."라며 스트레스의 긍정적인 효과에 대해서 말하고 있다. 따라서 정답은 ①번이다.

34. ②

▶ ① 뇌를 자극하면 호르몬이 많이 분비된다.
  → 스트레스에 노출되면 호르몬이 분비된다. Ⓐ
② 적당한 스트레스는 면역력을 향상시킨다. Ⓑ
③ 긴장감은 스트레스가 쌓이는 원인이 된다.
  → 긴장감으로 인해 집중력이 향상된다. Ⓒ
④ 스트레스가 많이 쌓이면 몸에 염증이 생긴다.
  → 호르몬은 우리 몸에서 염증을 막아준다. Ⓓ

35-36

여자: 사랑하는 가온시 주민 여러분. 어려운 여건 속에서도 저를 끝까지 지지해 주시고 성원해 주셔서 진심으로 감사합니다. 이번 시장 당선이 Ⓓ저에게는 종착지가 아니라 다시 시작하는 출발점입니다. 신발 끈을 단단히 묶고 가온시의 시민 여러분들을 위해 다시 뛰겠습니다. Ⓐ두 번의 선거에서 한결같이 저를 믿고 지지해 주신 여러분의 사랑과 응원은 그 어떤 말로도 갚을 길이 없을 것입니다. 당선의 기쁨만큼이나 무거운 책임감으로 앞으로 Ⓒ4년간 열심히 일하겠습니다. 특히 이번 선거에서 저의 중요 공약이었던 교통약자의 이동권 확대 보장을 위하여 Ⓑ저상버스 노선의 확대, 교통약자 전용 택시 운영, 교통약자석의 확보는 저의 임기 동안 최선을 다해 실현할 것입니다. 항상 지켜봐 주십시오. 감사합니다.

35. ②

▶ "사랑하는 가온시 주민 여러분. 어려운 여건 속에서도 저를 끝까지 지지해 주시고 성원해 주셔서 진심으로 감사합니다. 이번 시장 당선이~"를 통해 이 사람이 시장에 당선되었고 그에 대한 감사의 인사를 전하는 상황임을 알 수 있다.

36. ①

▶ ① 여자는 두 번 연속 선거에 당선되었다. Ⓐ
② 가온시에는 현재 저상버스가 다니지 않는다.
  → 현재 저상버스가 다니고 있고 그 노선을 확대할 예정이다. Ⓑ
③ 교통약자를 위한 법은 4년 전에 만들어졌다.
  → 여자의 앞으로 4년 동안 일을 할 것이다. 법이 언제 만들어졌는지 알 수 없다. Ⓒ
④ 여자는 이번 당선을 끝으로 시장직을 그만둔다.
  → 다시 열심히 일하겠다고 하였다. Ⓓ

37-38

여자: 요즘 사람들 사이에서 중고 거래가 활발해지면서 이와 관련된 범죄도 증가하고 있다면서요?
남자: 그렇습니다. Ⓐ최근에는 이러한 범죄의 방법이 더욱 교묘해지고 피해 규모도 더 커지고 있는 상황입니다. 따라서 Ⓒ중고 거래를 하는 사람들은 판매자의 정보를 정확히 파악하여 이러한 범죄를 예방하는 것이 중요합니다. 그러나 무엇보다 중요한 것은 중고 거래 사이트에서 구매자를 위한 보호 체계를 적극적으로 구축하는 것입니다. Ⓓ판매자의 신상이나 판매 물건의 정보가 정확하지 않을 때에는 물건을 판매할 수 없도록 해야 하며 Ⓑ구매자가 물건을 확인한 뒤에 판매자에게 대금이 전달되는 안전 거래 방식을 의무화해야 합니다. 또한 지속적인 모니터링을 통해 피해자가 발생하지 않도록 하는 것도 필요합니다.

37. ③

▶ 남자는 "무엇보다 중요한 것은 중고 거래 사이트에서 구매자를 위한 보호 체계를 적극적으로 구축하는 것입니다."라고 이야기하고 이후 구체적인 예를 들어 방법을 설명하고 있으므로 정답은 ③번이다.

38. ②

▶ ① 중고 거래 관련 범죄의 피해가 사라지고 있다.
  → 최근에 범죄 피해 규모가 커지고 있다. Ⓐ
② 안전 거래는 중고 거래 범죄 예방에 도움이 된다. Ⓑ
③ 중고 거래를 할 때 구매자의 정보를 알아야 한다.
  → 판매자 정보를 정확히 파악하여 범죄는 예방하는 게 중요하다. Ⓒ
④ 신상 정보만 정확하면 누구나 판매를 할 수 있게 해야 한다.
  → 판매 물건의 정보가 정확하지 않을 때에는 물건을 판매할 수 없도록 해야 한다. Ⓓ

정답 및 해설

39-40

여자: 우리 일상에서 안면 인식 기술이 사용되는 곳이 이렇게 나 많네요. 그런데 이 기술에도 문제점이 있다고요?

남자: Ⓐ안면 인식 기술의 가장 큰 문제점은 개인정보 노출인 데요. 안면 인식 정보는 인터넷 기술을 통해 수집이 되기 때문에 이 정보가 유출되면 많은 사람들이 피해를 겪을 수 있습니다. 자신의 얼굴뿐만 아니라 자신의 Ⓐ사생활도 다 노출이 되는 셈이지요. 또 우리가 아무 생각 없이 ⒹSNS에 올린 자기 얼굴 사진을 다른 누군가가 도용을 할 수도 있습니다. Ⓑ사진을 도용해서 자기 얼굴인 것처럼 사용하게 되는 것도 문제라고 할 수 있습니다. 이런 점들을 고려해 계속해서 Ⓒ안전한 기술을 만들기 위해 노력한다면 안면 인식 기술은 더욱더 발전할 수 있을 것입니다.

39. ④

▶ 우리 일상에서 안면 인식 기술이 사용되는 곳이 많다는 여자의 말을 통해 이 담화 앞에는 안면 인식 기술은 일상생활에서 활용되는 것에 대한 내용이 나왔음을 알 수 있다. 정답은 ④번이다.

40. ①

▶ ① 이 기술은 사생활이 노출된다는 문제가 있다. Ⓐ
② 이 기술은 사진 도용을 막는 데 도움이 된다.
　→ 안면 인식 기술로 사진 도용의 문제가 생길 수 있다. Ⓑ
③ 이 기술은 안전하지 않기 때문에 발전하기 힘들다.
　→ 노력한다면 발전할 수 있다. Ⓒ
④ 이 기술을 통해 자신의 얼굴을 SNS에 올릴 수 있다.
　→ 안면 인식 기술로 SNS에 올린 자신의 사진이 도용될 수 있다. Ⓓ

41-42

남자: 탄수화물의 과다 섭취는 여러 질병의 발병률을 높인다는 연구 결과가 많이 있습니다. 그런데 탄수화물이라고 다 나쁜 것은 아닙니다. 좋은 탄수화물은 우리 몸의 에너지원이 되고 또 Ⓑ근육이 빠져나가는 것을 막아줍니다. 또한 Ⓐ탄수화물은 뇌의 유일한 에너지원으로 뇌의 세포가 활동하기 위해 꼭 필요합니다. 이렇게 중요한 탄수화물을 건강하게 섭취하기 위해서는 Ⓒ자신의 신체 활동량에 따라 탄수화물의 섭취량을 조절해야 합니다. 다음으로 중독성이 없고 혈당을 천천히 올려 주는 종류의 탄수화물을 섭취하는 것이 좋습니다. 마지막으로 Ⓓ 탄수화물은 단독으로 섭취하는 것보다 단백질이나 지방과 함께 섭취하는 것이 좋습니다.

41. ④

▶ "그런데 탄수화물이라고 다 나쁜 것은 아닙니다." 이후에 탄수화물의 역할과 섭취 방법에 대해 설명하고 있으므로 정답은 ④번이다.

42. ①

▶ ① 탄수화물은 뇌의 유일한 에너지원이다. Ⓐ
② 탄수화물을 과도하게 섭취하면 근육이 빠진다.
　→ 좋은 탄수화물은 근육이 빠져나가는 것을 막아준다. Ⓑ
③ 탄수화물은 섭취하는 양보다 종류가 더 중요하다.
　→ 양과 종류가 모두 중요하다. Ⓒ
④ 탄수화물을 섭취할 때 다른 영양소는 제한해야 한다.
　→ 지방이나 단백질과 함께 섭취하는 것이 좋다. Ⓓ

43-44

남자: 조선 시대 왕에게 하루는 짧았다. 그만큼 주어진 시간 동안 많은 일을 담당했다. 일반인과 마찬가지로 왕의 하루도 기상 시간부터 시작된다. 기상하자마자 의관을 갖추어 입고 왕실 웃어른께 인사를 드린다. 그리고 신하들과 학문과 정치를 토론하는 경연 시간을 갖는다. 아침 식사를 한 후에는 본격적인 왕의 하루가 시작된다. 각 지방에서 올라온 보고서를 읽고 결재를 한다. 또 신하들에게 업무를 보고 받은 후 3시부터 5시까지는 밤에 궁궐을 지키는 군사들의 명단을 확인하고 암호를 정해 준다. 암호를 알려 주는 이유는 궁궐 문이 닫히는 통행금지 시간 동안 군사들이 서로 같은 편임을 확인해 왕의 안전을 지키기 위해서이다. 그리고 해가 지기 전에 다시 저녁 공부에 참석한 후, 낮 동안 미처 처리하지 못한 일을 한다. 그리고 잠자리에 들기 전 다시 웃어른께 문안 인사를 드리는 것으로 하루를 마감한다.

43. ③

▶ "조선 시대 왕에게 하루는 짧았다. 그만큼 주어진 시간 동안 많은 일을 담당했다."를 통해 왕이 바쁜 하루를 보냈음을 알 수 있다. 그리고 조선 시대 왕이 아침에 일어나서 하루를 마감할 때까지의 하루 일과에 대해서 이야기하고 있다. 따라서 정답은 ③번이다.

44. ①

▶ "암호를 알려 주는 이유는 궁궐 문이 닫히는 통행금지 시간 동안 군사들이 서로 같은 편임을 확인해 왕의 안전을 지키기 위해서이다." 다시 말해 같은 편과 적을 구별하여 왕의 안전을 지키기 위해서이다. 따라서 정답은 ①번이다.

남자: 여러분, 혹시 달걀 껍데기에 번호가 있다는 걸 아십니까? 자세히 보시면 달걀 껍데기에는 숫자와 알파벳이 적혀 있는데, 이것을 난각 코드라고 합니다. 난각 코드에는 달걀에 관한 중요한 정보들이 담겨 있습니다. 어떤 정보들이 담겨 있을까요? 먼저 가장 앞에 있는 이 숫자 네 가지는 ⓑ닭이 알을 낳은 날짜를 말합니다. 다음으로 ⓒ알파벳과 숫자로 이루어진 다섯 자리의 번호가 있는데 이건 생산자 고유 번호입니다. 이 번호를 통해 달걀을 ⓑ생산한 농장에 대한 정보를 알 수 있습니다. ⓓ마지막으로 숫자 한 자리가 나와 있는데요. 이 숫자는 무엇일까요? 이 숫자는 바로 ⓑ닭의 사육 환경을 나타내는 번호입니다. ⓐ1번은 닭을 풀어 놓고 키우는 환경, 2번은 평평한 바닥에서 키우는 것을 말합니다. 1번과 2번은 동물 복지 인증 달걀로 분류하고 있습니다. 그리고 ⓓ3번과 4번은 케이지에 가두어서 키워지는 환경입니다. 여러분, 앞으로 달걀을 사실 때는 이 난각 코드를 확인하셔서 신선한 달걀을 구매하시길 바랍니다.

45. ③

▶ ① 모든 닭들은 케어지 안에서 자란다.
　　→ 풀어 놓고 키우는 닭도 있다. ⓐ
② 난각 코드를 통해 두 가지 정보를 알 수 있다.
　　→ 세 가지 정보(알을 낳은 날짜, 생산 농장, 사육 환경)를 파악할 수 있다. ⓑ
③ 난각 코드의 다섯 자리 번호는 생산자 정보를 나타낸다. ⓒ
④ 마지막 숫자에 4번이 적힌 달걀은 동물 복지 인증 달걀이다.
　　→ 마지막 숫자 3번과 4번은 케이지에서 키워지는 달걀의 번호다. ⓓ

46. ③

▶ "여러분 혹시 달걀 껍데기에 번호가 있다는 걸 아십니까?", "이 숫자는 무엇일까요?"와 같이 청중에게 질문을 던지며 난각 코드에 대한 설명을 하고 있다. 따라서 정답은 ③번이다.

여자: 자발적 리콜 제도가 정확하게 무슨 내용인지 설명해 주시겠어요?

남자: 네, 먼저 리콜 제도란 소비자의 생명이나 신체, 재산에 피해를 주거나 위험을 줄 수 있는 제품을 다시 수거하거나 파기, 수리, 교환 등의 적절한 조치를 해서 ⓒ소비자에게 보상을 해 주는 제도입니다. 즉, ⓑ문제가 있는 제품으로부터 소비자를 보호하는 제도라고 할 수 있지요. 여기에서 자발적 리콜 제도란, ⓐ정부가 강제적으로 기업의 상품을 판매 금지하는 것이 아니라, ⓓ기업이 스스로 결함 제품을 수거하거나 파기, 수리, 교환 등을 해 주는 것입니다. 제품에 문제가 있을 시 소비자 피해를 예방하기 위해서 기업에서는 적극적으로 리콜 제도를 시행해야 하겠습니다.

47. ②

▶ ① 이 제도는 정부에서 강제적으로 실시한다.
　　→ 정부가 강제적으로 실시하지 않는다. ⓐ
② 이 제도는 물건에 문제가 있을 때 시행된다. ⓑ
③ 이 제도를 통해 소비자는 보상을 받을 수 없다.
　　→ 소비자는 보상을 받을 수 있다. ⓒ
④ 이 제도에서는 소비자가 물건을 직접 파기한다.
　　→ 기업이 결함 제품을 수거, 파기한다. ⓓ

48. ④

▶ 자발적 리콜 제도에 대해 "기업에서는 적극적으로 리콜 제도를 시행해야 하겠습니다."라고 이야기하고 있으므로 정답은 ④번이다.

여자: 법과 도덕의 가장 큰 차이는 강제성입니다. 도덕성이 없는 사람은 비난의 대상이 될지언정 처벌의 대상이 되지는 않죠. 그런데 ⓑ,ⓒ착한 사마리아인 법에서는 자신에게 특별한 위협이나 피해가 없는데도 불구하고 다른 사람을 구조하지 않았을 경우 처벌할 수 있습니다. ⓐ이 법을 실제 시행하고 있는 나라도 있고요. 우리나라에서도 착한 사마리아인 법을 강제성을 동원하여 시행하자는 의견이 있지만, 개인의 도덕성을 국가가 강제할 수 없다는 의견도 만만치 않습니다. 즉, 이러한 법은 개인의 자유를 크게 침해하는 것이라는 주장이죠. 그러나 이 법의 제정을 주장하는 사람들은 갈수록 삭막해져 가는 현대 사회에서 사회 연대 의식 강화를 위해 이 법이 꼭 필요하며 법으로 최소한의 사회적인 윤리를 보호해 주어야 한다고 봅니다.

정답 및 해설

49. ④

▶ ① 이 법을 실제로 시행하는 나라는 아직 없다.
　→ 이 법을 시행하는 나라가 있다. Ⓐ

② 이 법은 도덕성이 없는 사람들을 모두 처벌하는 법이다.
　→ 자신에게 특별한 위협이나 피해가 없는데도 다른 사람을 적극적으로 구하지 않았을 때 처벌하는 법이다. Ⓑ

③ 이 법에서는 자신이 위험하더라도 다른 사람을 구해야 한다.
　→ 자신에게 특별한 위협이나 피해가 없을 때 다른 사람을 구조하지 않은 경우 처벌하는 법이다. Ⓒ

④ 이 법을 반대하는 사람들은 개인의 자유를 중요하게 생각한다. Ⓓ

50. ①

▶ 착한 사마리아인 법을 강제성을 동원하여 시행하자고 하는 입장과 반대 입장을 각각 제시하고 있다. 정답은 ①번이다.

1교시 (쓰기)　　　　　p.183

51.
㉠: 먹으라고/먹어보라고 했습니다
㉡: 추천해/소개해 주실 수 있습니까/있을까요

52.
㉠: (잘) 흡수할 수 있다
㉡: 방법이라고 한다

53.

생태 연구소에서 멸종 위기종에 대해 조사한 결과, 멸종 위기종은 1989년 92종이었는데 2020년에는 287종으로 증가하였다. 이 중 식물이 55%로 가장 많았으며, 조류는 38%로 그 뒤를 이었다. 이처럼 멸종 위기종이 증가한 원인은 환경 오염으로 인해 기후 변화가 심각해졌기 때문이다. 또한 삼림 개발로 동물과 식물의 서식지가 파괴된 것도 한 가지 원인으로 볼 수 있다. 따라서 동식물의 개체 수가 증가할 수 있도록 여러 가지 지원을 확대할 필요가 있다. 그리고 환경 교육을 강화해 멸종 위기의 동식물을 보호해야 할 것이다.

생태 연구소에서 멸종 위기종에 대해 조사한 결과, 멸종 위기종은 1989년 92종이었는데 2020년에는 287종으로 증가하였다. 이 중 식물이 55%로 가장 많았으며, 조류는 38%로 그 뒤를 이었다. 이처럼 멸종 위기종이 증가한 원인은 환경오염으로 인해 기후 변화가 심각해졌기 때문이다. 또한 삼림 개발로 동물과 식물의 서식지가 파괴된 것도 한 가지 원인으로 볼 수 있다. 따라서 동식물의 개체 수가 증가할 수 있도록 여러 가지 지원을 확대할 필요가 있다. 그리고 환경 교육을 강화해 멸종 위기의 동식물을 보호해야 할 것이다.

54.

현대 사회를 살아가면서 위로가 필요한 순간은 누구에게나 있다. 우리는 서로가 서로에게 건네는 위로를 통해 아픔을 치유하거나 극복할 수 있는 힘을 얻는다. 그리고 좌절하거나 포기하고 싶을 때 살아갈 용기를 얻기도 한다. 따라서 우리 삶에서 위로는 중요하다.

그러나 상대방을 위로하기 위해 무조건 "힘내" 혹은 "할 수 있어"와 같은 말을 하는 것은 피해야 한다. 이러한 위로는 상대방에게 오히려 아픔이나 슬픔을 극복하라고 강요하는 것처럼 느껴질 수 있기 때문이다. 또한 "더 힘든 사람도 많아"와 같이 상대방의 문제를 가볍게 치부하는 말도 주의해야 한다. 대신에 상대방의 문제에 진심으로 공감하며 인내심을 가지고 경청하는 자세가 필요하다. 위로가 필요한 사람은 자신의 문제를 완벽하게 해결해 주기를 원한다기보다 자신의 문제에 공감해 주기를 원한다. 따라서 바람직한 위로는 상대방에게 어떤 해결책을 주거나 조언을 하며 다그치는 것이 아니라 인내심을 갖고 상대방의 문제에 공감해 주는 것이다.

위로가 필요한 사람은 보통 자신의 문제를 명확하게 인식하여 논리적으로 설명할 수 없을 만큼 슬픔에 빠져 있는 경우가 많다. 주변에 이렇게 힘들어하는 사람이 있다면 그 사람의 이야기를 잘 들어주고 공감해 주는 것만으로도 큰 위로가 될 것이다.

현대 사회를 살아가면서 위로가 필요한 순간은 누구에게나 있다. 우리는 서로가 서로에게 건네는 위로를 통해 아픔을 치유하거나 극복할 수 있는 힘을 얻는다. 그리고 좌절하거나 포기하고 싶을 때 살아갈 용기를 얻기도 한다. 따라서 우리 삶에서 위로는 중요하다. 그러나 상대방을 위로하기 위해 무조건 "힘내" 혹은 "할 수 있어"와 같은 말을 하는 것은 피해야 한다. 이러한 위로는 상대방에게 오히려 아픔이나 슬픔을 극복하라고 강요하는 것처럼 느껴질 수 있기 때문이다. 또한 "더 힘든 사람도 많아"와 같이 상대방의 문제를 가볍게 치부하는 말도 주의해야 한다. 대신에 상대방의 문제에 진심으로 공감하며 인내심을 가지고 경청하는 자

세 가　　필 요 하 다 .　위 로 가　　필 요 한　　사 람 은
자 신 의　　문 제 를　　완 벽 하 게　　해 결 해　　주 기 를
원 한 다 기 보 다　　자 신 의　　문 제 에　　공 감 해　　주
기 를　　원 한 다 .　따 라 서　　바 람 직 한　　위 로 는
상 대 방 에 게　　어 떤　　해 결 책 을　　주 거 나　　조 언
을　　하 며　　다 그 치 는　　것 이　　아 니 라　　인 내 심
을　　갖 고　　상 대 방 의　　문 제 에　　공 감 해　　주 는
것 이 다 .
　　위 로 가　　필 요 한　　사 람 은　　보 통　　자 신 의
문 제 를　　명 확 하 게　　인 식 하 여　　논 리 적 으 로
설 명 할　　수　　없 을　　만 큼　　슬 픔 에　　빠 져 있 는
경 우 가　　많 다 .　주 변 에　　이 렇 게　　힘 들 어 하 는
사 람 이　　있 다 면　　그　　사 람 의　　이 야 기 를　　잘
들 어 주 고　　공 감 해　　주 는　　것 만 으 로 도　　큰
위 로 가　　될　　것 이 다 .

(여백: 400 / 500 / 600 / 700)

📖 2교시 (읽기) p.187

1	2	3	4	5	6	7	8	9	10
④	③	①	④	④	②	①	②	③	④
11	12	13	14	15	16	17	18	19	20
④	③	④	④	③	①	②	①	②	①
21	22	23	24	25	26	27	28	29	30
④	②	③	④	④	①	③	③	②	③
31	32	33	34	35	36	37	38	39	40
③	②	①	③	③	③	②	④	①	②
41	42	43	44	45	46	47	48	49	50
④	①	①	④	③	④	③	④	③	①

1. ④

▶ 이 책은 몇 번 읽다 → 이해하기가 힘들다
'이 책은 몇 번 읽다' 하지만 '이해하기 힘들다'의 〈역접〉을 나타
내는 문법이 와야 한다. 책을 몇 번 읽으면 이해가 되어야 하지
만, 이와 상관없이 이해하기 힘든 상황이 발생한 것이다. 이에
호응하는 문법은 '-(으)ㄴ/는데도'이다. 따라서 정답은 ④번이다.

2. ③

▶ 운동을 꾸준히 하다 → 건강이 좋아지다
'건강이 좋아지다'는 운동을 꾸준히 한 결과이다. 따라서 어떤
것을 〈반복, 지속〉한 결과로 뒤의 내용이 나타났다. 이에 호응하
는 문법은 '-다 보니'이다. 따라서 정답은 ③번이다.

3. ①

▶ '-기 위해'는 말하는 사람의 어떤 목적이나 의도 등을 나타내는
문법이다. 두 나라는 좋은 관계를 유지하기 위한 목적으로 새로
운 조약을 맺었다는 의미이다. 이와 유사한 문법은 '-고자'이다.
따라서 정답은 ①번이다.

4. ④

▶ '-인 셈이다'는 결국 어떠한 상황과 간다는 것을 나타내는 문법
이다. 한국에서 20년 이상 살았으니까 한국이 고향과 같다는 의
미이다. 이와 유사한 문법은 '-와/과 마찬가지이다'이다. 따라서
정답은 ④번이다.

5. ④

> **작지만 강력하게**
> 이제 **바닥**에 **쌓인 먼지**와 **이별하세요.**

▶ 답의 근거: 바닥, 쌓다, 먼지, 이별하다

정답 및 해설

6. ②

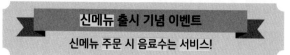

> 답의 근거: 신메뉴, 주문, 음료수, 서비스

7. ①

어린이 보호 구역
학교 앞에서는 시속 30km로 아이들을 지켜 주세요.

> 답의 근거: 어린이 보호 구역, 시속 30km

8. ②

> ▶ 안전핀을 뽑고 호스를 뺍니다.
> ▶ 손잡이를 힘껏 쥐고 골고루 뿌립니다.

> 답의 근거: 안전핀을 뽑다, 호스를 빼다, 골고루 뿌리다

9. ③

외국인 노래자랑
■ 장소: 한국대학교 대강당 1층
■ 일시: 5월 1일(월) 10:00~15:00
■ Ⓐ참가 대상: 한국에 사는 외국인
■ Ⓑ신청 방법: 한국대학교 홈페이지 (https://www.hankook.ac.kr)
• Ⓒ참가자에게는 점심 식사를 제공합니다.
• Ⓓ춤을 잘 추는 사람도 신청할 수 있습니다.
• 문의 사항은 한국대학교 국제교육원 사무실로 전화 주십시오.

> ① 한국인과 외국인 모두 참가할 수 있다.
>   → 한국에 사는 외국인들이 참가할 수 있다. Ⓐ
> ② 한국대학교 사무실에서 신청할 수 있다.
>   → 한국대학교 홈페이지에서 신청할 수 있다. Ⓑ
> ③ 특기가 춤인 사람도 이 노래자랑에 나갈 수 있다. Ⓒ
> ④ 참가하는 사람은 점심 식사를 따로 준비해야 한다. Ⓓ
>   → 참가자에게는 점심 식사를 제공한다.

10. ④

노후에 받고 싶은 복지 서비스

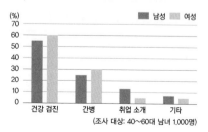

> ① 여성은 간병보다 취업 소개를 더 받고 싶어 한다.

> → 여성은 취업 소개보다 간병을 더 받고 싶어 한다.
> ② 간병을 받고 싶어 하는 비율은 여성보다 남성이 높다.
>   → 간병을 받고 싶어 하는 비율은 남성보다 여성이 더 높다.
> ③ 간병보다 취업 소개를 받고 싶어 하는 남성들이 많다.
>   → 남성은 취업 소개보다 간병을 더 받고 싶어 한다.
> ④ 남녀 모두 건강 검진을 받고 싶다는 응답이 절반을 넘는다.

11. ④

> 충청남도 금산군에서 진행하는 금산 인삼 축제는 Ⓑ매년 9월 마지막 주부터 Ⓐ일주일 동안 진행된다. Ⓓ이 축제에서는 금산 인삼 맛보기, 인삼 요리 전시, 천연 화장품 만들기 등 다양한 프로그램을 무료로 즐길 수 있다. 그리고 Ⓒ축제 마지막 날에는 불꽃놀이와 함께 인기 가수의 공연도 볼 수 있다.

> ① 이 축제는 보름 동안 진행된다.
>   → 일주일 동안 진행된다. Ⓐ
> ② 올해 아홉 번째 열리는 축제이다.
>   → 매년 열리는 축제로, 몇 번째인지 알 수 없다. Ⓑ
> ③ 축제 첫째 날에는 불꽃놀이를 볼 수 있다.
>   → 축제 마지막 날에 불꽃놀이를 볼 수 있다. Ⓒ
> ④ 이 축제에 가면 금산 인삼을 먹어볼 수 있다. Ⓓ

12. ③

> 최근 가온시의 한 커피숍이 화제가 되고 있다. Ⓑ이 커피숍은 대중교통으로 가기 힘든 곳이지만 Ⓐ조용한 분위기와 독특한 커피 맛으로 인기를 끌고 있다. Ⓒ손님들이 커피숍에 오면서 골목길을 구경하고 사진을 찍는 등 커피숍 주변이 관광 명소로 변하고 있다. Ⓓ그러나 골목길에 살고 있는 주민들은 이 소식을 반갑게 받아들이지 않는다. 주민들은 커피숍의 손님들이 골목길에 버리는 쓰레기와 소음으로 피해를 보고 있기 때문이다.

> ① 이 커피숍 안에서는 조용히 해야 한다.
>   → 이 커피숍의 분위기는 조용하다. Ⓐ
> ② 이 커피숍은 버스로 가기 편한 곳에 있다.
>   → 이 커피숍은 대중교통으로 가기 힘든 곳이다. Ⓑ
> ③ 사람들은 이 커피숍에 오는 길에 사진을 찍는다. Ⓒ
> ④ 골목길에 사는 주민들은 이 커피숍이 관광지가 되길 바란다.
>   → 주민들은 이 소식을 반갑게 받아들이지 않는다. Ⓓ

13. ④

> (가)와 (다) 중 첫 번째 문장을 찾아야 한다. (가)는 '장례식장에 도착하면'으로 시작하고 (다)는 '장례식장에 간다'로 끝났기 때문에 (다)가 첫 번째 문장이다. '(다) 누군가 돌아가셨다는 소식을 들으면 장례식장에 간다. → (가) 장례식장에 도착하면 조의금을 전달한다. → (나) 그 후에 절이나 묵념을 하고 돌아가신 분의 명복을 빈다. → (라) 마지막으로 가족이나 친척들에게 위로를 전한다.'로 내용을 구성해야 한다. 따라서 정답은 ④번이다.

14. ④

▶ (가)와 (다) 중 첫 번째 문장을 찾아야 한다. (가)는 '더운 것이 사실이다'로 (다)는 '덥다고 생각하는 사람이 많다'로 끝났기 때문에 (다)가 첫 번째 문장이다. '(다) 사막은 기온이 높아서 하루 종일 덥다고 생각하는 사람이 많다. → (가) 사막의 낮 기온은 40°C 이상으로 더운 것이 사실이다. → (나) 그러나 저녁에는 10°C 정도로 기온이 급격히 떨어진다. → (라) 따라서 사막을 여행할 때는 따뜻한 옷도 꼭 챙겨야 한다.'로 내용을 구성해야 한다. 따라서 정답은 ④번이다.

15. ③

▶ (나)와 (다) 중 첫 번째 문장을 찾아야 한다. (나)는 '인기가 많은 어린 참가자들은 전국 콘서트를 한다'는 내용이 나왔고 (다)는 '트로트가 새롭게 뜨고 있다'는 내용이 나왔기 때문에 (다)가 첫 번째 문장이다. '(다) 나이든 사람의 전유물로 여겨졌던 트로트가 새롭게 뜨고 있다. → (가) 이에 따라 트로트 경연 프로그램도 큰 인기를 끌고 있다. → (라) 이 프로그램에는 어린아이들도 참가해 눈길을 끈다. → (나) 프로그램에서 인기가 많은 어린 참가자들은 전국 콘서트를 하기도 한다.'로 내용을 구성해야 한다. 따라서 정답은 ③번이다.

16. ①

한국에서는 예로부터 태몽을 통해서 (아기의 성별을) 예측했다. 농경 사회였던 때는 그 마을의 점쟁이나 나이가 많은 어른들이 태몽을 해석했기 때문에 지역에 따라 태몽의 해석이 달랐다. 하지만 Ⓐ일반적으로 큰 동물 꿈은 아들을 상징하고, 작은 동물, 식물과 관련된 꿈은 딸을 상징한다고 판단했다.

▶ 태몽은 지역에 따라 해석이 달랐지만 Ⓐ일반적으로 큰 동물 꿈은 아들을 상징하고, 작은 동물, 식물과 관련된 꿈은 딸을 상징한다고 판단했다. 다시 말해 어떤 태몽을 꾸는가에 따라 아이의 성별을 예측할 수 있었다. 따라서 정답은 ①번이다.

17. ②

Ⓑ기성세대의 향수를 불러일으키는 만화가 다시 극장에서 개봉되었다. Ⓐ만화에 등장하는 옛날 배경과 캐릭터들은 기성세대에게 (추억을 떠올리게) 하기 때문이다. 비슷한 예로 오래전 판매되었던 만화책이 다시 베스트셀러로 떠오르기도 하고, 옛날 교복을 입고 사진을 찍는 사진관도 생겨나고 있다. Ⓒ이를 통해 기성세대들이 그리워하는 과거의 시간을 다시 만날 수 있다.

▶ Ⓐ만화에 등장하는 옛날 배경과 캐릭터들은 기성세대에게 Ⓑ향수를 불러일으키기 때문에 다시 인기를 얻고 있다. 또한 Ⓒ이를 통해 기성세대들이 그리워하는 과거의 시간을 다시 만날 수 있다. 따라서 정답은 ②번이다.

18. ①

Ⓐ요즘은 도시의 환한 빛들 때문에 밤하늘의 별을 맨눈으로 보기 어렵다. 그리고 여러 나라에서 쏘아 올린 인공위성으로 인해 2030년에는 밤하늘의 별을 아예 보지 못할 거라는 예측도 나오고 있다. Ⓑ수많은 인공위성이 햇빛을 지구로 반사하면 (밤하늘이 밝아지기) 때문이다. 이렇게 되면 극히 적은 수의 별들만 관측될 것이다.

▶ Ⓐ요즘은 도시의 환한 빛들 때문에 밤하늘의 별을 맨눈으로 보기 어렵다. 밝은 빛은 별을 보기 힘들게 만든다. Ⓑ수많은 인공위성이 햇빛을 지구로 반사하면 지구의 밤하늘이 밝아지기 때문에 별을 볼 수 없다. 따라서 정답은 ①번이다.

19-20

캠핑장에서 쓰레기를 함부로 버리거나 자연을 훼손하는 몇몇 사람들의 행동이 눈살을 찌푸리게 만든다. 캠핑장은 주로 자연과 가까운 곳에 있기 때문에 자연을 보호하지 않는 행동을 하면 처벌을 받을 수 있다. (만약) 공원이나 유원지에 있는 캠핑장에 쓰레기를 몰래 버리는 경우 최대 20만 원의 벌금이 부과될 수 있고 풀이나 꽃, 나무 등을 함부로 꺾거나 훼손시킨 사람에게는 경범죄가 적용될 수 있다.

19. ②

▶ 빈칸 뒤에서는 공원이나 유원지에 있는 캠핑장에 쓰레기를 몰래 버리는 경우 부과되는 벌금에 대해 설명하고 있다. 따라서 가정을 나타내는 '만약'이 자연스러우므로 ②번이다.

20. ①

▶ '캠핑장에서 쓰레기를 함부로 버리거나 자연을 훼손'하거나, '자연을 보호하지 않는 행동을 하면 처벌을 받을 수 있다.' 그리고 '풀이나 꽃, 나무 등을 함부로 꺾거나 훼손시킨 사람에게는 경범죄가 적용될 수 있다.'라고 말하고 있으므로 정답은 ①번이다.

21-22

칠교놀이는 7개의 정사각형 도형을 움직여 여러 가지 모양을 만드는 놀이이다. Ⓐ이 놀이는 남녀노소 누구나 즐길 수 있으며 때와 장소에도 구애받지 않는다. Ⓒ예전에는 집에 손님이 와서 음식을 준비해야 하는 동안, 손님이 심심하지 않도록 주인이 칠교판을 내놓기도 했다. 칠교놀이를 혼자 할 때는 Ⓒ정해진 대본들의 순서에 따라 만든다. 반면에 Ⓑ여러 명이 할 때는 (머리를 짜내서) 일정한 시간 내에 Ⓑ상대방이 제시한 모양을 똑같이 만들면 이기는 놀이로 활용했다.

정답 및 해설

21. ④

▶ 칠교놀이는 일정한 시간 안에 상대방이 제시한 모양을 만들면 놀이에서 이긴다. 그리고 놀이에서 이기기 위해서는 깊이 생각해서 좋은 생각을 얻어야 한다. 빈칸의 '머리를 짜내다'는 '깊이 생각하다'의 의미를 나타내므로 정답은 ④번이다.

22. ②

▶ ① 이 놀이는 ~~어린아이들만 즐기던 놀이다.~~
　　→ 남녀노소 누구나 즐기는 놀이다. Ⓐ
② 여러 명이 칠교놀이를 할 때는 서로 경쟁을 한다. Ⓑ
③ 이 놀이는 ~~7개의 도형으로 똑같은 모양을 만들어야 한다.~~
　　→ 이 놀이는 여러 가지 대본들이 있다. 또한 상대에 따라 제시하는 모양이 다르다. Ⓒ
④ ~~다른 집에 손님으로 초대 받았을 때 칠교판을 가지고 간다.~~
　　→ 집에 손님이 오면 칠교판을 내 놓았다. Ⓓ

23-24

> 　어느 봄날 우리 집 정원에 고양이 한 마리가 찾아왔다. Ⓐ 나는 평소에 고양이에게 별다른 관심이 없어서 고양이가 찾아오는 것도 예사로 보았다. 고양이는 하루도 빠짐없이 우리 집 정원에 찾아왔다. 따뜻한 햇볕에 누워서 기지개를 켜기도 하고, Ⓑ벤치 아래에서 달콤한 낮잠을 자기도 했다. Ⓓ그 고양이가 매일 찾아오는 날이 쌓이면서 어느새 겨울이 되었다. 그런데 겨울이 되자 고양이의 방문이 점차 뜸해졌고, 일기 예보에서 한파 주의보를 알리는 날이면 나는 더 자주 창문 앞을 서성였다. Ⓒ겨울이 시작될 때 고양이가 세 마리의 새끼 고양이를 낳았기 때문이다. 한겨울에 새끼 고양이들과 어디에서 무엇을 하는지 걱정이 되어 계속 창문 앞에 앉아 고양이를 기다리곤 했다. 고양이들이 오면 줄 따뜻한 손난로와 담요도 준비해 놓았지만 12월 한 달 동안 나는 고양이 가족들을 만날 수 없다.

23. ③

▶ - 고양이가 하루도 빠짐없이 우리 집 정원을 찾아 왔다.
- 겨울이 시작될 때 그 고양이가 새끼를 낳았다.
- 그런데 고양이의 방문이 점차 뜸해졌다.
- 몹시 추운 날이면 창문 앞에서 더 자주 고양이를 기다렸다.
매일 찾아오던 고양이가 새끼를 낳아 어미 고양이가 되었다. 하지만 예전처럼 고양이가 매일 찾아오지 않아 몹시 추운 날에는 그 고양이가 새끼 고양이들과 어떻게 있는지 걱정되고 그리운 것이 가장 자연스럽다. 따라서 정답은 ③번이다.

24. ④

▶ ① ~~나는 원래 고양이에게 관심이 많았다.~~
　　→ 나는 평소 고양이에게 별로 관심이 없었다. Ⓐ
② ~~고양이는 나의 방 안에서 낮잠을 잤다.~~
　　→ 정원 벤치 아래에서 낮잠을 잤다. Ⓑ

③ ~~고양이는 겨울아 오가 전에 새끼를 낳았다.~~
　　→ 고양이는 겨울이 시작될 때 새끼를 낳았다. Ⓒ
④ 겨울이 오기 전까지 고양이는 매일 나의 집에 왔다. Ⓓ

25. ④

> 미세먼지 차츰 해소, 밤부터 대설 주의보

▶ '차츰 해소'는 '점점 풀리다'는 뜻이고 '대설'은 '많이 내리는 눈'을 말한다. 따라서 정답은 ④번이다.

26. ①

> 무너지는 경제 근간, 수출을 살려라

▶ '무너지는 경제'는 '경제가 악화되고 있다'는 뜻이고, '살리다'는 '어떤 일을 하게 하다'는 뜻이다. 따라서 정답은 ①번이다.

27. ③

> 고수익 유투버, 세금은 0원? 고수익 유투버에 칼 뽑았다

▶ '고수익'은 '소득이 높다'는 뜻이고, '세금은 0원'은 '세금을 내지 않는다'는 뜻이다. '칼(을) 뽑다'는 '어떤 결정을 하거나 시작하다, 대책을 마련하다'는 뜻이다. 따라서 정답은 ③번이다.

28. ③

> 　사운드 디자이너는 일상생활의 다양한 소리를 만든다. 핸드폰의 벨 소리, 자동차의 경고음 등을 떠올리면 쉽게 이해할 수 있다. 이런 소리를 여러 번 반복적으로 듣다 보면 소비자들에게 해당 제품을 떠올리는 이미지로 남는다. 제품과 연결되는 소리를 통해 (회사의 이미지를 결정할 수) 있는 것이다. 따라서 여러 회사들은 앞다투어 사운드 디자이너를 고용하여 제품의 매력적인 소리를 만들어 내기 위해 노력하고 있다.

▶ 빈칸의 내용은 사운드 디자이너의 역할이다. 이 글에서는 사운드 디자이너가 제품의 이미지를 만드는 내용을 말하고 있다. 따라서 정답은 ③번이다.

29. ②

> 　미국의 한 심리학자가 차량 두 대를 이용해 실험을 했다. 두 대 중 한 대의 차량은 유리창을 깨뜨려 놓고 일주일 동안 길에 두었다. 아무 이상이 없던 차량은 처음 상태 그대로였지만, 유리창이 깨진 차량은 사람들이 부속품을 훔쳐 갔을 뿐만 아니라 더 이상 가지고 갈 물건이 없자 차량까지 파손해 놓았다. 이를 통해 (사소한 문제를 방치하면) 더 큰 범죄로 이어진다는 범죄 심리학 이론을 증명하게 되었다.

▶ 빈칸의 내용은 앞서 설명한 실험의 결과를 요약하는 내용이다. 유리창이 깨진 것은 사소한 내용이지만 이를 방치했을 때 차량

까지 파손되었다는 내용이 왔다는 내용이 왔다. 따라서 정답은
②번이다.

30. ③

> 스마트팜은 사물인터넷과 같은 과학기술을 이용해 식물과
> 동물이 잘 자랄 수 있는 (환경을 자동으로 제어하는) 농장이
> 다. 미리 설정해 둔 온도, 일조량 등에서 벗어나면 사람이 없
> 어도 농장 안에서 필요한 부분이 저절로 조절되기 때문에 생
> 산량이 확대되고 품질도 높일 수 있다. 또한 스마트폰을 통해
> 원격으로도 편리하게 관리할 수 있다.

▶ 빈칸의 내용은 스마트팜 농장의 특징이다. 이 글에서는 스마트
  팜이 사람이 없어도 스스로 농장 안의 조건을 조절한다고 말하
  고 있다. 따라서 정답은 ③번이다.

31. ③

> 부럼 깨기는 정월대보름에 밤, 호두, 땅콩 등 껍질이 딱딱
> 한 견과류를 깨무는 세시풍속이다. 가족들이 모여 한 해의 건
> 강을 바라는 말을 하며 딱딱한 견과류를 어금니로 깨물었다.
> 이 풍속은 단단한 것을 깨물면 (이를 튼튼하게 할 수 있다는
>) 믿음에서 시작되었다. 그래서 치아의 건강 상태를 고려해 부
> 럼 깨기를 했다고 한다. 이후 부럼 깨기를 하면 부스럼과 같은
> 피부병을 앓지 않고 일 년 동안 무탈할 수 있다는 생각이 더해
> 져 건강을 기원하는 뜻도 생겼다.

▶ 빈칸의 내용은 부럼 깨기의 유래에 대한 것이다. 부럼 깨기는
  가족들의 건강을 바라며 시작되었는데, 빈칸 뒤 문장에 치아의
  건강 상태를 고려했다는 말이 있으므로 빈칸에는 이와 관련된
  가족의 건강을 바라는 내용이 와야 한다. 따라서 정답은 ③번이
  다.

32. ②

> ⑧굴은 동서양을 막론하고 예로부터 사람들에게 사랑받아
> 온 음식이다. ⑧굴은 영양가가 높고 맛이 풍부하여 바다의 우
> 유라 불린다. ⑨그런데 이러한 굴은 독성으로 인해 특정 시기
> 에는 먹지 않는 것이 좋다. 아시아에서는 보리가 피면 굴을 먹
> 어서는 안 된다고 하였으며, ⑩유럽과 미국 등에서는 달의 이
> 름에 R자가 들어가지 않는 5월부터 8월까지는 굴을 먹지 말라
> 는 말이 있다.

▶ ① 굴은 우유와 비슷한 맛이 난다.
    → 바다의 우유라 불린다. Ⓐ
  ② 굴은 동서양에서 모두 먹는 음식이다. Ⓑ
  ③ 굴은 영양가가 높아 1년 내내 먹는 것이 좋다.
    → 특정 시기에는 먹지 않는 것이 좋다. Ⓒ
  ④ 서양에서는 보리가 필 때 굴을 먹지 말라고 한다.
    → 서양에서는 5월에서 8월까지 굴을 먹지 말라는 말이 있
      다. Ⓓ

33. ①

> 생태 통로란 ⑧도로나 철도 등의 건설로 인해 끊어진 두 생
> 태계를 이어주고 Ⓐ야생 동물의 로드킬을 방지하기 위해 ⓒ인
> 공적으로 설치한 통로를 말한다. 생태 통로는 도로 위에 육교
> 형태나 도로 아래 터널 형태로 만든다. 생태 통로는 ⑩단순히
> 통로 역할만을 하는 것이 아니라 동물들의 휴식 공간이나 먹
> 이 활동을 하는 공간으로 생태계에 기여하고 있다.

▶ ① 생태 통로를 통해 로드킬을 방지할 수 있다. Ⓐ
  ② 생태 통로로 인해 생태계가 끊어지기도 한다.
    → 끊어진 두 생태계를 이어준다. Ⓑ
  ③ 생태 통로는 동물들에 의해 자연적으로 생긴다.
    → 인공적으로 설치한다. Ⓒ
  ④ 생태 통로는 동물들에게 부정적인 영향을 준다.
    → 여러 긍정적인 역할을 한다. Ⓓ

34. ③

> Ⓐ한국, 중국, 일본의 젓가락은 서로 다른 모습을 가지고 있
> 다. 한국 젓가락은 22cm 정도의 길이로 나물이나 콩 등 ⑩크
> 기가 작은 반찬을 쉽게 집을 수 있도록 끝이 둥글고 납작하
> 다. 중국 젓가락은 뜨거운 기름을 사용하는 중국 음식을 요리
> 할 때 화상을 입는 위험을 방지하기 위해 젓가락의 ⑧길이가
> 25cm나 된다. 일본은 세 국가 중에서 젓가락 길이가 가장 짧
> 으며 ⓒ생선의 뼈를 쉽게 바를 수 있도록 끝이 뾰족하다.

▶ ① 한국, 중국, 일본의 젓가락은 모두 비슷하다.
    → 각각 다르다. Ⓐ
  ② 중국 젓가락은 세 나라 중에서 길이가 가장 짧다.
    → 길이가 가장 길다. Ⓑ
  ③ 일본 젓가락은 생선을 발라 먹기 좋은 모양이다. Ⓒ
  ④ 한국 젓가락은 작은 반찬을 집기 위해 길어가 길다.
    → 끝이 둥글고 납작하다. Ⓓ

35. ③

> 이미 성공한 시장인 레드 오션과 성공 잠재력을 가지고 있
> 는 블루 오션을 조합한 말인 퍼플 오션은 발상의 전환을 통해
> 치열한 경쟁 시장 속에서 새롭게 떠오르는 경영 전략이다. 기
> 업들은 소비자들의 요구를 잘 파악해 창의적인 아이디어나 기
> 술을 새로운 시장에 적용하는 퍼플 오션 전략을 활용하고 있
> 다. 가령 인기가 많았던 만화를 바탕으로 드라마나 영화를 만
> 들거나, 캐릭터 상품을 개발하는 것이다.

▶ 이 글은 퍼플 오션에 대해 말하고 있다. '기업들은 소비자들의
  요구를 잘 파악해 창의적인 아이디어나 기술을 새로운 시장에
  적용하는 퍼플 오션 전략을 활용하고 있다.'를 통해서 소비자 요
  구를 파악하는 게 중요함을 알 수 있다. 따라서 정답은 ③번이
  다.

정답 및 해설

36. ③

> 많은 사람들은 식사 사이에 간식을 먹는 것이 좋지 않다고 생각한다. 그렇지만 간식을 먹는 것 자체는 나쁘지 않다. 적절한 간식 섭취는 식사에서 부족한 영양소를 보충하는 효과가 있다. 또한 점심과 저녁 사이에 간식을 먹어 허기를 채우면 저녁 식사 시 과식을 하지 않는다. 그리고 긴장하며 일을 한 후에 자신의 기호에 맞춰 사탕이나 과일 등을 간식으로 먹으면 스트레스 완화에도 좋다.

▶ 이 글은 간식의 유용성에 대해 말하고 있다. '적절한 간식 섭취는 식사에서 부족한 영양소를 보충하는 효과가 있다.'라는 내용과 '간식으로 먹으면 스트레스 완화에도 좋다.'를 통해 간식을 적절하게 먹으면 건강에 좋다는 것을 알 수 있다. 따라서 정답은 ③번이다.

37. ②

> 세정제는 먼지나 때와 같은 오염 물질을 제거하여 깨끗하게 해 주는 성분을 가지고 있어 화장실을 청소할 때 많이 사용한다. 그러나 세정제에는 오염 물질을 표면에서 떼어내는 계면 활성제가 들어있는데, 이것은 깨끗하게 씻어도 피부에 남아 염증을 일으킬 수 있다. 그리고 눈이나 뇌, 심장에도 쌓여 기타 질병을 발생시킬 수 있다. 따라서 화학 성분이 없는 레몬이나 식초 등 주위에서 쉽게 구할 수 있는 재료로 세정제를 만들어 사용하는 것이 좋다.

▶ 이 글은 계면 활성제가 들어있는 세정제가 몸에 좋지 않음에 대해 말하고 있다. '따라서 화학 성분이 없는 레몬이나 식초 등 주위에서 쉽게 구할 수 있는 재료로 세정제를 만들어 사용하는 것이 좋다.'를 통해 세정제는 천연 재료로 만들어서 사용하는 것이 좋음을 알 수 있다. 따라서 정답은 ②번이다.

38. ④

> 보통 화상은 100℃ 이상의 뜨거운 열에 의해 발생하지만 사람들이 따뜻하다고 느끼는 40℃에서도 화상을 입을 수 있다. 40℃에서 50℃ 정도의 열에 장시간 노출되어 입는 화상을 저온 화상이라고 한다. 저온 화상은 통증이 적고 피부 변화가 바로 나타나지 않아 그 위험성을 인지하기 어렵다. 따라서 겨울철 온열 제품을 사용할 때는 타이머를 설정하고 온열 제품이 피부에 직접 닿지 않게 사용해야 한다. 또한 춥다고 해서 온열 제품의 온도를 너무 높이기보다는 체온 이하로 유지하는 것이 좋다.

▶ 이 글은 저온 화상에 대해 말하고 있다. '온열 제품을 사용할 때는 타이머를 설정하고 온열 제품이 피부에 직접 닿지 않게 사용해야 한다.'는 내용과 '춥다고 해서 온열 제품의 온도를 너무 높이기보다는 체온 이하로 유지하는 것이 좋다.'를 통해 온열 제품 사용 시에도 저온 화상을 입을 수 있음을 알 수 있다. 따라서 정답은 ④번이다.

39. ①

> 제3세계나 개발도상국 사람들의 삶의 질을 높여주는 기술로 '착한 기술'이라고도 불린다.

> 적정 기술이란 해당 사회의 여러 가지 조건을 고려해 그 지역에서 지속적으로 제품을 만들고 소비가 가능하도록 만들어진 기술을 말한다. (㉠) 대표적인 예로 휴대용 정수 빨대인 라이프 스트로우가 있는데 이 빨대 하나로 한 사람이 1년 동안 먹는 물을 정수할 수 있다. (㉡) 이를 통해 더러운 물로 인해서 걸릴 수 있는 각종 질병을 막을 수 있다. (㉢) 게다가 질병을 유발하는 박테리아와 바이러스도 사전에 제거할 수 있다. (㉣)

▶ ㉠ 앞의 문장에서는 적정 기술에 대한 설명이 나온다. 주어진 문장에서 '착한 기술'이라고도 불리는 것은 앞에서 설명한 적정 기술이다. 따라서 정답은 ①번이다.

40. ②

> 관리자 못지않게 관람자들에게도 여러 가지 장점이 있다.

> 가상현실이나 증강 현실 기술을 활용해 언제 어디서나 갈 수 있는 온라인 미술관이 있다. (㉠) 온라인 미술관은 미술 작품을 보관하고 전시하는 데에 필요한 물리적 공간이 필요하지 않다는 장점이 있다. (㉡) 공간적 제약이 없기 때문에 세계 어디에 있는 미술관도 접근할 수 있으며, 화면을 확대하거나 축소하는 등 다양하게 작품을 감상할 수 있다. (㉢) 이러한 온라인 미술관은 누구나 쉽게 미술 작품을 감상할 수 있는 기회를 넓혀 주고 있다. (㉣)

▶ ㉡ 앞의 문장에서는 온라인 미술관의 관리자가 가지는 장점이 나온다. 주어진 문장에서 '관람자들에게도' 장점이 있다는 내용이 나온다. ㉡ 뒤의 문장부터는 관람자들이 누릴 수 있는 장점에 대해 말하고 있다. 따라서 정답은 ②번이다.

41. ④

> 특히 내리막길을 내려올 때는 좁은 보폭으로 걸어야 무릎 관절에 무리가 가지 않는다.

> 무릎은 작은 충격에도 취약해 쉽게 부상을 입을 수 있는 부위이다. (㉠) 왜냐하면 무릎은 체중이 집중되는 부위인 만큼 무릎 관절이 빨리 손상되어 몸에 부담을 줄 수 있기 때문이다. (㉡) 물론 꾸준히 운동을 계속한 사람은 문제가 되지 않지만 평소 운동이 부족하거나 자세가 안 좋은 사람은 부상을 입을 가능성이 크다. (㉢) 따라서 이런 부담을 줄이기 위해서는 30분간 걸었다면 잠시 휴식을 취하고 경사가 있는 길에서는 평지를 걸을 때보다 천천히 걷는 게 좋다. (㉣)

▶ ㉣ 앞의 문장은 무릎 관절에 부담을 줄이기 위한 걷기 방법에 대한 내용이다. 주어진 문장에서는 '특히' 뒤에 내리막길을 내려올 때 무릎 관절에 무리가 가지 않는 방법에 대해 설명하고 있다. 따라서 정답은 ④번이다.

42-43

나는 사실 우리 식구 말고 다른 사람이 오면 반갑기는 하지만 그것은 순전히 손님으로 왔을 때뿐이다. ⑧손님으로 왔으니 금방 가야 할 사람이 몇 날 며칠을 가지 않고 아예 눌러앉아 살 기색을 보이니, 나는 답답해서 견딜 수가 없었다. 내가 답답한 것은 우리 식구만 있을 때처럼 말이나 행동이 자연스럽거나 자유롭지 못하기 때문이다. 더구나 Ⓐ내 말, 내 행동 하나하나에 '조선 사람의 예의범절'을 따지는 손님이니, 신경이 보통으로 쓰이는 것이 아니었다.
"아버지, 아저씨 언제 가요?"
나는 지나가는 말투로 슬쩍 아버지에게 물었다. 그랬는데,
"창이 너 이제 보니 아주 버릇없는 놈이구나. 손님이 오셨으면 계시는 동안 불편하지 않도록 잘 모실 생각만 해도 모자랄 판국에 뭐? 언제 가? 예끼, 이놈."
Ⓒ아버지에게는 손님에 관한 말은 아예 꺼내지 않는 게 좋을 것 같았다. 〈중략〉
나는 눈을 떴다 감았다 했다. 아저씨가 아, 우리 외삼춘두 차암, 하는 소리에 눈이 번쩍 떠졌다. 문득, 아저씨가 내게 처음 했던 말, 그놈 궁뎅이도 차암, 하는 소리와 비슷한 느낌 때문이었을 것이다. 나는 속으로 말했다. '거, 아저씨도 차암.' 그러고 나서 나는 깜빡 잠이 들어 버렸다. 아침에 눈을 떠 보니, 부엌에서 낯익은 소리가 났다. 똑같이 달그락거려도 어쩐지 부드러운 달그락거림. 그것은 바로 엄마가 왔다는 소리였다.

42. ①
▶ - 나는 눈을 떴다 감았다 했다.
  - 문득, 아저씨가 내게 처음 했던 말, 그놈 궁뎅이도 차암, 하는 소리와 비슷한 느낌 때문이었을 것이다.
  - 나는 속으로 말했다. '거, 아저씨도 차암.'
  나는 피곤해서 눈을 떴다 감았다 하는 상황에서 아저씨가 나에게 처음 했던 말과 비슷한 느낌의 소리를 듣고 눈이 번쩍 떠졌다. 이때 나는 놀라운 심정이 가장 자연스럽다. 따라서 정답은 ①번이다.

43. ①
▶ ① 아저씨는 예의를 중요하게 생각했다. Ⓐ
② 아저씨는 손님으로 와서 하루 만에 떠났다.
   → 아저씨는 손님으로 왔지만 금방 가지 않고 몇 날 며칠을 있었다. ⑧
③ 엄마는 부엌에서 나와서 아저씨에게 인사했다.
   → (내용에서 확인할 수 없다.)
④ 아버지와 나는 아저씨에 대해서 자주 이야기했다.

→ 나는 아버지에게 손님(아저씨)에 대해서 아예 이야기를 꺼내지 않았다. Ⓒ

44-45

권위적이지 않고 친구 같은 부모가 좋은 부모라고 생각하는 사람들이 있다. 하지만 아이는 부모에게서 친구의 역할을 기대하지 않는다. 아이에게 선택권과 결정권을 주면 (아이의 독립심을 키워줄 수 있다고) 생각하지만, 아이는 스스로 결정하지 못하고 매 순간 불안감과 혼란을 느낄 수 있다. 아이에게 필요한 것은 스스로 자립하는 것이 아니라 부모의 체계적인 질서 안에서 정서적 안정감을 느끼는 것이기 때문이다. 하지만 아이에게 맹목적으로 자신을 따르게 하거나 잘못했을 때 체벌을 하는 것은 올바른 권위가 아니다. 권위 있는 부모는 평소에 아이에게 다정하지만 잘못했을 때는 엄격한 태도로써 아이가 자신의 잘못을 반성하고 문제를 해결할 수 있도록 안내자 역할을 수행해야 한다.

44. ④
▶ 아이에게 선택권과 결정권을 주면 독립심을 키워줄 수 있다고 생각하는 것과 달리 아이는 스스로 어떤 일을 결정하지 못하고 아이에게 필요한 것은 스스로 자립하는 것이 아니다. 이와 관련된 빈칸의 내용은 '독립심을 키워주다'이다. 따라서 정답은 ④번이다.

45. ③
▶ 이 글은 올바른 부모의 권위에 대해 말하고 있다. '부모의 체계적인 질서 안에서 정서적 안정감을 느끼'기 때문에 '권위 있는 부모는 평소에 아이에게 다정하지만 잘못했을 때는 엄격한 태도로써 아이가 자신의 잘못을 반성하고 문제를 해결할 수 있도록 안내자 역할을 수행해야 한다.' 따라서 정답은 ③번이다.

정답 및 해설

조선 후기 소설이 유행하면서 당시 수도였던 한양에는 Ⓐ 베껴 쓴 책을 돈을 받고 빌려주는 세책점이 생겨났다. 세책점은 필사본을 여러 권 준비해 책을 대여해 주었는데, Ⓑ부녀자들이 주 고객층이었다. 한편 '기이한 이야기를 전하는 늙은이'를 뜻하는 전기수라는 새로운 직업도 등장했다. 전기수는 떠돌아다니며 사람들이 많이 모이는 장날에 돈을 받고 소설을 낭독해 주는 전문 이야기꾼이다. Ⓒ이들은 재미있게 이야기를 낭독하다가 정점인 대목에서 말을 끊어 버린다. 구경꾼이 돈을 내면 뒷이야기를 이어갔다. Ⓓ소설의 인기가 더해 갈수록 소설을 창작하는 사람, 출판하는 사람, 유통하는 사람 등 소설과 관련된 새로운 직업들도 늘어났다. 이렇게 소설의 열풍이 거세지면서 부녀자들이 집안일은 뒷전인 채 소설 읽기에 빠지거나, 전기수의 이야기를 듣다가 흥분한 청중이 전기수를 살해하는 일 등이 발생하자 조선의 왕이었던 정조는 '소설 금지령'을 내리기도 했다. 하지만 역동적인 사회, 문화의 변화 속에서 소설을 읽고자 하는 민중들의 욕구를 잠재울 수는 없었다. 당시 소설의 확대는 새로운 민중 문화를 꽃피울 수 있는 기반이 되었다는 점에서 의의를 가지고 있다.

46. ④

▶ '당시 소설의 확대는 새로운 민중 문화를 꽃피울 수 있는 기반이 되었다는 점에서 의의를 가지고 있다.'는 내용을 통해 소설이 민중 문화 확대에 긍정적으로 작용했다고 평가하고 있다. 따라서 정답은 ④번이다.

47. ③

▶ ① 세책점은 원본 소설을 대여해 줬다.
　　→ 원본 소설을 베껴 쓴 책을 대여해 줬다. Ⓐ
② 세책점은 부녀자보다 남자들에게 인기가 있었다.
　　→ 세책점을 주로 찾는 고객은 부녀자들이었다. Ⓑ
③ 전기수가 낭독을 멈출 때마다 사람들이 돈을 냈다. Ⓒ
④ 소설 관련 직업의 사람들이 모여 소설을 유행시켰다.
　　→ 소설의 인기가 많아지면서 소설 관련 직업들이 생겨났다.
　　　 Ⓓ

정부에서 시행하는 공공형 노인 일자리의 축소에 대한 찬반 논의가 뜨겁다. 정부는 쓰레기 줍기, 잡초 뽑기 등 단순 노동 형태의 공공형 노인 일자리를 시행하는 대신 더 안정적이고 보수가 높은 사회 서비스형, 민간 중심형의 일자리를 늘리겠다는 방침이다. Ⓐ사회 서비스형 일자리는 노인의 경력을 살릴 수 있는 맞춤형 일자리 제공이고, Ⓑ민간 중심형은 노인을 채용하는 기업에 정부가 여러 가지 혜택을 주는 것을 말한다. 하지만 일부에서는 Ⓓ기존의 공공형 노인 일자리에 참여하는 대상이 절대 빈곤층인 만큼 Ⓒ공공형 노인 일자리를 감축하면 빈곤층 노인의 생계가 위협받을 수 있다는 의견도 있다. 또한 공공형 노인 일자리는 노인 복지 제도의 일환으로 이해해야 한다고 덧붙였다. 따라서 맞춤형 일자리와 민간 중심형 일자리를 시행하기 앞서서 합리적이고 공정한 기준을 설정하고 검토해야 할 것이다. 또한 기존에 시행되던 공공형 노인 일자리를 축소함에 따라 발생할 수 있는 (노인의 빈곤 문제를) 줄일 수 있는 방안도 마련해야 할 것이다.

48. ④

▶ 이 글의 목적은 '공공형 노인 일자리를 감축하면 빈곤층 노인의 생계가 위협받을 수 있다'는 문제점과 '공공형 노인 일자리를 축소함에 따라 발생할 수 있는 (노인의 빈곤 문제를) 줄일 수 있는 방안도 마련'을 강조하기 위해서이다. 따라서 정답은 ④번이다.

49. ③

▶ '기존의 공공형 노인 일자리에 참여하는 대상이 절대 빈곤층인 만큼', '빈곤층 노인의 생계가 위협'이라는 내용을 통해 공공형 노인 일자리를 축소하면 노인의 빈곤 문제가 발생할 수 있음을 알 수 있다. 따라서 정답은 ③번이다.

50. ①

▶ ① 사회 서비스형에서는 노인에게 맞춤형 일자리를 제공한다.
　　Ⓐ
② 민간 중심형 기업에 취업하면 노인에게 다양한 혜택이 제공된다.
　　→ 노인을 채용한 기업에게 여러 가지 혜택을 제공한다. Ⓑ
③ 공공형 노인 일자리를 확대하면 빈곤층 노인의 생계가 어려워진다.
　　→ 공공형 노인 일자리를 축소하면 빈곤층 노인의 생계가 위협받을 수도 있다. Ⓒ
④ 공공형 노인 일자리는 경제적으로 여유가 있는 노인들이 지원했다.
　　→ 절대 빈곤층의 노인들이 지원했다. Ⓓ

실전 모의고사 4회

 1교시 (듣기)   p.211

1	2	3	4	5	6	7	8	9	10
①	①	②	①	③	④	②	③	①	④
11	12	13	14	15	16	17	18	19	20
③	③	③	①	④	③	④	③	④	②
21	22	23	24	25	26	27	28	29	30
②	③	②	②	④	③	④	④	④	③
31	32	33	34	35	36	37	38	39	40
④	③	①	④	③	③	①	①	③	②
41	42	43	44	45	46	47	48	49	50
②	③	①	①	①	③	④	④	②	②

1. ①

> 남자: 고객님, 어떻게 오셨습니까?
> 여자: 여기 휴대폰 화면이 깨져서요.
> 남자: 네. 한번 확인해 보겠습니다.

▶ 여자는 화면이 깨진 휴대폰을 수리하러 간 상황이다. 따라서 정답은 ①번이다.

2. ①

> 여자: 무엇을 도와드릴까요?
> 남자: 이 책을 빌리고 싶은데 어디에 있어요?
> 여자: 이 책은 저기 3번 책꽂이에 있어요. 번호 순서대로 책이 있으니까 찾을 수 있을 거예요.

▶ 남자는 책을 빌리러 가서 책의 위치를 문의하고 있는 상황이다. 따라서 정답은 ①번이다.

3. ②

> 남자: 2019년 이후 외식 빈도가 계속적으로 감소하고 있습니다. 외식 빈도 횟수를 살펴보면 일주일에 1회가 70%로 가장 많았고, 뒤이어 일주일에 2회에서 3회는 26%로 나타났습니다. 한편 일주일에 4회 이상은 4%에 불과했습니다.

▶ 외식 빈도는 2019년 이후 지속적으로 감소하고 있다. 따라서 정답은 ②번이다. 외식 빈도의 순위는 1위가 일주일에 1회, 2위가 일주일에 2~3회, 3위가 일주일에 4회 이상인데, 일치하는 것이 없다.

4. ①

> 여자: 오늘 첫 공연이라 많이 떨렸지?
> 남자: 내가 너무 긴장해서 실수했어. 나 때문에 공연을 망친 것 같아.
> 여자: 앞으로 점점 나아질 거야.

▶ 남자가 공연에서 실수한 것에 대해 이야기하고 있다. 이에 대한 대답으로는 위로나 격려가 자연스러우므로 정답은 ①번이다.

5. ③

> 여자: 오늘 마이클 씨는 안 왔어요?
> 남자: 마이클 씨가 고향에 일이 생겨서 갑자기 귀국을 했대요.
> 여자: 같이 사진이라도 찍어둘 걸 그랬어요.

▶ 여자는 마이클 씨가 갑자기 귀국한 사실을 알게 되었다. 이때 여자는 아쉬움이 표현하는 것이 자연스러우므로 정답은 ③번이다.

6. ④

> 남자: 올해 겨울은 작년보다 더 추울 거래요.
> 여자: 그래요? 저는 추위를 심하게 타는데 걱정이네요.
> 남자: 미리 겨울옷을 많이 준비해 두세요.

▶ 여자는 추위를 심하게 탄다고 말하고 있다. 이때 남자는 여자에게 겨울옷을 준비하라는 조언을 해 주는 것이 자연스러우므로 정답은 ④번이다.

7. ②

> 여자: 이 대리는 왜 아직도 지난달 보고서를 제출하지 않았어요?
> 남자: 네. 과장님. 지금 열심히 쓰고 있습니다.
> 여자: 오늘 퇴근 전까지 꼭 제출하세요.

▶ 남자는 아직 보고서를 제출하지 않았다. 이에 대한 상사의 말은 ②번이 자연스럽다.

8. ③

> 여자: 이번 주 일요일 참가자들에게 참가 여부는 다 확인하셨죠?
> 남자: 네. 그런데 몇 분은 전화를 받지 않으셔서 확인을 못 했어요.
> 여자: 문자 메시지나 이메일을 보내서 다시 확인하세요.

▶ 여자는 남자에게 일요일 참가자의 참가 여부를 확인했는지 물어보고 있다. 이에 대해 남자가 몇 사람은 전화를 받지 않아서 확인을 못 했다고 대답했다. 따라서 문자 메시지나 이메일을 보내 다시 확인해 보라고 말하는 ③번이 정답이다.

정답 및 해설

9. ①

> 여자: 여보, 준비 다 됐어요? 이제 나갈까요?
> 남자: 네. 창문 좀 닫고요.
> 여자: 불도 좀 끄고 나오세요.
> 남자: 알겠어요. 참, 부엌에 가스 불이 꺼졌는지만 좀 확인해 주세요.

▶ 여자와 남자는 외출을 하려고 한다. 외출 전 집을 단속하기 위해 창문을 닫고, 불을 끄고 있다. 이때 남자가 "부엌에 가스 불이 꺼졌는지만 좀 확인해 주세요."라고 이야기하는 상황이다. 따라서 정답은 ①번이다.

10. ④

> 남자: 어느 방부터 정리할까?
> 여자: 먼저 이 방에 있는 쓰레기를 좀 정리해야 하는데...
> 남자: 그럼 쓰레기봉투부터 사야겠네. 내가 편의점에서 사 올게.
> 여자: 응. 나는 이삿짐센터에 전화해서 내일 정확히 몇 시에 오는지 물어볼게.

▶ 여자는 "나는 이삿짐센터에 전화해서 내일 몇 시에 오는지 물어볼게."라고 했으므로 정답은 ④번이다.

11. ③

> 남자: 지금 밤인데 뭐 먹으려고?
> 여자: 배가 고파서 라면 좀 끓여 먹으려고.
> 남자: 밤에 라면을 먹으면 내일 아침에 얼굴이 붓잖아. 그러지 말고 샐러드나 만들어 먹자.
> 여자: 알았어.

▶ 여자는 배가 고파서 밤에 라면을 끓여 먹으려고 했다. 이에 남자는 "그러지 말고 샐러드나 만들어 먹자."고 제안하고 있다. 따라서 정답은 ③번이다.

12. ③

> 남자: 집에 무슨 문제라도 있어요?
> 여자: 아니요. 제가 다른 지역으로 취업을 하게 되어서 이사를 해야 할 것 같아요.
> 남자: 그래요? 그럼 나는 부동산에 방을 내놓을 테니까 학생도 인터넷이나 게시판에 글을 좀 올려요.
> 여자: 네. 그렇게 할게요.

▶ 여자가 이사를 하게 되어 방을 내놓아야 하는 상황이다. 남자는 자신이 부동산에 집을 내놓을 테니 여자에게는 "인터넷이나 게시판에 글을 올려요."라고 하였으므로 정답은 ③번이다.

13. ③

> 여자: 요즘 결혼 준비 때문에 바쁘죠? 준비는 다 됐어요?
> 남자: ⑩다른 건 거의 다 됐는데 Ⓐ아직 신혼집을 못 정했어요. 여자 친구랑 의견이 좀 달라서요.
> 여자: 요즘 집 구하는 게 쉽지 않죠? 도현 씨는 어디에 집을 구하고 싶은데요?
> 남자: Ⓑ,Ⓒ저는 비싸더라도 회사 가까운 곳에 집을 구하고 싶은데 여자 친구는 회사에서 조금 멀더라도 집값이 싼 곳을 선택하자고 하네요.

▶ ① 여자는 최근에 집을 구하고 있다.
　→ 남자가 집을 구하고 있다. Ⓐ
② 회사 근처는 집값이 저렴한 편이다.
　→ 회사 근처는 집값이 비싸다. Ⓑ
③ 남자는 회사와 가까운 곳에서 살고 싶다. Ⓒ
④ 남자는 바빠서 결혼 준비를 거의 못 했다.
　→ 결혼 준비는 거의 다 됐다. Ⓓ

14. ①

> 여자: 안내 말씀드립니다. Ⓐ에스컬레이터가 급정차 시 위험하오니, 손잡이를 꼭 잡아 주시기 바랍니다. Ⓑ또한 걷거나 뛰면 사고의 우려가 있으니 조심해 주시고, Ⓓ아이를 동반하신 분께서는 손을 잡고 탑승하시기 바랍니다. Ⓒ 휠체어나 유모차를 이용하시는 손님은 엘리베이터를 이용해 주시기 바랍니다. 감사합니다.

▶ ① 에스컬레이터가 급하게 멈출 수도 있다. Ⓐ
② 에스컬레이터에서는 손잡이를 잡고 걸어야 한다.
　→ 걷거나 뛰면 사고의 우려가 있을 수 있다. Ⓑ
③ 휠체어 이용 손님도 에스컬레이터를 탈 수 있다.
　→ 휠체어를 이용하는 사람은 엘리베이터를 타야 한다. Ⓒ
④ 아이를 동반한 사람은 에스컬레이터를 탈 수 없다.
　→ 아이의 손을 잡고 에스컬레이터를 탈 수 있다. Ⓓ

15. ④

> 여자: 다음 달 1일부터 가온숲이 자연 휴식년제를 가질 예정입니다. Ⓓ자연 휴식년제는 일정 기간 동안 사람의 출입과 인위적인 활동을 통제하여 자연이 스스로 회복할 수 있는 시간을 주는 것인데요. 자연 휴식년제를 실시하는 산림 지역에는 등산객뿐만 아니라 Ⓒ밀렵꾼이나 사냥꾼의 입산도 통제됩니다. Ⓐ이 제도는 그동안 성과를 거둬 푸른 숲 보전에 기여했는데요. 우리나라에서 자연 휴식년제가 처음 시작된 곳은 등산 지역이며 이후 Ⓑ바다에도 이 같은 자연 휴식년제가 시행되고 있습니다.

▶ ① 이 제도의 효과는 적은 편이다.
　→ 푸른 숲 보전에 기여했다. Ⓐ
② 이 제도는 등산 지역에만 적용된다.

→ 바다에도 시행된다. Ⓑ
③ 이 제도 지역은 허가를 받아서 사냥해야 한다.
→ 사냥할 수 없다. Ⓒ
④ 이 제도는 자연이 회복할 시간을 주는 것이다. Ⓓ

16. ③

> 여자: Ⓐ올해의 작가로 뽑히신 것을 축하드립니다. 평소 어디에서 영감을 얻으시나요?
> 남자: 네. 작가마다 각자 영감을 받는 방법은 모두 다를 겁니다. Ⓒ저는 다양한 사람들을 만나면서 영감을 얻는 편인데요. 그래서 제 작품을 보면서 많이들 공감하시는 것 같습니다. 많은 사람들을 만나서 대화를 하다 보면, 제가 미처 고민해 보지 못했던 주제들이 떠오를 때가 있습니다. Ⓓ현실에 있을 법한 사건을 생각한 후, 주제를 구체적으로 나타낼 인물과 사건들을 상상해 봅니다. Ⓓ제 머릿속의 상상의 인물과 대화를 하면서 Ⓑ소설을 쓰고 있습니다.

▶ ① 남자는 작년에 상을 받았다.
→ 남자는 올해의 작가상을 받았다. Ⓐ
② 남자는 시를 쓰는 작가이다.
→ 남자는 소설을 쓰는 작가이다. Ⓑ
③ 남자는 사람들을 통해 영감을 얻는다. Ⓒ
④ 남자는 직접 경험한 사건을 작품으로 쓴다.
→ 남자는 상상을 통해 현실에 있을 법한 일을 소설로 쓴다. Ⓓ

17. ④

> 남자: 아까 수업에 잠옷 입고 온 애 봤어? 좀 심한 거 아냐?
> 여자: 그 고양이 그려진 잠옷 바지 입고 온 사람 말이지? 나도 좀 놀랐어.
> 남자: 남한테 직접적인 피해를 주는 건 아니니까 괜찮다고 생각하는 것 같아. 그래도 다른 사람들과 같이 이용하는 장소에서는 최소한 예의는 지키는 게 맞지 않을까?

▶ 남자는 "다른 사람들과 같이 이용하는 장소에서는 최소한 예의는 지키는 게 맞지 않을까?"라고 말하였으므로 정답은 ④번이다.

18. ③

> 남자: 무슨 일 있어? 왜 이렇게 표정이 안 좋아?
> 여자: 친구하고 사소한 문제로 다퉈서 오해가 생겼거든. 그런데 친구랑 사이가 멀어질까 봐 그냥 참고 있는 중이야.
> 남자: 참기만 하면 친구가 네 생각을 알 수 없잖아. 더 큰 오해가 쌓이기 전에 네 입장을 솔직하게 말해야지.

▶ 남자는 여자에게 "더 큰 오해가 쌓이기 전에 네 입장을 솔직하게 말해야지."라고 말하고 있으므로 정답은 ③번이다.

19. ④

> 여자: 미진이가 여행 가서 찍은 사진 봤어?
> 남자: 아니, 못 봤는데. 왜?
> 여자: 이거 봐. 여행 가서 절벽 바로 앞에서 사진을 찍었더라고. 진짜 멋있어 보여.
> 남자: 음… 너무 위험해 보이는데? 예쁜 사진 찍는 것도 좋지만 안전이 더 중요하지 않을까?

▶ 남자가 "예쁜 사진 찍는 것도 좋지만 안전이 더 중요하지 않을까?"하고 말하였으므로 남자는 사진보다 안전을 더 중요하게 생각한다는 것을 알 수 있으므로 정답은 ④번이다.

20. ②

> 여자: 교수님, 건축가로서 갖추어야 할 점들은 여러 가지가 있겠지만 그중에서 가장 중요하다고 생각하는 것 한 가지만 말씀해 주시겠습니까?
> 남자: 건축가가 건물을 하나 지을 때는 주변의 도로, 동선 등을 정리하는 것에서부터 시작합니다. 즉 건축의 시작은 정리에서부터 시작되죠. 그래서 자신의 책상에서부터 주변까지 늘 정리하는 습관이 가장 중요하다고 생각합니다. 정리를 한다는 것은 주변과 나와의 관계를 만드는 거거든요. 이렇게 정리를 잘하는 사람들은 나중에 건축을 할 때도 필요한 것을 어디에 배치할지를 금방 파악할 수 있습니다.

▶ 남자는 여자에게 "늘 정리하는 습관이 가장 중요하다고 생각합니다."라고 말하고 있다. 건축가의 정리 정돈 습관의 중요성에 대해 말하고 있으므로 정답은 ②번이다.

21-22

> 남자: 여보, 이번 명절은 Ⓑ다른 친척들도 안 오고 Ⓒ우리끼리 간단하게 제사를 지내는데 Ⓐ왜 음식을 해요? 그냥 사다가 해요.
> 여자: 친척들은 안 와도 제사에 필요한 음식이 있잖아요.
> 남자: 우리 둘밖에 없으니까 Ⓓ사다가 하고 음식은 굳이 안 했으면 좋겠어요. 힘들기도 하고 형식적인 게 그렇게 중요한가 싶네요.
> 여자: 네. 많이 안 할게요. 저는 제사 형식보다는 제 정성을 표현하고 싶었어요. 명절이니까 우리도 좀 먹고요.

21. ②

▶ 여자는 제사에 자신의 정성을 표현하고 싶다고 말했으므로 정답은 ②번이다.

정답 및 해설

22. ③

▶ ① 남자는 명절 음식을 좋아하지 않는다.

　→ 명절 음식을 사자고 이야기한다. Ⓐ

② 여자는 친척들 때문에 스트레스를 받고 있다.

　→ 친척들은 오지 않는다. Ⓑ

③ 남자와 여자는 둘이서만 제사를 지내기로 했다. Ⓒ

④ 여자는 남자가 사 온 음식이 마음에 들지 않는다.

　→ 음식을 사 오지 않았다. Ⓓ

23-24

> 여자: 여보세요? 거기 한국 택배죠? Ⓒ제가 2주 전에 물건을 주문했는데 아직까지 배송이 안 돼서요. Ⓓ구입한 곳에 문의하니, 택배 회사에 직접 전화하라고 했어요.
>
> 남자: 네. 고객님, 안녕하세요? Ⓑ현재 택배 물량이 급증하면서 배송이 모두 지연되고 있는 상황입니다. 죄송합니다. 2주 전에 주문한 물건은 아마 오늘내일 중에 배송이 완료될 예정입니다.
>
> 여자: 혹시 내일까지도 택배가 안 오면 어떻게 하나요? 그냥 내일까지 안 오면 배송을 취소하고 싶어서요.
>
> 남자: 네. 내일까지 기다려보시고 Ⓐ취소하고 싶으시면 다시 연락해 주세요. 취소 도와드리겠습니다.

23. ②

▶ 여자는 물건을 주문했는데 아직까지 배송이 되지 않은 상황이다. 이에 여자는 '배송이 언제 되는지' 배송 상황에 대해 문의하고 있다. 따라서 정답은 ②번이다.

24. ②

▶ ① 이미 주문한 물건은 취소할 수 없다.

　→ 취소할 수 있다. Ⓐ

② 택배 회사에는 배송할 물건이 밀려있다. Ⓑ

③ 오늘 주문한 물건은 2주 뒤에 받을 수 있다.

　→ 2주 전에 물건을 주문했고 아직까지 배송이 안 됐다. Ⓒ

④ 배송과 관련한 문의는 구입한 곳에 직접 해야 한다.

　→ 배송 관련 문의는 택배 회사에 문의해야 한다. Ⓓ

25-26

> 남자: 화면 해설 작가라고 하면 저처럼 생소한 분들이 많으실 거예요. 선생님, 화면 해설 작가는 정확히 어떤 직업인가요?
>
> 여자: 여러분들은 평소 시각 장애인이 텔레비전을 어떻게 본다고 생각하시나요? Ⓑ화면 없이 소리만으로 프로그램의 내용을 충분히 이해하는 것은 굉장히 어려운 일입니다. 시각 장애인들에게 텔레비전 화면 속 인물의 표정이나 움직임, 배경 등을 말로 설명해 주는 것이 화면 해

설 방송인데요. Ⓓ이런 방송의 대본을 쓰는 것이 제 직업입니다. Ⓐ우리나라에 첫 화면 해설 방송이 시작된 것은 2001년부터인데 법으로 정해둔 의무 비율은 연간 5~10%에 불과합니다. 게다가 Ⓒ온라인 방송은 이런 법의 적용 대상도 아니고요. 저는 이러한 현실을 더 많은 사람들이 알게 되어 법적으로 보장된 화면 해설 방송을 더 많이 늘려야 한다고 생각합니다.

25. ④

▶ 여자는 법적으로 보장된 화면 해설 방송을 더 늘려야 한다고 생각하고 있으므로 정답은 ④번이다.

26. ③

▶ ① 우리나라에는 아직 화면 해설 방송이 없다.

　→ 2001년부터 시작되었다. Ⓐ

② 소리만으로 텔레비전 내용을 충분히 이해할 수 있다.

　→ 이해하기 어렵다. Ⓑ

③ 온라인 방송은 화면 해설 방송을 만들지 않아도 된다. Ⓒ

④ 화면 해설 작가는 TV 프로그램의 줄거리를 요약한다.

　→ 화면 해설 방송의 대본을 쓴다. Ⓓ

27-28

> 여자: ⒶⒸ그 선배 아무리 취업을 했다고 해도 좀 너무한 것 같지 않아?
>
> 남자: Ⓑ선배가 지금 학교에 나올 수 있는 상황도 아니잖아. 다른 조원들이 도와주면 과제하는 데 문제없을 것 같은데?
>
> 여자: 우리끼리 해서 과제를 잘한다고 해도 문제라고 봐. 결국 그 선배 몫까지 누군가는 더 해야 하는데 선배는 아무것도 안 하고 이 수업에서 성적을 받는 거잖아.
>
> 남자: 그럼 지금 선배를 뺄 수도 없고 당장 학교에 오라고 할 수도 없으니까 Ⓓ자료 조사나 발표 자료 만드는 거라도 하라고 하자.

27. ④

▶ 조 과제에 참여하지 않는 선배에 대해 '아무것도 안 하고 이 수업에서 성적을 받는다, 너무하다'라고 말하고 있으므로 정답은 ④번이다.

28. ④

▶ ① 여자는 선배의 상황을 모르고 있다.

　→ 선배가 취업한 것을 알고 있다. Ⓐ

② 남자는 선배와 함께 과제를 하고 싶어 한다.

　→ 선배 없이 과제를 해도 문제가 없다고 생각한다. Ⓑ

③ 선배는 취업 준비 때문에 학교에 오지 못한다.

　→ 선배는 취업했다. Ⓒ

④ 남자는 여자의 의견을 듣고 다른 방법을 제시했다. Ⓓ

29-30

남자: ⒜'잠이 보약'이라는 말처럼, 잠을 잘 자는 것은 우리 삶의 질을 올리는 데 아주 중요한 요소입니다. 선생님, 잠을 잘 자기 위해서는 어떻게 해야 할까요?

여자: 잠을 자는 시간을 정해 두는 것이 필요합니다. 우리가 아침에는 일정한 시간에 일어나려고 노력하지만 잠을 자는 시간은 별로 신경 쓰지 않습니다. 하지만 매일 밤 늦게 잠을 자면 뇌는 항상 깨어있는 상태가 되어 일찍 자려고 누워도 쉽게 잠이 들지 않습니다. 따라서 정해진 시간에 잠을 자는 습관을 만든다면 수면 부족에서 벗어날 수 있습니다.

남자: 불면증을 호소하는 사람들에게 전하고 싶은 말씀이 있으실까요?

여자: ⒝불면증의 원인은 사람마다 다릅니다. 따라서 왜 잠을 못 자는지, 어떤 습관을 고쳐야 하는지 등을 고민해 보고 스스로 바꾸려는 노력이 필요합니다. ⒟낮에 카페인을 섭취하는 사람의 경우 잠자리에 들기 6시간 전에는 카페인을 섭취하지 않아야 하고, ⒞스트레스로 잠을 못 자는 사람들은 명상과 요가를 통해 몸을 이완하는 것도 도움이 됩니다. 이렇게 여러 가지 방법을 시도하다 보면 방법을 찾을 수 있습니다. 이런 방법들을 지켜서 잠을 잘 주무신다면 건강을 지키고 삶의 활력도 높일 수 있을 겁니다.

29. ④

▶ 남자는 여자에게 "선생님, 잠을 잘 자기 위해서는 어떻게 해야 할까요?"라며 잠을 잘 자는 방법에 대해 물어보고 있다. 이에 대해 여자는 잠을 잘 자는 방법에 대해 설명하고 있으므로 정답은 ④번이다.

30. ③

▶ ① 보약은 불면증에 도움이 된다.
  → 잠의 중요성을 강조하기 위해 사용한 말이다. ⒜
② 사람마다 불면증의 원인은 동일하다.
  → 불면증의 원인은 개인별로 차이가 있다. ⒝
③ 요가와 명상은 불면증에 도움이 된다. ⒞
④ 아침에 카페인을 마시면 잠을 잘 못 잔다.
  → 잠자리에 들기 6시간 전에 섭취하는 것이 아니면 괜찮다. ⒟

31-32

여자: 고령 운전자로 인한 교통사고를 줄이기 위해서는 고령자의 운전을 제한해야 한다고 생각합니다.

남자: 무조건 제한하기보다는 신체 나이를 측정해서 이것에 맞게 운전을 할 수 있도록 하는 건 어떨까요?

여자: 노화로 인해 고령자는 운전 기능이 떨어질 수밖에 없습니다. 운전 기능이 떨어지면 보행자나 다른 운전자에게 피해를 주게 되니, 만 칠십 세 이상부터는 운전을 제한하는 것이 좋다고 봅니다.

남자: 나이가 많지만 신체 능력이 좋은 분도 있습니다. 나이에 따라 운전을 못하게 하는 것은 개인의 자유를 빼앗는 행동입니다. 그래서 저는 다른 해결 방법을 찾는 게 더 좋을 것 같습니다.

31. ④

▶ 남자는 "고령자 운전 제한을 하지 말고, 신체 나이를 측정해서 이것에 맞게 운전을 할 수 있도록 하거나 다른 해결 방법을 찾는 게 더 좋겠다"고 말하고 있다. 따라서 정답은 ④번이다.

32. ③

▶ 남자는 여자의 의견에 대해 회의적으로 생각하면서 반대 의견을 말하고 있다. 따라서 정답은 ③번이다.

33-34

여자: 전기차는 이름 그대로 전기로 움직이는 자동차입니다. 전기가 동력이기 때문에 ⒜화석 연료를 전혀 사용하지 않고요. 일반 자동차에 비해 환경친화적인 차라고 할 수 있습니다. 전기차 내부에는 ⒟엔진이 없는 대신에 배터리로 차를 움직이는데 배터리는 전기차의 핵심이라고 할 수 있습니다. 배터리에서 전기를 모은 다음에 이 축적된 에너지로 차를 움직입니다. 이때 ⒝전기차 배터리는 가벼운 중량과 작은 부피를 가져야 하고요. 출력은 높지만 ⒞발열은 낮아야 합니다. 그렇지 않으면 배터리가 터지게 될 위험이 있습니다.

33. ①

▶ 여자는 전기차가 움직이는 원리에 대해서 설명하고 있다. 따라서 정답은 ①번이다.

34. ④

▶ ① 전기차는 화석 연료를 사용한다.
  → 화석 연료를 사용하지 않는다. ⒜
② 전기차 배터리는 부피가 커야 한다.
  → 작은 부피를 가져야 한다. ⒝
③ 전기차 배터리의 발열은 높아야 좋다.
  → 발열은 낮아야 한다. ⒞
④ 전기차는 엔진 대신 배터리로 움직인다. ⒟

정답 및 해설

35-36

여자: 여러분, ⑩새로운 한 해의 시작을 맞이했습니다. ⑧작년에 어려운 경제 환경 속에서도 우리 기업이 세계적인 회사로 발돋움할 수 있었던 것은 늘 자신의 자리에서 최선을 다해 일을 해 주시는 직원 여러분들의 노고 덕분입니다. 급변하는 시대를 헤쳐 나가기 위해서 올해도 고객 만족을 위해 힘써야 할 것입니다. 여러분도 아시다시피 ⑧우리 회사가 50년의 역사를 이어갈 수 있었던 가장 큰 원동력은 지역과 고객의 굳은 신뢰 덕분입니다. 고객들이 만족할 때까지 최선을 다하겠다는 마음으로 일을 해 주시길 바랍니다. ⓒ지금보다 더 자랑스러운 회사를 물려 줄 수 있도록 자부심을 가지고 이번 한 해도 최선을 다해 주시길 바랍니다. 감사합니다.

35. ④

▶ 회사의 발전을 위해 자부심을 가지고 최선을 다해 주길 바란다는 당부를 직원들에게 전하고 있다. 따라서 정답은 ④번이다.

36. ④

▶ ① 회사는 5년 전에 처음 세워졌다.
  → 회사는 50년의 역사를 가지고 있다. ⑧
② 작년은 호황이어서 회사가 크게 성장했다.
  → 작년의 경제 사정은 좋지 않았다. 그럼에도 불구하고 회사가 성장하였다. ⑧
③ 여자는 다른 사람에게 회사를 물려주었다.
  → 여자는 자랑스러운 회사를 물려주기 위해 최선을 다할 것을 당부하고 있다. ⓒ
④ 여자는 직원들에게 새해 인사를 하고 있다. ⑩

37-38

여자: 꾸준하게 달리기를 하는 것만으로도 체중 감소에 효과적이네요.
남자: 땀을 흘리며 운동을 한 후 기분이 좋아진 경험은 모두들 있으실 겁니다. ⑧운동을 하면 엔도르핀이 나오기 때문입니다. ⓒ엔도르핀 호르몬은 사람의 기분을 좋게 만들어 줍니다. 그래서 최근에는 우울증 환자에게 달리기를 권유하기도 합니다. ⑧또 매일은 아니더라도 꾸준하게 달리기를 하면 수명을 늘릴 수 있다는 연구 결과도 있습니다. ⑩빠르지 않은 속도로 일주일에 한 번 50분씩 달리기를 하는 사람은 그렇지 않은 사람보다 사망 위험이 20% 정도 낮았습니다. 달리기를 하면 심폐 기능이 좋아지고 혈관도 건강해지기 때문입니다. 이처럼 달리기가 우리 건강에 여러 가지 긍정적인 효과가 있는 만큼 꾸준하게 이 운동을 해 보시길 바랍니다.

37. ③

▶ 남자는 "달리기가 우리 건강에 여러 가지 긍정적인 효과가 있는 만큼 꾸준하게 이 운동을 해 보시길 바랍니다."라며 꾸준하게 달리기를 하는 것의 중요성을 강조하고 있다. 따라서 정답은 ③번이다.

38. ①

▶ ① 달리기를 하면 엔도르핀이 나온다. ⑧
② 매일 달리기를 해야 수명을 늘릴 수 있다.
  → 매일은 아니더라도 꾸준히 달리기를 하면 사망 위험을 낮춰 수명을 늘릴 수 있다. ⑧
③ 달리기는 우울증 환자에게 도움이 되지 않는다.
  → 달리기를 하면 엔도르핀이 나오기 때문에 우울증 환자에게 도움이 된다. ⓒ
④ 빠른 속도로 50분씩 달리기를 하면 건강에 좋다.
  → 빠르지 않은 속도로 일주일에 한번 50분씩 달리기를 하는 것이 건강에 좋다. ⑩

39-40

남자: ⑩현재까지 우리나라에서는 베이비 박스가 운영되고 있고 이 베이비 박스를 거쳐 간 아기들도 상당히 많은 것으로 보이네요.
여자: 많은 아기들이 버려지고 있는 것이 현실이고 이러한 아기들을 최소한으로 보호하기 위한 것이 베이비 박스지만 이곳에 온 아기들은 많은 어려움이 있습니다. ⑧아기가 입양을 가기 위해서는 친부모가 양육권 포기 의사를 밝혀야 합니다. 하지만 익명으로 베이비 박스에 아기를 버리면 양육권 포기 각서가 없기 때문에 아기는 입양을 가기 힘듭니다. 또한 ⓒ아기의 신상 관련 정보를 알아야 법적 절차를 통해 사회의 구성원으로서 인정받을 수 있는데 이 또한 쉽지 않습니다. 따라서 ⑧이를 개선하기 위해 베이비 박스를 합법화하려는 시도가 있었으나 아기를 버리는 것을 법적인 제도로 만드는 것은 또 다른 문제이기 때문에 이 또한 쉽지 않습니다.

39. ③

▶ 현재에도 베이비 박스가 운영되고 있으며 이를 거쳐 간 아이의 수가 많다는 남자의 말을 통해 이 담화 앞에는 베이비 박스 운영 현황에 대한 내용이 나왔음을 알 수 있다. 따라서 정답은 ③번이다.

40. ②

▶ ① 베이비 박스 관련 법이 제정되었다.
  → 법을 만들려는 시도가 있었지만 그러지 못했다. ⑧
② 아기가 입양될 때 친부모의 동의가 필요하다. ⑧
③ 버려진 아기의 신상 정보는 법적으로 보호된다.
  → 신상 정보를 알 수 없어 법적 절차를 밟는 것이 쉽지 않다. ⓒ

④ 여러 문제로 인해 베이비 박스 운영이 중단되었다.
　　→ 베이비 박스는 현재에도 운영되고 있다. ⓓ

41-42

여자: 하이힐을 자주 신는 여성분들이 많으실 텐데요. 하이힐은 다리를 더 길고 예뻐 보이게 만들기 때문에 여성분들이 자주 신습니다. 그런데 ④하이힐을 자주 신고 걸으면 발관절의 정상적인 기능이 변하게 됩니다. ©하이힐은 무릎 관절에 부담을 주기 때문에 나이가 들어서 무릎 관절 퇴행성을 일으키게 됩니다. 또 하이힐을 오래 신고 걸으면 혈액 순환이 잘 안 되기 때문에 다리가 쉽게 붓고 ⑧염증이 생기기 쉽습니다. 따라서 하이힐을 안 신는 게 다리 건강을 위해서 가장 좋은 방법이라고 할 수 있습니다. 하지만 꼭 신어야겠다면 무릎 관절과 다리 건강을 지키기 위해서 하이힐을 신더라도 쉴 때는 가능한 한 굽이 낮은 신발을 신는 게 좋습니다. 그리고 무릎이나 다리에 통증이 생기면 바로 병원에 가서 치료를 받는 것이 좋습니다.

41. ②
▶ '다리 건강을 위해서 하이힐을 안 신는 것이 가장 좋은 방법'이라고 말하고 있으므로 정답은 ②번이다.

42. ③
▶ ① 굽이 낮은 신발을 신으면 발관절의 기능이 바뀐다.
　　→ 하이힐을 오래 신고 걸으면 혈액 순환이 잘 안 된다. ④
　② 하이힐 때문에 병원에서 치료를 받는 사람들이 많다.
　　→ (내용에서 확인할 수 없다.)
　③ 하이힐을 오래 신고 걸으면 다리에 염증이 잘 생긴다. ⑧
　④ 하이힐은 무릎에 부담을 줘서 바로 무릎 관절 퇴행성이 온다.
　　→ 나이가 들면 무릎 관절 퇴행성을 일으킨다. ©

43-44

남자: 살아있는 화석이라고 불릴 만큼 지구상에서 가장 오래 생존한 곤충으로 알려진 잠자리, 잠자리는 지금까지 살아남기 위해 치열한 생존 투쟁을 거쳤다. 잠자리는 어떻게 오랜 시간 동안 살아남을 수 있었을까? 잠자리는 각각 따로 움직이는 네 장의 날개를 가지고 있는데 앞날개와 뒷날개는 모양이 다르고 날개를 접지 못한다. 그래서 잠자리는 훨씬 단순하고 빠르게 움직일 수 있고, 장거리도 쉽게 날아갈 수 있다. 잠자리는 무려 1초에 30회의 날갯짓을 할 수 있고 최고 속도로 비행할 때는 자기 몸무게의 30배나 되는 힘을 견딜 수 있다. 이러한 이유로 잠자리가 오랫동안 생존할 수 있었다고 추측해 볼 수

있다. 그리고 잠자리는 하루에 많게는 800여 마리의 곤충을 잡아먹는데 사냥을 할 때 무서운 집중력을 발휘한다. 잠자리는 사냥할 때 하나의 목표물을 정하는데 사냥 성공률은 무려 97%나 된다.

43. ①
▶ '잠자리가 오랜 기간 살아남을 수 있었던 이유'에 대해서 설명하고 있다. 따라서 정답은 ①번이다.

44. ①
▶ 잠자리는 사냥 성공률이 높은데 이는 사냥을 할 때 무서운 집중력을 발휘하기 때문이다. 따라서 정답은 ①번이다.

45-46

여자: 한옥은 한국의 전통 가옥으로 자연 친화적이고 과학적인 원리가 숨어 있습니다. 사계절이 뚜렷한 우리나라의 기후에 맞게끔 더위를 이겨낼 수 있는 마루와 추위를 대비할 수 있는 온돌이 있는데요. 지역마다 기후의 차이가 있기 때문에 한옥의 건축 방식에도 차이가 드러납니다. 추운 북부 지방은 ㅁ(미음)자 모양으로 집을 지어 겨울철 찬바람이 들어오는 것을 막았습니다. 또한 마당이 없고 ⑧방들을 서로 가까이 붙여서 집의 온기를 유지하려고 했습니다. ④심지어 가축이 사는 외양간도 실내에 두었습니다. 반면 ©더운 남부 지방의 한옥은 시원한 바람이 잘 통할 수 있도록 숫자 1(일)을 눕힌 모양으로 집을 지었습니다. 마루는 넓게 만들었고 ⓓ방마다 창문을 만들어서 공기가 순환될 수 있도록 했습니다. 중부 지방은 남부 지방의 개방형 한옥 형태와 북부 지방의 폐쇄형 한옥 형태를 조금씩 반영해 ㄱ(기역)자 구조로 만들어졌습니다. 마당과 창문은 있지만 남부 지방보다 수는 적습니다.

45. ①
▶ ① 북부 지방은 집 안에서 가축을 키웠다. ④
　② 남부 지방은 방들이 가까이 붙어 있었다.
　　→ 북부 지방은 방들이 가까을 가까이 붙여서 집의 온기를 유지하려고 했다. ⑧
　③ 중부 지방은 '1'자 모양으로 집을 지었다.
　　→ 남부 지방이 숫자 1을 눕힌 모양으로 집을 지었다. ©
　④ 남부 지방은 더위를 피하기 위해 창문이 적었다.
　　→ 방마다 창문을 만들어 공기 순환이 잘되도록 했다. ⓓ

46. ③
▶ "지역마다 기후의 차이가 있기 때문에 한옥의 건축 방식에도 차이가 드러납니다."라며 한옥의 구조를 북부, 중부, 남부 지역에 따라 분류하여 설명하고 있다. 따라서 정답은 ③번이다.

정답 및 해설

47-48

여자: 인터넷의 발달로 인해 여러 가지 이점들도 있지만, 개인의 사적인 정보까지도 노출되는 문제점이 있습니다. 이에 따라 ⑧온라인상의 '잊힐 권리'에 대한 법제화가 시급하다는 목소리가 제기되고 있습니다.

남자: 말씀하신 것처럼 사람들은 자신에 관한 개인적인 정보가 더 이상 다른 사람들에게 노출되고 싶지 않을 때, 정보가 삭제되길 원합니다. 이러한 요구에 따라 인터넷에서 불편한 개인적 정보나 게시물을 삭제해 주는 ⓒ디지털 장의사도 등장했습니다. 하지만 이런 ④잊힐 권리는 알 권리와 충돌하고 있습니다. 사실인 정보인데도 불구하고 개인이 원하지 않아 삭제할 경우, 대다수의 알 권리가 침해받을 수도 있다는 것이죠. ⑩또한 권력이 있는 사람들은 자신에게 불리한 정보를 계속 삭제하는 일을 남용할 수 있는 문제도 발생할 수 있습니다. 따라서 잊힐 권리를 법제화하기 이전에 어디까지 정보를 삭제할 수 있는지, 잊힐 권리와 알 권리 모두를 침해하지 않을 수 있는 방안이 무엇인지, 사회적 합의가 우선적으로 필요합니다.

47. ④

▶ ① 잊힐 권리보다 알 권리가 더 중요하다.
　　→ 잊힐 권리와 알 권리가 충돌하고 있다고 말한다.
　　어느 것이 더 우위에 있는지는 밝히지 않았다. ④

② 잊힐 권리는 온라인과 오프라인을 모두 포함한다.
　　→ 잊힐 권리는 온라인만을 대상으로 한다. ⑧

③ 사람들의 바람에 따라 디지털 장의사가 생길 예정이다.
　　→ 이미 디지털 장의사가 등장했다. ⓒ

④ 권력자는 잊힐 권리를 자신에게 유리하게 사용할 수도 있다.
　　⑩

48. ④

▶ "잊힐 권리를 법제화하기 이전에 어디까지 정보를 삭제할 수 있는지, 잊힐 권리와 알 권리 모두를 침해하지 않을 수 있는 방안이 무엇인지, 사회적 합의가 우선적으로 필요합니다."를 통해 잊힐 권리의 법제화 이전에 사회적 합의가 필요함을 말하고 있다. 따라서 정답은 ④번이다.

49-50

남자: 이것은 ④조선 후기 지리학자인 김정호가 만든 '대동여지도'입니다. 대동여지도는 우리나라 전체를 남북 120리 간격으로 구분해서 22층으로 나누고, 각 층에 동서 방향을 기록하였는데요. 이렇게 제작된 22권의 책을 모두 펼치면 세로 약 6.7m, 가로 약 3.8m의 초대형의 지도가 됩니다. 하지만 이 지도는 접고 펼 수 있도록 만들어서

⑩휴대가 간편하고 보기도 쉬울 뿐만 아니라 ⓒ옛 지명을 자세히 표시하고, 위치와 거리도 상세하고 정확하게 기록하였습니다. '대동여지도'는 단순한 지도를 넘어서 ⑧조선 시대의 국토 상황을 보여 주는 매우 중요한 사료로도 인정 받고 있습니다.

49. ②

▶ ① 이 지도는 조선 시대 어전에 제작되었다.
　　→ 조선 후기 지리학자인 김정호가 만든 것이다. ④

② 이 지도는 당시의 국토 상황을 보여 준다. ⑧

③ 이 지도는 옛 지명을 간단하게 표시하였다.
　　→ 옛 지명을 자세히 표시하였다. ⓒ

④ 이 지도는 크고 무거워서 들고 다닐 수 없다.
　　→ 이 지도는 휴대가 간편하다. ⑩

50. ②

▶ 남자는 '대동여지도'에 대해서 장점을 언급하며, "매우 중요한 사료로도 인정받고 있습니다."라고 말하고 있다. 따라서 정답은 ②번이 자연스럽다.

 1교시 (쓰기)　　　　　　　　　　p.225

51.

㉠: 놓고 온 것 같습니다/놔 두고 온 것 같습니다
㉡: 연락해 주실 수 있습니까/연락해 주실 수 있을까요

52.

㉠: 좋지 않은 영향/악영향을 주기/미치기 때문이다
㉡: 좋다고 한다/도움이 된다고 한다

53.

　　저작권보호원에서 온라인 저작권 침해에 대해 조사한 결과, 2016년 49만 건이던 온라인 저작권 침해 수가 2022년에는 78만 건으로 증가하였다. 저작권 피해 분야를 살펴보면, 영화가 1위로 가장 많았고 음악이 2위, 게임이 3위로 나타났다. 이처럼 온라인 저작권 침해가 증가한 이유는 디지털 콘텐츠의 이용 시간이 증가했기 때문이다. 또한 저작권 보호에 대한 의식이 없는 것도 한 가지 원인으로 볼 수 있다. 따라서 온라인 저작권 침해를 막기 위해서 저작권 인식 교육을 강화하고 저작권 보호 제도를 구축할 필요가 있다.

저작권보호원에서 온라인 저작권 침해에 대해 조사한 결과, 2016년 49만 건이던 온라인 저작권 침해 수가 2022년에는 78만 건으로 증가하였다. 저작권 피해 분야를 살펴보면, 영화가 1위로 가장 많았고 음악이 2위, 게임이 3위로 나타났다. 이처럼 온라인 저작권 침해가 증가한 이유는 디지털 콘텐츠의 이용 시간이 증가했기 때문이다. 또한 저작권 보호에 대한 의식이 없는 것도 한 가지 원인으로 볼 수 있다. 따라서 온라인 저작권 침해를 막기 위해서 저작권 인식 교육을 강화하고 저작권 보호 제도를 구축할 필요가 있다.

54.

세계화 시대를 살고 있는 현대인들에게 외국어 교육은 더 이상 선택이 아닌 필수 사항으로 자리잡았다. 외국어를 배우는 것은 다양한 문화와 사고방식을 이해하고 이에 적응할 수 있는 능력을 키우는 것이다. 또한 다른 언어를 구사하는 능력은 경쟁력 있는 인재로서의 기본 조건이 되기도 한다. 따라서 외국어 교육은 매우 중요하다.

외국어를 잘 구사하면 경쟁력 있는 인재가 될 수 있다. 국내 기업이 해외 시장으로 진출하면서 외국어를 구사하는 인재에 대한 수요도 증가하고 있다. 따라서 외국어를 자유롭게 구사하는 사람은 다른 사람보다 경쟁력을 높일 수 있다. 또한, 외국어는 문화 교류와 타 문화에 대한 이해를 증진시키는 역할을 한다. 다른 나라의 언어를 배우는 과정에서 그 나라의 문화와 생각을 이해하게 되고, 이를 통해 서로 다른 문화 간에 이해와 상호 교류가 이루어지는 기반을 마련할 수 있다. 마지막으로 다른 문화와 사고방식에 대한 이해를 바탕으로 예상치 못하게 직면하게 되는 여러 문제를 효과적으로 풀어 나갈 수 있는 능력을 키울 수 있다.

따라서 효과적으로 외국어를 배우기 위해서는 매일 조금씩이라도 외국어를 연습하는 것이 중요하다. 외국어를 배우는 데는 꾸준한 노력이 필요하며, 지속적인 학습을 통해 언어 실력을 향상시킬 수 있다. 그리고 국내외 다양한 교육 기회를 활용하여 다른 문화와 자연스럽게 소통할 수 있는 능력을 키우는 것도 필요하다.

어 교육은 매우 중요하다. 외국어를 잘 구사하면 경쟁력 있는 인재가 될 수 있다. 국내 기업이 해외 시장으로 진출하면서 외국어를 구사하는 인재에 대한 수요도 증가하고 있다. 따라서 외국어를 자유롭게 구사하는 사람은 다른 사람보다 경쟁력을 높일 수 있다. 또한, 외국어는 문화 교류와 타 문화에 대한 이해를 증진시키는 역할을 한다. 다른 나라의 언어를 배우는 과정에서 그 나라의 문화와 생각을 이해하게 되고, 이를 통해 서로 다른 문화 간에 이해와 상호 교류가 이루어지는 기반을 마련할 수 있다. 마지막으로 다른 문화와 사고방식에 대한 이해를 바탕으로 예상치 못하게 직면하게 되는 여러 문제를 효과적으로 풀어 나갈 수 있는 능력을 키울 수 있다. 따라서 효과적으로 외국어를 배우기 위해서는 매일 조금씩이라도 외국어를 연습하는 것이 중요하다. 외국어를 배우는 데는 꾸준한 노력이 필요하며, 지속적인 학습을 통해 언어 실력을 향상시킬 수 있다. 그리고 국내외 다양한 교육 기회를 활용하여 다른 문화와 자연스럽게 소통할 수 있는 능력을 키우는 것도 필요하다.

세계화 시대를 살고 있는 현대인들에게 외국어 교육은 더 이상 선택이 아닌 필수 사항으로 자리잡았다. 외국어를 배우는 것은 다양한 문화와 사고방식을 이해하고 이에 적응할 수 있는 능력을 키우는 것이다. 또한 다른 언어를 구사하는 능력은 경쟁력 있는 인재로서의 기본 조건이 되기도 한다. 따라서 외국

정답 및 해설

📖 2교시 (읽기)

p.229

1	2	3	4	5	6	7	8	9	10
②	③	③	②	③	④	③	①	①	④
11	12	13	14	15	16	17	18	19	20
④	③	①	①	③	③	③	③	①	③
21	22	23	24	25	26	27	28	29	30
②	④	③	③	③	④	②	④	①	③
31	32	33	34	35	36	37	38	39	40
②	④	④	③	④	④	②	②	②	②
41	42	43	44	45	46	47	48	49	50
④	④	④	③	④	④	①	②	③	②

1. ②
▶ 말하기 시험을 신청하다 → 신분증을 가지고 사무실에 가다
'말하기 시험을 신청하다'는 〈의도, 의향〉을 나타낸다. 이에 호응하는 문법은 '-(으)려면'이다. 따라서 정답은 ②번이다.

2. ③
▶ '민성 씨가 아직 안 왔다'는 것을 보고 '차가 많이 막히다'를 〈추측〉하는 내용이다. 이에 호응하는 문법은 '-나 보다'이다. 따라서 정답은 ③번이다.

3. ③
▶ '-(으)ㄹ지라도'는 앞의 내용을 가정하거나 인정해도 뒤의 내용은 그 기대에 어긋남을 나타내는 문법이다. 화가 나는 것을 인정해도 폭력을 사용하는 것은 안 된다는 뜻으로 이와 유사한 문법은 '-더라도'이다. 따라서 정답은 ③번이다.

4. ②
▶ '-기에 달려 있다'는 일이나 상태가 어떤 것에 절대적인 영향을 받음을 나타내는 문법이다. 어려움을 극복하는 일은 마음먹는 것에 가장 큰 영향을 받는다는 뜻으로 이와 유사한 문법은 '-기 나름이다'이다. 따라서 정답은 ②번이다.

5. ③

> 우리 아기에게 유기농 재료로 만든 건강한 한 끼를!
> 엄마의 마음으로 매일 정성껏 만듭니다.

▶ 답의 근거: 아기, 한 끼

6. ④

> 선착순 동·호수 지정
> 유럽식 생활과 편의 시설을 누리며 살 수 있는 곳

▶ 답의 근거: 동·호수, 살다

7. ③

> 사뿐사뿐, 조용히!
> 우리 집 바닥은 아랫집 천장입니다.

▶ 답의 근거: 사뿐사뿐, 조용히, 우리 집 바닥 = 아랫집 천장

8. ①

> • 무인 대출 기계로 책을 빌릴 수 있습니다.
> • 별책 부록 및 CD가 있을 때는 데스크에 문의해 주세요.

▶ 답의 근거: 무인 대출 기계, 책을 빌리다, 별책 부록, CD, 문의하다

9. ①

> ## '자연의 신비' 특별 전시 안내
> • ⒜전시 기간: 3월 1일 ~ 3월 30일
> • ⒟전시 장소: 가온 미술관 3 관람실
> • 예매 방법: 가온 미술관 홈페이지(www.gaon-misul.com)에서 예약
>   ※ ⒞당일 예약 불가
> • ⒝이용 요금: 무료 (오디오 해설 이용 1,000원 별도)

▶ ① 이 전시회는 한 달 동안 개최된다. ⒜
  ② 전시회를 보려면 ~~천 원을 내야 한다.~~
    → 전시회 이용 요금은 무료이다. ⒝
  ③ 예약은 ~~이용 당일~~ 홈페이지에서 하면 된다.
    → 당일 예약은 할 수 없다. ⒞
  ④ 이 전시회는 자연을 주제로 ~~야외에서~~ 진행된다.
    → 가온 미술관 3 관람실에서 진행된다. ⒟

10. ④

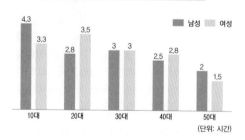

스마트폰 하루 평균 사용 시간

■ 남성 □ 여성

10대: 4.3 / 3.3
20대: 2.8 / 3.5
30대: 3 / 3
40대: 2.5 / 2.8
50대: 2 / 1.5
(단위: 시간)

▶ ① 20대는 ~~여성보다 남성의~~ 스마트폰 사용 시간이 더 길다.
    → 20대는 남성(2.8시간)보다 여성(3.5시간)의 스마트폰 사용 시간이 길다.
  ② 40대 여성은 50대 여성보다 스마트폰 사용 시간이 ~~짧다.~~
    → 40대 여성(2.8시간)은 50대 여성(1.5시간)보다 스마트폰 사용 시간이 길다.
  ③ ~~10대 여성의~~ 하루 평균 스마트폰 사용 시간이 가장 길다.
    → 10대 남성(4.3시간)의 하루 평균 스마트폰 사용 시간이 가

장 길다.

④ 30대 남성과 여성은 하루 평균 3시간 동안 스마트폰을 사용
한다.

11. ④

> ⒟갑작스러운 폭설에 갇힌 운전자들을 1시간 넘게 도운 시
민들이 화제가 되고 있다. 지난달 5일 저녁에 가온시 시내에
⒟많은 눈이 쌓여 도로에 차들이 갇혔다. 이때 ⒜⒝지나가던
시민들이 다가와 앞바퀴 쪽의 눈을 제거하고 뒤에서는 차를
밀면서 눈에 빠진 차들을 함께 빼냈다. 덕분에 이날 ⒞아무 사
고 없이 모든 운전자들이 무사히 귀가할 수 있었다.

▶ ① 시민들은 눈에 빠진 차를 들어서 옮겼다.
　　→ 눈을 제거하고 뒤에서 차를 밀면서 차를 빼냈다. ⒜
② 운전자들은 눈을 치우기 위해서 차에서 내렸다.
　　→ 지나가던 시민들이 눈을 제거해 줬다. ⒝
③ 갑자기 내린 눈으로 교통사고가 많이 발생했다.
　　→ 아무 사고가 없었다. ⒞
④ 눈 때문에 시내에 있는 차들이 움직이지 못했다. ⒟

12. ③

> 부모의 양육 부담을 낮추고 출산을 장려하기 위하여 부모
급여 제도가 도입된다. 지금까지는 영아수당을 지급하여 아이
양육의 경제적 부담을 줄여주었다. 그러나 이제는 ⒝영아수당
의 금액을 확대하고 개편하여 ⒜부모급여로 매달 70만 원씩
지급된다. ⒞부모급여는 출산 후 60일 이내에 ⒟주민 센터에
방문하거나 인터넷에서 신청할 수 있다.

▶ ① 부모급여로 육아용품을 지원해 준다.
　　→ 매달 70만 원씩 지원해 준다. ⒜
② 부모급여에서 영아수당으로 이름이 바뀌었다.
　　→ 영아수당을 개편하여 부모급여가 되었다. ⒝
③ 부모급여는 아이를 낳은 후에 신청할 수 있다. ⒞
④ 부모급여는 주민 센터에서만 신청이 가능하다.
　　→ 주민 센터나 인터넷에서 신청할 수 있다. ⒟

13. ①

> (다)와 (라) 중 첫 번째 문장을 찾아야 한다. (라)는 '따라서'라는
표현이 있기 때문에 첫 번째 문장으로 올 수 없다. 따라서 (다)
가 첫 번째 문장이다.
'(다) 짧은 시간에 살을 빼기 위해 무조건 굶는 사람이 있다. →
(가) 하지만 무작정 굶는 것은 잘못된 방법이다. → (나) (그 이
유는) 이 방법은 몸무게를 줄일 수 있지만 뼈 건강에는 해롭기
때문이다. → (라) 따라서 충분한 음식을 골고루 먹으면서 운동
으로 살을 빼야 한다.'로 내용을 구성해야 한다. 따라서 정답은
①번이다.

14. ①

> (나)와 (다) 중 첫 번째 문장을 찾아야 한다. (다)는 '누가'라는 단
어가 있기 때문에 첫 번째 문장으로 올 수 없다. 따라서 (나)가
첫 번째 문장이다.
'(나) 밤늦게 아르바이트를 끝내고 집에 돌아가는 길이었다. →
(가) 그런데 걸을 때마다 뒤에서 이상한 소리가 들렸다. → (다)
누가 따라오는 것 같아 무서운 마음에 더 빨리 뛰었다. → (라)
알고 보니 내 가방의 인형이 부딪치는 소리였다.'로 내용을 구성
해야 한다. 따라서 정답은 ①번이다.

15. ③

> (가)와 (나) 중 첫 번째 문장을 찾아야 한다. (가)는 (나)에서 언
급한 관절염보다 더 구체적인 내용이 있기 때문에 첫 번째 문장
으로 올 수 없다. 따라서 (나)가 첫 번째 문장이다.
'(나) 고양이도 사람처럼 관절염에 걸린다. → (가) 고양이의 관
절염은 걸음걸이로 알 수 있다. → (다) 특히 휴식 후에도 걸음
걸이가 이상하면 관절염을 의심해야 한다. → (라) 이처럼 이상
한 걸음걸이가 계속되면 동물 병원에 가 보는 게 좋다.'로 내용
을 구성해야 한다. 따라서 정답은 ③번이다.

16. ③

> 지폐를 종이로 만든다고 생각하는 사람이 많다. 하지만 지
폐는 종이가 아니라 면섬유로 만들어진다. ⒜종이는 잘 찢어
지고 물에도 잘 젖기 때문에 다시 사용하기 힘들다. ⒝그러나
면섬유는 잘 찢어지지 않고 물에 젖어도 말리면 (사용이 가
능해서) 이 재료로 지폐를 만든다. 그리고 면섬유로 지폐를
만들면 인쇄가 쉽고 많은 사람의 손을 거쳐도 쉽게 훼손되지
않는다.

▶ 종이와 면섬유를 비교하며 지폐가 면섬유로 만들어지는 이유에
대해 설명하고 있다. ⒜종이는 잘 찢어지고 물에도 잘 젖기 때
문에 다시 사용하기 힘들다. ⒝그러나 면섬유는 잘 찢어지지 않
고 물에 젖어도 말리면 다시 사용할 수 있다. 따라서 정답은 ③
번이다.

17. ③

> 세 가지 색깔의 털을 가진 삼색 고양이는 99%가 암컷이다.
아주 드물게 수컷 삼색 고양이가 태어나기도 하는데, ⒝수컷
삼색 고양이가 태어날 확률은 약 3만 분의 1정도이다. 이처럼
수컷 삼색 고양이는 매우 (귀하고 보기 힘들기) 때문에 ⒜이
고양이가 복을 불러온다고 믿는 나라도 있다.

▶ ⒜이 고양이가 복을 불러온다고 믿는 나라가 있는 이유는 ⒝ 수
컷 삼색 고양이가 태어날 확률은 약 3만 분의 1정도로 '귀하고
보기 힘들기' 때문이다. 따라서 정답은 ③번이다.

정답 및 해설

18. ③

> 음식을 만들다가 화상을 입었다면 차가운 물로 화상 부위의 온도를 낮추는 것이 중요하다. 그 후 빨갛게 부으면 화상 연고를 바르는 것이 좋다. 만약 물집이 생기고 진물이 나면 (감염의 우려가 있으므로) Ⓐ손으로 만지지 말고 의사의 진료를 받는 것이 좋다. Ⓑ손으로 상처 부위를 만지면 세균이 들어와 여러 합병증으로 이어질 수 있기 때문이다.

▶ Ⓐ손으로 만지지 말아야 하는 이유는 Ⓑ손으로 상처 부위를 만지면 세균이 들어와 여러 합병증으로 이어질 수 있기 때문이다. 따라서 빈칸의 내용은 손으로 만지면 감염의 우려가 있다는 내용이 들어와야 한다. 따라서 정답은 ③번이다.

19-20

> 사람은 혼자서 살아갈 수 없는 사회적 동물이다. 태어나는 순간부터 부모와 주변 사람들의 도움을 받아야 성장할 수 있다. 그리고 사람은 학교, 회사, 사회에서 한 구성원으로 자신의 역할을 수행해야 한다. 따라서 다른 사람과 조화롭게 살기 위해서는 다른 사람들의 말을 경청하고, 서로 배려하면서 의견을 조율하는 태도가 중요하다. (또한) 책임감 있게 자신의 일을 수행해야 한다.

19. ①

▶ 빈칸 앞에서는 다른 사람과 조화롭게 살기 위한 방법이 나오고, 빈칸 뒤에도 방법에 대한 내용이 나온다. 따라서 부연 설명을 나타내는 '또한'이 자연스러우므로 정답은 ①번이다.

20. ③

▶ '사람은 혼자서 살아갈 수 없는 사회적 동물이다.', '따라서 다른 사람과 조화롭게 살기 위해서는' 여러 방법이 필요하다에 대한 이야기를 하고 있다. 따라서 '사람은 다른 사람들과 조화롭게 살아가야 한다'는 주제가 가장 자연스러우므로 정답은 ③번이다.

21-22

> Ⓓ한국에 미니스커트가 처음 들어온 것은 1960년대 중반이다. 당시 전 세계적으로 유행한 Ⓑ히피 문화의 영향으로 젊은이들 사이에서 Ⓐ장발과 미니스커트는 자유의 상징으로 받아들여졌다. 그런데 Ⓒ이 시기에는 개인의 자유에 대한 정부의 규제가 매우 심했다. 그래서 경찰이 (눈에 불을 켜고) 남자의 장발과 여자의 미니스커트를 단속했다.

21. ②

▶ 이 시기에는 개인의 자유에 대한 규제가 심했다. 따라서 경찰이 매우 적극적으로 장발과 미니스커트에 관심을 가지고 단속했는데 빈칸의 '눈에 불을 켜다'는 '관심을 기울이다'의 의미를 나타내므로 정답은 ②번이다.

22. ④

▶ ① 미니스커트는 규제의 상징이다.
　→ 자유의 상징이다. Ⓐ
② 장발은 히피 문화에 영향을 끼쳤다.
　→ 히피 문화에 영향을 받았다. Ⓑ
③ 1960년대 정부는 개인의 자유를 존중했다.
　→ 개인의 자유에 대한 규제가 심했다. Ⓒ
④ 1960년대 이전 한국에는 미니스커트가 없었다. Ⓓ

23-24

> 나는 입양아다. Ⓓ내가 입양이라는 뜻을 제대로 알기 전부터 부모님은 나에게 내가 입양된 아이라고 이야기해 주셨다. 그래서 입양의 의미를 알게 되었을 때에도 크게 충격을 받지 않았다. 내가 입양되었다는 사실은 내가 한 씨 성을 가진 남자이고, 우리 집 둘째 아들인 것처럼 너무나 당연한 일이었다. Ⓒ우리 동네에서도, 내가 다닌 학교에서도 내가 입양이란 사실을 모두 알 정도였으니까. Ⓐ내가 입양되었다고 해서 가족들에게 미움을 받거나 동정을 받은 것도 아니다. 나는 보통의 아이들과 같이 부모님에게 사랑 받았고 때로는 혼나기도 하며 어린 시절을 보냈다. Ⓑ부모님께서는 혹시 나를 낳아준 부모가 궁금하면 언제라도 찾게 도와주겠다고 하셨지만 나는 그러지 않았다. 나는 그저 한 씨 성을 가진 우리 집 둘째 아들로 충분하기 때문이다.

23. ③

▶ - 내가 입양아라는 것을 알게 되었을 때에도 크게 충격을 받지 않았다.
- 내가 입양되었다는 사실은 너무나 당연한 일이었다.
- 나는 보통의 아이들과 같이 어린 시절을 보냈다.
나는 나를 낳아준 부모를 굳이 찾고 싶지 않다. 나는 지금의 삶에 만족한다. 내가 한 씨 성을 가진 우리 집 둘째 아들로 충분하다고 생각하는 것은 지금 행복하고 만족하기 때문이다. 따라서 정답은 ③번이다.

24. ③

▶ ① 나는 입양아여서 차별을 받으며 자랐다.
　→ 보통의 아이들처럼 평범하게 자랐다. Ⓐ
② 나는 친부모를 찾기 위해 노력하고 있다.
　→ 나는 친부모를 찾지 않았다. Ⓑ
③ 나의 입양 사실을 주변 사람들도 알았다. Ⓒ
④ 부모님은 나의 입양 사실을 숨기려고 했다.
　→ 입양된 사실을 나에게 이야기했다. Ⓓ

25. ③

> 환경 오염 몸살 앓던 쓰레기 소각장, 친환경 체험관으로 탈바꿈

▶ '몸살 앓다'는 '심각하다'는 뜻이고 '탈바꿈'은 '새롭게 바뀐다'는 뜻이다. 따라서 정답은 ③번이다.

26. ④

> 취업난, 구직 경쟁 속 방치되는 청년 건강

▶ '취업난'은 '취업이 어렵다'는 뜻이고, '방치되다'는 '내버려 두다'는 뜻이다. 따라서 정답은 ④번이다.

27. ②

> 인터넷 은행, 잇단 오류에 고객 신뢰 '흔들'

▶ '잇단'은 '계속되다'는 뜻이고, '흔들'은 '흔들리다'는 뜻으로, '움직이다, 충격을 받다'의 뜻으로도 쓰인다. 따라서 정답은 ②번이다.

28. ④

> 여행지에 도착한 첫날, 몸은 피곤한데 잠이 쉽게 오지 않았던 경험이 있을 것이다. 그 이유는 여행지가 낯선 곳이어서 우리의 뇌가 (생존에 유리하지 않은) 곳이라고 인식하기 때문이다. 뇌는 생존에 위협되는 상황에 대비하여 언제든 반응할 수 있도록 최대한 깨어 있으려고 한다. 그래서 여행지처럼 낯선 곳에 가면 깊게 잠이 들지 못하는 것이다.

▶ 빈칸의 내용은 여행지에 도착한 첫날, 뇌가 어떻게 인식하는지에 대한 것이다. 이 글에서는 여행지에 도착한 첫날에 잠이 오지 않는 이유에 대해 설명하며, 뇌가 생존에 위협이 되는 상황에 대비하여 깨어 있으려고 한다고 하였다. 따라서 정답은 ④번이다.

29. ①

> 순수한 우정은 어린 시절에만 존재한다고 말한다. 그러나 어린 시절의 우정은 (재미로 맺어지는) 관계라고 할 수 있다. 그래서 취미가 같지 않거나 서로에게 흥미가 떨어지면 금방 멀어지게 된다. 진정한 의미의 우정은 어른이 된 후에 맺어진다. 생활의 어려움 속에서 함께 견디고 서로를 배려하면서 우정이 싹트게 되는 것이다.

▶ 빈칸의 내용은 어린 시절의 우정에 대한 것이다. 이 글에서는 어린 시절의 우정은 취미가 같지 않거나 서로에게 흥미가 떨어지면 금방 멀어진다고 하였다. 따라서 정답은 ①번이다.

30. ③

> 교통사고가 발생한 것도 아닌데 도로가 꽉 막힐 때가 있다. 이렇게 특별한 원인 없이 교통 체증이 일어나는 현상을 유령 체증이라고 한다. 유령 체증의 원인은 차선 변경으로 인해 자동차들의 속도가 바뀌기 때문이다. 예를 들어 한 운전자가 갑자기 차선을 바꾸게 되면 뒤에 있던 차가 속도를 줄이게 된다. 그러면 그 뒤에 있는 운전자는 앞차가 줄인 속도보다 더 줄이게 되고 (연속적으로 속도가 감소되는) 현상이 발생하면서 교통 체증이 생기는 것이다.

▶ 빈칸의 내용은 교통 체증이 생기는 이유에 대한 것이다. 이 글에서는 유령 체증의 원인을 설명하며 앞에 운전자가 속도를 줄이면 뒤에 있는 운전자는 속도를 더 줄이게 된다고 말하고 있다. 따라서 정답은 ③번이다.

31. ②

> 바다에 사는 말미잘은 무척추동물로 부드러운 몸과 긴 촉수를 가지고 있다. 촉수에는 독성이 있는 가시들이 있는데 이 가시들은 일단 자극을 받으면 상대방을 찌르고 독을 분비해 마비시킨다. 그런데 흰동가리 물고기는 말미잘의 촉수를 무서워하지 않는다. 흰동가리 물고기는 말미잘에게 먹이를 제공해 주고 말미잘은 흰동가리 물고기를 보호해 주면서 (서로에게 필요한 관계를) 이루기 때문이다.

▶ 빈칸의 내용은 흰동가리 물고기와 말미잘의 관계에 대한 것이다. 말미잘은 촉수를 사용해서 자신을 보호하는데 흰동가리 물고기는 이 촉수를 무서워하지 않는다. 왜냐하면 흰동가리 물고기와 말미잘은 서로에게 도움이 되는 관계이기 때문이다. 따라서 정답은 ②번이다.

32. ②

> ⑧소비자가 빈 병을 반환하면 일정 금액을 되돌려 받는 ⓒ빈 용기 보조금 제도 때문에 소매점 상인들의 불만이 높아지고 있다. 소매점에서는 빈 병을 받을 때 병 안의 이물질을 확인해야 하고, ⓓ수거된 병을 일정 시간 동안 보관해야 하는 번거로움이 크기 때문이다. 따라서 제조사는 이러한 문제점을 해결하기 위해 시스템을 개선해야 한다. 또한 ⓐ소비자가 언제 어디서든 편하게 빈 병을 반환할 수 있도록 기계를 설치하는 것도 도움이 될 것이다.

▶ ① 소매점마다 빈 병 반환 기계가 설치되어 있다.
　　→ 빈 병 반환 기계 수가 부족한 문제점을 해결해야 한다. ⓐ
② 소비자가 빈 병을 반환하면 돈을 받을 수 있다. ⑧
③ 소매점 상인들은 이 제도를 긍정적으로 평가한다.
　　→ 소매점 상인들은 이 제도에 대해 불만이 많다. ⓒ
④ 제조사는 소매점에 보관된 빈 병을 매일 수거한다.
　　→ 소매점은 제조사에서 빈 병을 수거하기 전에 일정 기간 동안 보관해야 한다. ⓓ

33. ④

공원 속의 평범한 벤치들과는 달리 자연 친화적인 모습으로 디자인한 벤치가 있다. ⑧나무 대신 잔디와 비슷한 소재로 벤치를 만들었고, 벤치의 모양은 산의 굴곡진 형태와 비슷하다. 이 벤치에 누워 있으면 마치 산에 누워 있는 듯한 기분을 느낄 수 있다. 또한 ©인체공학적인 디자인으로 설계되어 사람들에게 편안한 느낌도 준다. ④이러한 디자인은 그 도시의 정체성을 보여준다는 점에서도 의의를 가진다.

▶ ① 자연을 보호하기 위해 친환경적인 벤치를 만들었다.
　→ (내용에서 확인할 수 없다.)
② 모든 도시에서 똑같은 형태의 디자인을 볼 수 있다.
　→ 도시의 정체성을 보여주기 때문에 도시마다 디자인이 같지 않다. ④
③ 나무로 벤치를 만들면 산에 누워 있는 느낌을 줄 수 있다.
　→ 벤치는 잔디와 비슷한 소재로 만들었고, 벤치 모양이 산의 굴곡진 형태를 가지고 있기 때문에 산에 누워 있는 느낌을 준다. ⑧
④ 사람의 신체 구조를 잘 파악해 만든 벤치는 편안함을 준다. ©

34. ③

홍합은 파도가 거센 바다의 바위에서도 떨어지지 않고 잘 붙어 있다. 바로 홍합의 '족사'라는 부분에 접착 단백질이 있기 때문이다. ④이 단백질은 무독성이고 감염의 우려가 없어서 천연 접착제로도 사용할 수 있다. ©홍합에서 이 단백질을 추출하여 접착력을 더 강하게 만든다면 의료용 접착제로도 활용할 수 있다. 이처럼 ⑧생명체가 가지고 있는 물질, 기능 등을 연구해 모방하는 기술은 다양한 분야에서 활용되고 있다.

▶ ① 생명체는 인간이 가진 기능을 모방하며 생존한다.
　→ (내용에서 확인할 수 없다.)
② 홍합의 접착 단백질은 감염력은 약하지만 독성이 있다.
　→ 독성이 없고 감염력이 약하다. ④
③ 생명체의 특성을 모방하는 기술이 인류의 생활에 적용되고 있다. ⑧
④ 홍합의 접착 단백질은 가공 과정 없이 의료용 접착제로 쓸 수 있다.
　→ 추출 후 접착력을 더 강하게 만드는 과정을 거쳐야 의료용 접착제로 쓸 수 있다. ©

35. ④

한국에서는 다리를 떨면 복이 나간다고 하여 다리를 떠는 사람을 보는 시선이 곱지 않다. 그러나 최근 연구에 따르면 다리 떨기는 집중력 향상과 긴장 완화에 도움이 되는 것으로 나타났다. 또한 다리 떨기는 다리와 허벅지의 근육 이완과 혈액 순환 개선에도 도움이 된다고 한다. 앉아 있을 때 다리를 떨면 그렇지 않은 사람보다 더 많은 칼로리를 소모한다는 연구 결과도 있다.

▶ 이 글은 다리 떨기의 효과에 대해 말하고 있다. '다리 떨기는 집중력 향상과 긴장 완화에 도움이 되는 것으로 나타났다.'는 내용과 '다리와 허벅지의 근육 이완과 혈액 순환 개선에도 도움이 된다고 한다.'를 통해 다리 떨기가 신체적, 정신적으로 도움이 되는 행동임을 알 수 있다. 따라서 정답은 ④번이다.

36. ④

시야 확보가 어려운 밤은 낮보다 교통사고 발생 비율이 높다. 이러한 문제를 해결하기 위해 최근 호주에서는 야광 차선을 도입했다. 이 야광 차선은 가로등이 없어도 밤이 되면 빛이 나서 운전자들이 차선을 쉽게 확인할 수 있다. 이 기술은 현재 시범 사업 단계에 있으나 안정화 단계에 들어 상용화된다면, 야간 교통사고 방지에 큰 도움이 될 것이다.

▶ 이 글은 야광 차선에 대해 말하고 있다. '야광 차선은 가로등이 없어도 밤이 되면 빛이 나서 운전자들이 차선을 쉽게 확인할 수 있다.'는 내용과 '이 기술은 현재 시범 사업 단계에 있으나 안정화 단계에 들어 상용화된다면, 야간 교통사고 방지에 큰 도움이 될 것이다.'를 통해 야광 차선이 야간 교통사고 방지에 도움이 될 것을 알 수 있다. 따라서 정답은 ④번이다.

37. ②

웰다잉은 좁게는 무의미한 연명 의료를 중단하는 것을 의미하고, 넓게는 일상에서 죽음에 대해 성찰하고 준비하는 것을 의미한다. 웰다잉은 스스로 죽음을 준비함으로써 현재를 더 소중히 살 수 있다는 점에서 의미가 있다. 웰다잉의 방법으로는 정신적인 측면에서 인간관계를 정리하고 죽음을 준비하는 것이 있으며, 행동적인 측면에서 의식이 있을 때 죽음을 생각하며 생애 말기 계획을 직접 세우는 것 등이 있다.

▶ 이 글은 웰다잉에 대해 말하고 있다. '웰다잉은 스스로 죽음을 준비함으로써 현재를 더 소중히 살 수 있다는 점에서 의미가 있다.'는 내용을 통해 죽음을 준비를 통해 현재를 더 잘 살 수 있다는 것을 알 수 있다. 따라서 정답은 ②번이다.

38. ②

> 시계가 없었을 때 사람들은 해가 뜨면 일어나서 일을 하고 해가 지면 잠을 잤다. 그러나 1340년대 말 오늘날과 같은 형태의 시계가 발명된 후에 사람들은 시계를 보고 정확한 시간을 알 수 있게 되었다. 그 덕분에 사람들은 약속 시간이나 업무 시간을 효율적으로 관리할 수 있었다. 하지만 현대인들은 시계가 가리키는 시간에 맞춰 일어나고 밤늦게까지 일을 하게 되었다. 그리고 정해진 시간에 맞추어 휴식을 취하기 때문에 예전만큼 여유롭게 생활하기 힘들어졌다.

▶ 이 글은 시계가 발명된 이후 나타난 상황에 대해 말하고 있다. 시계 덕분에 좋은 점도 있지만, '현대인들은 시계가 가리키는 시간에 맞춰 일어나고 밤늦게까지 일을 하게 되었다.', '그리고 정해진 시간에 맞추어 휴식을 취하기 때문에 예전만큼 여유롭게 생활하기 힘들어졌다'를 통해 시계 발명이 좋지 않은 점도 있음을 알 수 있다. 따라서 답은 ②번이다.

39. ②

> 그리고 넘어져서 상처가 난 경우에는 깨끗한 물로 상처 부위를 씻어서 잘 말려야 한다.

> 여러 상황에서 부상을 입었을 때 간단하게 조치할 수 있는 대처 방안이 있다. (㉠) 먼저 뜨거운 물에 데어 화상을 입은 경우에는 차가운 물수건을 화상 부위에 올려두어야 한다. (㉡) 이러한 안전 수칙을 잘 기억하면 간단한 부상에 대처할 수 있다. (㉢) 그러나 혹시라도 큰 부상으로 이어지게 될 경우에는 즉시 병원을 방문해야 한다. (㉣)

▶ ㉡ 앞의 문장에서는 화상을 입은 경우에 대처할 수 있는 방법에 대한 내용이 나온다. 주어진 문장의 접속사 '그리고'를 통해 ㉡에는 넘어져서 상처가 난 경우에 대처할 수 있는 방법을 설명하는 것이 자연스럽다. 따라서 정답은 ②번이다.

40. ②

> 그렇게 되면 간에 과당이 쌓이게 되고 결국 지방간이 생기게 된다.

> 설탕은 포도당과 과당으로 이루어져 있다. 포도당은 우리 몸에 흡수가 되지만 과당은 흡수되지 않고 바로 간으로 이동한다. (㉠) 따라서 설탕을 많이 섭취하면 간이 모든 과당을 처리하지 못하게 된다. (㉡) 지방간은 대부분 비만, 당뇨병 등과 함께 발생하기 때문에 위험하다. (㉢) 그러므로 지방간을 예방하기 위하여 설탕을 적당량만 섭취하는 것이 좋다. (㉣)

▶ ㉡ 앞의 문장에는 설탕을 많이 섭취하면 간이 모든 과당을 처리하지 못하게 된다고 이야기하고 있다. 그리고 ㉡ 뒤의 문장에서는 지방간이 발생하면 위험한 이유에 대해 이야기하고 있다. 주어진 문장의 접속사 '그렇게 되면'과 단어 '지방간'을 통해 해당 문장이 들어가기 자연스러운 곳은 ㉡임을 알 수 있다. 따라서 정답은 ②번이다.

41. ④

> 우리는 풍속화를 통해서 조선 시대의 경제나 문화를 파악할 수 있고 소중한 가치도 발견할 수 있다.

> 조선 시대의 풍속화는 그 가치가 낮은 것으로 인식되었다. (㉠) 풍속화 대신에 자연 풍경을 그리는 산수화를 높게 평가하는 사람이 많았다. (㉡) 그리고 격식을 따지는 사대부들은 품격을 중요하게 생각하여 사람들의 삶의 모습을 그리는 풍속화를 천하게 여기기도 하였다. (㉢) 그러나 풍속화는 당대 사람들의 모습이 담겨 있어서 역사적으로 가치가 있다. (㉣)

▶ ㉣ 앞의 문장에서는 풍속화가 당대 사람들의 모습이 담겨 있어서 역사적으로 가치가 있다고 이야기하고 있다. 따라서 ㉣에는 풍속화의 가치에 대한 이야기가 와야 한다. 따라서 정답은 ④번이다.

42-43

> 그는 또 어항을 들여다본다. ⓒ그는 음악가가 될 수도 있었다. 그는 뛰어난 학자가 될 수도 있었다. 그는 국경을 변화시키는 외교가가 될 수도 있었다……. ⓓ그렇지만 진실을 말하면 그는 그 어느 것도 애호하지 않으며 그 어느 것도 진지하게 되고 싶지 않다. 그것들은 애호하기에는, 욕구하기에는 너무 거추장스럽다. 어떤 종류의 가상적인 삶도 그를 위로해 주지 않는다. 어떤 종류의 삶도 그의 자장가가 되어 주지 않는다. 그는 오랫동안 어항 옆에 앉아 있다.
> 주말이 되고 그는 누이의 식구들과 고기 뷔페에 가서 외식을 한다. 그의 매부는 고학력의 처남 앞에서 세태 얘기를, 정치 얘기를 해야 한다고 생각한다. 전날이나 전전날쯤 하루 종일 점포에서 들은 라디오 프로, 저녁나절 텔레비전 뉴스에서 들은 것을 반복하며 질문을 던지고 ⓑ아나운서만큼 흥분하며, 아나운서만큼 실망하며, 아나운서만큼 감격한다. ⓐ조카는 졸고 누이는 고기를 뒤집느라 여념이 없고 그는 고기를 씹으며 아스라한 원시 시대의 소식을 듣듯이 매부의 얘기를 듣는다.

42. ④

> ‒ 그는 그 어떤 것도 좋아하지 않고 진지하게 되고 싶지 않다.
> ‒ 어떤 종류의 삶도 그를 위로해 주지 않는다.

- 그는 오랫동안 어항 옆에 앉아 있다. (특별히 무엇을 하지 않고)

그는 특별히 좋아하는 것이 없다. 그는 고기를 먹으면서 아주 먼 옛날의 이야기를 듣는 것처럼 매부의 이야기를 듣고 있다. 이럴 때 느끼는 감정은 무관심이 자연스럽다. 따라서 정답은 ④번이다.

43. ④

▶ ① 누나 부부는 아직 아이가 없다.
   → 조카 즉, 누나 부부의 아이가 있다. Ⓐ
② 매부는 라디오 프로그램의 아나운서다.
   → 아나운서처럼 이야기한다. Ⓑ
③ 그는 고학력으로 여러 직업을 가지고 있다.
   → 여러 직업을 가질 수도 있었지만 그러지 않았다. Ⓒ
④ 그는 특별히 좋아하거나 하고 싶은 일이 없다. Ⓓ

44-45

우리는 일상생활에서 중요한 일을 앞두고 스스로 불리한 조건을 만드는 경우를 볼 수 있다. 심리학에서는 이것을 스스로 핸디캡을 준다는 의미로 '자기 불구화'라고 부른다. 자기불구화는 자신이 평가 대상이 되거나 거기에서 좋은 평가를 받을 수 없을 때 자신에게 불리한 조건을 만들어 내어 다른 사람에게 주장하는 것을 말한다. 예를 들어 중요한 시험 전날 공부를 했음에도 불구하고 주변 사람들에게 아팠다거나 드라마를 봤다는 등의 핑계를 대서 자신을 방어하는 것이다. 사람들은 자기 불구화를 사용하여 일을 잘 못 해도 자신에게 유리한 평가를 이끌어 낸다. 반대로 (불리한 조건에도 불구하고) 운이 좋게 일을 잘 해내면 뛰어난 능력으로 성공한 사람으로 평가받을 수 있기 때문에 자기 불구화를 사용한다. 그러나 연구 결과를 보면 자기 불구화를 사용하는 사람은 다른 사람들에게 핑계를 대는 사람으로 낙인찍힐 수 있기 때문에 지양하는 것이 좋다.

44. ③

▶ 자기 불구화는 자신에게 불리한 조건을 만들어 내어 다른 사람에게 주장하며, 좋은 평가를 받는 것을 말한다. 불리한 조건에도 불구하고 운이 좋게 일을 잘 해내면 뛰어난 사람으로 평가를 받을 수 있기 때문에 자기 불구화를 사용하는 것이다. 따라서 정답은 ③번이다.

45. ④

▶ 이 글은 '연구 결과를 보면 자기 불구화를 사용하는 사람은 다른 사람들에게 핑계를 대는 사람으로 낙인찍힐 수 있기 때문에 지양하는 것이 좋다.'를 통해 자기 불구화를 사용하면 다른 사람에게 부정적으로 인식될 수 있음을 말하고 있다. 따라서 정답은 ④번이다.

46-47

조미료는 우리 일상생활에서 없어서는 안 될 향신료이다. 예전에는 조미료가 무조건 건강에 좋지 않다는 인식이 강했지만 사실 이런 견해에는 과학적인 근거가 없다. 세계 각국의 식품 연구 부서에서 식품 첨가제로서의 조미료의 안정성을 연구한 결과, Ⓐ조미료를 구성하는 글루타민산과 나트륨은 식품 첨가제로 안전하다는 것이 밝혀졌다. Ⓓ글루타민산은 몸에 들어가면 단백질을 만드는 원료가 되고 남은 것은 에너지원으로 쓰인다. 그리고 나트륨은 소금에 포함된 나트륨양의 약 3분의 1수준밖에 되지 않기 때문에 Ⓒ오히려 소금보다 조미료를 사용하면 나트륨 섭취를 줄일 수 있다. 또한 Ⓑ적은 양으로도 음식의 감칠맛을 살릴 수 있기 때문에 조미료는 요리에서 중요한 역할을 담당하고 있다.

46. ④

▶ 이 글은 조미료가 사람들에게 건강에 좋지 않다는 인식이 강했지만, 그렇지 않다는 연구 결과를 설명하고 있다. '조미료의 안정성을 연구한 결과, 조미료를 구성하는 글루타민산과 나트륨은 식품 첨가제로 안전하다는 것이 밝혀졌다.'고 설명하며, 조미료가 인체에 무해하다는 것을 연구 결과를 통해 강조하고 있다. 따라서 정답은 ④번이다.

47. ①

▶ ① 조미료에는 글루타민산과 나트륨 성분이 포함된다. Ⓐ
② 음식에 감칠맛을 내기 위해서는 조미료를 많이 넣어야 한다.
   → 적은 양의 조미료로도 음식의 감칠맛을 낼 수 있다. Ⓑ
③ 조미료보다 소금을 사용하면 나트륨 섭취 양을 줄일 수 있다.
   → 소금보다 조미료를 사용하면 나트륨 섭취를 줄일 수 있다. Ⓒ
④ 나트륨은 단백질을 만드는 원료이가 때문에 식품첨가제로 안전하다.
   → 단백질을 만드는 원료는 글루타민산이다. Ⓓ

48-50

미국의 한 교수가 사람들이 가짜 뉴스를 믿는 이유는 사회적 폭포 효과와 집단 극단화 현상 때문이라고 하였다. 사회적 폭포 효과란 ⒜앞선 사람이 하는 말이나 행동을 보고 따라 하는 것이고, 집단 극단화는 같은 생각을 하는 사람들끼리 정보 교류를 통해 더욱 극단적인 견해를 갖는 것을 의미한다. 가짜 뉴스는 이런 방식으로 (집단 동질성을 강화하는) 데에 사용된다. 그래서 사람들은 집단 속에 동화되기 위하여 ⒞자신이 믿는 것과 반대되는 정보들에 대해서는 굳이 찾으려고 노력하지 않고 받아들이려고 하지 않는다. 이러한 이유로 가짜 뉴스를 믿는 사람들이 많아지면서 사회에 미치는 악영향도 커지고 있다. ⒝가짜 뉴스를 제작한 사람 또는 배포한 사람에 대한 처벌이 논의되기도 하였으나 어떤 기준으로 가짜 뉴스를 결정할 것인지, 이러한 결정이 표현의 자유를 침해하지 않는지 등에 대한 문제점으로 처벌이 시행되지 못하고 있다. 따라서 우리는 여러 뉴스를 접하며 진짜 정보가 무엇인지 판별하는 능력을 길러야 하며, 미디어 기업들이 정보의 출처를 정확하게 밝히고 가짜 뉴스가 확산되지 않도록 노력해야 할 것이다.

48. ②

▶ 이 글의 목적은 우리는 여러 뉴스를 접하며 진짜 정보가 무엇인지 판별하는 능력을 길러야 하며, 미디어 기업들이 정보의 출처를 정확하게 밝히고 가짜 뉴스가 확산되지 않도록 노력해야 할 것을 당부하기 위해서이다. 따라서 정답은 ②번이다.

49. ③

▶ '같은 생각을 하는 사람들끼리 정보 교류를 통해 더욱 극단적인 견해를 갖는 것', '그래서 사람들은 집단 속에 동화되기 위하여 자신이 믿는 것과 반대되는 정보들에 대해서는 굳이 찾으려고 노력하지 않고 받아들이려고 하지 않는다.'이라는 내용을 통해 가짜 뉴스는 집단 동질성을 강화하는 데 사용된다. 따라서 정답은 ③번이다.

50. ②

▶ ① 앞선 사람의 행동을 따라하는 것을 집단 극단화라고 한다.
  → 앞선 사람이 하는 말이나 행동을 보고 따라하는 것은 사회적 폭포 효과이다. ⒜
② 현재 가짜 뉴스를 만든 사람들에 대해 처벌이 이루어지지 않는다.
  → 처벌이 논의되었으나 여러 문제점으로 처벌이 시행되지 못하고 있다. ⒝
③ 정보의 출처를 밝히지 않은 기업이 많아 가짜 뉴스가 확산되었다.
  → (내용에서 확인할 수 없다.)
④ 가짜 뉴스를 믿는 사람들은 자신의 정보와 반대되는 것을 찾아본다.
  → 자신이 믿는 것과 반대되는 정보들에 대해서는 굳이 찾으려고 노력하지 않는다. ⒞

실전 모의고사 5회

 1교시 (듣기)   p.253

1	2	3	4	5	6	7	8	9	10
④	①	①	③	④	④	②	④	④	②
11	12	13	14	15	16	17	18	19	20
①	④	③	②	③	②	③	③	②	①
21	22	23	24	25	26	27	28	29	30
③	③	②	②	④	④	②	③	②	①
31	32	33	34	35	36	37	38	39	40
④	①	①	③	③	③	③	②	①	④
41	42	43	44	45	46	47	48	49	50
②	④	③	③	④	②	②	②	①	①

1. ④

남자: 실례지만 한국 공원에 가려면 여기에서 20번 버스를 타면 되나요?
여자: 한국 공원요? 한국 공원은 여기가 아니라 맞은편 정류장에서 타야 돼요.
남자: 아, 감사합니다.

▶ 남자는 여자에게 한국 공원에 가는 버스 타는 곳을 문의하고 있는 상황이다. 따라서 정답은 ④번이다.

2. ①

남자: 먼저 허리를 숙여 봐.
여자: 응. 그 다음에는 어떻게 해?
남자: 공을 끝까지 보면서 쳐 봐.

▶ 남자는 여자에게 골프를 치는 자세를 알려주고 있다. 여자는 아직 공을 치지 않았으므로 정답은 ①번이다.

3. ①

남자: 2010년 이후 한국으로 유학 온 학생 수가 계속해서 증가하고 있습니다. 2019년 코로나 바이러스의 영향으로 약간의 하락세가 있었지만 2020년에는 다시 증가하는 모습을 보이고 있습니다. K-pop(케이팝)과 한국 드라마의 영향으로 한국에 유학을 오는 학생들의 수가 꾸준히 증가할 것으로 예상됩니다.

▶ 2010년 이후로 국내 유학생 수가 증가하다가 2019년에 감소하고, 2020년에는 다시 증가하는 그래프는 ①번이다.

정답 및 해설

4. ③

> 여자: 다리가 왜 그래? 어디 아파?
> 남자: 어제 농구를 하다가 무릎을 좀 다쳤어.
> 여자: 오늘 꼭 병원에 가 봐.

▶ 여자는 남자에게 다리가 아프냐고 물어보고 있다. 남자는 농구를 하다가 무릎을 다쳤다고 말했다. 이에 대해 오늘 병원에 가 보라고 말하는 것이 자연스러우므로 정답은 ③번이다.

5. ④

> 남자: 잠시만요. 음료는 안에 가지고 들어가실 수 없습니다.
> 여자: 그럼 어디에 두면 돼요?
> 남자: 여기 음료 보관함에 두시면 됩니다.

▶ 남자는 여자에게 음료를 안에 가지고 들어갈 수 없다고 말하고 있다. 이에 대해 여자는 음료를 어디에 보관하면 되는지 물어보는 상황이다. 음료를 보관함에 둘 수 있다고 말하는 것이 자연스러우므로 정답은 ④번이다.

6. ④

> 남자: 신제품 디자인에 관한 설문 조사 결과가 아직 안 와서 연락드렸어요.
> 여자: 그래요? 그거 어제 오후에 이메일로 보내드렸는데요.
> 남자: 이메일 주소가 정확한지 확인해 주세요.

▶ 남자는 이메일이 오지 않은 것에 대해 여자에게 문의했다. 그러나 여자는 어제 이미 이메일을 보냈다고 대답했다. 이에 대해 이메일이 오지 않은 이유를 확인해 달라고 말하는 것이 자연스러우므로 정답은 ④번이 자연스럽다.

7. ②

> 남자: 꽃바구니를 주문하려고 하는데요.
> 여자: 어떤 스타일로 만들어 드릴까요?
> 남자: 밝은 색깔의 꽃들로 만들어 주세요.

▶ 남자는 꽃바구니를 주문하려고 여자에게 전화를 했다. 여자는 어떤 스타일로 만들고 싶은지 물어보고 있다. 따라서 밝은 색깔의 꽃들로 만들어진 꽃바구니를 요청하는 ②번이 자연스럽다.

8. ④

> 여자: 김 대리님, 내일 발표 자료 준비는 다 하셨어요?
> 남자: 네. 한번 봐 주시겠어요? 제가 볼 땐 그래프가 좀 복잡한 것 같아요.
> 여자: 그래프를 좀 더 단순하게 바꿔 보세요.

▶ 여자는 남자에게 발표 준비를 다 했는지 물어보고 있다. 이에 대해 남자는 여자에게 그래프가 복잡한 것 같으니 한번 봐 달라고 요청하고 있다. 남자의 발표 자료를 보고 그래프를 좀 더 단순하게 바꿔 보라고 피드백을 해 주는 것이 자연스러우므로 정답은 ④번이다.

9. ④

> 여자: 그 헬멧은 뭐예요?
> 남자: 요즘 차를 안 가지고 다녀요. 자전거를 타고 출근하거든요.
> 여자: 저도 건강에 관심이 많은데 자전거를 사 볼까요?
> 남자: 일단 제 자전거를 한번 타 보고 다른 자전거와 비교해 보세요.

▶ 여자가 자전거를 사려고 하자 남자는 먼저 "제 자전거를 한번 타 보고 다른 자전거와 비교해 보세요."라고 이야기했다. 따라서 ④번이 정답이다.

10. ②

> 남자: 선배님, 회의실 컴퓨터가 또 안 돼요. 곧 회의 시작할 텐데……
> 여자: 지난번에 수리 신청 안 했나요?
> 남자: 사무실에 수리 신청은 했는데 아직 안 고쳤나 봐요.
> 여자: 그럼 오늘은 옆 부서에서 노트북을 빌려 오세요.

▶ 회의실 컴퓨터가 고장난 상황에서 여자는 남자에게 "옆 부서에서 노트북을 빌려 오세요."라고 했다. 따라서 정답은 ②번이다.

11. ①

> 여자: 어서 오세요. 어떻게 오셨어요?
> 남자: 어제부터 소화가 잘 안 돼서요.
> 여자: 그럼 이 소화제를 드셔 보세요. 그래도 소화가 안 되면 병원에 한번 가 보세요.
> 남자: 네. 그럼 약 먼저 먹어 볼게요.

▶ 남자는 소화가 안 돼서 약국을 방문한 상황이다. 남자가 "약 먼저 먹어 볼게요."라고 말했으므로 정답은 ①번이다.

12. ④

> 남자: 케이크를 좀 주문하려고 하는데요. 제가 원하는 모양으로 만들 수 있을까요?
> 여자: 네. 가능하세요. 참고할만한 사진이나 그림을 보내 주시면 디자인을 해서 다시 연락드릴게요.
> 남자: 그럼 제가 원하는 모양과 비슷한 케이크 사진을 찾아서 문자 메시지로 보내 드릴게요.
> 여자: 네. 감사합니다.

▶ 남자는 케이크를 주문하고 있다. 여자가 케이크 디자인에 참고할만한 사진이나 그림을 보내 달라고 하자 남자는 "제가 원하는

70

모양과 비슷한 케이크 사진을 찾아서 문자 메시지로 보내 드릴 게요."라고 대답했다. 따라서 정답은 ④번이다.

13. ③

남자: 선배, Ⓐ저 아무래도 동아리 활동을 그만둬야 할 것 같아요.
여자: 아니, 왜? Ⓑ난 너랑 같이 동아리 활동해서 좋았는데…….
남자: 동아리 활동을 하느라 Ⓒ성적이 떨어져서요.
여자: 그럼 동아리 활동 시간을 좀 줄이고 공부 시간을 늘리는 건 어때?

▶ ① 여자는 동아리 활동 때문에 바쁘다.
　　→ (내용에서 확인할 수 없다.)
② 여자는 동아리 활동을 그만둘 것이다.
　　→ 남자는 동아리 활동을 그만두려고 한다. Ⓐ
③ 여자와 남자는 같은 동아리 회원이다. Ⓑ
④ 남자는 이번 시험에서 성적을 잘 받았다.
　　→ 성적이 떨어졌다. Ⓒ

14. ②

남자: 주민 여러분, 안내 말씀 드리겠습니다. 저희 아파트 주차장 공사를 위해서 주민 여러분의 협조를 부탁드립니다. ⒶⒷ이번 주 월요일부터 수요일까지 아파트 지하 주차장을 공사할 예정입니다. Ⓒ공사를 하는 동안에는 지하 주차장을 이용하실 수 없습니다. 주민 여러분께서는 불편하시겠지만 1층 주차장이나 Ⓓ아파트 근처에 주차를 해 주시기 바랍니다. 감사합니다.

▶ ① 이틀 동안 지하 주차장을 공사한다.
　　→ 월요일부터 수요일까지 삼일 동안 공사한다. Ⓐ
② 지하 주차장 공사는 월요일에 시작한다. Ⓑ
③ 주말에는 지하 주차장을 이용할 수 없다.
　　→ 공사하는 동안(월요일부터 수요일까지)에만 지하 주차장을 이용할 수 없다. Ⓒ
④ 공사하는 동안 아파트 근처에 주차할 수 없다.
　　→ 공사하는 동안 아파트 근처에 주차할 수 있다. Ⓓ

15. ③

남자: 가을 단풍이 한창 물든 주왕산에서는 Ⓑ오는 16일 일요일에 Ⓓ제1회 가을밤 음악회를 개최한다고 합니다. 이번 행사에서는 Ⓒ한국에서 유명한 하모니 오케스트라가 참여하며 가을을 주제로 한 다양한 클래식 음악을 감상하실 수 있습니다. Ⓐ주왕산을 찾는 사람은 누구나 무료로 관람하실 수 있습니다. 사랑하는 연인, 가족, 친구들과 함께 가을밤 클래식의 감동에 빠져 보시는 건 어떨까요?

▶ ① 지역 주민만 관람할 수 있다.
　　→ 주왕산을 찾는 사람은 누구나 관람할 수 있다. Ⓐ
② 행사는 지난 16일에 개최되었다.
　　→ 다가오는 16일에 개최할 예정이다. Ⓑ
③ 한국에서 유명한 오케스트라가 공연한다. Ⓒ
④ 해마다 주왕산에서 가을밤 음악회를 개최했다.
　　→ 첫 번째로 개최되는 음악회이다. Ⓓ

16. ②

여자: 화장은 지우는 게 중요하지만 과한 세안은 오히려 피부에 독이 될 수도 있다고 하던데 정말 그런가요?
남자: 네. 그렇습니다. Ⓐ많은 사람들이 화장을 지우는 클렌징에 시간을 많이 들일수록 좋다고 생각하기 쉽지만 Ⓑ과한 클렌징은 오히려 피부에 부담을 줍니다. 또한 화장을 지우기 위해 얼굴을 세게 문지르거나 Ⓒ여러 번 세안을 하는 것 역시 피부를 예민하고 건조하게 만들 수 있죠. 과도하게 피부를 닦는 것은 우리 피부에 꼭 필요한 유수분과 피부 보호막까지 망가뜨려 피부를 자극할 수 있기 때문입니다. Ⓓ평소 건조하고 예민한 피부를 가진 사람은 피부에 자극을 줄 수 있는 이런 행동은 최대한 줄이는 것이 좋습니다.

▶ ① 클렌징에 시간을 많이 들일수록 피부에 좋다.
　　→ 과한 세안은 피부에 부담을 준다. Ⓐ
② 클렌징을 과하게 하면 피부에 부담이 될 수 있다. Ⓑ
③ 피부가 예민한 사람들은 여러 번 세안을 해야 한다.
　　→ 피부가 예민한 사람은 여러 번 세안하는 것을 피해야 한다. Ⓒ, Ⓓ
④ 건조한 피부를 가진 사람은 클렌징을 하면 안 된다.
　　→ 피부에 자극을 주는 행동을 줄여야 한다. Ⓓ

17. ③

남자: 1박 2일 여행인데 옷을 그렇게 많이 챙겨요? 금방 갔다 올 건데요.
여자: 그래도 우리가 결혼하고 5년 만에 가는 여행인데 예쁜 옷을 입고 사진 찍으면 좋잖아요.
남자: 그래도 옷이 많으면 짐이 무거워지잖아요. 꼭 필요한 옷만 가져가고 여기 원피스랑 정장 같은 건 빼는 게 어때요?

▶ 남자는 여자에게 "꼭 필요한 옷만 가져가고 여기 원피스랑 정장 같은 건 빼는 게 어때요?"라고 말하고 있다. 따라서 정답은 ③번이다.

정답 및 해설

18. ③

> 여자: 가족 여행이 다음 주라고 했지? 부모님이 정말 좋아하
> 시겠다.
> 남자: 응. 그런데 그거 좀 연기할까 봐. 회사에서 지금 중요한
> 프로젝트를 하고 있거든.
> 여자: 그래? 그런데 휴가는 이미 예전에 신청해 둔 거잖아. 그
> 건 당연한 권리인 것 같은데…….
> 남자: 맞아. 그런데 나는 회사에서 무조건 내 권리만 주장할
> 수는 없다고 생각해. 같이 일하는 사람들도 생각해야
> 하니까.

▶ 남자는 자신의 권리도 중요하지만 회사에서는 같이 일하는 사
람들도 생각해야 한다고 이야기하였으므로 정답은 ③번이다.

19. ②

> 여자: 아니, 자기가 주문을 잘못했는데 왜 후기를 이렇게 썼
> 지?
> 남자: 어디 봐. 손님이 주문을 잘못한 건 맞는데 가게도 메뉴
> 설명을 헷갈리게 적어 놨네.
> 여자: 이렇게 안 좋은 후기를 남기면 장사하는 사람들에게는
> 얼마나 치명적인데. 괜히 가게에 화풀이하는 느낌이야.
> 남자: 글쎄……. 무조건 손님 탓만은 아닌 것 같은데. 손님이
> 헷갈리게 메뉴를 올려둔 가게에도 책임이 있다고 봐.

▶ 남자는 손님이 헷갈리게 메뉴를 올려둔 가게에도 책임이 있다
고 말했다. 따라서 정답은 ②번이다.

20. ②

> 여자: 대규모의 축제를 기획할 때는 어떤 부분에 신경을 많이
> 써야 하나요?
> 남자: 축제 규모가 클수록 사람들이 많이 모이게 되고 다칠 위
> 험도 높아집니다. 그래서 대규모 축제에서는 무엇보다
> 안전이 중요한데요. 축제에 배치되는 안전 요원의 수는
> 충분한지, 축제 무대는 튼튼한지, 관객들이 다칠 위험이
> 있는 곳은 없는지 등을 미리 확인해야 합니다.

▶ 남자는 여자에게 "대규모 축제에서는 무엇보다 안전이 중요한
데요."라고 말하고 있다. 따라서 정답은 ②번이다.

21-22

> 남자: 과장님, ⓒ지난주에 우리 지역에 홍수가 나서 피해를 입
> 은 것과 관련해서 우리 회사에서도 도움을 주는 것이
> 좋겠다는 의견이 있었습니다.
> 여자: 좋은 의견이네요. 그럼 회사 차원에서 수해 지역에 어떤
> 도움을 줄 수 있을지도 이야기해 봤나요?
> 남자: 네. 직접 수해 지역에 가서 무너진 집을 함께 수리하거
> 나 ⑧피해 가정들을 위해서 무료 급식을 하자는 의견이
> 있었습니다.
> 여자: 글쎄요, 근무 시간에 직원들이 ⓓ직접 가서 도와주는
> 건 현실적으로 어려울 것 같아요. 직원들이 집을 수리하
> 는 방법도 잘 모를 테고요. Ⓐ회사에서 자선 음악회를
> 주최해서 모은 돈으로 수해 지역에 기부를 하거나 구호
> 품을 사서 보내주는 게 좋을 것 같은데요.

21. ③

▶ 여자는 "직접 가서 도와주는 건 현실적으로 어려울 것 같아요.",
"회사에서 자선 음악회를 주최해서 모은 돈으로 수해 지역에 기
부를 하거나 구호품을 사서 보내주는 게 좋을 것 같은데요."라
고 말하고 있다. 따라서 정답은 ③번이다.

22. ③

▶ ① 여자는 자선 음악회에 ~~참석하여 기부했다.~~
   → 자선 음악회에서 돈을 모을 것을 제안하고 있다. Ⓐ
② 남자는 수해 지역에 ~~직접 가서 급식 봉사를 했다.~~
   → 급식 봉사의 의견을 제안하고 있다. ⑧
③ 지난주에 이 회사가 있는 지역에 홍수 피해가 있었다. ⓒ
④ 이 회사는 직원들이 함께 가서 무너진 집을 ~~수리할 것이다.~~
   → 직접 무너진 집을 수리하는 것은 현실적으로 어렵다. ⓓ

23-24

> 여자: 안녕하세요? ⓓ사물놀이 체험 관련해서 문의 좀 하려고
> 요. 학생들이 외국인들인데 체험관에 외국인도 많이 오
> 나요?
> 남자: 네. 안녕하세요. ⓒ저희 체험관에 외국인들도 많이 옵니
> 다. 장구, 꽹과리, 북 이런 거 치면서 굉장히 즐거워하고
> 재미있어해요.
> 여자: 내용이 좀 어렵지는 않나요? 학생들이 이해할 수 있을
> 지 좀 걱정이 되어서요.
> 남자: 솔직히 외국 학생들이 사물놀이 내용을 다 이해하지는
> 못해요. 그런데 ⑧악기를 배우는 거라서 한국어를 몰라
> 도 큰 어려움은 없어요. 그리고 Ⓐ외국어로 된 안내 자
> 료도 무료로 드리니까 학생들에게 도움이 될 거예요.

23. ②

▶ 여자는 <u>사물놀이 체험과 관련하여 여러 가지 문의</u>를 하고 있다. 따라서 정답은 ②번이다.

24. ②

▶ ① 외국어 안내 자료는 <u>따로 구입해야 한다.</u>
　　→ 무료로 준다. Ⓐ
② 한국어를 몰라도 사물놀이를 배울 수 있다.
③ 이 체험관에는 <u>한국 학생을 위한 프로그램만 있다.</u>
　　→ 외국인들도 많이 온다. Ⓒ
④ 학생들은 이 체험관에서 <u>한국 전통 노래를 배운다.</u>
　　→ 사물놀이를 배운다. Ⓓ

25-26

여자: 지금 영화가 Ⓐ개봉한 지 일주일 밖에 안 됐는데요. 벌써 관객 500만 명이 넘으며 많은 사랑을 받고 있습니다. 감독님, 이번 영화의 인기 비결은 뭐라고 생각하십니까?

남자: 우리가 재난 영화라고 하면 무섭고 슬프다고만 생각하는데요. 저는 이것을 다른 방향으로 풀어내 보고 싶었습니다. 그래서 코미디를 결합한 재난 영화라는 새로운 장르를 시도해 보았어요. '재난 속에서도 긍정적인 생각과 희망을 잃지 않으면 살 수 있다'라는 메시지를 전달하면서 재미를 잃지 않으려고 했죠. Ⓒ기존의 재난 영화와 달리 내용도 완전 새롭고 Ⓓ영화 속에 재미있는 캐릭터와 Ⓑ대사도 넣었어요. 관객들이 이런 시도를 재미있게 봐 주시고 입소문을 많이 내 주신 것 같습니다.

25. ④

▶ 남자는 "<u>코미디를 결합한 재난 영화라는 새로운 장르를 시도해 보았어요.</u>", "<u>재미를 잃지 않으려고 했죠.</u>"라고 말하고 있다. 따라서 정답은 ④번이다.

26. ④

▶ ① 이 영화는 <u>한 달 전에 개봉했다.</u>
　　→ 이 영화는 개봉한 지 일주일이 되었다. Ⓐ
② 이 영화는 <u>대사가 나오지 않는다.</u>
　　→ 재미있는 대사를 넣었다. Ⓑ
③ 이 영화는 <u>기존 영화의 내용과 비슷하다.</u>
　　→ 기존 영화와 다르다. Ⓒ
④ 이 영화에는 재미있는 캐릭터가 등장한다. Ⓓ

27-28

여자: 요즘 재택근무를 하는 회사들이 많대요. Ⓒ우리 팀에 김 과장님도 일주일에 두 번은 재택근무를 하세요.

남자: Ⓑ재택근무를 하면 자기가 편한 곳에서 일을 할 수 있으니 일에 집중이 더 잘 되더라고요. 그리고 Ⓓ회사 입장에서도 비용을 아낄 수 있으니 재택근무를 권장하기도 하고요.

여자: 저도 회사랑 집이 너무 멀어서 출퇴근 시간만 3시간이에요. 출퇴근 시간이 기니까 체력이 떨어져서 업무에 지장도 있어요. 그래서 이참에 재택근무를 신청해 볼까 해요.

남자: 좋은 생각이네요. Ⓐ출퇴근 시간만 아껴도 업무 효율이 훨씬 높아질걸요.

27. ②

▶ 남자는 재택근무에 대해서 "<u>재택근무를 하면 자기가 편한 곳에서 일을 할 수 있으니 일에 집중이 더 잘 되더라고요.</u>", "<u>회사 입장에서도 비용을 아낄 수 있으니 재택근무를 권장하기도 하고요.</u>"라고 말하고 있다. 따라서 정답은 ②번이다.

28. ③

▶ ① 재택근무와 업무 효율은 <u>상관이 없다.</u>
　　→ 재택근무로 출퇴근 시간을 아끼면 업무 효율이 높아진다. Ⓐ
② 재택근무를 하면 <u>일에 집중하기 힘들다.</u>
　　→ 일에 집중이 더 잘 된다. Ⓑ
③ 여자의 팀에는 재택근무 신청자가 있다. Ⓒ
④ 회사에서는 <u>재택근무를 선호하지 않는다.</u>
　　→ 회사에서도 재택근무를 권장한다. Ⓓ

29-30

여자: 참으로 안타까운 패배였습니다. 오늘 경기 어떻게 보셨나요?

남자: 네. 일단 저도 국민의 한 사람으로서 오늘의 패배가 정말 안타깝습니다. 그러나 우리나라 대표팀도 열심히 뛰었다는 걸 경기 내내 느낄 수 있었습니다.

여자: 그렇죠. 그럼 오늘 패배의 원인은 무엇이라고 생각하시나요?

남자: Ⓑ상대 팀이 우리 팀보다 FIFA(피파) 순위가 높기도 했고요. 우리나라의 간판 공격수인 Ⓒ김현민 선수가 부상으로 출전하지 못했던 이유도 있습니다. 그러나 상대 팀에게 두 골을 허용한 것보다 Ⓐ우리 팀이 한 골도 넣지 못하였다는 게 가장 큰 문제입니다. 강한 팀을 만났다고 해서 너무 Ⓓ수비에만 집중하며 적극적으로 공격하지 않고 주저하는 모습을 보였던 것이 패배의 가장 큰 이유라고 생각합니다.

정답 및 해설

29. ②
▶ 여자가 남자에게 패배의 원인에 대해 물었고 남자가 패배의 원인에 대해 분석하고 있으므로 정답은 ②번이다.

30. ①
▶ ① 우리 팀은 경기에서 한 골도 넣지 못했다. Ⓐ
② 상대 팀은 우리 팀보다 FIFA 순위가 낮았다.
　→ 상대 팀은 우리 팀보다 FIFA 순위가 높았다. Ⓑ
③ 김현민 선수가 이번 경기에서 큰 부상을 당했다.
　→ 부상을 당해서 이번 경기에 출전하지 못했다. Ⓒ
④ 우리 팀은 공격에만 집중해서 두 골을 허용했다.
　→ 수비에만 집중했다. Ⓓ

31-32

남자: 한옥을 보존하는 것은 전통 문화유산을 보호하는 것입니다. 따라서 한옥이 있는 마을을 '한옥 마을'로 지정해서 개발을 금지해야 한다고 생각합니다.
여자: 전통을 보호한다는 이유로 한옥 마을 개발을 금지할 수 있을까요? 그곳에 살고 있는 사람들의 생각이 중요하지 않을까요?
남자: 공공의 이익을 위해서 개인의 생각과 권리는 포기할 수 있어야 합니다. 한옥 마을로 지정해서 개발을 금지해야 국가의 문화유산을 보호할 수 있습니다.
여자: 그렇지만 국가의 문화유산을 보호해야 한다는 이유로 개인의 권리를 무조건 침해하는 것은 옳지 않은 것 같습니다. 집은 개인의 사유 재산이기도 하지 않습니까? 그런데 국가에서 개인의 집을 개발하지 말라고 할 수 있을까요?

31. ④
▶ 여자는 한옥 마을을 지정하는 것은 국가의 문화유산을 보호해야 한다는 이유로 개인의 권리를 침해하는 것이라고 생각한다. 따라서 정답은 ④번이다.

32. ①
▶ 여자는 '한옥 마을을 개발해도 된다'고 주장하고 있고, 남자는 '한옥 마을을 개발하는 것을 금지해야 한다'고 주장하고 있다. 따라서 정답은 ①번이다.

33-34

여자: 요즘 사투리 한두 마디씩은 어디에서든 쉽게 들을 수 있죠? Ⓑ예전에는 드라마나 영화에서 주인공이 아닌 감초 역할을 하는 사람들만 사투리를 썼다면 이제는 사투리를 사용하는 사람이 주인공으로 나오는 작품도 많이 있습니다. 주인공들이 맛깔스럽게 사투리를 구사하는

모습을 보면 참 재미있다는 사람들이 많은데요. 사실 Ⓐ사투리의 진짜 매력은 재미뿐이 아닙니다. 사투리는 해당 지역의 고유한 가치와 정을 담고 있는 언어로 Ⓓ표준어는 표현하지 못하는 의미를 전달하기도 하는데요. 대표적인 것으로 전라도 지역의 '거시기'를 들 수 있습니다. 사실, '거시기'란 말은 표준어로 이름이나 사물을 가리키는 대명사인데요. Ⓒ전라도 지역에서는 '거시기'라는 이 대명사가 동사, 형용사, 부사로도 쓰일 수 있다고 하네요. 정말 거시기하죠?

33. ①
▶ 여자는 "사투리는 해당 지역의 고유한 가치와 정을 담고 있는 언어로 표준어는 표현하지 못하는 의미를 전달하기도 하는데요."라며 사투리의 의의를 이야기하고 있다. 따라서 정답은 ①번이다.

34. ③
▶ ① 사투리의 가장 큰 장점은 재미이다.
　→ 사투리의 진짜 매력은 재미뿐이 아니다. Ⓐ
② 사투리는 드라마에서 감초 역할들만 사용한다.
　→ 이제는 사투리를 사용하는 주인공이 나오는 작품도 많다. Ⓑ
③ '거시기'는 전라도 지역에서 여러 의미로 사용된다. Ⓒ
④ 사투리는 표준어의 의미를 정확하게 전달하지 못한다.
　→ 사투리는 표준어로 표현하지 못하는 의미를 전달하기도 한다. Ⓓ

35-36

남자: 바쁘신 와중에 저희 아버지의 칠순 잔치에 참석해 주셔서 감사합니다. 지금까지 늘 가족을 위해 희생하신 Ⓐ아버지가 건강한 모습으로 칠순 잔치를 하실 수 있어서 더할 나위 없이 기쁜 마음입니다. Ⓓ제가 10살 때 어머니가 돌아가신 후 아버지께서는 홀로 4남매를 키우셨습니다. 어머니의 빈자리를 느끼지 않도록 Ⓒ항상 따뜻하고 다정하게 저희를 사랑해 주셨습니다. 제가 부모가 되어보니 아버지가 저희에게 주신 사랑은 바다보다 깊고 넓었습니다. 이제는 Ⓑ저희가 아버지에게 그 은혜를 갚으며 효도하고 싶습니다. 아버지의 건강과 행복을 빌며 다시 한번 이 자리에 모이신 여러분께 감사의 말씀을 전합니다.

35. ③
▶ 남자는 "아버지의 칠순 잔치에 참석해 주셔서 감사합니다.", '칠순 잔치'라고 말하고 있다. 고희연과 칠순 잔치는 70번째 생일을 말하는 것으로, 정답은 ③번이다.

74

36. ④

▶ ② 아버지는 지금 편찮으시다.

→ 아버지는 건강한 모습으로 칠순 잔치에 참여하셨다. Ⓐ

② 아버지는 어렸을 때 효자셨다.

→ 남자가 아버지에게 효도를 하고 싶다고 말하고 있다. Ⓑ

③ 아버지는 엄하셨지만 자식을 사랑하셨다.

→ 아버지는 자상하셨다. Ⓒ

④ 남자는 10살 때 어머니가 세상을 떠났다. Ⓓ

37-38

여자: 저도 커피를 즐겨 마시는 편인데요. 커피가 건강에 어떤 좋은 영향을 미치는지 궁금하네요.

남자: 커피는 당뇨병의 위험을 낮춥니다. Ⓐ이미 당뇨병에 걸리신 분들은 약을 드셔야겠지만, 당뇨병 전 단계에 있는 분들에게는 이로운 면이 있습니다. 커피에 포함된 항산화 성분이 당뇨병을 예방하는 데 도움이 되기 때문입니다. Ⓒ카페인이 없는 커피도 효과는 동일합니다. 또 Ⓓ운동하기 30분 전에 커피를 마시면 지구력이 좋아지고 지방도 빠르게 태울 수 있습니다. 이처럼 커피가 여러가지 장점을 가지고 있지만 커피가 맞지 않는 분들도 있습니다. Ⓑ커피를 마시면 속쓰림이 있으신 분, 카페인에 예민하신 분들은 커피를 마시지 않는 것이 좋습니다. 좋은 음식이라고 모두에게 똑같이 좋은 것은 아닙니다. 따라서 먼저 개인의 건강 상태를 살펴보시고 판단하시는 게 좋겠습니다.

37. ③

▶ 남자는 커피 섭취에 대해 말하고 있다. 이때 "먼저 개인의 건강 상태를 살펴보시고, 판단하시는 게 좋겠습니다."라고 말하고 있으므로 정답은 ③번이다.

38. ②

▶ ① 커피는 당뇨병 환자에게 도움이 된다.

→ 이미 당뇨병을 앓고 있는 환자에게는 도움이 되지 않지만, 당뇨병 위험이 있는 사람에게는 도움이 된다. Ⓐ

② 카페인에 민감한 사람은 커피를 피해야 한다. Ⓑ

③ 카페인이 없는 커피는 건강에 도움이 되지 않는다.

→ 카페인이 없는 커피도 동일한 효과가 있다. Ⓒ

④ 운동 후 30분 이내에 커피를 마시면 다이어트에 좋다.

→ 운동하기 30분 전에 마셔야 지방을 태울 수 있다. Ⓓ

39-40

남자: 역사적 사건을 바탕으로 한 드라마가 이렇게나 많은데 어떤 방법으로 이 드라마가 역사를 왜곡한 건지 아닌지를 판단할 수 있나요?

여자: Ⓐ역사 왜곡의 명확한 기준은 아직 마련된 것이 없습니다. 하지만 Ⓑ역사적 기록에는 남아있지 않은 것을 마치 옛날에는 그랬던 것처럼 표현한다면 역사 왜곡이 될 수 있습니다. 예를 들어 드라마 속에서 어떤 특정 인물을 미화하거나 Ⓒ어떤 국가에 대한 극단적인 시각이 들어가게 되면 역사 왜곡을 할 수 있지요. 드라마는 작가의 상상력이 포함된 창작물이기 때문에 역사를 잘못 보여줘도 괜찮다고 생각하는 분들도 계십니다. 그렇지만 Ⓓ역사 왜곡 드라마는 시청자들에게 잘못된 편견을 심어줄 수 있기 때문에 드라마 제작 측에서는 보다 신중할 필요가 있겠습니다.

39. ①

▶ 역사적 사건을 바탕으로 한 드라마가 이렇게 많다는 남자의 말을 통해 이 담화 앞에는 역사 드라마가 많이 상영되고 있다는 것에 대한 내용이 나왔음을 알 수 있다. 따라서 정답은 ①번이다.

40. ④

▶ ① 현재 역사 왜곡의 정확한 기준이 마련되어 있다.

→ 아직 마련된 것이 없다. Ⓐ

② 역사 왜곡 드라마는 역사적 기록을 근거로 한다.

→ 역사 왜곡 드라마는 역사적 기록에 없는 것을 마치 그런 것처럼 표현한다. Ⓑ

③ 특정 국가에 대한 극단적 시각은 역사 왜곡이 아니다.

→ 어떤 국가에 대한 극단적 시각이 들어가면 역사 왜곡이 된다. Ⓒ

④ 역사 왜곡 드라마는 시청자들에게 잘못된 편견을 줄 수 있다. Ⓓ

41-42

남자: Ⓐ우리나라의 문맹률은 1% 대로 매우 낮습니다. 그러나 이에 비해 글을 읽고 내용을 이해하는 능력인 문해력은 낮은 것으로 나타났는데요. Ⓓ최근 글을 읽어도 그 의미를 제대로 파악하지 못하는 사람들이 늘고 있습니다. Ⓑ전문가들은 문해력에 가장 큰 영향을 미치는 것은 독서율로 보는데요. 우리나라 국민들의 독서율은 OECD의 평균 독서율에도 못 미치는 수준이며 Ⓒ국민 독서율은 해마다 떨어지고 있습니다. 이러한 상황에서 Ⓑ독서율을 높이기 위해서는 디지털 독서 환경을 고려한 대책이 필요합니다. 즉 국민들의 독서 진흥을 위해 전자책, 오디오북 등 디지털 환경에 최적화된 독서 기반 마련이 필요합니다.

41. ②

▶ 국민들의 독서율이 해마다 떨어지고 있음을 지적하고 "이러한 상황에서 독서율을 높이기 위해서는 디지털 독서 환경을 고려한 대책이 필요합니다."라고 말하였으므로 정답은 ②번이다.

42. ④

▶ ① 우리나라는 문맹률이 낮아서 문해력도 낮다.
　　→ 문맹률과 문해력은 상관없다. Ⓐ
② 문해력 향상을 위해 종이책을 많이 읽어야 한다.
　　→ 독서를 많이 해야 한다. 꼭 종이책을 읽을 필요는 없다. Ⓑ
③ 전문가들의 노력으로 국민 독서율이 상승하고 있다.
　　→ 해마다 떨어지고 있다. Ⓒ
④ 글을 읽어도 내용을 정확히 파악하지 못하는 사람이 있다. Ⓓ

43-44

여자: 바다에 인공 섬을 만들어서 새로운 국가가 탄생하면 어떨까? 상상 속에서 일어날 법한 일을 실제 세계에 구현하고 있는 사람이 있다. 바로 노벨과학상 수상자인 밀턴 프리드먼의 손자이기도 한 패트리 프리드먼이다. 패트리 프리드먼은 현재 존재하는 국가 또는 정부의 관리에서 벗어나 새로운 국가나 도시를 만드는 시스테딩(seasteading)이라는 아이디어를 제안했다. 시스테딩을 통해 사람들은 자신의 마음에 드는 국가를 선택할 수 있으며 경쟁력이 있는 국가는 살아남고 효율성이 떨어지는 국가는 도태하게 된다. 무엇보다 바다 한가운데 건설되는 국가는 태풍 등 기상 변화의 영향을 거의 받지 않아 비교적 안전하다. 또한 태양열과 파도로 전기를 자체적으로 생산하고 바닷물을 마실 수 있는 물로 바꾸는 장치를 이용하면 물 걱정도 없다.

43. ③

▶ "현재 존재하는 국가 또는 정부의 관리에서 벗어나 새로운 국가나 도시를 만드는 시스테딩(seasteading)이라는 아이디어를 제안했다"에서 알 수 있듯이 이 이야기는 바다에 인공 섬을 만들어 새로운 국가를 건설하자는 시스테딩 아이디어에 대해 설명하고 있다. 따라서 정답은 ③번이다.

44. ③

▶ "시스테딩을 통해 사람들은 자신의 마음에 드는 국가를 선택할 수 있으며 경쟁력이 있는 국가는 살아남고 효율성이 떨어지는 국가는 도태하게 된다"라고 이야기하였으므로 정답은 ③번이다.

45-46

여자: Ⓐ최근 들어 안구건조증 환자가 더 늘어나고 있습니다. 특히 10대 청소년의 경우 최근 3년 사이에 약 60%나 증가했습니다. 작은 스마트폰 화면을 들여다보고 있으면 자연스럽게 안구의 표면이 마르고 건조해지는 증상이 나타나게 됩니다. Ⓑ안구건조증이 심할 경우에는 두통이 동반되기도 합니다. 그리고 오랜 시간 같은 자세로 스마트폰을 쳐다보고 있으면 안구건조증이 심해지고 이것은 시력에 악영향을 끼치기도 합니다. 그래서 Ⓒ청소년기에 안구건조증에 걸리면 나중에 성인이 되어서도 시력이 나빠질 수도 있고 심하면 실명의 위험도 있습니다. 그래서 어렸을 때부터 스마트폰을 1시간 사용하면 꼭 10분 정도는 눈을 감고 휴식을 취해 주는 것이 좋습니다.

45. ④

▶ ① 최근에는 안구건조증 환자가 줄었다.
　　→ 늘어나고 있다. Ⓐ
② 안구건조증과 두통은 큰 상관이 없다.
　　→ 안구건조증이 심하면 두통이 동반된다. Ⓑ
③ 성인이 되어 안구건조증이 걸리면 치료하기 힘들다.
　　→ (내용에서 확인할 수 없다.)
④ 청소년기에 안구건조증이 심해지면 나중에 실명할 수도 있다. Ⓒ

46. ②

▶ 안구건조증으로 두통이 올 수도 있고 시력이 나빠질 수도 있는 등의 위험성과 함께 안구건조증의 예방법으로 스마트폰을 사용할 때 휴식을 취해야 함을 설명하고 있다. 따라서 정답은 ②번이다.

47-48

여자: 자율출근제도가 직원들의 개인적인 사정을 배려해 업무에 집중하게 해 줄 수 있다고 하지만 염려스러운 부분도 많습니다.

남자: 효율적인 자율출근제 도입을 위해서는 많은 고민이 필요합니다. 일단 Ⓓ자율출근제도를 모두 동일하게 적용하기보다는 회사의 특성과 업무의 종류에 따라 Ⓑ회사 내부의 합의가 필요하다고 생각합니다. 몇 가지 예를 들어 8시간만 근무하면 된다고 해서 아무 시간에 출근하는 것이 아니라 Ⓒ업무가 가장 활발히 이루어지는 시간에는 모든 직원이 함께 일할 수 있도록 출근 시간과 퇴근 시간의 범위를 조정하는 것입니다. 또한 직원들의 출퇴근 시간을 확인할 수 있는 사내 메신저를 활용하는 방법도 있습니다. 각자 업무를 명확히 하여 일의 혼선을 줄이는 것도 중요합니다. 마지막으로 Ⓐ야근과 같이 연

장 근무의 처리 방법에 대해서도 회사에서 명확한 기준을 세워야 하겠지요.

47. ②

▶ ① 야근과 연장 근무는 각자 기준을 세워서 하면 된다.
　→ 회사에서 명확한 기준을 세워야 한다. Ⓐ
　② 이 제도의 도입을 위해 구성원들의 합의가 중요하다. Ⓑ
　③ 업무가 활발히 이루어지는 시간에는 분산 출근해야 한다.
　→ 모든 직원이 함께 일할 수 있도록 해야 한다. Ⓒ
　④ 이 제도는 공평성을 위해 모든 회사에 동일하게 적용된다.
　→ 회사의 특성과 업무의 종류에 따라 적용해야 한다. Ⓓ

48. ②

▶ "몇 가지 예를 들어" 이후의 내용을 통해 자율출근제도를 효율적으로 도입할 수 있는 방안을 구체적인 예를 들어 제시하고 있다. 따라서 정답은 ②번이다.

49-50

여자: 최근 로봇세 도입에 대한 이야기가 나오고 있습니다. Ⓓ 로봇세는 로봇을 이용하여 이익을 얻는 개인 또는 회사에게 부과하는 세금인데요. Ⓐ로봇 때문에 실직한 사람들을 지원하기 위해 예산을 걷는 게 목적입니다. 하지만 로봇세는 공정한 세금으로 볼 수 있을까요? 음식점의 키오스크, 은행의 ATM 기계 등이 도입됨으로써 일자리를 잃은 사람들이 있습니다. 이 경우 세금을 부과하지 않았는데 로봇에만 세금을 부과하는 것은 공평하지 않습니다. 로봇세 도입이 가져올 가장 큰 문제점은 로봇을 개발하려는 의지가 약화될 수 있다는 것입니다. 로봇세가 도입되면 많은 기업들이 세금에 대한 부담 때문에 로봇을 사려고 하지 않습니다. 그렇게 되면 Ⓑ로봇을 생산하는 기업은 새로운 로봇을 개발하려는 의지가 약화되고 Ⓒ다른 나라와 비교했을 때 경쟁력이 떨어지게 됩니다. 이는 사회 전체의 경제적 이익을 감소시킬 수도 있다는 점에서 신중하게 생각해 봐야 할 문제입니다.

49. ①

▶ ① 로봇세가 도입되면 실직자를 지원할 수 있다. Ⓐ
　② 로봇세 부과는 기업의 기술 개발 의지를 높인다.
　→ 로봇세가 도입되면 기업의 기술 개발 의지가 약화된다.
　　Ⓑ
　③ 로봇세를 적용하면 다른 나라보다 경쟁력을 가질 수 있다.
　→ 다른 나라에 비해 경쟁력이 떨어지게 된다. Ⓒ
　④ 로봇세는 로봇을 이용하는 기업에게 세금을 감면해 주는 것이다.
　→ 로봇세는 로봇을 사용하는 기업에게 부과하는 세금이다.
　　Ⓓ

50. ①

▶ "로봇세 도입이 가져올 가장 큰 문제점은 로봇을 개발하려는 의지가 약화될 수 있다는 것입니다.", "사회 전체의 경제적 이익을 감소시킬 수도 있다는 점에서 신중하게 생각해 봐야 할 문제입니다."를 통해 로봇세 도입 이후 발생할 문제에 대해 우려하고 있음을 알 수 있다. 따라서 정답은 ①번이다.

 1교시 (쓰기)　　　　　p.267

51.

㉠: 변경하고 싶어서/변경하려고
㉡: 알려 주시면/말씀해 주시면

52.

㉠: 공기의 저항을 적게 받아서/공기의 저항을 많이 받지 않아서
㉡: 먼 거리를 날아갈 수 있다/이동할 수 있다

53.

　　교통 연구소에서 전동 킥보드 사고 현황에 대해 조사한 결과, 2019년 380만 명이던 전동 킥보드 이용자 수는 2022년에 2,281만 명으로 약 6배가 증가하였고, 전동 킥보드 사고 수도 2019년에 220건에서 2022년에는 1,980건으로 증가하였다. 전동 킥보드의 사고가 증가한 원인은 전동 킥보드와 관련한 법률이 아직 없기 때문이다. 또한 전동 킥보드 이용자의 안전 교육이 부재한 것도 한 가지 원인으로 볼 수 있다. 앞으로 전동 킥보드 사고를 줄이려면 전동 킥보드의 속도를 제한하고 전동 킥보드 면허도 도입해야 할 것이다.

교	통		연	구	소	에	서		전	동		킥	보	드		사	고	
현	황	에		대	해		조	사	한		결	과	,	20	19	년		3	80
만		명	이	던		전	동		킥	보	드		이	용	자		수	는	
20	22	년	에		22	81	만		명	으	로		약		6	배	가		증
가	하	였	고	,		전	동		킥	보	드		사	고		수	도		20	19
년	에		2	20	건	에	서		20	22	년	에	는		19	80	건	으	로
증	가	하	였	다	.		전	동		킥	보	드	의		사	고	가		증	가
한		원	인	은		전	동		킥	보	드	와		관	련	한		법	률
이		아	직		없	기		때	문	이	다	.		또	한		전	동	킥
보	드		이	용	자	의		안	전		교	육	이		부	재	한		것
도		한		가	지		원	인	으	로		볼		수		있	다	.	앞
으	로		전	동		킥	보	드		사	고	를		줄	이	려	면		전
동		킥	보	드	의		속	도	를		제	한	하	고		전	동		킥
보	드		면	허	도		도	입	해	야		할		것	이	다	.		

54.

현대 사회는 바쁜 일상과 업무로 인해 가족 간의 소통이 부족한 경우가 많다. 가족 간에 대화와 소통이 부족할 경우 가족 해체를 야기하기도 한다. 소통은 서로의 생각과 감정을 이해할 수 있게 해 준다. 또한 소통은 가족 간의 유대감과 결속력을 높여 서로를 배려하고 존중할 수 있게 해 준다. 이런 태도는 가족 간의 갈등을 예방하는 데 중요한 역할을 한다.

가족 간의 소통이 활발할 때 우리는 다양한 긍정적인 효과를 얻을 수 있다. 가족 간에 갈등이 발생했을 때 소통을 하지 않고 회피를 할 경우, 그 문제의 근본적인 해결 방법을 찾을 수 없다. 하지만 서로의 생각을 이해하기 위해 소통을 한다면 오해와 갈등을 풀 수 있어 관계를 회복할 수 있다. 뿐만 아니라 평소 활발한 소통은 서로에 대한 생각과 감정을 알 수 있게 도와줘서 긍정적인 가족 분위기를 만들 수 있다.

가족 간의 소통을 실천할 수 있는 효과적인 방법으로는 서로의 차이점을 인정하고 존중하는 태도를 갖추는 것이다. 상대방을 나의 기준에 맞게 바꾸려는 태도를 버리고 서로를 있는 그대로 인정하는 태도가 중요하다. 또한 가족들과 함께하는 시간을 만들어 서로 유대감을 높이고 편안하게 소통할 수 있는 분위기를 만드는 노력을 기울여야 할 것이다.

과		함	께	하	는		시	간	을		만	들	어		서	로		유	대
감	을		높	이	고		편	안	하	게		소	통	할		수		있	는
분	위	기	를		만	드	는		노	력	을		기	울	여	야		할	
것	이	다	.																

	현	대		사	회	는		바	쁜		일	상	과		업	무	로		인
해		가	족		간	의		소	통	이		부	족	한		경	우	가	
많	다	.		가	족		간	에		대	화	와		소	통	이		부	족	할
경	우		가	족		해	체	를		야	기	하	기	도		한	다	.	소
통	은		서	로	의		생	각	과		감	정	을		이	해	할		수
있	게		해		준	다	.		또	한		소	통	은		가	족		간	의
유	대	감	과		결	속	력	을		높	여		서	로	를		배	려	하
고		존	중	할		수		있	게		해		준	다	.		이	런		태
도	는		가	족		간	의		갈	등	을		예	방	하	는		데	
중	요	한		역	할	을		한	다	.									
	가	족		간	의		소	통	이		활	발	할		때		우	리	는
다	양	한		긍	정	적	인		효	과	를		얻	을		수		있	다	.
가	족		간	에		갈	등	이		발	생	했	을		때		소	통	하
지		않	고		회	피	할		경	우	,		그		문	제	의		근	본
적	인		해	결		방	법	을		찾	을		수		없	다	.		하	지
만		서	로	의		생	각	을		이	해	하	기		위	해		소	통
을		한	다	면		오	해	와		갈	등	을		풀		수		있	어
관	계	를		회	복	할		수		있	다	.		뿐	만		아	니	라	
평	소		활	발	한		소	통	은		서	로	에		대	한		생	각
과		감	정	을		알		수		있	게		도	와	줘	서		긍	정
적	인		가	족		분	위	기	를		만	들		수		있	다	.	
	가	족		간	의		소	통	을		실	천	할		수		있	는	
효	과	적	인		방	법	으	로	는		서	로	의		차	이	점	을	
인	정	하	고		존	중	하	는		태	도	를		갖	추	는		것	
다	.		상	대	방	을		나	의		기	준	에		맞	게		바	꾸	려
는		태	도	를		버	리	고		서	로	를		있	는		그	대	로
인	정	하	는		태	도	가		중	요	하	다	.		또	한		가	족	들

 **2교시 (읽기)** p.271

1	2	3	4	5	6	7	8	9	10
④	①	④	④	③	②	③	①	②	④
11	12	13	14	15	16	17	18	19	20
②	②	③	①	①	①	④	④	③	④
21	22	23	24	25	26	27	28	29	30
③	①	③	①	④	④	②	②	②	④
31	32	33	34	35	36	37	38	39	40
②	②	①	③	①	①	③	②	②	④
41	42	43	44	45	46	47	48	49	50
③	②	④	④	②	②	②	①	②	②

1. ④
▶ 아기가 깨다 → 텔레비전을 끄다
텔레비전을 끄는 이유는 '아기가 깨는 상황이 〈걱정〉되기 때문이다. 이에 호응하는 문법은 '-(으)ㄹ까 봐'이다. 따라서 정답은 ④번이다.

2. ①
▶ 길이 막히다 → 비행기를 놓치다
'비행기를 놓치다'는 실제 일어나지는 않았지만 길이 막혀서 비행기를 놓칠 〈가능성의 직전〉까지 갔음을 나타내는 말이다. 이에 호응하는 문법은 '-(으)ㄹ 뻔하다'이다. 따라서 정답은 ①번이다.

3. ④
▶ '-(으)나 마나'는 앞의 행동을 하지 않아도 결과를 예상할 수 있을 나타내는 문법이다. 친구에게 물어보지 않아도 반드시 참석할 것이라는 의미이다. 이와 유사한 문법은 '-(으)ㄹ 것도 없이'이다. 따라서 정답은 ④번이다.

4. ④
▶ '-기 마련이다'는 앞 문장의 상황이 나타날 가능성이 크거나 당연한 것을 나타내는 문법이다. 시험 공부를 하지 않으면 성적이 떨어질 가능성이 크다는 의미이다. 이와 유사한 문법은 '-기 십상이다'이다. 따라서 정답은 ④번이다.

5. ③

> **바삭바삭~ 자꾸 먹고 싶은 간식**
> **아이들이 좋아해요!**

▶ 답의 근거: 바삭바삭, 먹다, 간식, 아이들

6. ②

> **겨울 설경을 따라 만드는 추억 한 장**
> **당일치기 코스로 떠나 보세요!**

▶ 답의 근거: 추억, 당일치기, 코스, 떠나다

7. ③

> **안 쓰는 컴퓨터는 꺼 주세요.**
> **작은 실천으로 지구를 살릴 수 있습니다.**

▶ 답의 근거: 컴퓨터, 끄다, 지구, 살리다

8. ①

> • 피부에 상처가 있는 경우에는 사용하지 마십시오.
> • 사용 후 알레르기가 나타나면 즉시 사용을 중지하십시오.

▶ 답의 근거: 피부에 바르는 화장품 사용 시, 주의해야 할 사항에 대한 내용이다.

9. ②

〈행복 마트 주차장 이용 요금〉

구매 금액 1만 원 이상	2시간 무료
구매 금액 3만 원 이상	3시간 무료
구매 금액 5만 원 이상	5시간 무료 ⓓ(5시간 초과 시 별도 요금 부과)

※ ⓑ사전 정산 시 빠르게 출차하실 수 있습니다.
※ ⓒ마트 고객만 이용 가능하며 ⓐ최초 30분은 무료입니다.

▶ ① 20분 주차 시 주차 요금을 내야 한다.
  → 처음 30분 동안은 주차 요금이 무료다. ⓐ
② 주차장을 나가기 전에 주차 요금을 낼 수 있다. ⓑ
③ 행복 마트 주차장은 누구나 무료로 이용할 수 있다.
  → 마트 고객만 이용 가능하다. 또한 시간에 따라 주차 요금이 다르다. ⓒ
④ 5만 원 이상 구매한 사람은 하루 종일 주차할 수 있다.
  → 5시간 이상 주차하면 추가로 주차 요금을 내야 한다. ⓓ

10. ④

명절 선물 구매 품목의 변화		
2018년		2022년
건강 기능 식품	1위	상품권
상품권	2위	건강 기능 식품
과일	3위	정육
정육	4위	가공식품

정답 및 해설

▶ ① 정육의 순위가 떨어졌다.
　　→ 정육은 2018년 4위에서 2022년 3위로 올랐다.
② 건강 기능 식품의 순위가 올랐다.
　　→ 건강 기능 식품은 2018년 1위에서 2022년 2위로 내려갔다.
③ 과일이 새롭게 순위 안에 들었다.
　　→ 2022년에는 과일이 순위 안에 없다.
④ 1위 순위의 명절 선물이 바뀌었다.

11. ②

> ⑩지난 11일 가온시에서 '제 3회 환경 사랑 사진 공모전' 시상식이 개최됐다. ⑥일반 시민들이 참여한 공모전에서는 ⑭총 380점의 작품 중 54점이 선정되었고 이들에게 상장과 상금을 수여했다. ⑧이번 시상식은 대면으로 진행하여 비대면으로 진행되었던 작년 시상식의 아쉬움을 달래는 자리가 되었다. 선정된 작품은 ⑩25일부터 소망 시청 3층 대강당에서 전시될 예정이다.

▶ ① 380명 모두 상과 상금을 받았다.
　　→ 380명 중 54명만 상과 상금을 받았다. ⑭
② 올해 시상식은 대면으로 진행되었다. ⑧
③ 전문 사진작가들이 공모전에 참여했다.
　　→ 공모전에는 일반 시민들이 참여했다. ⑥
④ 시상식 개최 전에 작품들이 전시되었다.
　　→ 시상식은 11일에 개최되었고, 전시는 25일부터 실시될 예정이다. ⑩

12. ②

> 겨울철에 즐겨 마시는 ⑭모과차는 비타민 C가 풍부해 감기에 걸렸을 때 마시면 도움이 된다. ⑥잘 익은 모과는 생김새가 참외와 비슷하고 향이 좋다. 하지만 덜 익은 모과는 신맛과 떫은맛이 강해 먹기 힘들다. ⑧모과는 근육을 이완시켜주며 소염과 진통에 효과가 있다. 하지만 ⑩모과의 신맛 때문에 너무 많은 양을 먹게 되면 치아가 상하는 부작용이 생길 수도 있다.

▶ ① 모과차는 감기에 안 좋다.
　　→ 모과차는 비타민C가 풍부해 감기에 좋다. ⑭
② 모과를 먹으면 염증에 도움이 된다. ⑧
③ 잘 익은 모과는 신맛이 있지만 향이 좋다.
　　→ 덜 익은 모과가 신맛을 가지고 있다. ⑥
④ 모과의 떫은맛 때문에 치아가 상할 수 있다.
　　→ 모과의 신맛이 치아를 상하게 한다 ⑩

13. ③

▶ (나)와 (다) 중 첫 번째 문장을 찾아야 한다. (나)는 '이를 통해'라는 표현이 있기 때문에 첫 번째 문장으로 올 수 없다. 따라서 (다)가 첫 번째 문장이다.
'(다) 오늘날 낙서가 하나의 예술로 자리 잡고 있다. → (라) 특히 한 미술가는 벽에 독특한 낙서를 남겨 많은 주목을 받고 있다. → (가) (그 이유는) 인간의 희노애락을 귀여운 낙서로 그리기 때문이다. → (나) 이를 통해 낙서도 사람들에게 감동을 준다는 것을 알 수 있다.'로 내용을 구성해야 한다. 따라서 정답은 ③번이다.

14. ①

▶ (나)와 (다) 중 첫 번째 문장을 찾아야 한다. (다)는 '또한'이라는 표현이 있기 때문에 첫 번째 문장으로 올 수 없다. 따라서 (나)가 첫 번째 문장이다.
'(나) 최근 고속도로 휴게소에서 무료 와이파이 서비스를 제공하고 있다. → (가) 하지만 이 서비스(=무료 와이파이 서비스)로 인해 개인 정보가 유출될 수 있다. → (다) 또한 개인 정보를 이용한 금전적인 피해도 당할 수 있다. → (라) 따라서 이 서비스를 이용한 후 개인 정보를 바꾸는 게 좋다.'로 내용을 구성해야 한다. 따라서 정답은 ①번이다.

15. ①

▶ (가)와 (다) 중 첫 번째 문장을 찾아야 한다. (가)의 '신호 위반을 했다'가 (다)의 '신호 위반을 목격한'보다 먼저 일어난 사건이다. 따라서 (가)가 첫 번째 문장이다.
'(가) 아픈 아이를 데리고 급히 병원을 가는 길에 신호 위반을 했다. → (다) 신호 위반을 목격한 경찰관이 차를 세우라고 했다. → (나) 경찰관에게 사정(=아이가 아파서 병원에 급히 간다)을 설명하자 빨리 병원에 가라고 했다. → (라) 경찰관의 배려 덕분에(=빨리 병원에 가라고 보내준) 나와 아픈 아이는 병원에 무사히 도착했다.'로 내용을 구성해야 한다. 따라서 정답은 ①번이다.

16. ①

> 최근 즐겁게 건강 관리를 하려는 사람들이 늘어나면서 가공식품에도 큰 변화가 있다. 기름기를 뺀 라면, 설탕을 넣지 않은 술과 같이 ⑭칼로리를 낮추고 당을 줄인 가공식품들이 늘어나고 있다. 이는 (안 먹기보다는) ⑧먹는 즐거움을 즐기면서 건강도 생각하겠다는 소비자들의 마음을 공략한 마케팅으로 볼 수 있다.

▶ ⑭칼로리를 낮추고 당을 줄인 가공식품들이 늘어난 이유는 라면, 설탕과 같은 가공 식품을 안 먹는 게 아니라, 이런 음식을 ⑧즐겁게 먹으면서도 건강을 생각하겠다는 소비자들의 요구를 반영했기 때문이다. '먹는 즐거움'과 반대되는 내용은 '안 먹기'이다. 따라서 정답은 ①번이다.

17. ④

발가락 양말은 미국의 한 의사가 발가락 사이에 땀이 생기는 것을 막기 위해 발명하였다. 한국에서는 이 양말이 무좀 환자에게 큰 인기를 얻고 있다. 발가락 무좀을 치료하기 위해서는 Ⓐ습한 환경을 피하는 것이 중요한데 발가락 양말은 (발가락 사이에 바람이 잘 통해서) Ⓑ무좀을 예방할 수 있기 때문이다. 그리고 발에서 나는 냄새를 억제하는 기능도 있어 구두를 많이 신는 직장인들에게 인기가 좋다.

▶ 발가락 양말이 발가락 무좀 치료에 좋은 이유에 대해 설명하고 있다. 발가락 무좀 치료를 위해서는 Ⓐ습한 환경을 피하는 것이 중요한데 발가락 양말은 발가락 사이에 바람이 잘 통하기 때문에 Ⓑ무좀을 예방할 수 있다. 따라서 정답은 ④번이다.

18. ④

우리는 문화재로 과거 조상들의 생활 모습과 삶의 지혜를 엿볼 수 있다. 또한 문화재를 통해 (경제적 이익을 창출할 수 있다). Ⓐ중국의 만리장성이나 이집트의 피라미드를 보기 위해 해마다 수많은 관광객이 해당 지역을 찾는다. 이렇듯 한 나라의 대표적인 문화재로 인해 관광객 유치가 가능하고 Ⓑ관광객을 대상으로 하는 여러 산업이 발달할 수 있다.

▶ 문화재를 통해 Ⓐ수많은 관광객이 해당 지역을 찾고 Ⓑ관광객을 대상으로 하는 여러 산업이 발달할 수 있다. 이러한 내용과 관계있는 것은 경제적 이익이다. 따라서 정답은 ④번이다.

19-20

최근 지구 주위를 맴도는 우주 쓰레기 문제가 심각해졌다. 우주 쓰레기는 아무리 작은 크기라도 총알보다 10배 빠른 속도로 날아다니기 때문에 위성이나 우주인이 부딪쳤을 때 큰 문제가 발생할 수 있다. (다행히) 10㎝ 이상의 우주 쓰레기는 레이더로 감시가 가능하다. 하지만 작은 우주 쓰레기는 추적이 힘들어 더욱 위험하다. 현재 우주 쓰레기를 청소할 수 있는 여러 방법이 제안되고 있으나 획기적인 기술은 아직 개발되지 않았다.

19. ③

▶ 빈칸 앞에서는 우주 쓰레기 문제가 심각하다고 위험할 수 있다고 말했다. 빈칸 뒤에서는 10cm 이상은 레이더로 감시가 가능하다고 했다. 따라서 레이더로 감시가 가능한 것은 다행스러운 일이므로 정답은 ③번이다.

20. ④

▶ '작은 우주 쓰레기는 추적이 힘들어 더욱 위험하다. 현재 우주 쓰레기를 청소할 수 있는 여러 방법이 제안되고 있으나 획기적인 기술은 아직 개발되지 않았다.'고 했으므로 정답은 ④번이다.

21-22

가온시가 10년 만에 대중교통 요금을 인상하는 계획을 내놓았다. Ⓐ그동안 가온시는 대중교통 요금을 1,500원으로 유지해 왔지만, 기름값의 상승, Ⓑ버스와 지하철 기사의 인건비 상승으로 인해 대중교통 요금을 올릴 수밖에 없다는 입장이다. 그러나 Ⓒ시민들은 각종 공과금 인상과 더불어 대중교통 요금 인상까지 이어지자 불만을 호소하고 있다. 가온시는 대중교통 요금 인상안을 어떻게 해결해야 할지 시민들의 (눈치를 보고 있다).

21. ③

▶ 가온시는 대중교통 요금 인상을 어떻게 해야 할지 시민들의 의견이나 마음을 살펴보고 있는 상황이다. 따라서 빈칸의 '눈치를 보다'는 '다른 사람의 의견이나 기분, 태도를 읽다'의 의미를 나타내므로 정답은 ③번이다.

22. ①

▶ ① 현재 가온시의 대중교통 요금은 1,500원이다. Ⓐ
② 버스를 탈 때 기사에게 요금을 더 내야 한다.
  → 버스 기사의 인건비 상승으로 대중교통 요금을 올릴 수밖에 없다는 입장만 있다. Ⓑ
③ 시민들은 공과금이 오르지 않아 안도하고 있다.
  → 공과금도 올라 불만을 호소하고 있다. Ⓒ
④ 가온시는 다른 도시보다 기름값이 비싼 편이다.
  → (내용에서 확인할 수 없다.)

23-24

고등학교 입학식 날, Ⓐ아버지께서 나에게 강아지 한 마리를 선물로 주셨다. 나는 동물을 별로 좋아하지 않았기 때문에 처음에는 큰 관심이 없었다. Ⓓ중학교 때 정들었던 친구들과 모두 헤어지고 나 홀로 고등학교 생활을 잘할 수 있을까하는 생각이 머릿속에 가득했다. 그리고 새로운 교실에서 의자에 앉아 있자니 마음 한편이 뚫린 것 같았다. 그럴 때 내게 힘을 준 것은 집에 있는 강아지였다. Ⓒ내가 늦은 밤까지 공부를 하다가 집으로 돌아갈 때마다 항상 강아지는 나를 반겨주었다. 그러던 어느 날 옆자리에 앉은 친구도 강아지를 좋아한다는 것을 알게 되었다. 그때부터 Ⓑ우리는 친한 친구가 되었고 나는 고등학교 생활도 잘 적응할 수 있었다.

23. ②

▶ 중학교 때 정들었던 친구들과 모두 헤어지고 나 홀로 고등학교 생활을 잘할 수 있을까하는 생각이 머릿속에 가득했다.
  – 나는 중학교 때 친구들과 헤어지고 혼자 고등학교 생활을 하는 것을 걱정하고 있다.
  – 새로운 교실에서 의자에 앉아 있다. 여기에서 나는 외로움과

걱정스러움을 느끼는 것이 가장 자연스럽다. 따라서 정답은 ②번이다.

24. ③

▶ ① 나는 친구에게 강아지를 선물로 주었다.
    → 아버지께서 나에게 강아지를 선물로 주셨다. Ⓐ
② 나는 고등학교에서 친구를 사귀지 못했다.
    → 옆자리에 앉은 친구와 친한 친구가 되었다. Ⓑ
③ 나는 공부 때문에 집에 늦게 들어가곤 했다. Ⓒ
④ 나는 중학교 친구들과 함께 고등학교로 진학했다.
    → 나는 중학교 친구들과 모두 헤어졌다. Ⓓ

25. ①

> 가계저축률 21년 만에 급등, 소비 시장 침체

▶ '급등'은 '갑자기 올랐다'는 뜻이고 '침체'는 '어떤 현상이 전진하지 못하고 제자리에 머물다'는 뜻으로 소비 시장이 좋지 않다는 것을 의미한다. 따라서 정답은 ①번이다.

26. ④

> 출근 대란, 제설 늑장 대응에 시민들 뿔나

▶ '대란'은 '크게 일어난 난리'라는 뜻이고, '늑장'은 '어떤 일에 대해 느릿느릿하는 태도'를 말한다. 또한 '뿔나다'는 '화가 나다'라는 뜻이다. 따라서 정답은 ④번이다.

27. ④

> 불경기에 소비자 지갑 얇아져, 재고 속출

▶ '지갑이 얇아지다'는 '경제적인 사정이 좋지 않다'는 것을 비유적으로 표현한 것이다. '재고'는 새로 만든 물건이 아니라 '창고에 쌓아 놓은 물건'을 말한다. 따라서 정답은 ④번이다.

28. ②

> 여름에 비가 그친 후에 우리는 종종 나무 아래에서 달팽이를 볼 수 있다. 달팽이는 연체동물로 나선형 모양의 딱딱한 껍질을 가지고 있는데 안에 있는 몸은 매우 부드럽다. 껍질이 (몸을 보호하는 형태로) 되어 있어서 외부로부터 위험에 노출되면 달팽이의 몸은 바로 껍질 속으로 움츠려 들어간다.

▶ 빈칸의 내용은 달팽이의 껍질에 대한 것이다. 달팽이의 껍질은 외부로부터 위험에 노출되었을 때 달팽이의 몸이 껍질 속으로 들어갈 수 있도록 만들어졌다. 따라서 정답은 ②번이다.

29. ②

> 나팔꽃은 화석 연료에서 나오는 물질에 민감한 반응을 보인다. 화석 연료란 석탄, 석유 등 대기 오염의 주원인이 되는 것을 말한다. 화석 연료에 노출된 나팔꽃의 잎 표면에는 붉은 반점이 생기지만, 공기가 맑은 곳에서 자란 나팔꽃의 잎 색깔은 매우 선명하다. 그래서 나팔꽃은 (대기 오염의 상태를 파악할 수 있는) 지표 식물로 사용되고 있다.

▶ 빈칸의 내용은 나팔꽃이 어떤 지표 식물로 사용되고 있는지에 대한 것이다. 이 글에서는 나팔꽃이 대기 오염의 주원인인 화석 연료에 민감하다며, 화석 연료에 노출되는 것에 따라 나팔꽃의 잎 상태가 변한다고 하였다. 따라서 정답은 ②번이다.

30. ④

> 강강술래는 한가위에 풍작과 풍요를 기원하는 풍속 중 하나이다. 밝은 보름달이 뜬 밤에 수십 명의 마을 처녀들이 모여서 서로 손을 맞잡고 원을 만들어 돌며 강강술래를 즐긴다. 한 사람이 강강술래의 앞부분을 부르면 여러 사람이 뒷부분을 이어받아 비슷한 부분을 반복해서 부른다. 이러한 놀이는 밤새도록 춤을 추며 계속된다. 강강술래는 (단순한 동작과 노래로 만들어졌기) 때문에 배우기 쉬운 것이 특징이다.

▶ 빈칸의 내용은 강강술래가 배우기 쉬운 이유에 대한 것이다. 이 글에서는 강강술래가 서로 손을 맞잡고 원을 만들어 돌며, 비슷한 부분을 반복해서 부르는 것이라고 말하고 있다. 따라서 정답은 ④번이다.

31. ②

> 우리는 햇빛에 노출되면 비타민 D가 활성화되고 뼈에 좋은 칼슘을 얻을 수 있다. 그러나 불빛 노출은 인체에 부정적인 영향을 미친다. 불빛은 (인공적으로 만든 빛이기 때문에) 본질적으로 햇빛과 차이가 있다. 따라서 장시간 불빛 아래에서 일을 하면 눈이 쉽게 피로해질 뿐만 아니라 칼슘 흡수도 떨어진다. 심할 경우 당뇨병이나 정서 장애, 유방암과 같은 병에 걸릴 수도 있다.

▶ 빈칸의 내용은 불빛이 햇빛과 어떤 점이 다른가에 대한 것이다. 불빛은 본질적으로 햇빛과 다르기 때문에 오랜 시간 불빛 아래에서 일을 하면 눈이 쉽게 피로해지고 칼슘 흡수도 떨어진다. 불빛이 본질적으로 햇빛과 다르다는 것은 불빛이 햇빛과 달리 인공적으로 만들어진 빛이라는 뜻이다. 따라서 정답은 ②번이다.

32. ②

©바코드는 미국의 한 발명가가 해안가에서 모래를 긁다가 아이디어를 얻어 만들어진 것이다. 검은색과 흰색의 막대로 이루어져 있는 바코드에는 상품의 여러 가지 정보가 담겨 있다. 먼저 바코드 스캐너로 바코드에 강한 빛을 비추면, ⑩흰색 막대의 빛이 반사된다. ④이때 흰색 막대의 굵기에 따라 스캐너에 읽히는 빛의 양이 달라진다. ⑧바코드는 2진법을 사용해 빛의 양을 0 또는 1로 해석한다. 이 신호를 해석해 상품 정보를 알 수 있다.

▶ ① 바코드의 막대 굵기는 일정하다.
　　　→ 바코드의 흰색 막대 굵기는 다르다. ④
② 바코드는 두 개의 숫자만 인식한다. ⑧
③ 처음에 바코드는 모래를 이용해 만들었다.
　　　→ 미국의 한 발명가가 모래를 긁다가 바코드에 대한 아이디어를 얻었다. ©
④ 바코드 스캐너는 검은 막대가 반사한 빛을 흡수한다.
　　　→ 흰색 막대가 반사한 빛의 양을 해석한다. ⑩

33. ①

⑧파킨슨병은 흔한 뇌질환이다. 운동에 꼭 필요한 ©도파민이라는 뇌 신경전달물질을 분비하는 신경세포가 원인도 알 수 없이 서서히 없어지는 병인데 아직 정확한 발병 원인은 밝혀지지 않았다. ④파킨슨 환자는 행동이 느려지거나 근육이 굳어 불안정한 자세를 보인다. ⑧주로 노년층에서 발생하며 연령이 높아질수록 발병 위험이 커진다. ©파킨슨병을 치료하기 위해서는 1차적으로 약물 요법이 필요하고, 지속적인 재활 운동도 병행하는 게 좋다.

▶ ① 파킨슨병에 걸리면 행동이 둔해진다. ④
② 파킨슨병은 노인들이 앓는 희귀한 질병이다.
　　　→ 파킨슨병은 주로 노년층에서 발생하며 흔한 질병이다. ⑧
③ 재활 운동만으로 파킨스병을 치료할 수 있다.
　　　→ . 치료를 위해 약물 요법과 재활 운동을 함께 하는 게 좋다. ©
④ 파킨슨병은 도파민이 줄어드는 가족력이 원인이다.
　　　→ 도파민을 분비하는 신경세포가 줄어드는 정확한 원인은 밝혀지지 않았다. ⑩

34. ③

④'용문'이라는 골짜기는 ⑧물살이 세고 거칠기로 유명해 주변의 잉어들이 물살에 휩쓸리기 일쑤였다. 잉어가 상류의 급류로 거슬러 용문폭포를 넘으면 용이 된다는 전설이 있었다. 이를 가리켜 '등용문'이라는 말이 생겨났고 등용문은 성공을 위해 힘든 관문을 통과하는 것을 말한다. ©조선 시대에는 과거 급제가 성공의 관문이었다. 그래서 선비들은 잉어를 새긴 벼루나 ⑩잉어가 뛰어오르는 그림을 공부방에 걸어 놓으며 과거 급제를 꿈꿨다.

▶ ① 용문폭포는 전설 속에 등장한다.
　　　→ 용문폭포는 실제 있는 곳으로 물살이 세기로 유명하다. ④
② 용문폭포는 물살이 잔잔해서 잉어가 많았다
　　　→ 용문폭포는 물살이 세고 거칠어 잉어들이 휩쓸렸다. ⑧
③ 조선 시대에는 성공하기 위해 과거 시험을 봤다. ©
④ 잉어 그림을 걸어 놓으면 과거에 급제할 수 있었다.
　　　→ 잉어 그림을 걸어 놓고 과거 급제를 희망했다. ⑩

35. ①

오염된 손으로 입이나 코를 만지면 바이러스가 들어올 수 있다. 그래서 평소에 손을 자주 씻는 습관이 중요하다. 하지만 제대로 된 방법으로 손을 씻지 않으면 손 씻기의 효과가 줄어든다. 손은 흐르는 물에 20초 이상 씻고 비누를 사용해야 세균을 효과적으로 제거할 수 있다. 또한 손가락과 손바닥도 모두 씻어야 한다.

▶ 이 글은 제대로 손을 씻는 방법에 대해 말하고 있다. '하지만 제대로 된 방법으로 손을 씻지 않으면 손 씻기의 효과가 줄어든다.'라는 내용을 통해 정확한 방법으로 손을 씻는 것이 중요함을 알 수 있다. 따라서 정답은 ①번이다.

36. ①

사람은 낮에 활동하고 밤에 잠드는 생체 리듬을 가질 수 있게 몸 안에 생체 시계가 존재한다. 생체 시계는 하루 동안의 수면, 호르몬, 체온 등과 같이 반복적인 패턴으로 나타나는 생체 리듬을 조절한다. 생체 시계가 고장 나면 사람은 생체 리듬이 깨지게 되고 건강이 나빠질 수 있다. 그러므로 낮에는 충분한 햇볕을 쬐면서 활동하고 밤에는 잠을 자며 규칙적인 생체 리듬을 잘 유지하는 것이 좋다.

▶ 이 글은 생체 리듬에 대해 말하고 있다. '생체 리듬이 깨지게 되고 건강이 나빠질 수 있다.', '낮에는 충분한 햇볕을 쬐면서 활동하고 밤에는 잠을 자며 규칙적인 생체 리듬을 잘 유지하는 것이 좋다.'라는 내용을 통해 건강을 지키기 위해서는 규칙적으로 생활하여 생체 리듬을 잘 유지하는 것이 좋음을 알 수 있다. 따라서 정답은 ①번이다.

정답 및 해설

37. ③

> 첫인상이 별로 좋지 않았던 사람도 몇 번 만나다 보면 뜻밖의 장점을 발견할 수 있다. 따라서 첫인상으로 상대방에 대한 편견을 가지지 않아야 한다. 그러나 처음 만났을 때의 인상은 쉽게 없어지지 않기 때문에 상대방을 평가할 때 영향을 미치게 된다. 예를 들어 첫인상이 좋았던 사람이 실수를 하면 '실수할 수도 있지'라고 생각하지만, 첫인상이 좋지 않았던 사람이 실수를 하면 '그럴 줄 알았어'라고 생각하게 된다. 이처럼 사람들은 첫인상을 쉽게 잊어버리지 않기 때문에 처음 만나는 사람들에게 좋은 인상을 줄 필요가 있다.

▶ 이 글은 첫인상에 대해 말하고 있다. 첫인상으로 상대방에 대한 편견을 가지지 않는 것이 중요하나, 첫인상이 상대방에게 주는 영향이 크다는 것을 말하고 있다. '그러나 처음 만났을 때의 인상은 쉽게 없어지지 않기 때문에 상대방을 평가할 때 영향을 미치게 된다.', '이처럼 사람들은 첫인상을 쉽게 잊어버리지 않기 때문에 처음 만나는 사람들에게 좋은 인상을 줄 필요가 있다.'를 통해 상대방에게 좋은 첫인상을 남기는 것이 중요함을 알 수 있다. 따라서 정답은 ③번이다.

38. ②

> 모국어 외에 다른 언어를 사용하는 것은 뇌의 노화를 늦출 수 있다. 한 연구 결과에 따르면 모국어로 된 단어나 문장을 들을 때는 집중도가 떨어지지만 외국어를 들을 때는 뇌가 활발하게 반응한다고 한다. 그리고 외국어를 사용하는 사람일수록 다양한 외부 자극에 대한 반응이 강화되어 뇌 신경이 더욱 활발하게 움직인다고 한다. 뇌 신경이 활발해지면 기억력 감퇴를 막을 수 있기 때문에 뇌를 건강하게 유지할 수 있다.

▶ 이 글은 외국어를 사용할 때 뇌의 노화가 늦어진다는 것에 대해 말하고 있다. '외국어를 들을 때는 뇌가 활발하게 반응한다고 한다.', '외국어를 사용하는 사람일수록 다양한 외부 자극에 대한 반응이 강화되어 뇌 신경이 더욱 활발하게 움직인다고 한다.'를 통해 외국어를 듣고 사용하는 것이 뇌와 뇌 신경을 활발하게 만드는 것을 알 수 있다. 또한 뇌 신경이 활발해지면 '뇌를 건강하게 유지할 수 있'기 때문에 뇌 노화를 늦출 수 있다. 따라서 정답은 ②번이다.

39. ②

> 이러한 문제를 해결하기 위해 2007년부터 선플 운동이 시작되었다.

> 악성 댓글인 악플로 고통받는 사람들의 이야기는 어제오늘의 일이 아니다. (㉠) 많은 사람들이 악플로 인한 고통을 호소하고 있지만 악플은 여전히 해결하지 못한 숙제로 남아있다. (㉡) 선플 운동은 악플로 고통받는 사람들에게 용기와 희

망을 주는 댓글인 선플을 달아주는 운동이다. (㉢) 악플로 인해 당사자들이 겪는 고통과 피해를 알리고 아름다운 인터넷 문화를 가꾸어 나가자는 것이 이 운동의 의미다. (㉣)

▶ ㉡앞의 문장에서는 악플로 인한 문제에 대한 내용이 나온다. 〈보기〉의 지시어 '이러한 문제'는 '악플로 인한 문제'를 뜻하므로 ㉡앞의 문장과 내용이 같다. 따라서 정답은 ②번이다.

40. ④

> 상황이나 사용에 따라 발전하는 영역이 달라질 수 있기 때문이다.

> 다중지능이론은 지능이 단일하지 않고 다양한 영역으로 구성되어 있다고 보는 이론이다. (㉠) 기존의 이론에서는 지능이 높은 아동이 모든 영역에서 우수하다고 보았다. (㉡) 그러나 다중지능이론은 지능의 영역도 독립적이기 때문에 한 분야에서 뛰어난 것이 다른 모든 영역에서도 뛰어남을 뜻하는 것은 아니라고 본다. (㉢) 또한 지능은 고정적인 것이 아니라 가변적인 것으로 보았다. (㉣)

▶ ㉣앞의 문장에서는 지능은 고정적인 것이 아니라 가변적인 것이라는 내용이 나온다. 〈보기〉의 '상황이나 사용에 따라 발전하는 영역이 달라질 수 있다'는 것은 ㉣앞의 문장을 보충 설명하는 것이다. 따라서 정답은 ④번이다.

41. ③

> 하지만 매슬로우는 죽기 전에 욕구 피라미드가 뒤집어지는 것이 마땅하다고 주장했다.

> 매슬로우는 인간의 욕구를 5단계로 나누어 피라미드 모양으로 제시했다. (㉠) 피라미드의 가장 아랫부분은 먹고 자고 숨 쉬는 것과 같이 생존에 관련된 기본적이고 생리적인 욕구이다. (㉡) 피라미드의 가장 윗부분은 자기 발전을 이루고 자신의 잠재력을 이끌어 내는 자아실현의 이 욕구가 있다. (㉢) 자아실현 욕구가 인간의 가장 기본적인 욕구라고 인정한 것이다. (㉣)

▶ ㉢앞의 문장에서는 욕구 피라미드의 가장 윗부분이 자아실현의 욕구라는 내용이 나온다. ㉢뒤의 문장에는 반대로 자아실현 욕구가 인간의 가장 기본적인 욕구(가장 아랫부분)라고 하였다. 〈보기〉에는 '욕구 피라미드가 뒤집어지는 것이 마땅하다'는 내용이 있다. 이는 ㉢앞과 뒤의 문장을 이어주는 내용이다. 따라서 정답은 ③번이다.

갑자기 서울에 갈 일이 생겼는데 주말이라 차표를 구할 수 없었다. 몇 번을 망설이다가 ⒜나는 초보 주제에 식구들을 태우고 서울로 가는 고속 도로로 접어들었다. 긴장을 해서인지 ⒝무사히 서울에 도착해서 일을 보고 다음 날 밤에 광주로 내려올 수는 있었다. 그런데 밤에 고속 도로를 달리다 보니 차창에 무언가 타닥타닥 부딪히는 소리가 났다. 처음엔 그저 속도 때문에 모래 알갱이 같은 게 튀는 소리려니 했다.

다음 날 아침 출근을 하려는데 유리창은 물론이고 앞 범퍼에 푸르죽죽한 것들이 잔뜩 엉겨 있었다. ⒞그것은 흙먼지가 아니라 수많은 풀벌레들이 달리는 차체에 부딪혀 죽은 잔해였다. 마치 거대한 모터 주위에 두텁게 쌓여 있는 먼지 뭉치처럼 말이다. ⒟그것을 닦아 내려다 나는 지난밤 엄청난 범죄라도 저지른 사람처럼 손발이 후들후들 떨려 도망치듯 세차장으로 갔다. 그러나 엉겨 붙은 풀벌레들의 흔적은 세차 기계의 물살에도 완전히 지워지지 않았다. 운전대를 잡을 때마다 풀 비린내는 몸서리쳐지는 기억으로 남았고, 나는 손을 씻고 또 씻었다.

42. ②

▶ – '나'는 고속도로 운전 중 유리창에 무엇인가가 부딪히는 소리를 듣는다.
– 유리창에 부딪힌 것은 수많은 풀벌레들이었다.
– '나'는 범죄라도 저지른 사람처럼 손발이 후들거려 세차장으로 갔다.
고속도로 운전 중 풀벌레 잔해들이 유리창에 부딪혀 죽은 것을 보고 '나'는 범죄를 저지른 것처럼 죄책감을 느낀다. 따라서 정답은 ②번이다.

43. ④

▶ ① 나는 오래전부터 능숙하게 운전을 했다.
→ 나는 운전 경험이 많지 않은 초보다. ⒜
② 나는 당일치기로 서울과 광주를 다녀왔다.
→ 1박 2일로 다녀왔다. ⒝
③ 고속도로 운전 중 모래가 유리창에 튀었다.
→ 푸른 풀벌레들이 유리창에 튀어서 죽어 있었다. ⒞
④ 나는 죽은 풀벌레를 보자마자 세차장에 갔다. ⒟

가온시가 반려동물 사전 의무 교육을 이수한 사람만 반려동물을 키울 수 있는 정책을 발표하였다. 최근 반려동물을 키우는 가구가 급격히 늘면서 국내에서는 이미 네 가구 중 한 가구가 반려동물을 키우고 있는 상황이다. 그러나 반려인들은 (별다른 자격이나 지식이 없어도) 반려동물을 집으로 데려와 키울 수 있다. 그렇기 때문에 책임감이 없는 반려인들은 동물들을 유기하거나 학대하기도 한다. 가온시에서는 이와 같은 문제점을 해결하기 위해 반려동물 사전 의무 교육을 필수화하는 정책을 내 놓았다. 이 교육에서는 반려동물의 기본적인 건강 상태를 점검하는 방법, 반려인이 지켜야 할 에티켓과 반려인의 조건 등을 알려 준다. 그리고 이 교육에 참가한 반려인들은 가온시가 발급하는 반려동물 이름표도 발급받을 수 있다. 이에 대해 반려동물의 유기와 학대로 골머리를 앓고 있는 다른 시에서도 가온시의 반려동물 사전 의무 교육 정책에 주목하고 있다.

44. ④

▶ 가온시에서는 반려동물 사전 의무 교육을 필수화하는 정책을 내 놓았다. 이런 정책을 내 놓은 이유로는 반려인들이 (별다른 자격이나 지식이 없어도) 반려동물을 집으로 데려와 키우게 되면서 책임감이 없는 반려인들이 동물들을 유기하거나 학대하는 일이 생겼기 때문이다. 따라서 정답은 ④번이다.

45. ②

▶ 이 글에서 '가온시가 반려동물 사전 의무 교육을 이수한 사람만 반려동물을 키울 수 있는 정책을 발표하였다.', '책임감이 없는 반려인들은 동물들을 유기하거나 학대하기도 한다. 가온시에서는 이와 같은 문제점을 해결하기 위해 반려동물 사전 의무 교육을 필수화하는 정책을 내 놓았다.'를 통해 가온시에서 반려동물 유기와 학대 문제점을 개선할 수 있는 정책이 제안되었음을 알 수 있다. 따라서 정답은 ②번이다.

46-47

장애인 의무고용제도는 장애인 고용을 촉진하기 위해 ©일정 규모 이상의 공공기관 및 기업에서 ⑩정해진 비율 이상의 장애인을 의무적으로 고용하도록 하는 것이다. 이를 이행하지 않으면 부담금을 내야 한다. 하지만 Ⓐ이 제도의 시행이 장애인들의 취업에 실제적인 도움이 되지 않아 무용지물이라는 목소리가 크다. 많은 기업들이 장애인을 고용하지 않고 부담금을 내거나, ©눈 가리고 아웅하는 식으로 장애인을 단기적으로 고용하고 있기 때문이다. 한편 이 제도가 공공기관 및 기업에게 이중 부담을 주는 불공평한 역차별 제도라는 논란도 계속되고 있다. Ⓑ이들을 고용하면 장애인이 가진 역량이 회사에 도움이 되지 않는 경우가 많고, 고용하지 않으면 부담금을 내야 하기 때문이다. 따라서 제도의 실효성을 높이기 위해서는 여러 가지 개선점이 필요하다. 고용 의무가 없는 곳에서도 장애인을 채용할 경우 인센티브를 주거나 장애인에게 기업이 필요로 하는 역량을 갖출 수 있도록 교육을 진행할 필요가 있다. 또한 편법으로 이 제도를 악용하지 않기 위해 장애인을 정규직으로 채용하여 장기간 고용할 경우 추가 인센티브를 제공하는 것도 현실적인 방안이 될 수 있을 것이다.

46. ②

▶ '이 제도의 시행이 장애인들의 취업에 실제적인 도움이 되지 않아 무용지물이라는 목소리가 크다.', '따라서 제도의 실효성을 높이기 위해서는 여러 가지 개선점이 필요하다.'라는 내용을 통해 현재 제도의 실효성이 낮다는 점을 우려하고 있다. 따라서 정답은 ②번이다.

47. ②

▶ ① 이 제도는 장애인들의 취업에 ~~실제적인 도움을 준다.~~
  → 이 제도는 장애인들의 취업에 실제적인 도움이 되지 않는다. Ⓐ
② 기업에서 요구하는 역량을 갖추지 못한 장애인이 많다. Ⓑ
③ 일정 규모 이상의 기업은 장애인을 ~~정규직으로만 고용할 수 있다.~~
  → 일정 규모 이상의 기업이 장애인을 단기적으로 고용해 문제가 되고 있다. ©
④ 일정 규모 이상의 기업에서는 ~~선택적으로 장애인을 채용할 수 있다.~~
  → 정해진 비율만큼 의무적으로 고용해야 한다. ⑩

48-50

피의자 신상 공개 제도는 법에서 제시하는 기준 충족 시 피의자의 신상을 공개하는 제도이다. 그러나 신상 공개 결정은 절대적인 힘을 가지고 있지 않으며 그 기준도 명확하지 않다. 또한 피의자가 자신의 얼굴을 머리카락이나 마스크 등으로 가릴 시 (강제로 공개할) 권한이 없다. Ⓑ실제 한 범죄자의 경우 신상 공개가 확정되었으나 머리카락으로 자신의 얼굴을 완전히 가린 채 나왔기 때문에 뉴스나 신문에서는 범죄자의 과거 모습만 공개되었다. 흉악 범죄의 피해자는 평생을 고통 속에 살거나 목숨을 잃기도 한다. 따라서 ©흉악 범죄자의 현재 얼굴과 신상을 제대로 공개하는 제도가 필요하다는 의견이 제시되고 있다. 범죄자의 정확한 신상 공개를 통해 재범을 예방하고 국민들 스스로 안전을 지킬 수 있게 도와야 한다. 물론 Ⓐ범죄자의 인권 역시 국가가 지켜야 할 중요한 요소이지만 ⑩공공의 안전과 피해자에 대한 구제보다 범죄자의 인권이 앞설 수는 없을 것이다.

48. ①

▶ 이 글의 목적은 현재 피의자 신상 공개 제도가 가진 문제점을 지적하며 제도의 개선을 주장하기 위해서이다. 피의자 신상 공개가 가진 문제점은 이 제도가 '절대적인 힘을 가지고 있지 않으며 그 기준도 명확하지 않다. 또한 피의자가 자신의 얼굴을 머리카락이나 마스크 등으로 가릴 시 (강제로 공개할) 권한이 없다.'라는 점이다. 따라서 '범죄자의 정확한 신상 공개를 통해 재범을 예방하고 국민들 스스로 안전을 지킬 수 있게 도와야 한다.'를 주장하고 있으므로 정답은 ①번이다.

49. ②

▶ '실제 한 범죄자의 경우 신상 공개가 확정되었으나 머리카락으로 자신의 얼굴을 완전히 가린 채 나왔기 때문에 뉴스나 신문에서는 범죄자의 과거 모습만 공개되었다.'라는 내용을 통해 범죄자가 자신의 얼굴을 가리고 나올 시 강제로 공개할 권한이 없음을 알 수 있다. 따라서 정답은 ②번이다.

50. ②

▶ ① 범죄자의 인권이 공공의 안전보다 ~~중요하다.~~
  → 공공의 안전이 더 중요하다. Ⓐ
② 피의자 신상 공개 제도를 악용한 사례가 있다. Ⓑ
③ 신상 공개가 결정된 사람은 ~~현재 얼굴이 공개된다.~~
  → 현재 얼굴 공개가 필요하다는 의견이 있다. ©
④ 피의자 신상 공개 제도는 ~~피의자의 인권을 중요시한다.~~
  → 공공의 안전과 피해자에 대한 구제를 중요시한다. ⑩

말하기 모의고사 1회

p.294

1. 질문에 대답하기

초급	제 친구 이름은 나나예요. 나나와 저는 취미가 비슷해요. 우리는 영화 보는 걸 좋아해요. 그래서 주말에 나나와 영화관에 자주 가요. 이번 주말에 나나와 영화를 보고 싶어요.
중·고급	가장 친한 친구는 나나예요. 제일 처음 나나와 만난 건 제가 고등학교에 입학했을 때예요. 나나와 저는 취미가 비슷해서 금방 친해졌어요. 우리는 영화 보는 걸 좋아해서 주말에 영화를 보면서 스트레스를 풀었어요. 이번 주말에도 나나와 같이 영화를 보기로 했어요.

2. 그림 보고 역할 수행하기

초급	어제 창문을 열고 잤어요. 조금 추웠어요. 그런데 오늘 아침에 머리가 아프고 열이 나요. 그리고 콧물도 나오고 기침도 해요. 감기에 걸린 것 같아요.
중·고급	사실 제가 어제 창문을 열어둔 채로 깜빡 잠이 들었는데요. 새벽부터 조금 춥긴 했는데 오늘 아침에 일어나 보니까 콧물도 나오고 기침도 심해요. 그리고 머리가 아프고 열도 많이 나요. 집에서 열을 재 봤는데 39도였어요. 아무래도 감기에 걸린 것 같아요.

3. 그림 보고 이야기하기

초급	석진 씨가 여자 친구하고 영화관에 왔어요. 팝콘과 음료수를 사서 영화를 봤어요. 그런데 영화관에서 여자 친구가 계속 잠을 잤어요. 석진 씨는 화가 났어요. 그래서 영화가 끝난 후에 석진 씨는 혼자 집에 갔어요.
중·고급	석진 씨가 여자 친구를 만나서 영화관에 왔어요. 팝콘과 음료수를 사서 같이 영화를 보러 들어가네요. 석진 씨 기분이 아주 좋아 보여요. 그런데 영화가 시작되고 석진 씨가 옆자리에 앉아 있는 여자 친구를 보니 졸고 있어요. 석진 씨 기분이 좋지 않은 것 같아요. 영화를 보는 내내 잠만 잔 여자 친구에게 서운했는지 영화가 끝나고 나온 석진 씨가 혼자 가 버렸어요.

4. 대화 완성하기

그래요? 저는 꼭 기부를 다른 사람 모르게 해야 한다고 생각하지 않아요. 유명한 사람들이 이렇게 공개적으로 기부하는 것을 보여 주는 건 여러 가지 좋은 점이 있다고 생각해요. 일단, 사람들에게 기부에 대한 긍정적인 이미지를 심어줄 수 있고 또 이런 긍정적인 영향 덕분에 다른 사람도 기부를 할 수 있으니까요. 게다가 막상 기부를 하고 싶어도 방법을 모르는 사람들이 많은데 그런 사람들에게도 도움이 될 거라고 생각해요. 그래서 저는 이런 일은 많이 알려지는 게 좋다고 봐요.

5. 자료 해석하기

환경부 발표에 따르면 일회용 컵 사용량이 2016년(이천십육 년)에 7억(칠억) 만 개에서 2022년(이천이십 년)에는 6억(육억) 만 개로 감소하였습니다. 이렇게 일회용 컵 사용량이 감소한 이유는 첫째, 텀블러를 사용하는 사람들의 비율이 증가했기 때문입니다. 과거에는 텀블러를 사용하는 사람들이 5%(오 퍼센트)에 불과했지만, 최근에는 사람들의 인식이 변화함에 따라 텀블러를 사용하는 사람들이 20%(이십 퍼센트)로 증가했습니다. 둘째, 커피숍 매장 내에서 일회용 컵 사용을 금지하였기 때문입니다. 이로 인해서 커피숍에서 일회용 컵 사용량이 많이 줄었습니다. 앞으로 일회용 컵 사용은 계속해서 감소할 것으로 보입니다. 왜냐하면 환경에 대한 사람들의 인식이 변화하고 있고, 정부에서도 환경 보호와 관련된 다양한 정책을 내놓고 있기 때문입니다.

6. 의견 제시하기

세상에는 다양한 사람들이 살고 있고 외모, 생김새, 종교 등 개인적 특성은 사람마다 다릅니다. 이렇게 서로를 구별할 수 있는 다른 점은 '차이'입니다. 반면에 차별은 정당한 이유 없이 차이를 근거로 불이익을 주는 것입니다. 차별에는 남녀 차별, 장애인 차별, 인종 차별 같은 것이 있습니다. '차별'은 갈등을 유발할 수 있습니다. 이 갈등은 사회의 발전에 부정적인 영향을 줍니다. 차별을 막기 위한 대책으로 두 가지를 생각해 볼 수 있습니다. 먼저 개인적 노력입니다. 편견과 고정 관념을 극복하려는 태도가 필요합니다. 상대방이 나와 다르더라도 그대로 인정하고 받아들이려는 노력이 중요합니다. 다음으로 제도적 노력입니다. 차별을 방지하기 위한 방안을 법으로 제정하는 것입니다. '여성 고용 할당제', '장애인 고용 의무제' 같은 것이 여기에 해당됩니다. 이처럼 차별을 없애기 위한 노력이 계속될 때, 더욱 성숙한 사회로 발전할 수 있을 것입니다.

정답 및 해설

말하기 모의고사 2회

p.297

1. 질문에 대답하기

초급	저는 떡볶이를 좋아해요. 떡볶이는 간단하게 만들 수 있어요. 하지만 맛있어서 좋아요. 매일 먹고 싶어요. 그래서 친구와 자주 먹어요.
중·고급	제가 가장 좋아하는 한국 음식은 떡볶이예요. 처음에는 매워서 잘 못 먹었는데 계속 먹다 보니까 좋아하게 되었어요. 떡볶이는 만드는 방법이 간단하지만 맛있는 음식이어서 좋아해요. 어디서나 사 먹을 수 있고요. 저는 맛있는 떡볶이 가게를 찾아다니면서 먹고 있어요. 지역에 따라 특징이 달라서 맛집을 찾는 재미가 있어요.

2. 그림 보고 역할 수행하기

초급	안녕하세요? 도쿄로 소포를 보내고 싶어요. 물건은 옷이에요. 빨리 도착해야 해서 빠른 배송으로 부탁합니다. 언제 도쿄에 도착해요?
중·고급	안녕하세요? 도쿄로 소포를 좀 보내려고 하는데요. 소포 안에 있는 물건은 옷이고요. 가족이 급하게 받아야 해서 빠른 배송으로 부탁드립니다. 최대한 빠른 배송으로 하면 언제쯤 도쿄에 도착하나요?

3. 그림 보고 이야기하기

초급	다현 씨가 버스정류장에 있어요. 그런데 도둑이 다현 씨 가방을 가지고 도망갔어요. 다현 씨가 "도와주세요"라고 했어요. 다현 씨는 도둑을 못 잡았고, 도둑은 멀리 도망갔어요. 그런데 다른 사람들이 도둑을 잡았어요. 다현 씨는 가방을 다시 찾았어요.
중·고급	버스정류장에서 버스를 기다리고 있는데 소매치기가 다현 씨의 가방을 훔쳐서 달아났어요. 깜짝 놀란 다현 씨는 도와달라고 소리를 질렀어요. 소매치기를 쫓아갔지만 다현 씨는 소매치기를 잡을 수 없었어요. 그런데 주변에 있던 사람들이 다현 씨를 보고 다들 소매치기를 잡는 것을 도와주었어요. 정말 다행스럽게도 다른 사람들 덕분에 다현 씨는 가방을 찾았고 소매치기도 붙잡혔어요.

4. 대화 완성하기

그렇구나. 경쟁률도 높고 게다가 한 명만 뽑으니까 정말 쉽지 않겠다. 그런데 교환 학생은 네가 예전부터 가고 싶어 했잖아. 그리고 지금까지 준비한 것도 있으니까 지원해 보는 게 어때? 교환 학생은 대학생 때만 경험할 수 있잖아. 물론 쉽지 않겠지만 지원을 안 하면 아예 기회조차 없으니까 한번 도전해 봤으면 좋겠어. 남은 기간 동안 서류 마무리 잘해서 좋은 결과가 있길 바랄게.

5. 자료 해석하기

통계청 발표에 따르면 채식 식당을 이용하는 사람은 2016년(이천십육 년)에 2만(이만) 명에서 2022년(이천이십이 년)에 10만(십만) 명으로 크게 증가하였습니다. 이렇게 채식 식당의 이용자가 급증한 이유는 첫째, 채식주의자가 늘었기 때문입니다. 과거에는 채식을 하는 사람들이 많이 없었지만 최근에는 채식을 하는 사람들이 많아지면서 채식 식당의 이용자 수도 증가하였습니다. 둘째, 대체육이 발달했기 때문입니다. 이로 인해서 채식 식당에서도 고기와 비슷한 식감의 대체육을 즐길 수 있게 되었습니다. 앞으로 채식 식당을 이용하는 사람들은 꾸준히 증가할 것으로 보입니다. 왜냐하면 건강과 환경을 생각해서 채식을 선택하는 사람들이 많아졌고, 고기를 대체할 수 있는 여러 가지 식재료들이 개발되어, 채식을 하면서도 맛있는 음식을 다양하게 즐길 수 있기 때문입니다.

6. 의견 제시하기

새로운 사극 드라마를 통해 어렵고 지루했던 역사를 쉽게 이해할 수 있습니다. 하지만 상상과 허구를 접목시킨 새로운 사극 드라마는 문제점을 가지고 있습니다. 먼저 역사에 대한 기본 지식이 없는 상태에서 이런 사극을 접하게 된다면, 역사적 진실에 대한 혼란을 줄 수 있습니다. 따라서 새로운 사극은 상상과 왜곡의 경계를 분명하게 해야 한다고 생각합니다. 작가의 재구성 과정에서 허구성이 들어갈 수 있더라도, 이미 있었던 역사의 큰 흐름에서 벗어나지 않는 범위 내에서 내용을 만들어야 합니다. 자칫 잘못하면 시청자들에게 잘못된 역사적 지식을 전달하기 때문입니다. 드라마가 대중 매체라는 점을 생각해 볼 때, 새로운 사극 드라마도 파급력이 아주 클 수 있기 때문에 신중하게 접근해야 할 것입니다. 따라서 시청률을 높이기 위해 흥미와 재미로만 역사에 접근하기보다는, 역사적 사실에 기반해 시청자들에게 감동과 교훈을 줄 수 있어야 할 것입니다.

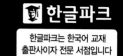
한국어능력시험

COOL TOPIK II
-실전 모의고사-

정답 및 해설

한국어능력시험

COOL TOPIK II

-실전 모의고사-

발·불 벼락치기 노트

No Cool I'm Hot

발등에 불 떨어졌을 때 보는
벼락치기 노트

차례

01

어휘 표현

듣기와 읽기, 쓰기 영역에서 자주 사용되는 어휘와 표현을 정리하였습니다.

가능 ↔ 불가능

-을 수 있다 -을 수 없다	• 시험 성적이 좋아서 대학에 입학할 수 있다. • 시험 성적이 안 좋아서 대학에 입학할 수 없다

동시

-으면서 -는 동안 -기도 하고 -기도 하다	• 나는 음악을 들으면서 청소한다. • 내가 공부를 하는 동안 동생은 그림을 그렸다. • 그 해결 방법은 정답이기도 하고 아니기도 하다.

비교

(비슷함) -만큼, -처럼 -이나 마찬가지다 /다름없다	• 축구선수만큼 축구를 잘하고 싶어서 매일 연습을 한다. • 그녀가 웃은 것은 인정한 것이나 마찬가지다.
(차이가 있음) -보다 -에 비해서/비하면	• 그 식당은 어제보다 오늘 더 손님이 많았다. • 내 한국어 실력은 1년 전에 비해서 많이 좋아졌다.

2

상태 지속

-아 놓다/두다 -은 채로 -아 있다	• 심부름을 하고 남은 거스름돈을 식탁에 놓아 두었다. • 책상에 엎드린 채로 잠이 들었다. • 그는 허리를 똑바로 세우고 앉아 있다.

선택

-든지 -거나	• 휴가 때 산을 가든지 바다를 가든지 상관없다. • 아르바이트를 하거나 공부를 하면서 주말을 보낸다.

순서

-기 전에 /-은 후에 -고 나서 -고서야, -고서는 -자마자 /-기가 무섭게	• 학교에 가기 전에 매일 운동을 한다. • 친구들이 가고 나서 청소를 시작했다. • 책을 다 읽고서야 숙제를 시작했다. • 한국에 도착하자마자 바로 떡볶이를 먹으러 갔다.

시도, 경험

-아 보다 -더라고요	• 한국어 실력을 높이기 위해 매일 신문을 읽어 보았다. • 제주도의 바다가 맑고 투명하더라고요.

변화

-아지다 -게 되다	• 꽃샘추위가 지나가자 날씨가 다시 따뜻해졌다. • 여름 내내 농사를 지었더니 얼굴이 새까맣게 되었다.

요청, 권유

-아 주다 -아 보다/보세요 (높임)	• 친구와 쇼핑을 가서 괜찮은 옷을 골라 주었다. • 이 음식을 먹어 봐/보세요.

의지

-을게요 -을 테니까 -아야겠다 -도록 하다	• 다음에는 제가 발표를 할게요. • 김 과장님은 바쁘실 테니까 제가 이 업무를 할게요. • 이번 방학 때는 친구들과 여행을 가야겠다. • 내일은 일찍 오도록 하겠습니다.

소망

-으면 좋겠다 -고 싶다	• 이번 토픽에서는 점수가 올랐으면 좋겠다. • 겨울 방학 때 스키장에 가고 싶다.

대조

-는데 -는 반면에 -더니 -에도/는데도 불구하고 -지만	• 동생은 키가 큰데 나는 키가 작다. • 그 식당은 맛있는 반면에 직원들이 불친절하다. • 아침에는 비가 오더니 지금은 날씨가 맑다. • 바쁜데도 불구하고 결혼식에 와 주셔서 감사합니다. • 노래를 배우는 것은 어렵지만 재미있다.

원인, 이유

-아서 -느라고 -으니까 -는 바람에 -는 탓에 /-는 통에 -더니 -은 나머지 -은 결과 -으로 인해(서) -는 덕분에 -왜냐하면 -기 때문이다	• 배탈이 나서 병원에 갔다. • 아침까지 숙제를 하느라고 한숨도 못 잤다. • 식사를 불규칙하게 하는 바람에 건강이 나빠졌다. • 전쟁 통에 부모를 잃은 고아가 많이 생겼다. • 오랜만에 운동을 했더니 온 몸이 아프다. • 과식한 나머지 밤새 깊은 잠을 못 잤다. • 매일 꾸준히 등산을 한 결과 산 정상에 올라갈 수 있었다. • 가치관의 변화로 인해서 1인 가구가 많이 늘어났다. • 미리 준비한 덕분에 면접에서 긴장하지 않았다. • 온라인 쇼핑이 증가했다. 왜냐하면 할인과 적립 등 다양한 혜택이 많기 때문이다.

실전 모의고사 2회

※ [3~4] 밑줄 친 부분과 의미가 가장 비슷한 것을 고르십시오.

4. 늦잠을 잔 탓에 회사에 지각을 했다.

① 늦잠을 잘수록   ② 늦잠을 자려거든

③ 늦잠을 자려던 참에   ④ 늦잠을 자는 바람에

정도

-을수록 -을 정도로 -는 만큼 얼마나 -는지 모르다	• 시간이 지날수록 유학 생활이 익숙해졌다. • 사람들이 깜짝 놀랄 정도로 실력이 좋아졌다. • 아는 만큼 보인다. • 유명한 가수의 콘서트를 못 가서 얼마나 아쉬운지 모른다.

가정, 조건

-거든 -다면 -으면 되다 -으려면 -아야 -다고 치다	• 집에 도착하거든 연락을 해 주세요. • 투명 인간이 된다면 세계 곳곳을 여행하고 싶다. • 유연성을 기르고 싶으면 스트레칭을 하면 된다. • 단어를 공부하려면 다양한 책을 많이 읽어야 한다. • 두려움이 없어야 도전을 할 수 있다. • 내가 더 점수가 높지만 네가 이겼다고 치자.

목적

-고자(하다) -기 위해(서) -으러 가다[오다] -으려고	• 취직하고자 열심히 노력하고 있다. • 승진하기 위해서 최선을 다해 일했다. • 부모님을 뵈러 고향에 간다. • 결혼을 하려고 선을 봤다.

※ [3~4] 밑줄 친 부분과 의미가 가장 비슷한 것을 고르십시오.

3. 두 나라는 좋은 관계를 <u>유지하기 위해</u> 새로운 조약을 맺었다.

① 유지하고자　　　　　② 유지할수록

③ 유지하더라도　　　　④ 유지하는 대신

5

양보

-아도/-더라도 -을지라도 -는 한이 있어도 /있더라도	• 여러 가지 정책을 내놓더라도 실제적인 효과가 없으면 무용 지물이다. • 가족들이 반대할지라도 이직하려고 한다. • 다시 시작하는 한이 있더라도 그 사업에 도전해 보고 싶다.

후회

-을 걸 그랬다	• 이렇게 빨리 품절이 될 줄 알았으면 미리 책을 살 걸 그랬다.

추가

-을 뿐만 아니라 -에다가	• 새로 출시된 신제품은 가격이 좋을 뿐만 아니라 디자인도 예 쁘다. • 그 호텔은 깨끗한 데다가 교통도 편리한 곳에 있다.

추측

-을 것이다 -을 것 같다 -겠 -나 보다 -을지도 모르다 -는 듯하다 -을 텐데 -는 모양이다	• 경제 상황이 좋지 않아 당분간은 취업난이 계속될 것이다. • 하늘이 흐린 걸 보니 내일은 비가 올 것 같다. • 지금쯤이면 동생이 집에 도착했겠다. • 영화표가 매진인 걸 보니 이 영화가 정말 재미있나 보다. • 여행을 가서 갑자기 아플지도 모르니까 약을 꼭 챙겨야 한다. • 교실이 조용한 걸 보니 수업이 끝난 듯하다. • 비가 올 텐데 우산을 가지고 가세요. • 식당에 사람이 많은 걸 보니 음식이 맛있는 모양이다.

실전 모의고사 1회

※ [1~2] (   )에 들어갈 말로 가장 알맞은 것을 고르십시오.

2. 하늘이 흐린 것을 보니까 비가 (   ).

　　① 오기도 한다　　　　　　② 오는 게 낫다

　　③ 올 모양이다　　　　　　④ 온 적이 없다

당연한 결과

-을 리가 있다/없다 -기 십상이다/쉽다 /기 마련이다 -을 법하다 -을 수밖에 없다	• 그렇게 두꺼운 책을 벌써 다 읽었을 리가 없다. • 요즘 현대인들은 잘못된 식습관 때문에 각종 성인병에 걸리기 십상이다. • 이건 일생에 한 번 있을 법한 중요한 기회이다. • 모르는 단어가 많아서 사전을 찾아볼 수밖에 없다.

실전 모의고사 2회

※ [3~4] 밑줄 친 부분과 의미가 가장 비슷한 것을 고르십시오.

4. 공부를 하지 않으면 시험 성적이 <u>떨어지기 마련이다</u>.

① 떨어져 버렸다   ② 떨어진 편이다

③ 떨어지기 어렵다   ④ 떨어지기 십상이다

근거

-에 따르면 /에 의하면 -는다고 하다.	• 연구 결과에 따르면 카페인은 간 건강에 큰 영향을 준다. • 일기예보에 의하면 내일부터 기온이 올라 날씨가 더워진다고 한다.

실전 모의고사 4회

35.
한국에서는 다리를 떨면 복이 나간다고 하여 다리를 떠는 사람을 보는 시선이 곱지 않다. 그러나 <u>최근 연구에 따르면</u> 다리 떨기는 집중력 향상과 긴장 완화에 도움이 되는 것으로 나타났다. 또한 다리 떨기는 다리와 허벅지의 근육 이완과 혈액 순환 개선에도 도움이 된다고 한다. 앉아 있을 때 다리를 떨면 그렇지 않은 사람보다 더 많은 칼로리를 소모한다는 연구 결과도 있다.

접속 표현

그리고/또한/게다가/뿐만 아니라 그래서/따라서/그러므로 그런데/그러나/반면에 그렇지만/하지만 오히려 이와 같이/마찬가지이다 또는	• 새로 이사한 집이 넓고 게다가 해도 잘 들어서 마음에 든다. • 이 문제는 매우 중요하다. 그러므로 모든 사람이 함께 문제를 해결해야 한다. • 자동차는 편리하다는 장점이 있는 반면에 사고의 위험이 있다는 단점이 있다. • 공부가 쉽지는 않았다. 그렇지만 포기할 수 없었다. • 너무 잘하려고 애쓰다 보면 오히려 스트레스로 힘들 수 있다. • 국적과 상관없이 외국인에게 한국어가 어렵기는 마찬가지이다. • 나는 휴일에 여행을 갈지 또는 집에서 쉴지 고민하였다.

실전 모의고사 5회

최근 지구 주위를 맴도는 우주 쓰레기 문제가 심각해졌다. 우주 쓰레기는 아무리 작은 크기라도 총알보다 10배 빠른 속도로 날아다니기 때문에 위성이나 우주인이 부딪쳤을 때 큰 문제가 발생할 수 있다. (   ) 10㎝ 이상은 레이더로 감시가 가능하다. 하지만 작은 우주 쓰레기는 추적이 힘들어 더욱 위험하다. 현재 우주 쓰레기를 청소할 수 있는 여러 방법이 제안되고 있으나 획기적인 기술은 아직 개발되지 않았다.

19. (   )에 들어갈 말로 가장 알맞은 것을 고르십시오.

① 게다가   ② 그런데   ③ 다행히   ④ 따라서

중심 생각

35. 겨울철 난방비를 줄이기 위해 외출 시 보일러를 끄는 경우가 있다. **하지만 난 방비를 아끼기 위해서는 외출할 때 보일러를 끄면 안 된다.** 왜냐하면 차가워진 집의 바닥과 실내 온도를 다시 올리는 데 더 많은 연료가 소모되기 때문이다. 따라서 외출을 할 때는 보일러를 아예 꺼 놓는 것보다 설정 온도를 2도에서 3도 정도 낮춰 놓는 게 도움이 된다. 하지만 출장과 여행과 같이 긴 시간 집을 비울 때에는 외출 모드를 설정해 놓는 게 좋다. 외출 모드를 설정하면 한겨울에도 보일러가 동파되는 것을 방지해 준다.

말하기 방식

긍정	부정	기타
공감하다	반박하다, 반대하다	강조하다, 주장하다
기대하다	비판하다, 지적하다	권유하다, 요구하다, 촉구
동의하다, 동조하다	실망하다	하다, 요청하다
인정하다	의문을 제기하다	모색하다, 찾다
찬성하다	회의적이다, 부정적이다	분석하다
호의적이다, 낙관적이다,		설명하다
긍정적이다		제시하다, 제안하다
		조언하다, 위로하다
		확인하다, 검토하다

46. 윗글에 나타난 필자의 태도로 가장 알맞은 것을 고르십시오.

① 조미료가 건강에 미치는 부정적인 영향을 우려하고 있다.

② 요리할 때 조미료를 과다 사용하는 것에 대해 경계하고 있다.

③ 조미료와 관련한 연구가 더 많이 이루어질 것을 촉구하고 있다.

④ 조미료가 인체에 무해하다는 것을 연구 결과를 통해 강조하고 있다.

감정

긍정	부정	기타
행복하다	걱정하다, 우려하다	그립다
감탄하다, 격려하다	귀찮다	긴장하다
기쁘다, 즐겁다, 신나다	답답하다, 가슴이 먹먹하다	놀라다
상쾌하다	못마땅하다	부럽다
설레다, 들뜨다	무관심하다	이상하다
안도하다, 편안하다	무섭다, 두렵다	초조하다
홀가분하다	미안하다	허전하다
후련하다	민망하다	
흡족하다	서럽다, 서글프다	
	서운하다	
	씁쓸하다, 쓸쓸하다	
	아쉽다	
	절망스럽다	
	창피하다, 무안하다	
	허탈하다	
	혼란스럽다	

23. 밑줄 친 부분에 나타난 '나'의 심정으로 가장 알맞은 것을 고르십시오.

① 기쁘고 기대되다

② 화나고 억울하다

③ 그립고 걱정스럽다

④ 놀랍고 감격스럽다

광고 · 안내문

〈공익 광고〉

건강 관리	• 운동, 식습관, 건강 검진, 물, 100세
공공 예절	• 금연, 휴대전화, 지하철, 버스, 공원
교통 안전	• 신호, 정지선, 졸음, 운전, 보호
봉사 활동	• 나눔, 나누다, 어렵다, 도움
이웃 사랑	• 공동체, 관심, 옆
자원 절약	• 아끼다, 물, 전기, 에너지
전기 절약	• 플러그, 빼다, 뽑다, 전원, 끄다
화재 예방	• 불씨, 소화기, 꺼지다, 살펴보다, 위험
환경 보호	• 미래, 지키다, 숲, 강, 나무, 후손

〈광고 안내〉

모집 안내	• 회원 모집, 지원 자격, 환영하다
보관 방법	• 넣다, 실온, 냉동
상품 평가, 이용 후기	• 사용해 보니~, -았/었-, 별(★★★)
주의 사항	• -(으)십시오, -지 마십시오
행사 안내	• 초대, 장소, 일정

실전 모의고사 2회

※ [5~8] 다음은 무엇에 대한 글인지 고르십시오. (각 2점)

7.

> 소화기는 눈에 띄게!
> 작은 불씨 하나에 모든 것이 무너집니다.

① 화재 예방　　② 환경 보호　　③ 건강 관리　　④ 공공 예절

실전 모의고사 1회

7.

> 물 자주 마시기, 하루 10분 운동하기
> 이제 실천하세요!

① 이웃 사랑　　② 동물 보호　　③ 건강 관리　　④ 전기 절약

02

자료 해석 표현

쓰기 53번과 말하기 5번을 풀 때 고정적으로 사용되는 자료 해석 표현을 정리하였습니다.

1 **조사 기관, 조사 대상, 조사 내용**
(조사 기관)에서 (조사 대상)을/를 대상으로 (조사 내용)에 대해 조사를 실시하였다.

2 **조사 결과**
조사 결과 / −에 대한 조사 결과에 따르면 / −에 대한 조사 결과는 다음과 같다. / −에 대한 조사 결과 다음과 같이 나타났다.
(자료 제목)은/는 −(자료 수치) − 다는 응답이 − 에 달했고 − 다는 응답은 − 에 그쳤다.

3 **순위**
1위 : 가장 높게 나타났다. / 1위를 차지했다. / 가장 많이 −한 것으로 나타났다.
2위 : 그 다음으로 −뒤를 이었다. / 그 다음으로 − 순이었다.
마지막 : −에 불과한 것으로 나타났다. / 가장 낮게 나타났다. / 가장 적었다.

4 **경향**
꾸준히 −하고 있다. / 최근 [몇 년 사이에] − 하고 있다.

5 **변화**
큰 폭, 크게 / 소폭
증가하다, 늘다, 많아지다, 상승하다, 올라가다
감소하다, 줄다, 적어지다, 하락하다, 내려가다

⑥ 원인

–의 원인으로 (우선) –을/를 들 수 있다. 다음으로(또한) –도 영향을 미쳤다.

⑦ 전망

이러한 원인으로 – 을 것으로 보인다. / –을 것을 예상할 수 있다.

⑧ 과제

앞으로 – 이/가 필요하다. / –아/어야 할 것이다.

📋 쓰기 표현 점검하기

📊 순위 그래프

(조사 기관)에서 (조사 대상)을/를 대상으로 (조사 내용)에 대해 조사를 실시하였다. 조사 결과 (자료 그래프)의 경우 – 이/가 (몇)%로 가장 높게 나타났다. 그 다음으로 – 이/가 (몇)%, –이/가 (몇)%로 뒤를 이었다. 그리고 – 은/는 가장 낮게 나타났다.

📊 변화 그래프

(조사 기관)에서 (조사 대상)을/를 대상으로 (조사 내용)에 대해 조사를 실시하였다. 조사 결과 (자료 그래프1)의 경우, (시기1)에 (몇)이었는데 (시기2)에 –(으)로 꾸준히 (증가/감소)하였다.

53. 다음은 '한류 콘텐츠 수출 현황'에 대한 자료이다. 이 내용을 200~300자
의 글로 쓰시오. 단, 글의 제목을 쓰지 마시오. (30점)

※ 조사 기관: 한류 콘텐츠 협회

원인	다양한 플랫폼↑ 한류 콘텐츠 접근이 쉬어짐
전망	한류 콘텐츠 수출↑

　한류 콘텐츠 협회에서 조사한 '한류 콘텐츠 수출 현황'에 따르면, 2016년 60억 원
이던 전체 한류 콘텐츠 수출액은 2022년에 약 2배 증가하여 123억 원으로 나타났다.
2022년 분야별 수출 비율을 보면, 영화가 46%로 가장 많았고 드라마가 28%, 게임이
20%, 기타가 6%로 그 뒤를 이었다. 한류 콘텐츠 수출액이 증가한 이유는 다양한 플랫
폼이 늘어났고 한류 콘텐츠 접근이 쉬워졌기 때문이다. 이러한 원인으로 향후에도 한류
콘텐츠 수출이 계속해서 증가할 것으로 보인다.

03

쓰기 체크리스트

쓰기 시험을 칠 때 꼭 지켜야 하는 것을 체크리스트로 정리하였습니다.

☑ 51-52번 ✎

☐ 51번은 문장의 끝이 '-습니다'로 끝나는지 '-아요'로 끝나는지 확인하고
  통일하여 쓴다.

☐ 51번은 높임말과 반말 중에 통일하여 쓴다.

☐ 52번은 '-는다'로 쓴다.

☐ 빈칸의 내용이 종결 표현인지 연결 표현인지 확인한다.

☐ 종결 표현의 경우 빈칸 뒤에 마침표와 물음표를 확인한다.

☐ 빈칸 앞뒤 내용 중에 사용할 수 있는 표현을 찾는다.

☐ 빈칸의 내용이 전체 내용과 자연스럽게 연결되는지 확인한다.

☐ 단어나 표현이 잘 생각나지 않으면 내가 알고 있는 쉬운 단어로 바꿔 쓴다.

☐ 틀린 글자나 알아볼 수 없는 글자가 없는지 다시 확인한다.

☑ 53번 ✎

☐ 자료1, 자료2, 자료3의 내용을 순서대로 빠짐없이 쓴다.

☐ 자료의 단위를 확인하여 쓴다. (퍼센트, 명, 순위, 원, 년도…)

□ 종결 표현은 '–는다'를 사용한다.

□ 자료를 해석하는 고정 표현을 활용하고 자료에서 제시된 데이터를 정확하게 쓴다.

□ 200–300자 분량을 잘 지킨다.

□ 틀린 글자나 알아볼 수 없는 글자가 없는지 다시 확인한다.

☑ 54번

□ 문제를 잘 읽고 문제에서 요구하는 것을 정확히 파악한다. (해결 방안, 찬반, 장단점, 원인과 결과 등등)

□ 주어진 세부 문제 세 가지에 대한 나의 생각을 정리한다.

□ 서론, 본론, 결론의 구성을 갖추어서 문단을 나누고 글의 내용을 간략하게 개요로 작성한다.

□ 개요를 확인하면서 빠진 내용이 없도록 내용을 쓴다.

□ 글의 도입과 마무리를 한두 문장 정도로 쓴다.

□ 종결 표현은 '–는다'를 사용한다.

□ 문어체를 사용한다. (조사를 생략하거나 구어체로 쓰지 않는다.)

□ 중 · 고급의 어휘를 사용한다.

□ 문장의 시제를 정확하게 쓴다.

□ 자신의 생각에 대한 근거는 이유 표현을 사용하여 명확하게 쓴다.

□ 600–700자 분량을 잘 지킨다.

□ 틀린 글자나 알아볼 수 없는 글자가 없는지 다시 확인한다.

☞ **효과/장점 + 문제점/단점 + 태도/노력/방법/자신의 생각**
- 기부금 입학 제도의 장단점
- 농담의 효과와 문제점
- 선의의 거짓말의 장단점
- 시험의 긍정적인 면과 부정적인 면
- 통계 자료/광고의 장단점
- 경쟁의 긍정적인 면과 부정적인 면
- 칭찬의 효과와 필요성
- CCTV의 필요성과 부작용

☞ **필요성 + 이유 + 미래 방향/방법**
- 청소년기 예술/역사 교육의 필요성
- 창의력의 필요성
- 바람직한 인간 관계

☞ **문제점 + 원인/현황 + 방법**
- 해양 오염을 막기 위한 방법
- 실업, 취업난을 해결할 수 있는 방법
- 절약(에너지, 자원, 소비…) 방법

☞ **정의/필요성 + 설명 + 이유/자세**
- 성공의 기준
- 행복의 조건
- 진정한 리더십
- 디지털 시대를 지혜롭게 살아가기 위한 조건
- 세계화 시대에 필요한 자질
- 봉사의 가치, 재능 기부
- 다른 사람의 충고/조언을 받아들이는 자세

04

말하기 체크리스트

말하기 시험을 칠 때 꼭 지켜야 하는 것을 체크리스트로 정리하였습니다.

🎯 공통 전략

☐ 제한된 시간을 지켜서 말한다.

☐ 가능한 시간 내에서 풍부한 내용을 말한다.

☐ 내용의 통일성을 벗어나지 않는다.

☐ 자연스러운 발음, 억양, 속도로 말한다.

📣 1번 COOL TOPIK 말하기 Chapter 1 참고

☐ 문제의 화제를 파악한다.

☐ 화제의 세부 내용 키워드를 메모한다.

☐ 소망, 계획을 말할 때는 미래 시제를 사용한다.

☐ 과거의 경험에 대해 말할 때는 과거 시제를 사용한다.

📣 2번 COOL TOPIK 말하기 Chapter 2 참고

☐ 문제를 듣고 말하기 상황을 파악한다.

☐ 그림의 장소, 상황에서 자주 사용하는 어휘 및 표현을 말한다.

☐ 역할과 상황을 고려해 높임말, 반말을 사용한다.

🔊 **3번 COOL TOPIK 말하기 Chapter 3 참고**

☐ 그림을 순서대로 보고 인물의 행동, 상황을 파악한다.

☐ 그림의 상황이 순서대로 이어질 수 있는 표현 및 접속어를 활용한다.

☐ 제시된 그림을 모두 말할 수 있도록 시간을 적절하게 배분한다.

☐ 상황이나 그림을 설명할 수 있는 어휘가 떠오르지 않을 때는 내가 아는 쉬운 표현으로 바꾸어 말해도 좋다.

🔊 **4번 COOL TOPIK 말하기 Chapter 4 참고**

☐ 말하는 사람의 의도나 견해, 말해야 하는 상황을 파악한다.

☐ 상황에 맞는 말하기 구조를 생각한다. 예를 들면 조언하기의 경우 '문제 상황 확인하기 → 제안, 조언하기 → 이유, 예시 말하기'와 같은 구조로 말하는 것이 자연스럽다.

☐ 의견을 말해야 할 때는 객관적이고 타당한 이유를 말하는 것이 좋다.

🔊 **5번 COOL TOPIK 말하기 Chapter 5 참고**

☐ 제시된 시각 자료를 통해 현황과 상황을 파악한다.

☐ 제시된 두 개의 시각 자료를 모두 활용하여 말해야 한다.

☐ 비판적으로 자신의 의견을 진술하는 데 필요한 어휘, 표현을 공부한다.

☐ 자신의 견해를 일관성 있게 말한다.

🔊 **6번 COOL TOPIK 말하기 Chapter 6 참고**

☐ 말하기의 화제를 파악한다.

☐ 문제에서 제시된 세부 내용들을 모두 말해야 한다.

☐ 세부 내용들이 자연스럽게 이어질 수 있도록 적절한 접속어, 문법 표현을 사용한다.

☐ 찬성과 반대를 말해야 할 때는 한 가지 입장을 선택해 일관되게 말해야 한다.

☐ 설득력 있는 의견을 제시할 수 있도록 적절한 표현 방법(예시, 이유, 인용 등)을 활용한다.

한국어능력시험

COOL
TOPIK II
- 실전 모의고사 -

발·불 벼락치기 노트